高等学校人工智能通识教育系列教材

人工智能技术与应用
——面向未来教育

主编 郑 豪 陈 波 倪艺洋 柏宏权

中国教育出版传媒集团
高等教育出版社·北京

内容提要

本书面向数字时代人才培养的实际需求，系统介绍人工智能核心概念、基础原理、关键技术以及在教育领域的典型应用，旨在帮助高校学生提升人工智能素养，增强数字化创新能力。全书共 14 章，内容涵盖人工智能的基本理论、技术生态、教育应用、伦理安全、发展前景等模块，既注重知识体系的系统性，也突出应用场景的实践性。本书从人工智能的发展历程与三大流派出发，逐步引导读者了解云计算、大数据、区块链等关键支撑技术，掌握 Python 编程与机器学习、深度学习的基础方法，深入剖析自然语言处理、计算机视觉、语音识别等核心领域与智能教育的融合创新。特别是在 AIGC 与大模型技术迅速发展的背景下，书中增设了生成式人工智能、教育智能体设计与提示词工程等前沿内容，帮助学生建立 AI 工具使用与理解的整体能力。

本书强调"理解+实践+思辨"三位一体的教学理念，配套提供相关课件和实训素材，可作为高等学校人工智能通识类课程、数字素养通识课程、计算机基础课程的教材，也可供对人工智能感兴趣的读者自学使用。

图书在版编目（CIP）数据

人工智能技术与应用：面向未来教育／郑豪等主编．
北京：高等教育出版社，2025.9. -- （高等学校人工智能通识教育系列教材）. -- ISBN 978-7-04-065261-1

Ⅰ．TP18

中国国家版本馆 CIP 数据核字第 2025KM1417 号

Rengong Zhineng Jishu yu Yingyong——Mianxiang Weilai Jiaoyu

策划编辑	唐德凯	责任编辑	唐德凯	封面设计	张　志	版式设计	明　艳
责任绘图	马天驰	责任校对	吕红颖	责任印制	刁　毅		

出版发行	高等教育出版社		网　　址	http://www.hep.edu.cn
社　　址	北京市西城区德外大街 4 号			http://www.hep.com.cn
邮政编码	100120		网上订购	http://www.hepmall.com.cn
印　　刷	河北鑫彩博图印刷有限公司			http://www.hepmall.com
开　　本	787 mm×1092 mm　1/16			http://www.hepmall.cn
印　　张	20.75			
字　　数	460 千字		版　　次	2025 年 9 月第 1 版
购书热线	010-58581118		印　　次	2025 年 9 月第 1 次印刷
咨询电话	400-810-0598		定　　价	42.00 元

本书如有缺页、倒页、脱页等质量问题，请到所购图书销售部门联系调换
版权所有　侵权必究
物　料　号　65261-00

前　　言

当今世界正处于从信息化向智能化纵深演进的关键阶段。伴随新一代信息技术的广泛应用，人工智能（artificial intelligence，AI）迅速从实验室走向现实生活，成为继蒸汽机、电力、信息技术之后推动人类社会深刻变革的第四次工业革命的核心动力。人工智能不仅推动着产业结构的重塑、经济模式的更新、生活方式的转变，也深刻影响着教育、医疗、金融、交通、制造等各行各业的组织形态与服务体系，推动人类社会迈入以数据智能为基础的新时代。

人工智能不仅是一项技术变革，更是一场深刻的社会变革。随着 ChatGPT、文心一言、Sora、DeepSeek 等大模型技术的涌现，AIGC（生成式人工智能）成为新一轮技术革命的代表，推动人工智能从"感知智能"迈向"认知智能"，从"工具智能"迈向"泛在智能"，人机协同、虚实融合、智能决策等应用场景不断拓展，深刻改变着人类的生产方式、生活方式和学习方式。在这一背景下，全面提高国民尤其是大学生的人工智能素养，已成为国家人才战略转型与教育现代化建设的必由之路。人工智能素养的培养，不仅关乎学生自身的职业发展与社会适应，更关乎国家未来创新型人才的战略储备。对于高校而言，如何通过系统课程、实践平台与教学资源，将人工智能纳入通识教育框架，已成为教育教学改革的重要课题。

本书正是基于这一时代背景与教育需求而编写，旨在为高校学生提供一套系统、实用、可落地的人工智能通识课程教材。在编写时坚持以下几个原则。

（1）普适性：面向所有专业学生，不需编程基础，强调"零门槛入门，逐步提升理解"。

（2）系统性：内容涵盖人工智能的基本理论、关键技术、行业应用、工具实操、伦理思辨等多个维度。

（3）实践性：每章配有案例分析、工具操作或项目任务，强调"学以致用"的教学理念。

（4）前沿性：引入大模型、AIGC、提示词工程、教育智能体等前沿内容，贴近技术发展热点。

（5）教育性：重视人工智能与教育深度融合的实践经验，帮助学生理解 AI 如何改变学习方式、教学方法以及教育管理。

本书共分为 14 章，涵盖从人工智能概述、技术生态、教育应用到伦理思辨、未来愿景的完整结构，做到"知识进阶+应用拓展+思维引导"三位一体。同时，教学设计充分融合当前主流平台工具，如 Python 编程环境、Scikit-learn、TensorFlow、GPT 类模型、OCR 识别、情感分析系统、语音识别 API 等，使学生在实际操作中提升理解与应用能力。

本书特别强调人工智能与教育的融合路径。人工智能技术在教育领域的广泛应用，正在推动教育从"经验主导"向"数据驱动"转变，从"结果导向"向"过程优化"转变，从"标准化教学"向"个性化学习"转变，形成以"智能+教育"为核心特征的新型教育生态。

本书具备以下几个显著特色。

（1）结构清晰、层次分明：14 章内容按照"基础理论 → 技术支撑 → 教育应用 → 前沿发展 → 安全伦理"的逻辑展开。

（2）案例丰富、贴近场景：引入真实的教学平台（如猿辅导、智慧树、中国大学 MOOC）、AI 工具（如 Copilot、ChatGPT、Midjourney、DeepSeek）等。

（3）语言通俗、易于理解：避免技术术语堆砌，采用类比、图示、分步讲解等方式降低学习门槛。

（4）资源配套、实践导向：提供数据集、实验任务、代码示例等教学资源，支持项目式学习与跨专业合作。

本书由长期从事人工智能教学的骨干教师编写，由郑豪、陈波、倪艺洋、柏宏权主编，具体编写分工如下：第 1、2、10、13 章由郑豪编写，第 3、4、14 章由柏宏权编写，第 5、6、7 章由陈波编写，第 8、9、11、12 由倪艺洋编写，张玉州、熊张洋、张海飞、肖如奇、万千、赵文馨、颜莉也参与了部分编写和资料整理工作。

在本书撰写过程中，编写组参考了大量资料，对这些资料的作者表示感谢。

由于编写组能力有限，本书难免存在不足之处，望广大读者批评指正。作者邮箱：zhh710@163.com。

编写组
2025 年 4 月于南京

目 录

第1章 人工智能概述 ... 1

1.1 什么是人工智能 ... 1
  1.1.1 人工智能的定义 ... 1
  1.1.2 人工智能与自然智能 ... 2
  1.1.3 人工智能的意义 ... 3
1.2 人工智能的前世今生 ... 5
  1.2.1 人工智能起源 ... 5
  1.2.2 人工智能发展历程 ... 5
  1.2.3 人工智能流派 ... 8
1.3 AI+X：人工智能在各行业中的应用 ... 9
  1.3.1 医疗行业 ... 9
  1.3.2 教育 ... 10
  1.3.3 金融业 ... 11
  1.3.4 交通运输 ... 11
  1.3.5 制造业 ... 12
1.4 思考与练习 ... 13

第2章 人工智能技术生态 ... 14

2.1 云计算技术与应用 ... 14
  2.1.1 云计算概述 ... 14
  2.1.2 云计算关键技术 ... 17
  2.1.3 云计算应用 ... 19
2.2 大数据技术与应用 ... 21
  2.2.1 大数据概述 ... 21
  2.2.2 大数据关键技术 ... 23

2.2.3　大数据应用 ……………………………………………… 25
　2.3　**区块链技术与应用** ……………………………………………… 27
　　　2.3.1　区块链概述 ……………………………………………… 27
　　　2.3.2　区块链关键技术 ………………………………………… 29
　　　2.3.3　区块链应用 ……………………………………………… 31
　2.4　思考与练习 ………………………………………………………… 34

第3章　人工智能在教育领域的应用概述 ……………………………… 35

　3.1　**人工智能在教育中的应用场景** …………………………………… 35
　　　3.1.1　智能教学系统与学习平台 ……………………………… 35
　　　3.1.2　个性化学习推荐与路径规划 …………………………… 38
　　　3.1.3　智能评估与反馈系统 …………………………………… 39
　　　3.1.4　虚拟助教与智能客服 …………………………………… 42
　3.2　**人工智能教育应用的优势与挑战** ………………………………… 44
　　　3.2.1　提高教学效率与质量 …………………………………… 44
　　　3.2.2　促进个性化学习与发展 ………………………………… 44
　　　3.2.3　面临的挑战与应对策略 ………………………………… 45
　3.3　思考与练习 ………………………………………………………… 45

第4章　人工智能与教育深度融合的实践与探索 ……………………… 47

　4.1　**智能化课程设计：创新教学内容与方法** ………………………… 47
　　　4.1.1　基于AI的学习需求分析 ………………………………… 48
　　　4.1.2　智能化课程内容的动态调整 …………………………… 50
　　　4.1.3　AI辅助的创新教学策略 ………………………………… 55
　4.2　**个性化学习支持：提升学习效率与效果** ………………………… 56
　　　4.2.1　学生画像构建与学习路径规划 ………………………… 56
　　　4.2.2　智能推荐系统与学习资源匹配 ………………………… 58
　　　4.2.3　个性化学习反馈与调整机制 …………………………… 59
　4.3　**教育管理与评估的智能化：优化决策与提升质量** ……………… 61
　　　4.3.1　教育大数据的收集与分析平台 ………………………… 61
　　　4.3.2　基于AI的教育决策支持系统 …………………………… 64
　　　4.3.3　智能化教育评估体系构建 ……………………………… 65

4.4 思考与练习 ··· 67

第5章

Python 编程基础 ·· 69

5.1 Python 语言概述 ·· 69
    5.1.1 Python 语言的诞生 ··· 69
    5.1.2 学习 Python 语言的重要性和意义 ··· 71

5.2 Python 程序设计 ·· 74
    5.2.1 AI 辅助 Python 程序设计 ··· 74
    5.2.2 Python 编程基础知识 ·· 75

5.3 Python 在人工智能教育中的应用 ·· 83
    5.3.1 搭建 Python 编程环境 ·· 83
    5.3.2 编辑运行一个 Python 程序 ··· 90
    5.3.3 实战：大数据爬取与分析 ·· 95

5.4 思考与练习 ··· 106

第6章

机器学习与教育应用 ·· 108

6.1 机器学习基础 ·· 108
    6.1.1 机器学习的概念 ·· 108
    6.1.2 机器学习的核心技术 ··· 113
    6.1.3 机器学习经典算法 ··· 117

6.2 机器学习在教育中的应用 ·· 117
    6.2.1 机器学习平台与工具 ··· 118
    6.2.2 实现一个简单的机器学习程序 ·· 119
    6.2.3 实战：基于机器学习的学习行为智能评估 ··· 125

6.3 思考与练习 ··· 133

第7章

深度学习与教育应用 ·· 135

7.1 深度学习基础 ·· 136
    7.1.1 深度学习的概念 ·· 136
    7.1.2 深度学习核心技术 ··· 139

7.1.3　深度学习经典算法 ……………………………………………………… 141
　7.2　**深度学习在教育中的应用** …………………………………………………… 145
　　　7.2.1　两个深度学习概念辨析 …………………………………………………… 146
　　　7.2.2　深度学习平台与工具 ……………………………………………………… 146
　　　7.2.3　实现一个简单的深度学习程序 …………………………………………… 150
　　　7.2.4　实战：基于深度神经网络的智能评价 …………………………………… 161
　7.3　**思考与练习** …………………………………………………………………… 174

第8章　自然语言处理 …………………………………………………………… 176

　8.1　**自然语言处理概述** …………………………………………………………… 176
　　　8.1.1　自然语言处理的背景与现状 ……………………………………………… 177
　　　8.1.2　自然语言处理的基本原理 ………………………………………………… 179
　8.2　**自然语言处理的关键技术** …………………………………………………… 182
　　　8.2.1　分词 ………………………………………………………………………… 183
　　　8.2.2　语言建模 …………………………………………………………………… 184
　　　8.2.3　特征工程 …………………………………………………………………… 186
　　　8.2.4　机器翻译 …………………………………………………………………… 187
　8.3　**自然语言处理在教育文本分析中的应用** …………………………………… 188
　　　8.3.1　教育文本挖掘 ……………………………………………………………… 188
　　　8.3.2　多文档主题摘要 …………………………………………………………… 191
　　　8.3.3　知识图谱构建 ……………………………………………………………… 193
　　　8.3.4　作业与论文自动批改 ……………………………………………………… 194
　8.4　**思考与练习** …………………………………………………………………… 196

第9章　计算机视觉 ……………………………………………………………… 197

　9.1　**计算机视觉技术概述** ………………………………………………………… 197
　　　9.1.1　计算机视觉技术发展背景与现状 ………………………………………… 197
　　　9.1.2　计算机视觉技术的基本原理 ……………………………………………… 201
　9.2　**计算机视觉相关技术** ………………………………………………………… 203
　　　9.2.1　图像处理技术 ……………………………………………………………… 203
　　　9.2.2　计算机视觉的核心技术 …………………………………………………… 204
　9.3　**计算机视觉在课堂管理中的应用** …………………………………………… 210

- 9.3.1 课堂氛围分析与优化 ... 210
- 9.3.2 校园安全监控 ... 213
- 9.4 思考与练习 ... 218

第 10 章 智能语音 ... 220

- 10.1 智能语音概述 ... 220
  - 10.1.1 智能语音的概念 ... 221
  - 10.1.2 语音处理的流程 ... 222
- 10.2 语音识别 ... 223
  - 10.2.1 语音识别的概念 ... 223
  - 10.2.2 语音识别的应用 ... 224
- 10.3 语音合成 ... 226
  - 10.3.1 语音合成的概念 ... 226
  - 10.3.2 语音合成的应用 ... 228
- 10.4 智能语音在教育场景中的应用 ... 230
  - 10.4.1 语音识别在教育中的应用 ... 231
  - 10.4.2 语音合成在教育中的应用 ... 232
  - 10.4.3 智能语音技术对教学的影响与优势 ... 233
  - 10.4.4 持续发展的挑战与未来展望 ... 234
- 10.5 思考与练习 ... 236

第 11 章 生成式 AI 大模型技术 ... 238

- 11.1 大模型技术概述 ... 238
  - 11.1.1 大模型技术的发展背景 ... 239
  - 11.1.2 大模型技术的技术基础 ... 241
  - 11.1.3 大模型主要存在的问题 ... 244
- 11.2 大模型的分类 ... 245
  - 11.2.1 大语言模型 ... 245
  - 11.2.2 视觉大模型 ... 249
  - 11.2.3 多模态大模型 ... 253
  - 11.2.4 不同大模型对比 ... 258
- 11.3 不同大模型在教学过程中的应用 ... 259

- 11.3.1 对话大模型应用实例 ... 259
- 11.3.2 绘画大模型应用实例 ... 263
- 11.3.3 视频大模型应用实例 ... 265
- 11.4 思考与练习 ... 267

第12章 教育智能体设计与提示词工程 ... 269

- 12.1 智能体技术概述 ... 269
  - 12.1.1 智能体基本概念 ... 269
  - 12.1.2 智能体工作流设计方法 ... 272
  - 12.1.3 知识检索增强（RAG）技术 ... 279
- 12.2 提示词工程概述 ... 282
  - 12.2.1 提示词工程的定义与原理 ... 282
  - 12.2.2 提示词的概念与分类 ... 283
- 12.3 面向教育教学场景的智能体设计策略与应用实例 ... 286
  - 12.3.1 教育教学智能体工作流设计与提示词优化 ... 287
  - 12.3.2 文本生成任务工作流编排与提示词优化 ... 289
  - 12.3.3 作业批改任务工作流编排与提示词优化 ... 291
- 12.4 思考与练习 ... 294

第13章 人工智能的伦理、安全与挑战 ... 295

- 13.1 人工智能的伦理问题 ... 296
  - 13.1.1 数据隐私 ... 296
  - 13.1.2 人类控制与自主性 ... 297
  - 13.1.3 责任归属 ... 298
- 13.2 人工智能的安全问题 ... 298
  - 13.2.1 数据安全 ... 298
  - 13.2.2 模型安全 ... 299
  - 13.2.3 社会安全 ... 299
- 13.3 人工智能的挑战 ... 300
  - 13.3.1 技术挑战 ... 300
  - 13.3.2 社会挑战 ... 301
  - 13.3.3 法规挑战 ... 301

13.4　思考与练习 ··· 302

第14章 人工智能教育的未来愿景 ·· 304

14.1　未来教育形态的重塑 ··· 304
  14.1.1　智能化学习环境的构建 ·· 305
  14.1.2　教育模式的转变 ··· 307
  14.1.3　基于项目与协作学习的创新 ·· 307
14.2　人工智能技术在教育中的深度应用 ······································ 308
  14.2.1　智能教学系统的进化 ··· 308
  14.2.2　教育评估与反馈的智能化 ··· 311
14.3　思考与练习 ··· 313

参考文献 ·· 315

第 1 章
人工智能概述

 **本章导读**

当今时代,人工智能已成为推动科技革命和社会变革的核心力量。作为新质生产力,人工智能在医疗健康、教育、交通与物流、金融、农业以及环境保护等领域得到了广泛的应用。本章将带领读者走进人工智能的精彩世界,从人工智能的基本概念入手,阐述人工智能的起源与发展历程,为读者提供一个全面的人工智能概览,帮助读者更好地了解人工智能背后的核心理念及其现实价值。

本章带领读者学习和解决以下问题。
- 什么是人工智能?
- 人工智能经历了怎样的发展历程?
- 人工智能在各行业中的重要应用有哪些?

1.1 什么是人工智能

人工智能(artificial intelligence,AI)是计算机科学的一个重要分支,旨在创建能够执行通常需要人类智能的任务的系统,使机器具备人类的智能,变得更智慧、能干,并发展为一门新兴的计算机学科。人工智能涉及计算机科学、逻辑学、脑科学、神经生理学、语言学、信息论、控制论等多个学科。

1.1.1 人工智能的定义

艾伦·麦席森·图灵(Alan Mathison Turing)(如图 1-1 所示)是计算机科学和人工智能领域的先驱,被誉为"计算机科学之父"和"人工智能之父"。其在 1936 年提出了图灵机的概念,这是一种抽象的计算模型,能够模拟任何可计算的问题。在 1950 年,图灵发表了具有里程碑意义的论文《计算机器与智能》(*Computing Machinery and*

Intelligence），该论文首次提出了"图灵测试"。在该测试中，一台机器与测试人员通过问答形式交互，经过一系列测试后，如果测试人员无法识别出其机器身份，那么可以认为该机器具有与人类相当的智能。这一理论不仅引发了对人工智能本质的深刻思考，也奠定了机器学习和自然语言处理等领域的研究基础。

图灵的研究为人工智能领域奠定了基础，开创了人工智能研究的新时代。在他的研究中，不仅提出了图灵测试，还预见了人工智能未来可能面临的重大挑战，如语言理解、学习、意识和机器情感等一系列的问题，从而指引了人工智能的诸多研究方向。

图 1-1　艾伦·麦席森·图灵

迄今为止，人工智能尚未有统一的定义。以下从广义和狭义两个角度，对人工智能的概念进行阐述。

广义人工智能定义：指通过计算机系统或机器模拟人类智能的能力。广义概念下人工智能需要众多技术和方法的支撑，旨在使机器能够执行通常需要人类思维理解、学习、推理和决策的任务，具备智能化的处理能力。

广义的定义中，人工智能具有学习能力、推理能力以及感知能力等，其目标是让机器拥有自主解决问题的能力，行为更智能化。这种求解问题的智能需要面向多数问题，具备普适性。

狭义人工智能定义：指通过特定的基于问题的算法和模型，使计算机系统能够执行特定的智能任务，而这些任务的完成通常需要人类的认知能力。狭义概念限定了人工智能的使用场景范围，主要体现在解决某一特定问题的求解能力的智能化上。

狭义的定义中，人工智能具有特定任务性、数据驱动性以及算法和模型的高利用性等特征，其目标是让机器高效解决特定问题。针对不同问题，算法和模型往往存在显著差异，通用性较弱。

1.1.2　人工智能与自然智能

人工智能与自然智能均属于智能的范畴，存在一定的联系，但属于两个不同的智能体系，它们存在显著的差异。人工智能是指由计算机系统模拟的智能，而自然智能则通常指人类及其他生物的智能。所以，人工智能与自然智能所属的主体不同。

人工智能旨在研究、开发用于模拟、延伸和拓展人类智能的理论、方法、技术，是一门新兴的尖端科学。它试图通过计算机系统来模拟人类智能的能力，包括学习、理解、推理、解决问题以及感知等能力。人工智能通过计算机系统，不断地学习和优化算法，以提升问题的处理能力，并具有高度的智能化。

AlphaGo 是由 DeepMind 团队于 2014 年开发的一款人工智能围棋程序，其结合了深度学习和蒙特卡洛树搜索，在人工智能发展史上具有里程碑意义。2015 年 10 月，AlphaGo 首次击败欧洲围棋冠军樊麾，成为第一个在标准 19 路棋盘上战胜职业棋手的计算机程序。

2016 年 3 月，AlphaGo 在与韩国九段棋手李世石的五番棋比赛中以 4∶1 获胜，震惊了全世界，该成果被《科学》（Science）杂志列为 2016 年全球十大重大科学技术突破，位列第二。此后，AlphaGo 继续进化，推出了完全基于自我对弈训练的 AlphaGo Zero 版本，它在短时间内掌握了人类数千年积累的围棋知识。AlphaGo 不仅展示了人工智能在复杂策略游戏中的强大能力，还推动了人类对围棋理论的进一步探索。AlphaGo 具有学习、推理以及高超的博弈能力，是人工智能的典型应用实例。

自然智能是指生物体（主要是人类）所具备的知识、智力和各种才能。它主要表现为人类对客观事物进行合理分析、判断及有目的地行动和有效地处理周围环境事宜的综合能力，即学习、推理、解决问题、适应环境和进行创造性思维的能力。自然智能是基于生物系统的，特别是人类大脑，通过基因传承和自然选择进化而来。

在人类进化的过程中，自然智能是我们生存智慧的基石。从远古时代起，我们的祖先便凭借敏锐的观察力和卓越的适应能力，理解自然界的奥秘，掌握狩猎、采集技巧，确保部落的生存与繁衍。他们观察星辰以洞悉季节变换，利用自然资源创造工具，与生态环境和谐共生。这种对自然的深刻理解与尊重，不仅塑造了人类的生存技能，更铸就了人类与自然界的深刻联结。随着文明的演进，自然智能的内涵不断丰富，它促使我们探索未知，敬畏自然，寻求与环境的和谐共存之道。人类进化过程示意图如图 1-2 所示。

图 1-2 人类进化过程示意图

人工智能与自然智能在定义、表现形式、学习机制以及决策推理等方面均存在差异。如今，人工智能已经在医疗、教育、交通、制造、金融、家居生活等多个领域发挥重要作用，改善了人类的生活，提升了工业制造的效率。随着技术的不断进步，人工智能将在更多领域发挥潜力，为人类创造更加美好的生活。自然智能是人类社会进步和创新的重要驱动力，也是人工智能研究和发展的灵感来源。未来，人工智能的发展将继续受到自然智能的启发，同时也需要考虑伦理和社会责任，以确保技术的可持续发展。

1.1.3 人工智能的意义

随着科技的快速发展，人工智能对我们的意义显得广泛而深刻。如今，人工智能不仅改变了人们的生活方式，还对社会经济发展和结构调整产生了重要的影响。以下从生活变革、经济发展与未来探索三个方面，阐述人工智能的重要意义。

1. 生活变革

人工智能的广泛应用，使我们的生活变得更加便捷和高效。进入 21 世纪，智能家电如智能电视、机器人以及智能冰箱等已普及到千家万户，它们能够响应语音指令、自动完成任务，极大地减轻了人们的家务负担。在医疗领域，AI 技术通过大数据分析，能够辅助医生进行疾病诊断、治疗方案制定等，在重大疾病筛查和预防等方面展现出独特优势，提升了医疗服务的效率和治疗效果，改善了人们的身体健康状况。在教育领域，AI 教育平台通过对教育数据的分析，为学生提供个性化的教学内容和练习，实现因材施教，让每个孩子都能够接受最适合自己的教育。此外，在交通、安全与隐私保护、娱乐以及购物等各个领域，人工智能改变了人们传统的生活模式，为人们带来了前所未有的便利和乐趣。这些变化不仅提升了我们的生活质量，也让我们对未来美好憧憬与日俱增。图 1-3 为人工智能应用示意图。

图 1-3 AI 应用示意图

2. 经济发展

人工智能作为新质生产力，已深度融入当今社会，为全球经济注入了新的活力。在制造业领域，为了提升了企业的竞争力，AI 技术可以对生产流程进行优化，在提高生产效率的同时，还降低了能耗节约了生产成本；在金融领域，AI 算法能够对海量金融数据进行深入分析，实现投资风险的精准评估，并为投资者提供决策建议；在零售行业，AI 基于消费习惯，通过个性化推荐和智能客服的方式，提升了客户满意度。此外，人工智能的发展还催生了一系列新兴产业，如智能安防、供应链管理、自动驾驶以及无人机配送等，这些新兴产业不仅为经济增长提供了新动力，还带动了相关产业链的发展。据有关统计，预测到 2030 年，人工智能产值将超过 15 万亿美元，成为推动经济发展的关键技术。

3. 未来探索

人工智能的发展不仅改变了人们的生活和经济发展方式，更为解决多个重要领域的难题做出了贡献。例如，在科学研究中，AI 能够加速基因结构分析、助力新药研发、模拟宇宙演化过程，甚至帮助解决人类长期未解的数学难题；在太空探索中，AI 驱动的探测器能够自主完成复杂任务，解析宇宙空间的复杂环境，为人类探索宇宙提供支持。随着 AI 技术的不断进步，我们有理由相信，未来人工智能将在更多领域发挥重要作用，如环境保护、人类健康、能源利用以及太空探索等。同时，人工智能技术的发展将揭示更多领域的奥秘，为人类的生存和发展做出巨大贡献。

总之，人工智能的意义在于它改变了我们的生活方式，推动了经济发展，重塑全球经济、社会和文化的格局，并积极探索未知领域，拓展人类的生存空间。

1.2 人工智能的前世今生

在当今时代，人工智能无疑是最为引人注目的科技之一。掌握人工智能技术，适应人工智能的发展需求，从而能够更好地为社会的发展做出贡献。所有这一切的第一步是了解人工智能的历史，继而深入挖掘人工智能的特性。本节帮助读者了解人工智能各阶段的发展状况，包括其起源、发展历程以及流派组成，以加深对人工智能的理解。

1.2.1 人工智能起源

人工智能的起源可以追溯到 20 世纪中叶，其是多个学科交叉的产物，包括计算机科学、心理学、哲学、神经科学和语言学等。目前，人工智能的产生主要可以从以下两个方面进行阐述。

1. 古代哲学思想

公元前 900 多年，中国便有歌舞机器人的相关记载。在国外，古希腊哲学家如亚里士多德就开始探讨逻辑推理和知识获取的机制，涉及自动化与智能的概念，为人工智能奠定了理论基础。

到了 17 世纪和 18 世纪，诸多哲学家基于机械论的原理，开始思考机器是否能够模拟人类的思维去处理问题，即机器是否能够具备人类的智能——这恰是当今人工智能的核心定义。

2. 计算机科学的基础

人工智能是计算机学科的一个重要分支，是依附于计算机的一门学科。早在 1936 年，艾伦·麦席森·图灵提出图灵机模型，为现代计算理论奠定基础，同时也为人工智能提供了关键理论支撑。重要的是图灵在 1950 年首次提出了"图灵测试"概念，用于评估机器是否具备智能，为人工智能的诞生铺就了重要的基石。

1.2.2 人工智能发展历程

1. 人工智能的正式诞生（1956 年）

1956 年，约翰·麦卡锡（John McCarthy）、马文·明斯基（Marvin Minsky）、克劳德·香农（Claude Shannon）、纳撒尼尔·罗切斯特（Nathaniel Rochester）和赫伯特·西蒙（Herbert Simon）等科学家云集达特茅斯学院，召开首届人工智能大会，此次会议部分专家合影如图 1-4 所示。人工智能在此次会议上被正式提出，并被列为一门独立的学科，开创了人工智能的研究领域，具有跨时代的意义。会议旨在探讨"所有学习和智能的特征可以用机器来实现",并设定了人工智能研究的基本方向。

图1-4　1956年达特茅斯会议部分专家合影

早期的人工智能研究主要集中于逻辑推理和问题求解,开发了用于逻辑推理以及问题求解的程序和系统,如"通用问题求解器"(general problem solver)等。1958年,伯恩斯坦为IBM704机编写了一个国际象棋程序,是世界上公认的第一款成熟的国际象棋程序,展示了机器在特定领域的智能行为。

2. 黄金期（1956—1973年）

在1956年,赫伯特·西蒙和艾伦·纽厄尔（Allen Newell）等基于逻辑理论,开发了"逻辑理论家"程序,能够对一些数学定理进行证明,展示了机器极强的推理潜力。1960年,赫伯特·西蒙、艾伦·纽厄尔等研制了用于通用问题求解的程序,对不定积分、人羊过河、代数方程、汉诺塔等11类问题进行求解,人工智能超强的问题处理能力再一次得到彰显。1958年,约翰·麦卡锡则创建了一款专家系统,用于行动决策咨询。

自然语言处理方面,名为ELIZA的自然语言处理程序于1966年成功开发,能够模拟人类对话,展示了人机交互的可能性,可以认为是最早的自然语言处理系统。另外,人工智能开始在棋类游戏中表现出色,1956年,约翰·麦卡锡提出了α-β剪枝搜索算法,极大提高了计算机下棋的效率,图1-5为人机对弈场景。1962年,麦卡锡指导麻省理工学院的学生开发了Kotok-McCarthy程序,能够在IBM 7090上击败普通棋手。1966年,美国的Kotok-McCarthy程序与由苏联科学院开发的M20计算机的程序进行了远程对弈,苏联程序以3∶1获胜。所有这些,标志着人工智能步入了它的黄金时期。

图1-5　人机对弈

3. 第一次起伏（1974—1987 年）

经历了第一次的黄金时期发展，包括西蒙在内的众多科学家认为人工智将会在众多领域大放异彩，解决数学、心理学以及社会学的一些艰难问题。然而，由于技术进展缓慢和期望过高，人工智能研究遭遇了第一次寒冬，研究投入迅速减少，研究者的兴趣也随之下降。自诞生以来，人工智能第一次陷入了冰冻期，研究几乎处于停滞状态。

痛定思痛，人们开始了以知识为导向的专家系统的研究。专家系统的核心是基于规则的程序，能够在特定领域提供专家级的决策支持服务，如 MYCIN（医疗诊断）和 DENDRAL（化学分析）。专家系统开发是基于知识表示与推理，模拟人类专家对复杂问题进行解决和回答。于是，大量研究人员开始关注知识表示和推理机制，发展了如框架、语义网络等技术。专家系统的成功引起了商业界人士的关注，进一步推动了人工智能技术的应用范围，诸多用于解决商业问题的专家系统应运而生。卡内基·梅隆大学为数字设备公司研发了 XCON 专家系统，据统计每年可为公司节省开支 4000 万美元，持续使用至 1986 年。同时，专家系统在医疗领域也得以使用，协助医生进行细菌感染类疾病的治疗。

4. 第二次起伏（1988—2005 年）

第一次技术起伏后的人工智能，迎来了一段时间的蓬勃发展。然而，由于算力和算法的性能限制，人工智能的发展受阻，许多项目未能实现预期目标。随着专家系统的普及，市场逐渐呈现饱和状态，许多项目未能取得预期的经济效益，导致人工智能的第二次冰冻期。与第一次冰冻期相同，研究投入资金减少，研究人员对人工智能的兴趣下降，大量实验室关闭或转向了其他领域。例如，1988 年美国战略计算促进会对新的人工智能研究经费投入做出了暂停决定，1992 年日本第五代计算机项目也悄然落幕，所有这些，宣告了人工智能的第二次冰冻期的到来。

随着统计学和机器算力的提升，机器学习成为人工智能研究的重点，如支持向量机、决策树等算法。1993 年，美国贝尔实验室成功开发出支持向量机，很大程度上提升了机器学习的分类性能表现。另一方面，互联网的普及和数据量的激增为机器学习提供了丰富的数据样本，推动了人工智能技术的飞速进步。

1993 年，麻省理工学院的罗德尼·布鲁克斯（Rodney Brooks）教授开发了能在未知的动态环境中自主漫游的有 6 条腿的机器虫。1997 年，IBM 公司开发的"深蓝"（Deep Blue）战胜了国际象棋世界冠军，人工智能完成了首次战胜人类顶级选手的壮举。随后的人工智能技术持续发展，应用领域不断拓宽。2005 年，美国斯坦福大学研究的自动驾驶汽车 Stanley 在自动驾驶车辆挑战赛中一战成名。同时，搜索引擎和推荐技术的兴起和成熟，为信息检索与推荐系统注入了新动力，使得人工智能技术在商业领域得到了广泛应用。

5. 第三次起伏（2006 年至今）

进入 21 世纪，人工智能的发展开始聚焦于自然智能、集成智能、协同智能等方向。以深度学习、跨模态融合为核心，新的智能科学技术学科悄然兴起。2006 年，辛顿（Hinton）在神经网络的深度学习研究方面有了质的突破，人们重新燃起机器超越人类的希望。

2012年，亚历山大·克里日夫斯基（Alex Krizhevsky）等人推出的 AlexNet 在 ImageNet 比赛中取得骄人的成绩，标志着深度学习的崛起。随后，深度学习技术迅速在图像识别、自然语言处理、语音识别等多个领域发挥了重要作用，推动了人工智能的快速发展。苹果的 Siri、谷歌助手、亚马逊的 Alexa 等，利用自然语言处理和机器学习技术，为用户提供了智能化的助手服务。同时，在机器翻译方面，微软的机器翻译系统甚至能够与人类专业译者相媲美。特斯拉、谷歌等公司在自动驾驶技术上取得了显著进展，推动了智能交通的未来发展。人工智能发展过程如图 1-6 所示。

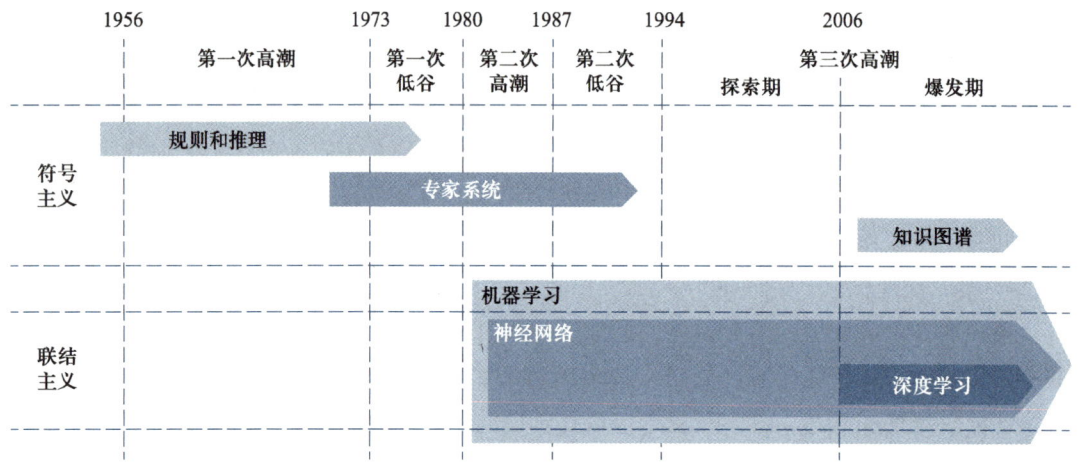

图 1-6　人工智能发展过程

近年来，随着各种大模型的问世，人工智能给人们的工作和生活带来了极大的便利。2021 年 OpenAI 推出了一种深度学习模型 DALL·E，该模型可以依据自然语言的描述，生成数字图像。2022 年 12 月，OpenAI 推出基于 GPT-3.5 的新型 AI 聊天机器人 ChatGPT，两个月内就汇聚了 1 亿用户。自此，大模型的发展和应用势不可当，如百度的文心一言大模型、月之暗面的 Kimi、OpenAI 的 O3-mini、科大讯飞的星火认知大模型、阿里巴巴的通义千问大模型等陆续问世。2025 年 1 月 20 日，最新的国产大型语言模型 DeepSeek 正式发布，以高效架构、低成本、高性能、开源、实时信息获取等特性，在人工智能领域崭露头角，广泛应用于各行业，提供实时智能服务，改变人与人工智能互动方式。如今，人工智能的发展和应用进入了爆发期。

1.2.3　人工智能流派

近年来，随着人工智能的发展，形成了三个派别，分别是符号主义流派、连接主义流派以及行为主义流派。本节将为读者详细地介绍各学派的形成和特点。

1. 符号主义（symbolicism）

符号主义流派又称逻辑主义流派（logicism）、心理流派（psychlogism）或计算机主义流派（computerism），是人工智能的早期流派之一。该流派认为认知的基本元素是符号，而智能行为则依赖于知识的指导。所以，智能行为基于符号操作和逻辑推理，使用规则、逻辑和符号系统来进行问题描述和解决。符号主义流派的研究集中于问题的知识表示和逻辑推理规则的制定，代表人物有：费根鲍姆、肖特里菲、纽厄尔、图灵和西蒙等人。

2. 连接主义（connectionism）

连接主义流派又称仿生流派（bionicsism）或生理流派（physiologism），认为人工智能来源于仿生学，智能的产生与大脑神经连接原理相通。连接主义流派的主要研究内容为人工神经网络，通过对人脑模型的研究，揭示神经元连接机制的原理，实现智能行为的模拟。连接主义流派代表性人物有：罗森布莱特、霍普菲尔德、麦卡洛克、霍夫、麦克莱兰、威德罗以及皮茨等人，其中，霍普菲尔德于2024年获得诺贝尔物理学奖。

3. 行为主义（actionism）

行为主义流派又称进化论流派（evolutionism）或控制论流派（cyberneticsism），认为人工智能源于控制论，智能由感知和行动决定，智能行为不需要建立在符号推理的基础上，仅取决于对外在环境的感知和适应。行为主义的研究集中于智能行为的观察和分析，并不关心其内在特征。行为主义流派代表性人物有：布鲁克斯、斯金纳、迈耶和科瓦奇等人。

1.3 AI+X：人工智能在各行业中的应用

近些年，我国政府对人工智能的研究重视程度持续增加，人工智能作为新质生产力，已成为引领新一轮科技革命、推动产业变革的核心力量。如今，人工智能应用涉及众多领域，如医疗、教育、金融、交通、制造等领域，实现了人工智能+的产业发展模式。本节就人工智能在相关领域的应用，为读者作简要性介绍。

1.3.1 医疗行业

随着生活水平的提高，人们对健康的要求标准日渐提升。我国是人口大国，各大医院的患者就诊量居高不下，医务人员往往处于超负荷的工作状态。将人工智能引入医疗行业，改变传统医疗服务的方式，是当前医疗行业的全新模式。智能技术的介入，可以提高诊断的准确性，并对治疗方案进行优化，从而提升患者的整体体验。人工智能在医疗行业中的多个方面得到应用，如诊断支持、个性化医疗以及医疗资源调度等。

1. 诊断支持

目前通过对卷积神经网络进行充分的样本训练，能够识别医疗图像（如CT、X和MRI光图像等）中的异常点，从而发现肿瘤及其他病变等。另一方面，人工智能技术可以为患者提供诊断结果和医疗方案，患者仅需输入自身的症状，很快就会生成疾病诊断和建议。如最近发布的DeepSeek大模型，因其卓越的逻辑推理能力被用于医疗诊断，可帮助医生给出精准的医疗方案。

2. 个性化医疗

该方案主要通过分析患者基因组信息，基于遗传变异的角度确定患者的病因，从而制定适合患者的个性化治疗方案。另外，可采用 AI 技术分析大量数据，如深度学习，建立预测模型，对不同治疗方案可能产生的疗效进行评估，以选择适合患者的最佳治疗方案。

3. 医疗资源的调度

当前，医疗资源如医务人员、医疗设备和药品等相对匮乏。人工智能的预测算法和优化算法能够依据现有资源结合需求，给出最优的分配方案。优化算法包括确定性算法、启发式算法、进化算法等。例如，通过预测患者就诊量，对医务人员的排班进行优化设置，确保在高峰期时患者能够及时就诊。

人工智能在药品研发过程中，通过分析药品的化学特性和生物活性，可筛选出潜在的药物候选者，从而加速药物发现过程。

1.3.2 教育

随着我国教育事业的深入发展，对教育提出了更高的要求，如教育的个性化、教学过程中的数据分析与合理决策及智能教学系统和教学平台的构建等。传统的教学模式在 AI 赋能后，正经历一场深刻的变革。智能化教育主要包括个性化学习、教育管理、智能辅导、内容生成、评估与反馈等核心模块，下面对部分典型内容进行介绍。

1. 个性化学习

因材施教，一直是我们倡导的教育方法，也是提升教学效果的有效途径。然而，由于师资力量等资源的不足，因材施教、个性化教学难以实现。个性化教育可以从两个方面入手：① 利用人工智能算法对学习行为和成绩进行分析，开发自适应学习平台，为学生制定个性化的学习路径。如 Aleks、Knewton、ScootPad、SuccessMaker 和 DreamBox 等平台，能够根据学生的学习进度和理解能力，对课程内容和难度进行动态调整；② 人工智能可以通过对学习风格的分析，构建多样化学习方式，并推荐最适合的学习资源和方法，如 CK-12 Platform、Coursera、Udacity、国家教育云以及中国大学 MOOC 等。

2. 智能辅导

由于师资力量的短缺，利用 AI 的智能辅导功能成为教学辅导的一条重要渠道，在无教师参与的情况下，助力学生学习。智能辅导有两种主要方式：① 聊天机器人，聊天机器人可以为学生提供实时的教育辅导，帮助学生解决问题，如华为智选火火兔智能机器人、名校堂 R9x 早教机器人以及优必选等教育机器人。② 智能辅导系统，主要利用 AI 技术分析学生的问题所在，提供对应的补救措施和练习，如小度学习机 Z30、科大讯飞 AI 学习机以及 LearnCoach 等。

3. 公平的教育

遍布世界各个角落的学生可以接受在线智能学习平台丰富的学习资源，从而使更多人能够均等地接受优质教育，同时人工智能技术平台能为有特殊需求的学生提供学习服务，如中国聋协无障碍工作平台、华清 SaaS 云平台以及 ActiveMath 智能辅导系统等。

除此之外，人工智能在持续学习与终身教育、评估与反馈以及教学内容生成与管理等方面，均起到了重要的作用。

1.3.3 金融业

人工智能在金融行业的应用正在迅速扩展，已经广泛渗透到多个关键领域，改变了传统的金融服务模式，很大程度上提升了金融服务的效率、精准度，并改善了客户的体验等。人工智能主要是通过大数据分析、机器学习等强大的工具，为金融机构优化决策、降低风险提供帮助。

1. 风险评估与管理

建立个人或企业的信用风险评估模型，通过对消费者大量数据的深入分析，如收入、信用历史、消费行为等数据，可对个人或企业做出更准确的信用评估。以机器学习为工具，能够识别出传统方法难以察觉的风险模式，从而降低信用风险。常用的风险评估与管理系统有 Emagia 信用风险管理、AI 智能选品系统以及腾讯云 AI 风险控制系统等。

2. 智能客服与客户体验

AI 技术通过智能投顾和聊天机器人等方式可为客户提供全天候的个性化服务，解答并处理常见问题和交易请求，显著提高了客户体验，减轻了人工客服的负担。智能投顾利用 AI 算法分析客户的交易历史和偏好，可提供量身定制的投资建议。常用的智能客服系统有腾讯云智能客服、阿里云智能客服（通义晓蜜）以及华为智能客服等。

3. 销售与营销

人工智能可以通过机器学习等技术帮助商户生成营销文案、个性化推荐方案等，显著提升金融机构的营销效率。知名的智能销售与营销系统有 Clay、Reply、Salesforce Einstein 以及 IBM Watson Marketing 等。

人工智能在金融领域的应用还包括合规与反欺诈、交易系统、财务数据分析与决策支持等。

1.3.4 交通运输

智能交通运输是当前交通运输业的发展方向和重点，主要通过融合先进的信息技术、通信技术、控制技术和 AI 技术，实现交通运输的智能化、自动化及高效运行。利用大数据和 AI 算法，为城市规划和交通政策制定提供科学依据。

1. 智能交通管理

该系统由两个部分组成：交通流量监测与管理、交通预测与规划。通过摄像头、传感器及无人机等设备收集交通数据，可实时分析交通流量，优化交通灯的时间安排，减少拥堵。对历史交通数据采用 AI 技术进行分析，预测未来的一段时间内交通流量和拥堵趋势，为交通管理部门制定有效的交通规划。

2. 智能物流调度

采用人工智能、大数据分析、云计算等先进技术，可对订单、交通状况和车辆位置进行实时监控和分析，动态调整配送路线及时间，优化资源配置，以达到物流系统的最佳运行状态，提高运输效率、节约运输成本，并提升客户的满意度。通过 AI 技术对历史数据和市场趋势的分析,可预测未来物流需求的变化走势,为企业制定库存管理和运输计划提供决策信息。知名的智能物流调度系统有博众精工、海康机器、极智嘉(Geek+)以及凌鸟智能等。

3. 智能出行服务

利用人工智能、物联网以及5G通信等先进技术,将各种交通工具、服务平台与用户进行有效连接,可分析用户的需求和实时交通状况,为用户提供高效、便捷、安全和环保的出行体验。如导航系统,在用户出行前可提供路线选择信息,并在行程中根据交通实时状况为用户动态调整行程计划。知名的智能出行服务系统有谷歌Waymo、苹果CarPlay、高德地图以及蘑菇车联等。人工智能在交通领域的应用还包括自动驾驶、交通安全、交通数据分析以及可持续交通等。

1.3.5 制造业

智能制造是基于新一代AI技术与先进制造技术深度融合的产物,贯穿于制造业的设计、生产、服务等各环节,提高了生产效率、降低了成本,并改善了产品质量和安全性。智能制造业涉及物联网、大数据、云计算、AI等技术,目标是实现制造要素和制造资源的互联互通与优化。

1. 智能生产

自动化生产线的搭建主要由机器人技术和灵活制造系统两部分组成,以机器人为核心的生产线可以实现生产的高效性,并提升产品的合格率,降低生产成本。同时,机器人可以代替高危环境下的工人作业,降低危险性等。企业可以根据实际情况,建立灵活的生产系统,动态快速调整生产计划和流程,应对小批量、多品种的生产需求。智能生产还包括智能生产调度优化等。代表性的智能生产流水线企业有ABB、Siemens、FANUC、三一重工以及无锡先导智能装备股份有限公司等。

2. 质量监控

计算机视觉可以发现产品缺陷,如表面划痕、凹陷、变形以及裂纹等,并进行自动反馈,实现自动化检测,提高了检测精度,并减少了人工检测的成本。预先输入产品的关键参数,AI可以进行生产过程的实时监控,及时发现异常情况,并自动调整生产条件,以确保产品的质量合格。知名的智能生产质量监控系统有利元亨生产智能监控软件、太友QSmart SPC系统以及基于STM32的智能工业生产线质量检测系统等。

3. 设备维护

设备维护主要由预测性维护与故障诊断组成。预测性维护主要通过对设备状态的监测实现故障发生的可能性预测。具体通过传感器收集生产设备的运行数据,采用机器学习技术分析设备的状态,从而预测设备状况。对于预测可能出现问题的设备,及时维护,从而保障生产的正常运行。故障诊断依据设备运行状态,采用AI技术进行分析,找出故障原因,并提供解决方案。IBM Maximo、Siemens MindSphere、纷享销客设备管理系统以及北明数科设备智能运维管理系统等是目前较为成熟的设备智能维护系统。

人工智能在制造业领域的应用还包括产品设计、供应链管理、产品服务以及人力资源管理等。

1.4 思考与练习

简答题
1. 什么是人工智能，涉及哪些流派？
2. 人工智能的应用领域有哪些？
3. 人工智能的研究内容有哪些？
4. 列举你所知晓的人工智能技术，并指出其应用领域。

第 2 章
人工智能技术生态

 **本章导读**

在当今数字化时代,人工智能技术的蓬勃发展正深刻地改变着各个领域的面貌,其与云计算、大数据、区块链等技术的深度融合,构建了一个强大的技术生态体系。这一生态体系不仅为人工智能的发展提供了坚实的支撑,还在教育、企业、政府及社会服务等众多领域展现出了巨大的应用潜力,推动着社会的数字化转型和创新发展。本章将围绕云计算、大数据、区块链这三项关键技术,深入探讨它们的基本概念、关键技术以及广泛应用,助力读者全面理解人工智能技术生态的内涵与价值。

通过本章的学习,读者将系统掌握云计算、大数据、区块链技术的核心知识,明晰它们在人工智能技术生态中的地位和作用,以及如何在实际场景中运用这些技术解决问题。

本章将带领读者学习和解决以下问题。
- 云计算、大数据、区块链技术的核心概念和主要特点是什么?
- 这些技术包含哪些关键技术,它们是如何实现和运作的?
- 在教育、企业、政府与社会服务等领域,这些技术有着怎样的具体应用?
- 面对技术应用过程中的挑战,我们该如何应对,以确保技术的有效应用和可持续发展?

2.1 云计算技术与应用

2.1.1 云计算概述

1. 云计算的定义与特点

云计算从本质上讲,是一种基于互联网的计算模式,它打破了传统本地计算资源的局限，将计算能力、存储空间、软件服务等资源整合起来，通过网络以服务的形式提供给用户。用户无须关心这些资源的具体物理位置和底层技术细节，只需根据自身需求，像使用水电一样便捷地获取和使用所需资源。云计算具有以下显著特点。

(1) 按需服务

用户可以根据自己的业务需求，在云计算平台上自主选择所需的计算资源，如虚拟机的 CPU 核数、内存大小、存储容量等。整个获取过程如同在自助餐厅选择菜品一样简单，完全由用户自主决定，无须人工干预。

这种按需使用资源的模式，极大地提高了资源的利用效率，避免了资源的浪费，用户只需为实际使用的资源付费，有效降低了成本。例如，一家初创企业在业务推广初期，对服务器的计算能力需求较大，可通过云计算平台快速扩充服务器的配置；而在业务平稳期，又能及时缩减资源配置，灵活控制成本。

(2) 资源池化

云计算服务提供商将大量的计算资源，如服务器、存储设备、网络带宽等集中起来，形成一个庞大的资源池。然后，根据不同用户的需求，动态地将这些资源分配给各个用户。这就好比是住在公寓里，大家共用一些设施，但可以根据自己的需要随时使用。

例如，在"双十一"期间，大量用户同时访问电商平台，云计算平台可以从资源池中迅速调配资源，确保平台的稳定运行；活动结束后，这些资源又可以被重新分配给其他有需求的用户，实现了资源的高效共享和利用。

(3) 快速弹性部署

在瞬息万变的商业环境中，业务的发展往往具有不确定性。云计算的快速弹性部署特性，使得用户能够根据业务量的变化，迅速调整所使用的计算资源。当业务量突然增加时，云计算平台能够在短时间内为用户分配额外的资源，保障业务的正常运行；当业务量减少时，用户可以及时释放多余的资源，降低成本。这种快速响应业务变化的能力，就像给企业配备了一个智能的"资源调节器"，让企业能够更好地适应市场的动态变化。

例如，一款热门游戏在新版本上线时，玩家数量可能会急剧增加，游戏运营公司可以借助云计算的快速弹性部署，迅速增加服务器资源，确保游戏的流畅运行；而在版本更新热潮过后，又能及时减少资源，节约成本。

(4) 服务可计量

云计算服务提供商对用户使用的计算资源进行精确计量，用户只需按照实际使用的资源量支付费用。例如，用户使用的虚拟机时长、存储的文件大小、消耗的网络带宽等都可以被准确计量。这种计费方式既公平又灵活，有效降低了用户的使用成本，用户无须担心资源的浪费和不必要的费用支出。

2. 云计算的发展历程

(1) 概念提出

20 世纪 60 年代，计算机科学家约翰·麦卡锡提出了"计算能力可以作为一种公共设施进行提供"的设想，这为云计算的诞生奠定了理论基础。随后，分时共享计算机技术的出现，让多个用户能够通过终端共享一台大型计算机的计算资源，这可以视为云计算的早期雏形。虽然当时的技术还比较原始，但已经展现出了云计算的一些基本理念，如资源共享和按需使用。

（2）技术探索期

到了 20 世纪 90 年代，网格计算技术逐渐兴起。它试图将分散在不同地理位置的计算资源整合起来，实现资源的共享和协同计算。然而，在实际应用过程中，网格计算遇到了诸多挑战，如资源管理复杂、安全性难以保障等。尽管如此，网格计算的探索为云计算的发展积累了宝贵的经验，推动了相关技术的不断进步。

（3）商业应用期

2006 年，亚马逊推出了弹性计算云（EC2）服务，这一事件标志着云计算正式进入商业化应用阶段。此后，谷歌、微软、阿里巴巴等众多科技巨头纷纷跟进，推出了各自的云计算服务。云计算市场迅速发展壮大，应用领域也不断拓展，从互联网行业逐渐渗透到金融、教育、医疗、制造业等各个传统行业，成为推动数字化转型的重要力量。

3. 云计算类型有哪些

在实际应用场景中，不同的组织和个人对云计算服务有着不同的需求，这也催生了多样化的云计算类型。公有云、私有云、混合云各自有着怎样的定位与优势？在何种情况下，企业或个人应选择公有云的低成本与高扩展性，何时又需依赖私有云的安全与隐私保障，或是借助混合云实现灵活的资源配置？

接下来，我们将详细解读各类云计算类型，云计算根据服务对象和部署方式的不同，主要分为以下几种类型，如图 2-1 所示。

图 2-1　云计算常见的类型

（1）公有云

公有云是由第三方云计算服务提供商运营，通过互联网向公众提供服务。公有云的资源由多个用户共享，用户只需按需租用资源，无须自己搭建和维护基础设施。公有云具有成本低、易于使用、可扩展性强等优点，适合中小企业和个人开发者使用。

例如，亚马逊的 AWS、微软的 Azure、阿里云等都是知名的公有云服务提供商。对于一家初创的互联网公司来说，使用公有云服务可以快速搭建自己的业务平台，降低初期的资金投入和技术门槛。

（2）私有云

私有云是为某个特定的企业或组织单独使用而构建的云计算环境，其所有的硬件、软件和基础设施都由该企业或组织自己管理和维护。私有云具有更高的安全性和隐私性，适合对数据安全和隐私要求较高的企业，如金融机构、政府部门等。

例如，某银行搭建了自己的私有云平台，用于存储和处理客户的金融数据，确保数据的安全性和保密性。私有云的建设和维护成本较高，需要专业的技术团队进行管理。

（3）混合云

混合云结合了公有云和私有云的优点，企业可以根据自身的业务需求，将一部分业务部署在公有云上，享受公有云的低成本和高扩展性；将另一部分对安全性和隐私性要求较高的业务部署在私有云上。

例如，某大型企业的电商业务部分部署在公有云上，以应对业务高峰时的弹性需求；而企业的核心财务数据和客户敏感信息则存储在私有云中，以确保数据安全。混合云的部署方式更加灵活，但也需要企业具备一定的技术能力和管理经验，以实现公有云和私有云之间的无缝对接和协同工作。

具体来说，三种云类型的特点如表 2-1 所示。

表 2-1 不同类型云计算的特点

特性/类型	公有云	私有云	混合云
成本	低	高	中等
安全性	低	高	中等
灵活性	高	低	高

2.1.2 云计算关键技术

云计算之所以能在众多领域广泛应用并展现强大效能，背后依托的是一系列关键技术。这些技术是云计算稳定运行、发挥其优势的核心支撑。下面将从虚拟化、资源管理以及安全保障等维度，深入探究云计算的关键技术。

1. 什么是虚拟化技术

（1）服务器虚拟化

服务器虚拟化是将一台物理服务器虚拟化成多个相互独立的虚拟机（VM），每个虚拟机都拥有独立的操作系统和应用程序运行环境，彼此之间互不干扰。服务器虚拟化的原理是通过虚拟化软件对物理服务器的硬件资源进行抽象和隔离，将 CPU、内存、存储等硬件资源虚拟化成多个虚拟资源，分配给不同的虚拟机使用。服务器虚拟化的优势在于提高了服务器的利用率，降低了硬件成本。

例如，在传统的计算模式下，一台物理服务器可能只运行一个应用程序，导致服务器资源的大量浪费。而通过服务器虚拟化技术，可以在一台物理服务器上同时运行多个虚拟机，每个虚拟机运行不同的应用程序，充分利用服务器的计算资源，将服务器的利用率从 20%~30% 提高到 80% 以上。

（2）存储虚拟化

存储虚拟化是将多个物理存储设备虚拟化成一个统一的存储资源池，用户可以从这个资源池中按需获取存储容量，而无须关心存储设备的具体物理位置和配置。

存储虚拟化的原理是通过存储虚拟化软件对物理存储设备进行抽象和管理，将不同厂商、不同型号的存储设备整合在一起，形成一个统一的存储资源池。存储虚拟化的优势在于提高了存储资源的利用率，简化了存储管理。

例如，企业中可能存在多个不同时期购买的存储设备，这些设备的存储容量和性能各不相同，通过存储虚拟化技术，可以将这些设备整合在一起，实现存储资源的统一分配和管理，避免了存储资源的闲置浪费。

（3）网络虚拟化

网络虚拟化是将物理网络资源虚拟化成多个相互独立的虚拟网络，每个虚拟网络都有自己的 IP 地址、子网掩码、路由规则等，彼此之间相互隔离。网络虚拟化的原理是通过网络虚拟化技术对物理网络设备进行抽象和管理，将物理网络的带宽、端口等资源虚拟化成多个虚拟网络资源，分配给不同的用户或应用程序使用。网络虚拟化的优势在于提高了网络的灵活性和可扩展性，降低了网络管理成本。

例如，在云计算数据中心中，通过网络虚拟化技术，可以为不同的租户创建独立的虚拟网络，每个租户可以在自己的虚拟网络中自由配置网络参数，实现网络的隔离和安全。同时，当租户的业务需求发生变化时，可以快速调整虚拟网络的配置，满足业务的发展需求。

2. 资源管理技术的特点

（1）负载均衡

负载均衡是将来自客户端的请求均匀地分配到多个服务器上，以提高系统的性能和可靠性。在云计算环境中，负载均衡器位于客户端和服务器之间，它实时监测各个服务器的负载情况，当有新的请求到来时，根据预设的负载均衡算法（如轮询算法、加权轮询算法、最少连接算法等），将请求分配到负载较轻的服务器上。

例如，在一个电商网站中，当用户访问网站时，负载均衡器会将用户的请求分配到多个 Web 服务器上，确保每个 Web 服务器的负载均衡，避免单个服务器因负载过高而出现性能下降或崩溃的情况。

（2）自动扩展

自动扩展是根据系统的负载情况，自动增加或减少计算资源的分配。在云计算环境中，当系统负载增加时，自动扩展机制会自动启动新的虚拟机或增加现有虚拟机的资源配置，以满足业务的需求；当系统负载降低时，自动扩展机制会自动关闭多余的虚拟机或减少现有虚拟机的资源配置，降低成本。

例如，在电商促销活动期间，电商平台的访问量会急剧增加，此时自动扩展机制会自动启动更多的虚拟机，增加服务器的计算能力，确保平台的稳定运行；活动结束后，自动扩展机制会自动关闭多余的虚拟机，节省成本。

（3）资源调度

资源调度是根据用户的需求和系统的资源状况，合理分配计算资源、存储资源和网络资源等。在云计算环境中，资源调度器负责管理和分配资源，它根据用户提交的任务和资源请求，结合系统中各个资源的使用情况，选择最合适的资源分配给用户。

例如，在一个大数据分析任务中，资源调度器会根据任务的计算量、数据存储位置等因素，合理分配计算节点和存储资源，确保任务能够高效完成。

3. 如何确保云计算的安全

（1）数据加密

数据加密是保障云安全的重要措施之一，它通过加密算法将原始数据转换为密文，只有拥有正确密钥的用户才能解密并读取数据。在云计算环境中，数据加密可以在数据传输和存储过程中进行。

例如，在数据传输过程中，使用 SSL/TLS 协议对数据进行加密，确保数据在网络传输过程中的安全性；在数据存储过程中，使用 AES 等加密算法对数据进行加密，将加密后的数据存储在云端，防止数据被非法获取和篡改。

（2）身份认证

身份认证是验证用户身份的过程，只有通过身份认证的用户才能访问云计算服务。常见的身份认证方式包括用户名/密码认证、短信验证码认证、指纹识别认证、人脸识别认证等。在云计算环境中，通常采用多因素身份认证方式，提高身份认证的安全性。

例如，用户在登录云计算平台时，不仅需要输入用户名和密码，还需要输入手机短信验证码或进行指纹识别等，确保用户身份的真实性。

（3）访问控制

访问控制是根据用户的身份和权限，控制用户对云计算资源的访问。在云计算环境中，通过设置不同的用户角色和权限，限制用户对资源的操作。

例如，管理员角色具有最高权限，可以对云计算平台的所有资源进行管理和配置；普通用户角色只能访问和使用自己被授权的资源，无法进行资源的创建、删除等操作。通过合理的访问控制策略，可以确保云计算资源的安全，防止资源被非法访问和滥用。

> **学习任务2-1**
>
> 除了以上三种保障措施之外，你还知道其他的措施吗？请同学们以小组为单位，通过头脑风暴探讨其他可能的潜在保障措施。

2.1.3 云计算应用

1. 云计算在教育领域有哪些应用

① 支持在线教育平台：云计算为在线教育平台提供了强大的技术支持，使得教育资源能够突破时间和空间的限制，实现随时随地的学习。通过云计算的弹性计算和存储资源，在线教育平台可以轻松应对大量用户的并发访问，确保平台的稳定运行。

例如，许多学校和教育机构采用在线教育平台进行教学，这些平台借助云计算的力量，能够同时支持数百万学生在线学习，提供高清的视频直播、互动答疑、作业提交与批改等功能。

② 远程教育：云计算使得远程教育变得更加便捷和高效。通过云计算的分布式存储技术，教育资源可以存储在云端，学生可以通过网络随时随地访问这些资源。同时，云计算的视频会议技术和互动教学工具，使得教师和学生可以进行实时的互动交流，提高远程教育的教学质量。

例如，一些偏远地区的学生可以通过远程教育平台，学习到来自大城市优秀教师的课程，拓宽自己的知识面和视野。

③ 教育资源共享：云计算为教育资源的共享提供了平台，不同学校和教育机构可以将自己的优质教育资源上传到云端，实现资源的共享和流通。

例如，一些高校的精品课程、教学课件、学术论文等资源可以存储在云端，其他学校的师生可以通过授权访问这些资源，促进教育资源的均衡发展。

2. 云计算在企业的应用

(1) ERP

企业资源计划（ERP）系统是企业管理的核心系统之一，云计算为 ERP 系统的部署和应用提供了新的方式。通过云计算的 PaaS 平台，企业可以快速搭建和部署 ERP 系统，降低系统的建设成本和运维难度。同时，云计算的弹性计算和存储资源，使得 ERP 系统能够根据企业的业务需求进行灵活扩展。

例如，一家制造企业通过云计算部署 ERP 系统，实现了对生产、采购、销售、库存等业务环节的一体化管理，提高了企业的运营效率和管理水平。

(2) CRM

客户关系管理（CRM）系统是企业维护客户关系、提高客户满意度的重要工具。云计算的 SaaS 模式为 CRM 系统的应用提供了便捷的方式，企业可以通过订阅的方式使用 CRM 系统，无须自己安装和维护软件。

例如，Salesforce 是一款基于云计算的 CRM 系统，它为企业提供了客户管理、销售管理、市场营销等功能，帮助企业更好地管理客户关系，提高销售业绩。

(3) 大数据分析

云计算为企业的大数据分析提供了强大的计算和存储能力。通过云计算的分布式计算技术和大数据分析工具，企业可以对海量的业务数据进行快速处理和分析，挖掘数据中的潜在价值，为企业的决策提供支持。

例如，一家电商企业通过云计算平台对用户的购买行为、浏览记录等数据进行分析，了解用户的需求和偏好，从而实现精准营销和个性化推荐，提高用户的购买转化率。

(4) DevOps 平台

云计算为 DevOps 的实施提供了良好的环境，它使得开发、测试、部署等环节能够更加高效地协同工作。通过云计算的自动化工具和平台，企业可以实现代码的快速部署、测试环境的快速搭建和应用的持续集成与持续交付。

例如，一家互联网企业采用云计算的 DevOps 解决方案，将软件开发周期从原来的几个月缩短到几周,提高了软件的开发效率和质量。

> **学习任务2-2**
>
> 云计算相关应用远远不止以上介绍的,请同学们以小组为单位,通过讨论尝试找到云计算在其他领域应用的可能性。

2.2 大数据技术与应用

2.2.1 大数据概述

在数字化时代的浪潮中,大数据作为一种极具价值的资源,正深刻地改变着各个行业的发展格局,其蕴含的巨大潜力为创新和发展提供了新的机遇。

1. 如何定义大数据

在数据爆炸式增长的当下,大数据已成为人们耳熟能详却又难以精准把握的概念。究竟什么样的数据集合能被称为大数据?它又有着怎样独特的属性?下面将从其基本定义以及被广泛认知的4V特性出发,为读者深度剖析大数据的内涵,并清晰勾勒出大数据的轮廓,如图2-2所示,4V特性分别是Volume、Velocity、Variety和Veracity。

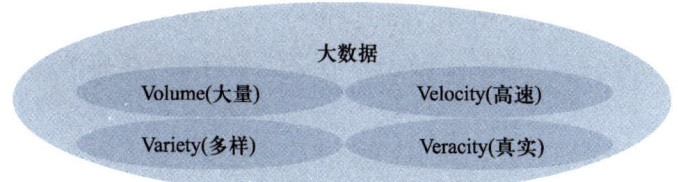

图2-2 大数据的4V特性

(1) Volume(大量)

在数字化浪潮的席卷下,数据量呈指数级增长,规模早已突破传统数据处理工具的承载极限,轻易便能达到PB(1 PB=1 024 TB)乃至EB(1 EB=1 024 PB)级别。

以全球知名的社交媒体平台Facebook为例,每日用户在平台上发布的照片数量逾3.5亿张,视频累计播放时长超1亿小时,还会产生数十亿条动态、评论和点赞等交互数据。这些海量数据全方位涵盖了用户的个人信息、兴趣爱好、社交关系及行为模式等多维度内容,为深入洞察用户行为提供了丰富素材,然而,也对数据的存储与处理能力提出了极高要求。

(2) Velocity(高速)

数据产生和处理的速度达到了前所未有的程度。在金融交易市场,每秒钟都有成千上万笔交易瞬间完成,这些交易数据包含交易时间、金额、交易双方信息等关键内容,必须被快速捕捉、传输和处理，以便投资者及时做出决策，任何延迟都可能导致巨大的经济损失。

例如，在高频交易领域，交易算法需要在微秒级别的时间内对市场数据做出响应，完成交易决策和执行，这对数据处理的速度和效率提出了严苛要求。

（3）Variety（多样）

数据类型丰富多样，不再局限于传统的结构化数据，如数据库中的表格数据。现在，半结构化数据（如 XML、JSON 格式的数据）和非结构化数据（如文本、图片、音频、视频等）占据了大数据的很大比例。

例如，电商平台上的用户评价，既有文字形式的描述，又可能包含图片或视频，这些多样化的数据为全面了解用户需求和产品反馈提供了丰富的信息。

（4）Veracity（真实）

数据的真实性和可靠性至关重要。在大数据环境下，数据来源广泛且复杂，可能存在噪声、错误或虚假数据。

例如，在网络舆情监测中，一些恶意发布的虚假信息会干扰对真实舆情的判断。因此，确保数据的真实性是有效利用大数据的基础，需要通过数据清洗、验证等手段来提高数据质量。

2. 数据从何而来

（1）互联网

互联网是大数据的重要来源之一。各类网站、社交媒体平台、电子商务平台等每天都会产生海量的数据。用户在浏览网页时留下的浏览记录、搜索关键词，在社交媒体上发布的内容、与他人的互动信息，以及在电商平台上的购物行为、商品评价等，都是互联网产生的大数据。

例如，百度每天要处理数十亿次的搜索请求，这些搜索数据包含了用户的兴趣、需求和行为模式等重要信息。

（2）物联网

随着物联网技术的发展，越来越多的设备接入互联网，如智能家居设备、智能穿戴设备、工业传感器等。这些设备会实时采集大量的数据，如智能家居设备监测的家庭环境参数（温度、湿度、空气质量等），智能穿戴设备监测的用户健康数据（心率、血压、运动步数等），以及工业生产线上传感器采集的设备运行状态数据等。

例如，特斯拉汽车通过车载传感器收集车辆的行驶数据、驾驶员的操作习惯数据等，这些数据用于优化自动驾驶算法和提升车辆性能。

（3）传感器网络

在工业、农业、交通、环境监测等众多领域，传感器网络发挥着关键作用，也是大数据的重要来源之一。传感器能够感知物理世界的各种信息，如温度、压力、位置、光照、声音等，并将这些信息转化为数据进行传输和存储。

在智能交通系统中，道路上的摄像头、地磁传感器、车辆检测器等可以实时收集交通流量、车速、车辆位置等数据，为交通管理和优化提供依据；在农业领域，土壤传感器监测土壤的湿度、肥力、酸碱度等数据，帮助农民精准灌溉和施肥；在环境监测领域，空气质量传感器、水质传感器、气象传感器等可以实时监测大气污染物浓度、水质参数、气象条件等数据，为环境保护和生态治理提供科学依据。

> **学习任务2-3**
>
> 大数据无处不在，同学们了解过哪些大数据类型和收集方式呢？尝试与DeepSeek对话展开探讨，并尝试收集简单的数据。

2.2.2 大数据关键技术

1. 常见的大数据预处理技术有哪些

（1）清洗

数据清洗的目的是去除数据中的噪声、重复数据和错误数据，提高数据的质量。例如，在一份销售数据中，可能存在一些错误的价格数据（如价格为负数）、重复的订单记录，以及格式不一致的数据（如日期格式不统一）。

通过数据清洗，可以纠正这些错误，使数据更加准确和完整。在实际操作中，可利用数据清洗工具，如OpenRefine等，对数据进行去重、异常值处理等操作。

（2）转换

数据转换是将数据从一种格式转换为另一种格式，以便于后续的分析。例如，将文本格式的日期转换为日期类型，将不同单位的数据进行统一换算。

此外，还可以对数据进行归一化、标准化等操作，使数据具有可比性。例如，在机器学习中，常常需要对数据进行归一化处理，将数据的值映射到[0,1]或[-1,1]的范围内，以提高模型的训练效果。

（3）集成

数据集成是将来自不同数据源的数据合并到一起，形成一个统一的数据集。例如，企业可能需要将销售数据、客户数据、库存数据等集成到一起，进行综合分析。在数据集成过程中，需要解决数据的一致性问题，避免数据冲突或重复。

2. 常用的大数据存储技术

（1）Hadoop HDFS

Hadoop分布式文件系统（HDFS）是Hadoop生态系统的核心组件之一，专门用于存储大规模的数据。它将文件分割成多个块，存储在不同的节点上，并通过元数据服务器来管理文件的存储位置和访问权限。

HDFS具有高可靠性，通过数据冗余和副本机制，将文件的副本存储在多个节点上，当某个节点出现故障时，其他节点上的副本可以继续提供服务。同时，HDFS具有良好的扩展性，可以方便地添加新的节点，以存储更多的数据。

例如，在大数据分析项目中，HDFS 可以存储海量的原始数据，为后续的数据分析和处理提供基础支持。

(2) NoSQL 数据库

NoSQL 数据库是一种非关系型数据库，适用于存储和处理大规模的非结构化和半结构化数据。它采用键值对、文档、列族等不同的数据模型，与传统的关系型数据库相比，具有更高的扩展性和读写性能。

例如，MongoDB 是一种基于文档的 NoSQL 数据库，它以文档的形式存储数据，每个文档可以包含不同的字段和数据类型，非常适合存储半结构化数据，如用户的个人信息、社交媒体上的动态信息等。Cassandra 是一种分布式的 NoSQL 数据库，具有高可用性和高扩展性，能够处理大规模的数据存储和读写请求，常用于存储海量的时间序列数据，如物联网设备产生的实时数据。

> **学习任务2-4**
>
> 与 DeepSeek 对话展开探讨：
> 1. 了解除了 Hadoop HDFS 和 NoSQL 之外的存储技术。
> 2. 探索 DeepSeek 使用的存储技术。

3. 大数据对应的处理技术有哪些

存储好数据后，如何对这些大规模数据进行快速而有效的计算处理，挖掘出其中蕴含的价值，是大数据技术的核心挑战之一。MapReduce 和 Spark 作为大数据处理中的代表性技术，它们就像强大的"数据加工厂"，能够对海量数据进行分布式计算和处理，满足不同类型的计算需求。

(1) MapReduce

MapReduce 是一种分布式计算模型，由谷歌公司提出，后来被广泛应用于 Hadoop 生态系统中。它将一个大的计算任务分解成多个小任务，分配到不同的计算节点上并行执行，最后将各个节点的计算结果汇总得到最终结果。MapReduce 模型主要包括 Map 和 Reduce 两个阶段。

在 Map 阶段，将输入数据分割成多个小块，每个小块分配到一个 Map 任务中进行处理，Map 任务对数据进行处理后生成一系列的键值对。在 Reduce 阶段，将具有相同键的键值对收集到一起，分配到不同的 Reduce 任务中进行处理，Reduce 任务对这些键值对进行汇总和计算，得到最终的计算结果。

例如，在对一个大规模文本数据集进行词频统计时，可以使用 MapReduce 框架。在 Map 阶段，每个 Map 任务读取一部分文本数据，统计出该部分数据中每个单词的出现次数，生成键值对（单词，出现次数）。在 Reduce 阶段，将所有具有相同单词的键值对收集到一起，对出现次数进行累加，得到每个单词在整个文本数据集中的出现次数。

(2) Spark

Spark 是一种基于内存计算的分布式计算框架，它在处理迭代计算和交互式计算时具有明显的优势。与 MapReduce 相比，Spark 可以将中间结果存储在内存中，避免了频繁的磁盘 I/O 操作，显著提升计算效率。

Spark 提供了丰富的 API，支持多种编程语言，如 Scala、Java、Python 等。它还支持多种数据处理任务，如批处理、流处理、机器学习等。

例如，在机器学习中，使用 Spark MLlib 库可以方便地进行模型训练和预测。通过 Spark 的分布式计算能力，可以快速处理大规模的训练数据，提高模型的训练速度和准确性。在实时数据处理场景中，Spark Streaming 可以实时处理源源不断的数据流，如实时监测电商平台的交易数据，及时发现异常交易行为。

4. 如何分析大数据

(1) 机器学习

机器学习是大数据分析的重要方法之一，它通过让计算机自动从数据中学习模式和规律，实现对数据的分类、预测、聚类等任务。在大数据环境下，机器学习可以利用海量的数据进行训练，提高模型的准确性和泛化能力。

例如，在图像识别领域，通过训练大量的图像数据，机器学习模型可以识别出不同的物体、场景和人物。在推荐系统中，机器学习算法可以根据用户的行为数据和偏好，为用户推荐感兴趣的商品、内容等。常见的机器学习算法包括决策树、支持向量机、神经网络等。

(2) 数据挖掘

数据挖掘是从大量的数据中发现潜在模式和知识的过程，主要包括分类、聚类、关联规则挖掘、异常检测等技术。

例如，在电商领域，通过数据挖掘可以发现用户的购买模式和关联规则，如购买了手机的用户通常还会购买手机壳和充电器，从而为商家提供营销策略建议。在金融领域，数据挖掘可以用于发现异常交易行为，识别潜在的欺诈风险。

(3) 统计分析

统计分析是基于统计学原理对数据进行描述性统计、相关性分析、假设检验等操作。通过统计分析，可以了解数据的分布特征、变量之间的关系等。

例如，在市场调研中，通过统计分析消费者的年龄、性别、收入等数据，了解目标客户群体的特征，为产品定位和市场推广提供依据。在医疗领域，统计分析可以用于分析疾病的发病率、治愈率等指标，评估治疗效果。

> **学习任务2-5**
>
> 与 DeepSeek 对话展开探讨，进一步了解其他分析大数据的方法。

2.2.3 大数据应用

1. 个性化推荐：满足用户独特需求的智能助手

在数字化浪潮下，基于用户行为数据构建的商品与内容推荐系统，已深度融入电商、社交媒体、在线视频等众多领域，成为推动用户参与和商业价值增长的关键引擎。

此类推荐系统依托机器学习算法，对用户的浏览轨迹、购买历史、点赞评论行为、搜索关键词等多维度数据进行深度挖掘与分析，精准勾勒出用户独特的兴趣偏好与行为模式，进而为用户提供高度契合其个性化需求的商品或内容推荐。

以全球知名的电商巨头亚马逊为例，其运用先进的协同过滤算法，不仅细致分析用户自身的历史购物和浏览记录，还将具有相似行为模式的其他用户群体纳入分析范畴。比如，当某位用户频繁浏览并购买摄影器材时，系统会依据同类摄影爱好者的购买倾向，不仅推荐同类型的相机、镜头产品，还会精准推送摄影包、三脚架、滤镜等相关周边配件。

通过这种精准的推荐策略，亚马逊的个性化推荐系统极大地提升了用户发现心仪商品的概率，显著促进了用户购买转化率的提升，为平台带来了销售额的显著增长。

在社交媒体领域，抖音凭借强大的个性化推荐算法，引领了内容消费的新潮流。抖音的推荐系统基于用户的点赞、评论、观看时长等数据，构建起全面且精准的用户兴趣画像。若用户频繁点赞美食制作类视频，系统便会智能推送不同风格、不同菜系的美食视频，以及相关优质美食博主推荐。这种高度精准的内容推荐机制，极大地增强了用户对平台的黏性，让用户能够持续沉浸在感兴趣的内容中，不断探索新的精彩。

2. 预测分析：助力企业精准决策的"水晶球"

在金融、零售、制造业等领域，大数据预测分析可以帮助企业预测市场趋势、客户需求、产品销量等，为企业的决策提供依据。

（1）金融领域

银行可以利用大数据预测客户的信用风险，通过分析客户的信用记录、收入情况、消费行为等多维度数据，建立信用评估模型，预测客户的违约概率，从而决定是否给予贷款以及贷款额度和利率。

例如，蚂蚁金服通过分析支付宝用户的交易数据、信用记录等，为用户提供芝麻信用评分，金融机构可以根据芝麻信用评分评估用户的信用风险，并为其提供相应的金融服务。

（2）零售领域

零售商可以利用大数据预测商品的销售趋势，通过分析历史销售数据、季节因素、促销活动、市场趋势等信息，预测不同商品在不同地区、不同时间段的销量，提前调整库存水平，避免库存积压或缺货现象的发生。

例如，盒马鲜生通过分析大量销售数据和市场数据，预测哪些商品在节假日期间会畅销，提前增加这些商品的库存，并制定相应的促销策略。

（3）制造业领域

制造业企业可以利用大数据预测设备故障，通过分析设备的运行数据、维护记录、环境数据等，建立设备故障预测模型，提前预测设备可能出现的故障，进行预防性维护，减少设备停机时间和维修成本。

例如，通用电气通过分析飞机发动机的运行数据，预测发动机可能出现的故障，提前安排维修人员进行维护，确保飞机的安全运行。

3. 智慧城市：让城市生活更美好的智慧大脑

通过大数据优化城市交通、能源管理、公共安全等方面，能够显著提高城市的运行效率和居民的生活质量，打造更加智能、便捷、宜居的城市环境。

(1) 交通管理

通过收集和分析交通流量、车速、车辆位置等数据，优化交通信号灯的配时，实时调整交通流量，缓解交通拥堵。

例如，在一些城市，交通管理部门利用大数据分析技术，根据不同时间段、不同路段的交通流量情况，动态调整交通信号灯的时长，提高道路的通行能力。同时，还可以通过实时监测交通数据，为驾驶员提供实时的路况信息和最优出行路线推荐，减少交通拥堵并缩短出行时间。

(2) 能源管理

通过分析能源消耗数据，了解城市能源的使用情况和需求趋势，优化能源分配和供应。

例如，智能电网利用大数据技术，实时监测电力的生产、传输和使用情况，根据用户的用电需求和电网的负荷情况，合理调整电力分配，提高能源利用效率，降低能源损耗。同时，还可以通过分析用户的用电行为数据，为用户提供节能建议，鼓励用户合理用电。

(3) 公共安全

通过分析视频监控数据、犯罪记录数据、人口流动数据等，预测犯罪趋势，加强社会治安管理。

例如，一些城市的公安部门利用大数据分析技术，分析犯罪发生的时间、地点、类型等数据，预测犯罪高发区域和时间段，提前部署警力，预防犯罪的发生。同时，还可以通过视频监控数据和人脸识别技术，快速识别犯罪嫌疑人，提高破案效率，保障城市的公共安全。

2.3 区块链技术与应用

2.3.1 区块链概述

1. 区块链的定义和原理

区块链，从本质上讲，是一种分布式账本技术。它通过去中心化的方式，将数据以区块的形式按时间顺序依次相连，形成一种链式数据结构，并使用密码学技术保证数据的不可篡改和不可伪造。

简单来说，区块链就像是一个公开的、分布式的账本，这个账本由多个节点共同维护，每个节点都保存着完整的账本副本。区块链的核心特性如下。

(1) 去中心化

与传统的中心化系统不同，区块链中不存在单一的控制中心。在传统的金融体系中，银行作为中心机构负责资金的存储、转账等操作，而区块链则是通过分布在全球各地的众多节点共同维护账本。

以比特币网络为例，全球有无数的节点参与到比特币的交易验证和记账过程中，每个节点都有平等的权利和义务，任何一个节点的故障都不会影响整个系统的运行，极大地提高了系统的可靠性和稳定性。这种去中心化特性的技术基础在于P2P网络，各个节点通过P2P协议进行通信和协作，实现数据的共享和同步。

(2) 不可篡改性

区块链使用密码学技术确保数据一旦被记录就难以被篡改。每个区块都包含前一个区块的哈希值，形成一个哈希链条。哈希值是通过特定的哈希算法对区块内的数据进行计算得到的固定长度的字符串，具有唯一性和不可逆性。如果某个区块的数据被篡改，其哈希值必然发生变化，而后续区块的哈希值又依赖于前一个区块的哈希值，这就导致篡改后的区块与后续区块的哈希值不匹配，从而被其他节点识别并拒绝。

例如，在以太坊区块链中，任何试图篡改交易记录的行为都会被全网节点检测到，因为篡改后的交易数据会使相应区块的哈希值改变，无法通过其他节点的验证。

(3) 透明性

区块链上的数据对所有参与节点都是公开可见的。在公有链中，任何人都可以查看区块链上的交易记录和数据信息。以比特币区块链为例，所有的比特币交易都可以在区块链浏览器上查询到，包括交易的时间、金额、交易双方的地址等信息。这种透明性使得系统的运作更加公开、公正，增强了用户对系统的信任。

然而，透明性并不意味着用户隐私的暴露，区块链通过加密技术，如非对称加密，确保只有交易双方能够解密和查看交易的具体内容，保护了用户的隐私。

区块链的技术基础主要包括密码学、分布式系统和共识机制。密码学用于保证数据的安全性和隐私性，分布式系统用于实现去中心化的架构，共识机制则用于保证各个节点对数据的一致性认可。

2. 区块链的发展历程

区块链的发展轨迹如图2-3所示。

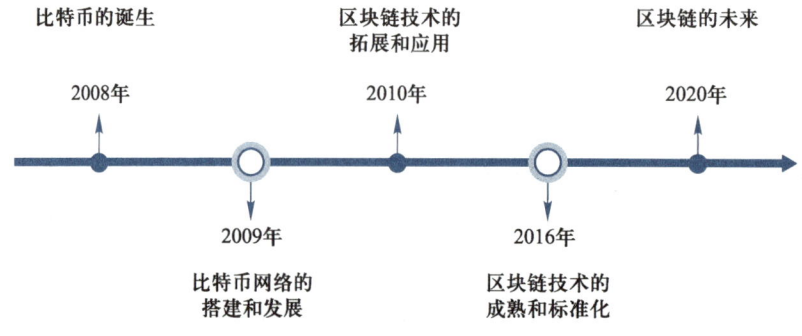

图2-3 区块链的发展轨迹

(1) 比特币的诞生

2008 年，美籍日裔科学家中本聪（如图 2-4 所示）发表了论文《比特币：一种点对点的电子现金系统》，提出了比特币的概念，并首次引入区块链技术。比特币作为一种数字货币，旨在实现去中心化的电子支付系统，摆脱对传统金融机构的依赖。比特币的出现，解决了数字货币领域长期存在的双重支付问题，通过区块链的分布式账本和共识机制，确保每一笔交易的唯一性和真实性。

(2) 比特币网络的搭建和发展

2009 年，中本聪发布了比特币的开源软件，并启动了比特币网络。比特币网络由全球范围内的节点共同维护，使用

图 2-4 中本聪

工作量证明（PoW）共识机制来确认交易和生成新的比特币。随着时间的推移，比特币网络不断发展壮大，成为全球范围内最具影响力的加密数字货币之一。

(3) 区块链技术的拓展和标准化

2010—2016 年，以太坊的出现将区块链技术带入了新的阶段。以太坊不仅支持数字货币的交易，还引入了智能合约的概念。智能合约是一种自动执行的合约，当满足预设条件时，合约会自动执行相应的操作，无须第三方干预。

例如，在以太坊上可以开发各种去中心化的应用（DApps），如去中心化金融（DeFi）应用，用户可以通过智能合约进行借贷、交易等操作，无须传统金融机构的参与。智能合约的出现，极大地拓展了区块链的应用场景，使得区块链从单纯的数字货币领域扩展到金融、供应链、物联网等多个领域。

(4) 区块链的未来

近年来，随着区块链技术的逐渐成熟，企业级区块链得到了广泛关注和应用。企业级区块链通常采用联盟链或私有链的形式，具有更高的隐私性和可控性。

例如，R3 Corda 是一个专门为金融机构设计的企业级区块链平台，它可以帮助金融机构实现跨境支付、贸易融资等业务的高效处理。超级账本（Hyperledger）是另一个重要的企业级区块链项目，由 Linux 基金会发起，旨在推动区块链技术在企业中的应用。超级账本提供了多种区块链框架和工具，帮助企业快速搭建和部署自己的区块链应用。

2.3.2 区块链关键技术

1. 共识机制：达成节点间共识的核心算法

共识机制是区块链实现去中心化信任的核心技术之一，它的作用是让分布在不同地理位置的多个节点就区块链上的数据状态达成一致。常见的共识机制有以下几种。

(1) 工作量证明（PoW）

PoW 是比特币等早期区块链采用的共识机制。其原理是节点通过计算一个复杂的数学问题来竞争记账权，只有计算出正确答案的节点才能将新区块添加到区块链上，并获得相

应的奖励。

以比特币"挖矿"为例,"矿工"们需要不断尝试不同的随机数,与区块内的其他数据一起计算哈希值,直到找到一个满足特定条件的哈希值。这个过程需要消耗大量的计算资源和能源,因为哈希值的计算是完全随机的,只能通过不断尝试来找到正确答案。PoW的优点是具有较高的安全性和去中心化程度,因为要篡改区块链上的数据,需要掌握超过全网51%的算力,这在实际中是非常困难的。

然而,PoW也存在一些明显的缺点,如能源消耗大,大量的计算资源被浪费在无意义的哈希计算上;交易处理速度慢,每个区块的生成需要一定的时间,导致比特币的交易确认时间较长,无法满足大规模交易的需求。

(2)权益证明(PoS)

权益证明是一种相对较新的共识机制,它根据节点持有的加密货币数量和时间来分配记账权。持有货币数量越多、时间越长的节点,获得记账权的概率越大。

例如,在以太坊2.0中,将采用权益证明机制,用户可以通过质押一定数量的以太币来成为验证节点,参与区块链的共识过程。权益证明的优点是能源消耗低,交易处理速度快,因为不需要进行大量的计算来竞争记账权。但是,权益证明也存在一些问题,如可能会导致富者更富的情况,因为持有更多加密货币的节点有更大的机会获得记账权。

2. 智能合约:自动执行的数字化合约

智能合约是一种基于区块链技术的自动执行合约,它以代码的形式定义了合约的条款和条件,并自动执行这些条款。智能合约的编程逻辑主要基于事件驱动和状态机模型。

(1)编程逻辑

智能合约中定义了一系列的事件和状态,当某个事件发生时,合约会根据当前的状态执行相应的操作,并更新状态。

例如,在一个简单的商品交易智能合约中,定义了"买家支付货款""卖家发货""买家确认收货"等事件,以及"待付款""待发货""待确认""交易完成"等状态。

当买家支付货款的事件发生时,合约会检查买家的账户余额是否足够,如果足够,则将货款转移到一个托管账户,并将状态更新为"待发货";当卖家发货并提交物流信息后,状态更新为"待确认";当买家确认收货后,货款从托管账户转移到卖家账户,状态更新为"交易完成"。

(2)在区块链上的应用

智能合约在区块链上的应用非常广泛,涵盖了金融、供应链、物联网等多个领域。在金融领域,智能合约可以实现自动化的贷款、保险、证券交易等。

例如,在贷款业务中,智能合约可以根据贷款协议的条款,自动从借款人的账户中扣除还款金额,并将还款记录保存在区块链上;在供应链领域,智能合约可以实现货物的追踪和支付结算的自动化。

3. 加密技术:保障区块链安全的坚固防线

加密技术是保障区块链安全的关键技术,主要包括非对称加密、哈希函数和数字签名。

(1) 非对称加密

非对称加密使用一对密钥,即公钥和私钥。公钥可以公开,用于加密数据;私钥由用户自己保存,用于解密数据。在区块链中,非对称加密用于用户身份验证和数据加密。

例如,用户在区块链上进行交易时,使用自己的私钥对交易信息进行签名,其他节点可以使用用户的公钥验证签名的真实性,确保交易的合法性和不可抵赖性。

(2) 哈希函数

哈希函数是一种将任意长度的数据转换为固定长度哈希值的函数。区块链中常用的哈希函数有 SHA-256 等。哈希值具有唯一性和不可逆性,即不同的数据会产生不同的哈希值,而且无法从哈希值反推出原始数据。

在区块链中,每个区块都包含前一个区块的哈希值,通过这种方式将区块按顺序连接起来,形成链式结构。如果某个区块的数据被篡改,其哈希值也会发生变化,导致后续区块的哈希值验证失败,从而保证了区块链数据的完整性和不可篡改。

(3) 数字签名

数字签名是基于非对称加密技术的一种应用,它用于验证消息的来源和完整性。在区块链中,数字签名用于证明某个区块或交易是由特定的用户生成的,并且在传输过程中没有被篡改。

例如,"矿工"在生成新区块时,使用自己的私钥对区块中的交易信息进行签名,其他节点可以通过验证签名来确认区块的合法性和完整性。

4. 跨链技术:打破区块链孤岛的桥梁

随着区块链技术的发展,出现了多个不同的区块链系统,这些系统之间存在信息孤岛问题,即不同区块链系统之间的数据无法互通。跨链技术就是为了解决这一问题而出现的,它允许不同的区块链系统之间进行信息交换和价值转移。

目前,跨链技术还处于发展阶段,常见的跨链技术方案有以下几种。

(1) 侧链技术

侧链是一种与主链平行的区块链,它通过双向锚定技术与主链进行连接。在侧链上可以进行一些特殊的应用,如智能合约的开发和测试等,同时又可以与主链进行资产的转移和交换。

(2) 中继技术

中继技术是通过一个中间节点(中继器)来实现不同区块链系统之间的信息传递和验证。中继器可以连接多个区块链系统,接收来自不同区块链系统的交易信息,并进行验证和转发。

2.3.3 区块链应用

1. 数字货币:开启去中心化货币新时代

在传统金融体系中,货币的发行与交易往往由中心化机构主导。而区块链技术的出现,为货币领域带来了一场颠覆性的变革,催生出了数字货币这一创新形式。比特币和以太坊作为数字货币的典型代表。

(1) 比特币

比特币作为最早的数字货币,开创了去中心化货币的先河。它的发行不受任何中央机构控制,通过挖矿的方式产生新的比特币。比特币的交易记录被记录在区块链上,所有节点共同维护账本,确保交易的安全和可追溯。

比特币的出现,为人们提供了一种新的支付和投资方式,打破了传统金融机构对货币发行和交易的垄断。然而,比特币的价格波动较大,其价值缺乏稳定的支撑,更多地被视为一种投资资产而非日常支付工具。同时,比特币的交易效率较低,能源消耗大,也限制了其在大规模支付场景中的应用。

(2) 以太坊

以太坊不仅是一种数字货币,更是一个智能合约平台。以太坊的数字货币以太币(ETH)除了可以用于交易外,还作为智能合约的燃料,用于支付智能合约的执行费用。以太坊的智能合约功能使得开发者可以在其平台上开发各种去中心化的应用,如去中心化金融(DeFi)应用。在 DeFi 领域,用户可以通过智能合约进行借贷、交易、理财等操作,无须传统金融机构的参与。

以太坊的出现,推动了区块链技术在金融领域的广泛应用,促进了金融创新。但以太坊也面临着一些问题,如智能合约的安全性问题,一旦智能合约存在漏洞,可能会导致用户资产损失;同时,随着以太坊上应用的增多,网络拥堵问题也日益严重。

数字货币的出现对经济领域产生了多方面的影响。一方面,数字货币的去中心化特性使得交易更加便捷、高效,降低了交易成本,促进了全球范围内的经济交流和合作;另一方面,数字货币的匿名性和监管困难性也带来了一些风险,如洗钱、非法集资等。

因此,各国政府对数字货币的态度不一,有些国家积极探索数字货币的监管模式,有些国家则对数字货币持谨慎态度,甚至禁止数字货币的交易。

> **学习任务2-6**
>
> 与 DeepSeek 对话展开探讨:
> 1. 了解比特币的风险。
> 2. 了解除了比特币和以太坊之外的数字货币。

2. 供应链管理:提升供应链透明度与效率

在全球化的商业环境下,供应链的复杂性与日俱增,确保供应链的透明度与效率成为企业面临的关键挑战。区块链技术的引入,为供应链管理带来了全新的解决方案。

(1) 提高透明度

通过将供应链上的各个环节,包括原材料采购、生产加工、产品运输、销售等信息记录在区块链上,所有参与方都可以实时查看供应链的状态,了解产品的流向。

例如，在农产品供应链中，农民可以将农产品的种植信息，如种子来源、施肥情况、采摘时间等记录在区块链上；运输企业可以将农产品的运输路线、运输时间、温度、湿度等信息记录在区块链上；零售商可以将农产品的销售信息记录在区块链上。消费者通过扫描产品上的二维码，就可以获取产品从生产到销售的全过程信息，提高了供应链的透明度和消费者的信任度。

(2) 追踪产品来源与质量

区块链的不可篡改和可追溯特性使得产品的来源和质量可以得到有效追踪。一旦产品出现质量问题，可以迅速追溯到问题的源头，采取相应的措施。

例如，在汽车制造供应链中，如果某一批次的汽车零部件出现质量问题，通过区块链可以快速追溯到零部件的生产厂家、生产日期、批次号等信息，及时召回问题零部件，避免更大的损失。同时，区块链还可以用于验证产品的真伪，防止假冒伪劣产品进入市场。

3. 版权保护：为数字内容保驾护航

随着数字内容产业的蓬勃发展，版权保护问题日益凸显。数字内容的易复制性和传播的便捷性，使得版权纠纷频发。区块链技术在版权保护方面的应用，为数字内容的创作与传播构建坚实的法律与技术屏障。

(1) 所有权认证

区块链能够为数字内容创建独一无二的数字身份标识，以此明确作品的所有权归属。每一个记录在区块链上的数字内容都对应着一个特定的加密哈希值，这个哈希值就像是作品的"身份证"，与创作者的身份信息紧密相连。当作品在市场上进行交易、传播时，通过区块链可以快速准确地验证作品的所有权。

例如，在数字音乐领域，一首歌曲的创作者可以将歌曲的元数据（如歌曲名称、演唱者、词曲作者等）以及歌曲的哈希值记录在区块链上，建立起歌曲与创作者之间的所有权联系。当其他平台想要使用这首歌曲时，通过查询区块链上的所有权信息，就可以确定合法的版权所有者，避免了版权归属不清导致的纠纷。

(2) 授权使用

基于区块链的智能合约，能够自动化地管理数字内容的授权使用。创作者可以在智能合约中详细设定作品的使用权限、使用期限、授权费用等条款。当使用者希望使用作品时，智能合约会自动验证使用者的请求是否符合设定的授权条件。如果符合条件，智能合约会自动执行授权操作，并按照约定进行费用结算。

例如，一个作家在区块链平台上发布了自己的小说，并通过智能合约设定了授权条件：其他平台若要转载，每次需支付一定的版权费用，且转载期限为一年。当某阅读平台希望转载该小说时，智能合约会自动检查平台的请求是否满足这些条件。若满足，平台支付费用后，智能合约会自动授权转载，并记录相关的授权信息。这样不仅简化了授权流程，还确保了创作者能够及时获得应有的版权收益。

2.4 思考与练习

一、选择题

1. 以下关于云计算特点的说法正确的是（　　）。
   A. 资源不可弹性扩展　　　　　　B. 按需服务
   C. 数据安全性低　　　　　　　　D. 服务不可计量
2. 大数据的 4V 特性不包括（　　）。
   A. Volume　　　　　　　　　　B. Value
   C. Vision　　　　　　　　　　 D. Veracity
3. 区块链的核心特性不包括（　　）。
   A. 中心化　　　　　　　　　　　B. 不可篡改性
   C. 透明性　　　　　　　　　　　D. 去中心化
4. 以下属于 NoSQL 数据库的是（　　）。
   A. MySQL　　　　　　　　　　 B. Oracle
   C. MongoDB　　　　　　　　　 D. SQL Server
5. 智能合约是基于（　　）技术的自动执行合约。
   A. 云计算　　　　　　　　　　　B. 大数据
   C. 区块链　　　　　　　　　　　D. 人工智能

二、填空题

1. 云计算的三种类型分别是_____、_____和_____。
2. 大数据的 4V 特性是指_____、_____、_____和_____。
3. 区块链的共识机制常见的有_____和_____等。
4. 数据预处理技术主要包括_____、_____和_____。
5. 云计算的关键技术包括_____、_____、_____和安全技术等。

三、简答题

1. 简述云计算的按需服务特点及其优势。
2. 简述区块链的不可篡改性原理。
3. 简述数据预处理技术中清洗、转换和集成的作用。
4. 结合实际案例，谈谈区块链技术在供应链管理中的应用价值。

第 3 章
人工智能在教育领域的应用概述

 本章导读

  人工智能正逐步成为教育变革的核心驱动力。从智能课程设计到个性化学习路径规划,从实时反馈评估到虚拟助教支持,人工智能技术不仅提升了教学效率,更让"因材施教"成为可能。它正在打破传统教育的边界,为教师减负、为学生赋能,推动教育迈向更公平、更精准的未来。

  本章将深入探讨人工智能在教育领域中的关键应用场景,并剖析其优势与挑战。通过实际案例与技术解析,读者将理解 AI 如何重塑教学流程、优化学习体验,并思考技术应用中的伦理与边界问题。

本章带领读者学习和解决以下问题。
- AI 在教育中有哪些落地场景?
- 个性化学习如何通过 AI 实现?
- 智能评估与传统方式有何不同?
- AI 教育的优势与挑战是什么?

3.1 人工智能在教育中的应用场景

  人工智能正在重塑教育的核心场景,传统教育中"一刀切"的教学模式逐渐被打破,取而代之的是动态化、精准化、智能化的新生态。本章节将深入探讨 AI 在教育中的四大核心应用场景,揭示技术如何赋能师生、优化流程。

3.1.1 智能教学系统与学习平台

1. 智能教学系统与学习平台概述

  智能教学系统(intelligent tutoring system,ITS)与学习平台是以人工智能技术为核心,

通过数据分析、自动化管理和交互式工具重构教学流程的数字化解决方案。其核心功能包括自动化课程管理、实时互动与资源管理，以及动态学情分析等。课程管理方面，智能教学系统能够根据学生的时间偏好和学习进度智能排课，并通过 AI 自动分发与批改作业，提升个性化学习体验。同时，平台利用自然语言处理技术进行在线答疑，从知识库中自动提取答案，并通过标签系统对课程资源进行智能分类，支持一键检索。此外，系统还能够追踪学生的学习行为，如登录频率、答题时长等数据，生成学情报告，并在发现学生学习困难时触发预警机制，及时提醒教师进行干预，确保学生的学习进度和质量。

学习任务3-1

请访问 DeepSeek 开启新对话，了解有哪些智能教学系统与学习平台，并对其进行访问与体验。

2. 智能教学系统与学习平台的功能与作用

智能教学系统可以通过个性化学习、实时反馈、资源优化管理等多种功能，极大地支持了师生之间的互动与沟通，同时帮助教师更高效地管理教学资源，提升教学质量和学生学习体验。接下来，让我们按照以下步骤借助猿辅导的"AI 课堂弹幕与资源智能管理"进行体验与深入探索。

（1）登录猿辅导 App

注册账号并进入任意一节直播课（如初中数学"一次函数"课程）。

（2）体验 AI 课堂弹幕互动

实时提问：在课程直播中，单击弹幕框输入问题（如"如何求一次函数的斜率?"）。

AI 即时解答：系统通过 NLP 识别问题关键词（如"斜率"），自动从知识库提取答案，3 秒内显示在弹幕区。若问题复杂（如"斜率与图像的关系"），AI 会标记并提醒教师课后重点讲解。

（3）资源智能管理功能

课后资源包自动生成：课程结束后，单击"学习报告"查看 AI 整理的资源包，其包含的内容有本节课的板书截图（按知识点分类）、相关习题（根据课堂互动数据推荐易错题型）、扩展视频（如"斜率在实际问题中的应用"微课）等。

一键归档与检索：在"我的资源库"输入关键词（如"一次函数"），系统自动推送本节课资源、历史错题及同类课程链接。

通过这次体验，我们可以感受到了猿辅导"AI 课堂弹幕与资源智能管理"在促进师生互动、个性化学习和高效资源管理方面的强大功能。它不仅让课堂变得更加生动有趣，还为教师提供了智能化的管理工具，提升了教学效率和学生的学习体验。接下来，我们将继续探索其背后的工作原理，深入了解这些智能功能是如何运作的，以及它们如何为教学提供强大的支持和保障。

3. 智能教学系统与学习平台运用的人工智能技术

> 学习任务3-2
>
> 请围绕你的体验过程，就"智能教学系统与学习平台运用了哪些人工智能技术"与小组成员进行讨论

(1) NLP（自然语言处理）+知识图谱的问题匹配流程

语义解析：当学生输入问题（如"如何求一次函数的斜率？"），NLP 模型首先进行分词（将句子拆解为"求""一次函数""斜率"等关键词），并识别意图（"求解方法"）。

知识图谱关联：系统通过预构建的数学知识图谱，将"斜率"关联到相关知识点（如"一次函数表达式 $y=kx+b$ 中的 k 值"），并定位到教材章节、微课视频、经典例题等资源。

答案生成：根据匹配结果，从知识库中提取结构化答案（如文字解析+图像示例），或触发预设的解题步骤动画。

(2) OCR（光学字符识别）提取板书内容实现步骤

图像预处理：对直播课中的板书截图进行去噪、倾斜校正、对比度增强。

文字识别：OCR 模型（如 Tesseract）提取板书中的文本与公式（如"$y=2x+1$ 的斜率是 2"）。

结构化存储：将识别内容按知识点分类（如"一次函数"），并关联到课程资源库。

你认为在使用这些人工智能技术时，存在哪些技术难点或可以对其进行怎样的技术优化，来进一步提高用户体验呢？

A：需处理口语化提问（如"斜率咋算？"），需训练模型适应多样化表达。

B：知识图谱需持续更新，涵盖教材变更与新知识点。

C：支持手写体识别（教师板书多为手写），需训练专用手写 OCR 模型。

D：公式识别需结合 LaTeX 转换工具（如 Mathpix），将图像公式转为可编辑文本。

E：……

猿辅导通过结合 NLP、知识图谱和 OCR 技术，将"被动教学"转化为"主动服务"，实现了教师从重复劳动中解放、学生获得即时反馈与精准资源、平台提升资源利用率与用户粘性。接下来，请尝试登录更多的智能平台，亲身体验 AI 技术如何改变你的学习方式吧！

4. 智能教学系统与学习平台与传统教学的区别

通过上述介绍与学习，相信读者一定对智能教学系统与学习平台有了一定的了解与感悟，那么它和我们的传统教学工具又有何不同呢？读者能和小组成员进行讨论并将其总结为如表 3-1 所示的表格中吗？

表 3-1　传统教学工具与智能教学系统的对比

维　度	传统工具	智能教学系统
内容调整	教材固定，但更新周期长	动态内容推送并实时优化
互动方式	单向讲授，反馈滞后	双向交互，即时答疑与反馈
个性化支持	"一刀切"教学模式	数据驱动的个性化学习路径
…	…	…

3.1.2　个性化学习推荐与路径规划

Duolingo 是全球用户量最大的语言学习 App 之一，其核心优势在于通过 AI 技术实现高度个性化的学习路径规划。面对用户水平差异大、学习目标多样（如旅游、考试、兴趣）等挑战，Duolingo 利用数据驱动策略，动态调整内容难度与顺序，确保每个用户获得"量身定制"的学习体验。

在接下来的学习中，你可以按照以下提示进行 Duolingo 的人性化学习推荐与路径规划体验。

① 完成注册 Duolingo 并选择"学习西班牙语"。

② 完成初始测试后，系统推荐"每日任务"：若测试显示词汇量薄弱 → 推送"核心词汇记忆"模块；若目标为"旅行" → 优先学习"机场问路""酒店预订"场景课程。

③ 在"西班牙语-食物"课程中故意答错 2 题。

④ 观察系统自动插入"食物词汇复习"模块，并降低后续题目难度。

> **学习任务3-3**
>
> 请访问 DeepSeek 开启新对话，探索个性化学习推荐与路径规划的人工智能技术支持，并绘制流程图。

1. 基于学生数据生成个性化学习推荐的路径

个性化学习推荐通过分析学生的学习数据，能够为每个学生量身定制学习路径和内容，从而提升学习效率。它根据学生的行为、能力和兴趣，推荐最相关的学习资源，帮助学生集中精力攻克弱点环节，避免无效学习。人工智能能够通过分析学生的行为数据、能力水平和兴趣标签等数据，结合协同过滤算法等技术，生成个性化学习推荐，帮助学生根据弱点和目标选择合适的学习内容。其使用的具体人工智能技术如图 3-1 所示。

2. 通过路径规划解决学习效率差异问题

路径规划通过动态调整学习内容的难度和顺序，不仅能帮助学生集中攻克薄弱环节，还能避免学习的重复性和低效性，使每个学生都能按照自己的节奏高效掌握知识，提升学习效果和进度。而路径规划主要依靠强化学习算法、遗忘曲线模型、实时的数据分析与反馈等技术和算法实现，如图 3-2 所示。

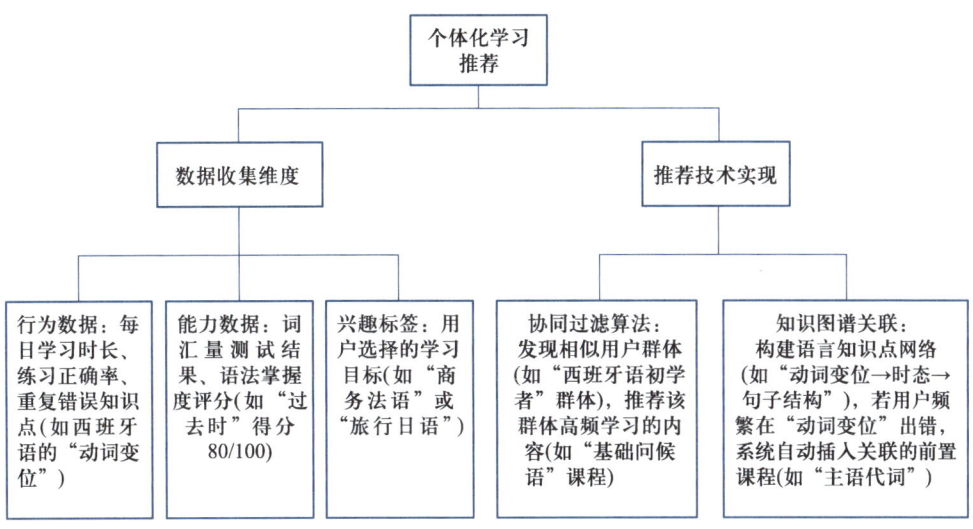

图 3-1 基于学生数据生成个性化学习推荐的路径

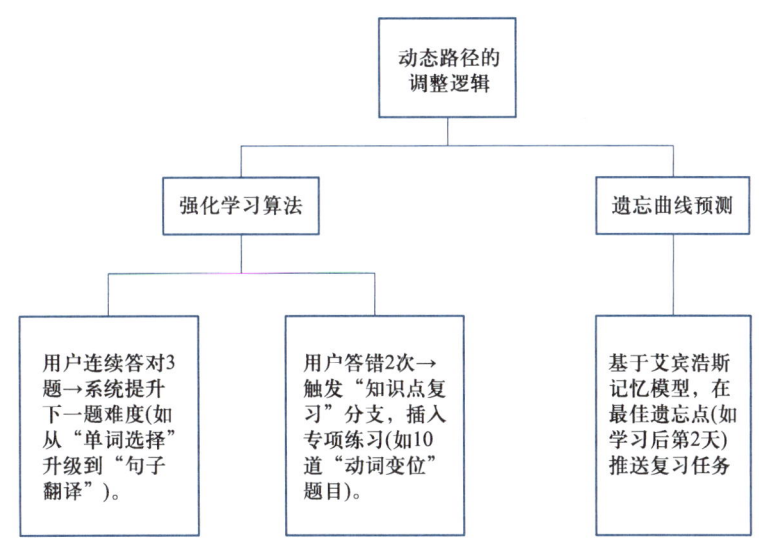

图 3-2 路径规划的调整逻辑

总的来说，通过数据驱动的技术手段，个性化学习推荐能够根据学生的学习行为、能力和兴趣，精确匹配最合适的学习内容，有效避免无效学习并针对性地帮助学生攻克薄弱环节。而路径规划则通过实时调整学习内容的难度与顺序，解决了学生在学习过程中可能出现的效率差异问题，确保每位学生都能按照自身进度高效学习。这两者的结合，使得学习过程更加灵活、精准，并最大化地提升了学习效果和用户体验。

3.1.3 智能评估与反馈系统

在教育教学中，评估与反馈扮演着至关重要的角色，它们不仅帮助教师了解学生的学习进展，还能为学生提供改进和提升的方向。通过各类评估（如测试、作业、课堂表现等），教师可以清晰地了解学生在知识掌握、技能运用以及思维能力等方面的表现。这些评估不仅能够帮助教师发现学生的优势和薄弱环节，还能提供有针对性的教学调整依据。而反馈则是评估的延伸，是促进学生持续进步的关键。及时且具体的反馈能够帮助学生认识到自己的错误和不足，激发他们的反思能力，使他们在今后的学习中有意识地进行改进。有效的反馈不仅关注学生的结果，还应关注学生的学习过程，鼓励学生保持积极的学习态度，培养他们的自我调节能力。

评估与反馈的循环作用形成了一种持续改进的机制。在这一过程中，学生不仅能够清楚地认识到自己在哪些方面存在困难，还能够获得提升的指导，从而推动他们的长期学习和成长。而教师通过分析评估结果并给予针对性反馈，也能不断优化自己的教学方法，提升教学效果。你能告诉我现有的评估方式有哪些吗？

> **学习任务3-4**
>
> 与小组成员讨论"当前的评估与反馈方式，以及你认为可以改进的地方"。

1. 传统评估方式的局限性

传统评估方式在教育中存在多种局限性。首先，人工批改耗时长，尤其是作业和考试的人员数量庞大时，教师需要花费大量时间进行批改，这不仅影响了反馈的时效性，也增加了教师的工作负担。例如，一位中学语文教师可能需要花费三天时间批改100份作文，无法及时为学生提供有效的反馈。其次，传统评估方式中的主观评分偏差也是一个问题。比如，在英语口语考试中，考官的个人偏好和判断标准可能影响评分的公平性，使得评估结果不够客观。

因此，这些局限性引发了对自动化评估方式的需求，它不仅能够提高批改效率，减少人为干扰，还能更加公正地评估学生的表现。

2. 人工智能的自动化评估与实时反馈

随着技术的发展，人工智能通过多种技术手段实现了自动化评估。自然语言处理（NLP）技术能够分析作文中的语法、逻辑与结构，进行实时纠错，例如批改网所使用的技术；语音识别与情感分析技术则能评估口语流利度与情感表达，这在雅思智考的口语AI评分系统中得到了应用；计算机视觉技术则能够自动识别数学解题步骤的正误，类似于Symbolab的符号计算引擎。通过这些技术，AI能够有效地提高评估的效率和精确度，确保学习者得到及时反馈。

在接下来的学习中，你可以按照以下提示访问科大讯飞平台，来体验其作文批改系统的智能评估与反馈。

(1) 登录与提交作文

访问平台：学生通过学校提供的科大讯飞教育平台账户登录，进入"作文批改"模块。

上传作文：以"我的家乡"为题，手写作文拍照上传或直接输入电子文本。

(2) AI 自动化评估

秒级批改：系统在 5 秒内完成以下分析。

语法纠错：标点误用、错别字（如"的""地""得"混淆）、病句修正（如"我的家乡风景很美丽，空气新鲜。"改为"我的家乡风景优美，空气清新。"）。

逻辑评分：检查段落衔接是否连贯（如"首段未点明主题"）。

多维评价：生成"内容创意""语言表达""结构完整性"三项评分（满分 100 分）。

(3) 实时反馈与知识巩固

错题归因分析：系统标注错误类型（如"标点使用不当""词汇重复"），并关联知识点（如"逗号与句号的区别""近义词替换技巧"）。

(4) 动态学习建议

推送微课视频：如"如何写好议论文论点"。

生成专项练习：如完成 5 道"的/地/得"填空题。

情感激励：根据评分颁发"优秀表达者""进步之星"等虚拟徽章，激发学习动力。

> **学习任务3-5**
>
> 请访问 DeepSeek 开启新对话，探索智能评估与反馈系统的人工智能技术支持。

3. 智能评估与反馈系统运用的人工智能技术

(1) 自然语言处理（NLP）技术

语法分析：基于预训练语言模型（如 BERT），识别并修正语法错误，准确率超过 95%。

逻辑关联检测：利用知识图谱构建写作要素关联网络（如"论点→论据→结论"），评估逻辑连贯性。

(2) 多模态数据处理

手写体识别：OCR 技术提取手写作文文本，支持复杂字迹解析（如连笔字）。

情感分析：识别作文中的情感倾向（如"对家乡的赞美"），为教师提供教学参考。

(3) 动态学习路径规划

错题知识库：根据学生历史错题，自动归类薄弱点，生成周期性复习计划（如每周强化"标点使用"）。

协同过滤推荐：为写作风格相似的学生推荐优秀范文（如"如何描写季节变化"）。

通过详细探讨智能评估与反馈系统在教育中的应用，本文揭示了其在提高评估效率、确保公正性、提升教学质量等方面的重要作用。传统评估方式存在诸多局限，尤其是在批改效率和主观评分偏差方面，而人工智能技术的引入为解决这些问题提供了有效的途径。通过自然语言处理、语音识别、计算机视觉等技术，智能评估系统不仅能够高效、准确地评估学生的学习成果，还能实时提供个性化反馈，帮助学生更好地识别自己的优点和不足，从而促进他们的持续进步。未来，随着人工智能技术的不断发展和应用，智能评估与反馈系统将在教育领域发挥更大的潜力，推动教育模式的创新和教学质量的提升。

3.1.4 虚拟助教与智能客服

随着人工智能技术的发展，传统课堂的教师角色有没有可能被取代呢？虚拟助教与智能客服已在教育场景中形成"学习与服务"的双轴支持体系，虚拟助教聚焦学习过程赋能，通过学科答疑、个性化路径规划与情感支持，深化知识内化与能力培养；智能客服则立足服务效率优化，处理课程咨询、资源调度与技术故障，保障教育流程的顺畅运行。两者通过功能互补与技术协同，共同构建全周期教育生态。通过本节的学习，希望读者能体会到它们带来的便利与快捷，并思考我们刚刚提出的问题。

1. 虚拟助教缓解教师工作压力

虚拟助教是人工智能在教育领域中的重要应用，它作为"认知伙伴"，主要提供个性化的学习支持和情感化的交互。其核心功能包括智能答疑、学习管理以及情绪识别。通过处理大量常见问题，虚拟助教可减轻教师在课后答疑的负担；同时，根据学生学习进度与表现，自动调整教学计划和任务安排，帮助教师更高效地管理课堂。在平时教学过程中，虚拟助教的情绪识别功能可以帮助教师提前发现学生情绪波动，使其能将更多时间用于关注教学内容而非情绪管理。

想要实现这些功能，则需要数据层、知识层、算法层及应用层四个层面的技术架构，如图3-3所示。

2. 智能客服解决学生即时学习需求

在传统教育模式中，学生常因疑问未能及时被解答而影响学习进度，而智能客服通过自动化技术，能随时为学生提供解答，快速处理各种学科问题。它突破了教师工作时间的限制，提供全天候在线支持，帮助学生及时解决学习中的困惑，提高效率。智能客服还能根据学生的历史记录和进展，提供个性化建议和资源，帮助学生弥补知识空白，促进其全面发展。

智能客服的主要核心功能集中在高效处理学生和用户的常见需求，以及提供个性化和多语言支持上。它能够解答一些标准化、高频的问题，如课程报名、费用查询和证书获取等，帮助用户迅速解决基础性问题。此外，智能客服还具备资源智能推荐资源功能，通过分析用户的历史行为，自动推荐相关课程，比如"学习Python的用户常选择数据分析进阶课"，从而提升用户体验和学习效果。同时，为了消除跨国学习中的语言障碍，智能客服支持实时翻译服务。

在技术实现上，智能客服采用自然语言处理（NLP）技术进行意图识别，通过分析用户提问的类型，智能地将问题分流到相应的处理模块，如技术问题处理或课程咨询。为了提升效率，它还通过集成教务系统API，实现自动化流程操作，能够直接完成如生成电子发票、重置密码等任务。此外，情感分析技术使得智能客服能够识别用户的情绪变化，尤其是当用户表现出投诉语气时，系统能够优先转接人工客服或提高处理优先级，从而确保用户问题得到及时妥善的解决。整体而言，智能客服结合了高效的功能和先进的技术，旨在为用户提供更便捷、个性化的服务。

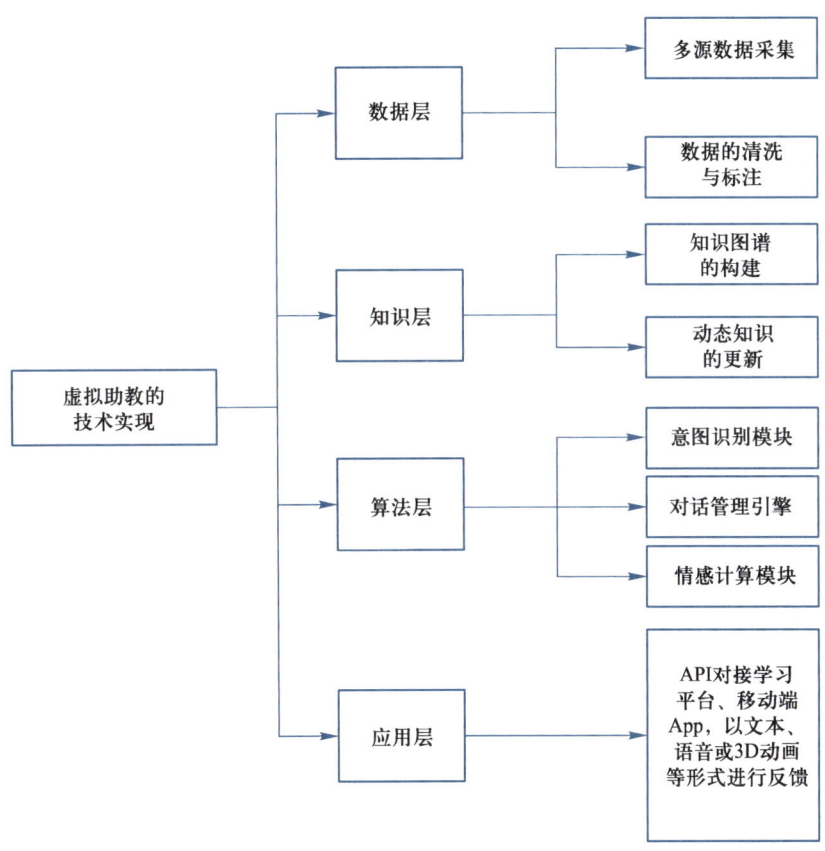

图 3-3 虚拟助教的技术架构

学习任务3-6

通过学习，相信你已经对虚拟助教和智能客服有了一定的了解，接下来，请你和你的小组成员通过 IBM Watson 教育助教系统和 Coursera 平台来分别进行体验并交流感受吧！

3. 虚拟助教与智能客服的局限性

虚拟助教和智能客服在教育领域的应用虽然具有巨大的潜力，但也面临一些技术和社会方面的局限性。首先，AI 在应对开放性任务时，如论文选题或创造性设计，往往缺乏足够的灵活性和创造力，因此仍然需要教师在决策中发挥主导作用。此外，在多语言和多文化的教育场景中，AI 可能无法准确理解某些方言或文化隐喻，导致意图误判。例如，中文中的"内卷"一词就需要特定的语境理解，而 AI 可能难以捕捉这种微妙的差异。

另一方面，社会风险也给虚拟助教和智能客服的推广带来挑战。一方面，部分教师可能因担心 AI 替代自己的教学工作而产生焦虑，这需要通过培训和教育推广"人机协作"的模式来化解这种担忧；另一方面，数字鸿沟问题仍然存在，特别是在欠发达地区，由于技术设施落后，AI 在教育中的普及可能加剧教育资源的不平等，进一步扩大城乡和地区间的差距。

为了解决这些问题,虚拟助教和智能客服的优化方向应包括增强系统透明度,即向用户清晰说明 AI 的决策逻辑,如推荐课程的原因和依据,帮助学生和教师更好地理解 AI 的作用。同时,情感计算技术的升级也非常关键,结合生理数据(如心率监测)来更精准地识别学生的学习状态,以实现更加个性化和智能化的教育服务。这些优化方向有助于克服当前的局限性,使虚拟助教和智能客服能够更好地服务于教育领域。

3.2 人工智能教育应用的优势与挑战

3.2.1 提高教学效率与质量

人工智能技术通过自动化与数据驱动的核心能力,显著优化了教学流程并提升了教育质量。以智能批改系统为例,传统教学中,教师需耗费大量时间批改标准化作业与主观题型。而基于自然语言处理(NLP)技术的作文批改工具(如科大讯飞系统),能够在数秒内完成语法纠错、逻辑分析与多维评分,准确率超过 90%。此类工具不仅大幅减轻教师负担,还通过实时反馈帮助学生快速定位问题。此外,虚拟实验室的引入进一步体现了效率与安全的平衡。例如,化学教学中,学生可通过 VR 技术模拟硫酸铜溶液的制备过程,系统实时监测操作规范并提供风险预警,既避免了实验安全隐患,又通过沉浸式交互强化了理论知识的实践转化。

在教学管理层面,AI 技术的应用同样展现出革新性价值。北京某中学引入的智能排课系统,通过分析学生注意力波动规律与教师资源分布,动态生成最优课程表。实践数据显示,学生课堂专注度提升 20%,教师备课时间减少 50%。此类效率提升并非以牺牲质量为代价,而是通过精准的数据支持,使教学资源分配更趋科学化。

3.2.2 促进个性化学习与发展

人工智能的核心优势在于其基于数据的个性化适配能力。以语言学习平台 Duolingo 为例,系统通过分析用户的学习目标(如"旅游日语"或"学术英语")、答题模式与遗忘曲线,动态调整学习路径。例如,用户若在动词变位练习中频繁出错,系统将自动插入专项复习模块,并关联前置知识点(如主语代词)进行强化训练。此类动态规划使学习效率提升 33%,用户完成率显著提高。

个性化支持不仅体现在内容推荐上,更深入至综合素质培养。浙江某小学的数学课堂中,AI 系统根据学生的能力差异设计分层任务:计算能力薄弱的学生通过趣味游戏巩固基础,逻辑能力突出的学生则参与开放式问题探究(如"设计一个校园绿化面积的优化方案")。一名学生家长反馈,其孩子因 AI 推送的"数独闯关"任务,从排斥数学转为每日主动练习。此类案例表明,AI 技术能够打破传统课堂的"均值化"局限,真正实现"因材施教",助力学生潜能的差异化释放。

3.2.3 面临的挑战与应对策略

尽管人工智能为教育带来显著变革,其应用仍面临多重挑战。数据隐私与安全风险首当其冲。例如,某教育平台因算法漏洞误判学生能力标签,导致资源推荐失衡,引发焦虑情绪。为此,欧盟发布《可信 AI 教育应用指南》,要求算法需具备透明性与可解释性,并通过联邦学习技术实现数据本地化处理,避免敏感信息泄露。我国部分学校则采用数据脱敏与权限分级机制,确保学生信息的可控使用。

技术依赖与教育公平性问题同样亟待解决。在湖南某高中的"双师课堂"实践中,AI 负责作业批改与学情分析,教师则聚焦于创造性教学活动(如跨学科项目设计)。这种"人机协同"模式既保留了教师的人文关怀角色,又通过技术工具释放教师的创新空间。此外,针对资源分配不均问题,政府主导的公共教育平台(如"国家中小学智慧教育平台")免费开放 AI 基础服务,并推广低功耗开源模型(如 DeepSeek-R1),缩小城乡数字鸿沟。

伦理与监管体系的完善是长期命题。当前,算法偏见可能导致隐性歧视,例如过度依赖历史数据而忽视少数群体需求。对此,行业需建立多方参与的伦理审查机制,联合教育机构、技术企业与政策制定者共同制定标准(如课程推荐算法的公平性测试),确保技术应用始终服务于教育公平与人的全面发展。

3.3 思考与练习

一、选择题

1. 以下属于智能评估系统中用于分析作文语法和逻辑的核心技术的是（　　）。

   A. 计算机视觉　　　　　　　　B. 自然语言处理（NLP）

   C. 语音识别　　　　　　　　　D. 增强现实（AR）

2. Duolingo 通过（　　）动态调整学习路径以提升效率。

   A. 决策树算法　　　　　　　　B. 协同过滤算法

   C. 强化学习算法　　　　　　　D. 随机森林算法

3. 智能教学系统中,以下（　　）是 OCR 技术的主要应用场景。

   A. 实时课堂弹幕互动　　　　　B. 手写板书内容提取

   C. 学习路径规划　　　　　　　D. 虚拟实验模拟

4. 虚拟助教的核心功能不包括（　　）。

   A. 智能答疑　　　　　　　　　B. 课程费用查询

   C. 情绪识别　　　　　　　　　D. 个性化学习管理

5. 以下（　　）是智能客服在教育场景中的主要作用。
A. 设计开放性论文选题　　　　　B. 全天候解答课程咨询
C. 动态调整教材内容　　　　　　D. 生成虚拟实验报告

二、填空题

1. 科大讯飞的作文批改系统通过_____技术实现语法纠错，准确率超过90%。
2. 在 Duolingo 的路径规划中，若用户频繁答错某一题型，系统会自动插入_____模块进行强化。
3. 智能评估系统中，手写体识别依赖的核心技术是_____。
4. 虚拟实验室通过_____技术模拟化学实验操作，避免安全隐患。

三、简答题

1. 解释"智能教学系统"的核心功能，并对比其与传统教学工具（如黑板、纸质教材）在互动方式和资源管理上的差异。
2. 举例说明"个性化学习路径规划"如何通过 AI 技术实现"因材施教"。
3. 混合学习模式如何结合线上与线下教学？试从"学生自主性"和"教师引导性"两个角度分析其优势。

四、操作题

1. 智能教学系统实践

任务：

登录智能教学平台，体验一节 AI 辅助的课程（如数学或编程语言学习）。

记录 AI 如何通过弹幕答疑、资源推荐等功能辅助学习过程。

分析其技术实现逻辑（如 NLP、知识图谱）。

报告要求：500 字体验报告，包含功能亮点、技术分析与改进建议。

2. 个性化学习设计

案例：某学生数学基础薄弱但对编程感兴趣，请为其设计一个 AI 驱动的学习路径。

要求：结合编程兴趣关联数学知识点（如通过 Python 学习函数与几何）；说明如何通过强化学习算法动态调整难度。

第 4 章
人工智能与教育深度融合的实践与探索

本章导读

  在数字化浪潮席卷全球的今天，人工智能与教育的深度融合正重塑传统教育模式，推动教育生态向智能化、个性化和精准化方向变革。AI 技术赋能教学内容创新，并通过数据驱动的学习支持系统和智能管理平台，为教育公平与质量提升开辟全新路径。本章将系统探讨 AI 与教育融合的实践路径，揭示其如何重构教育场景并释放教育潜能。

  本章围绕智能化课程设计、个性化学习支持以及教育管理智能化三大核心维度展开，结合丰富的案例和实用的操作指南，帮助读者理解 AI 在教育中的实际应用。通过本章的学习，读者将深入了解人工智能在教育领域的最新应用与实践，探索其如何重塑教育生态，提升教学质量与效率。

  本章将带领读者学习和解决以下问题。
- 人工智能如何重构传统教育模式？
- 教师如何利用 AI 工具提升教学效率？
- 学生如何通过 AI 实现个性化学习？
- 教育管理者如何借助 AI 优化决策与评估？

4.1 智能化课程设计：创新教学内容与方法

  在人工智能与教育深度融合的浪潮中，智能化课程设计如同一台智慧导航仪，为传统教学模式绘制出崭新的发展路径。通过 AI 技术的深度赋能，课程建设实现了从静态知识传递到动态认知建构的跃迁——从精准捕捉学习者认知特征的学情分析，到智能生成千人千面的知识图谱；从实时推荐最优学习路径的适应性资源，到重构虚实融合的课堂互动方式；从基于多模态数据的动态评价体系，到驱动教学策略持续进化的智能引擎。人工智能正在重新定义教学内容的组织逻辑与方法论的创新边界,推动教育形态向个性化、生成性、精准化的方向演进。

4.1.1 基于 AI 的学习需求分析

在当今数字化教育时代,精准把握学生的学习需求已成为提升教学质量的关键。AI 技术凭借其强大的数据处理与分析能力,为学习需求分析带来了前所未有的变革。

1. 为什么要进行基于 AI 的学习需求分析

学习需求分析作为教育活动开展的基础环节,其核心在于精准识别学习者现有水平与目标水平之间的差距。有效的学习需求分析能够帮助教师明确学生的学习起点、学习目标以及学习过程中可能遇到的困难,为教学设计、资源配置提供科学依据。然而,学习需求分析也面临着诸多挑战。一方面,不同学习者在知识基础、学习兴趣、学习风格等方面存在差异,且随着学习过程的推进,其需求也在不断变化;另一方面,传统的学习需求分析方法主要依赖于问卷调查、访谈等手段,这些方法存在主观性较强、效率低、难以获取深层次需求等问题。在此背景下,探索基于人工智能的新型分析范式,成为破解精准化与规模化需求识别难题的关键突破口。

2. 如何基于 AI 分析学生的学习需求

(1) 技术框架

基于 AI 分析学生的学习需求是一个结合教育科学与数据智能的复杂过程,需通过多源数据整合与学习者建模、模型构建与知识映射来实现。

多源数据整合与学习者建模是指通过整合学生测试成绩、学习行为日志(如学习时长、路径、资源点击率)、社交平台互动记录等多维度数据,构建动态更新的学习者特征模型。例如,基于学习行为数据可分析学生的知识掌握程度与学习偏好,形成综合画像。在此过程中,自然语言处理技术扮演着关键角色,通过分析学生的作业文本、讨论区留言、在线问答等非结构化数据,挖掘其认知水平、情感倾向及潜在学习障碍。例如,情感分析可识别学生对特定知识点的困惑或兴趣,语义分析可评估逻辑表达能力。

模型构建与知识映射是通过结合机器学习算法建立预测模型,将学生行为数据与知识领域模型关联,实现学习需求与教学资源的精准匹配。

(2) 工具与方法

基于 AI 的分析方法能够弥补传统方法的不足,提供更为全面、客观的学习需求分析结果,为个性化学习的实施提供有力支持,主要包括学习行为分析和情感分析等。

学习行为分析是利用 AI 对学生在学习平台上的行为数据进行分析,如学习时间、学习路径、作业完成情况、在线讨论参与度等,挖掘出学生的学习习惯、学习进度以及知识掌握程度等信息。例如,通过分析学生在数学学习平台上的解题步骤和错误类型,AI 可以判断学生在哪些知识点上存在困难,从而为其提供针对性的辅导。

情感分析主要关注学生在学习过程中的情感体验,通过对学生在学习过程中的语言表达、表情、肢体动作等进行分析,了解学生的情绪状态和学习动机。例如,AI 可以分析学生在在线讨论区的发言内容，判断其对学习内容的兴趣程度和满意度，进而为教师调整教学策略提供参考。

（3）伦理挑战与应对策略

我们在使用基于 AI 的学习需求分析工具时要充分考虑数据隐私和伦理问题，建立健全的数据保护机制和伦理审查制度，确保 AI 技术在教育领域的合理应用。

> **学习任务4-1**
>
> 访问 DeepSeek 官网（可搜索获取网址）开启新对话，探索"在使用基于 AI 的学习需求分析工具时，如何进行数据隐私的保护与算法偏见的防范"。

3. 基于 AI 的学习需求分析工具是否已得到实际应用

近年来，国内外涌现出许多基于 AI 的学习需求分析工具，并在教育实践中得到了广泛应用。

国外案例：以 DreamBox Learning 为例，该平台利用 AI 技术对学生在数学学习过程中的行为数据进行实时分析，生成个性化的学习路径和学习任务。平台能够根据学生的学习进度和掌握情况，自动调整学习内容的难度和顺序，确保学生在适合自己的节奏下进行学习，如图 4-1 所示。

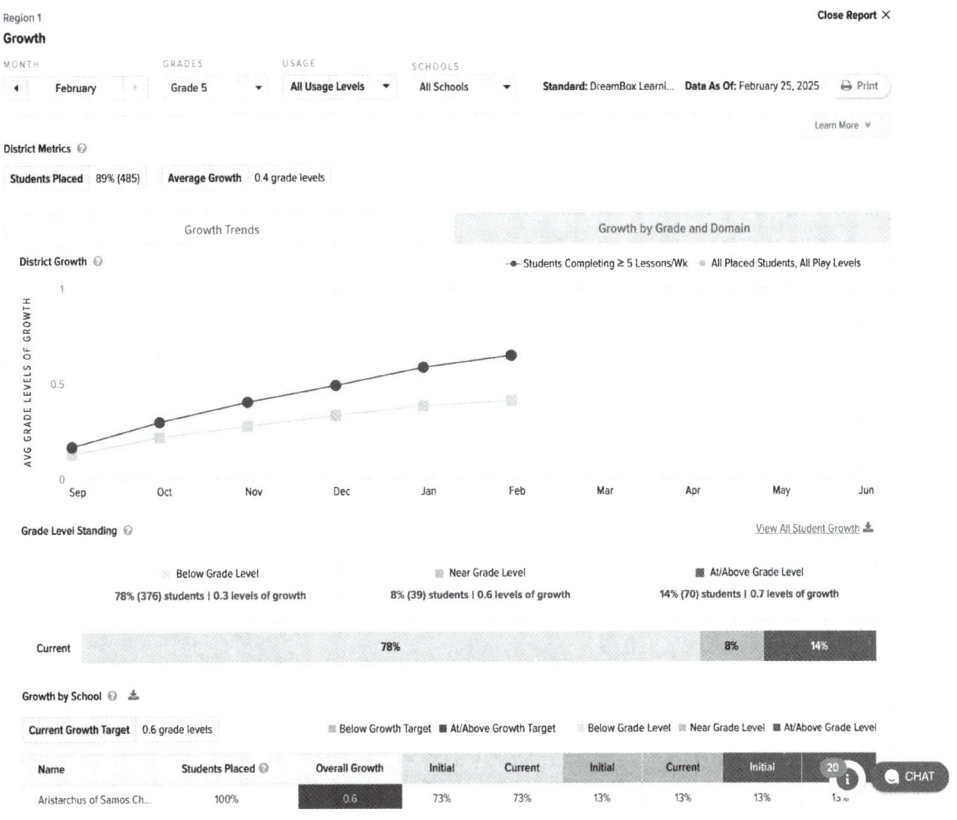

图 4-1　DreamBox Learning 平台生成的学生学习评估报告

国内案例：国内的作业帮也采用了 AI 技术进行学习需求分析。通过对学生提交的作业照片进行图像识别和分析，AI 可以快速识别学生的错误点，并为其推送相关的知识点讲解和练习题。这种基于 AI 的学习需求分析工具不仅提高了学习效率，还增强了学生的学习体验。

> 🌐 **学习任务4-2**
>
> 访问 DeepSeek 开启新对话，探索"AI 如何通过情感分析优化学习需求分析"。

4.1.2 智能化课程内容的动态调整

1. 动态调整课程内容有什么必要性

在教育领域，课程内容的动态调整是适应教育变革和学生个性化需求的重要举措。传统教育模式中，课程内容往往在学期开始时就已经固定，难以根据学生的学习进度和反馈进行实时调整。这种模式忽视了学生个体差异和学习需求的动态变化，导致部分学生可能在某些知识点上遇到困难而无法及时获得帮助，或者在某些内容上已掌握却仍需重复学习，从而影响学习效率和积极性。

随着教育理念的不断更新，个性化学习逐渐成为教育的重要目标。动态调整课程内容能够更好地满足学生的个性化需求，根据学生的学习进度、兴趣爱好和知识掌握程度，实时调整教学内容和难度，使每个学生都能在适合自己的学习路径上不断前进。此外，动态调整课程内容也有助于教师更好地掌握学生的学习情况，及时发现教学中的问题并进行改进，提高教学质量。

2. AI 驱动的课程内容动态调整技术有哪些

AI 技术为课程内容的动态调整提供了强大的技术支持。通过自适应学习算法、数据挖掘和机器学习等技术，AI 能够实时分析学生的学习行为和学习成果，从而实现课程内容的智能化动态调整。

（1）自适应学习算法

自适应学习算法是 AI 驱动课程内容动态调整的核心技术之一。它通过收集学生的学习数据，如学习时间、答题正确率、学习路径等，分析学生的学习进度和知识掌握程度，并根据这些数据动态调整课程内容的难度和顺序。例如，当学生在某个知识点上表现出困难时，自适应学习算法可以自动降低相关练习题的难度，并提供更多针对性的辅导材料；而当学生已经熟练掌握某个知识点时，算法则可以自动跳过该知识点，直接进入下一个更高级的内容。

（2）数据挖掘与机器学习

数据挖掘技术可以从大量的学生学习数据中提取有价值的信息，发现学生学习过程中的规律和模式。机器学习则可以根据这些规律和模式，预测学生的学习需求和未来表现，并据此调整课程内容。例如，通过对学生历史学习数据的分析，机器学习模型可以预测学生在某个知识点上可能遇到的困难，并提前调整教学策略，为学生提供个性化的学习支持。

3. 如何实现课程内容的动态调整

在人工智能赋能教育的当下，我们需掌握利用 AI 实现课程内容动态调整的策略，以适应多元教学场景，满足学生个性化学习需求，提升教育质量。

（1）利用 AI 分析学习数据，实现个性化教学

借助智能教学平台实时收集学生预习、课堂互动及作业完成数据，并融合人脸识别、语音识别技术分析学生注意力、情绪和学习难点。AI 系统依据这些数据生成个性化学习方案，对已掌握知识的学生跳过重复练习，推送更高阶内容；针对存在薄弱环节的学生，提供针对性练习题或微课视频。

（2）融入 AI 工具优化教学设计

开展虚拟实验与情境模拟，如化学课借助 AI 辅助实验平台，让学生在虚拟环境安全操作复杂实验。同时，运用 AI 工具动态优化教学内容，根据学生课堂反馈自动调整案例难度，结合实时问答数据生成可视化知识图谱。推动跨学科项目式学习，将 AI 与物理、生物等学科融合，设计"用机器学习分析气候数据"的跨学科项目。

（3）加强人机协同，提升课堂互动与反馈

利用自动化评估工具批改客观题，通过语义分析学生主观题答案，快速定位共性错误。新手教师可以借助 AI 模拟课堂情境，演练应对策略，提升教学应变能力。

（4）持续优化与教师专业发展

参加教育大数据分析、智能教学设计等课程，通过线上线下混合培训，掌握机器学习、自然语言处理等基础知识。邀请数据科学家指导使用 Python 分析社会现象。定期通过 AI 系统收集学生反馈，更新课程内容与技术工具，保持前沿性。

4. 如何平衡教师主导与 AI 辅助的关系

教师在教学过程中扮演着不可替代的角色，AI 技术并不能完全取代教师的作用。为了实现教师主导与 AI 辅助的平衡，以下几点建议可供参考。

① 明确角色定位：教师应明确自己在智能化教学中的主导地位，将 AI 技术作为教学的辅助工具。

② 加强教师培训：为了更好地利用 AI 技术进行教学，教师需要接受相关的培训，掌握 AI 技术的基本原理和应用方法。

③ 建立沟通机制：教师与 AI 系统之间应建立良好的沟通机制。教师可以根据自己的教学需求，向 AI 系统提供反馈和建议，帮助系统更好地适应教学实际。

④ 注重情感交流：教师在教学过程中应注重与学生的情感交流，关心学生的学习感受和心理需求。AI 技术无法替代教师与学生之间的情感互动，教师的情感关怀能够激发学生的学习兴趣和动力，促进学生的全面发展。

【例 4-1】借助生成式人工智能工具辅助生成教学课件。

① 打开浏览器，访问 DeepSeek 官网开启新对话，提出要求"现在我要设计一份'信

息及其特征'的教学 PPT，请你用文字详细描述此 PPT 每一页的内容"，如图 4-2 所示。

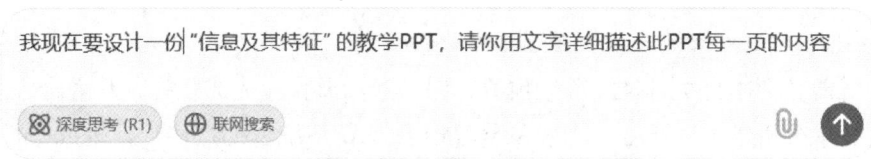

图 4-2　在 DeepSeek 中生成教学课件大纲

② 根据实际教学需要，修改 DeepSeek 所生成的内容，形成具体的教学课件文案。访问 Kimi+ 平台，如图 4-3 所示。打开 PPT 助手，如图 4-4 所示，在对话框中输入完善后的课件文案，并发送。

图 4-3　访问 Kimi+ 平台

图 4-4　Kimi+ 平台的 PPT 助手

③ 等待 PPT 助手梳理课件文案完成后，单击"一键生成 PPT"按钮，如图 4-5 所示。此时会进入一个选择课件模板的窗口，如图 4-6 所示。可以按照模板场景、设计风格、主题颜色快速筛选模板，根据实际需要选择合适的模板后，单击"生成 PPT"按钮，等待课件生成。

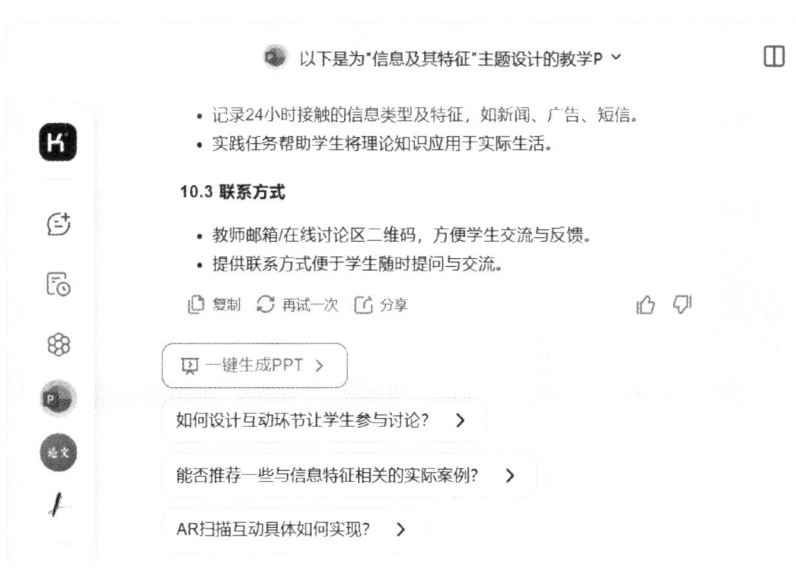

图 4-5　在 PPT 助手中一键生成课件

图 4-6　为课件选择合适的模板

④ 课件生成成功后，可单击每一页进行预览，如图 4-7 所示。也可以单击左下角"去编辑"按钮，对每一页课件的文字、图片、排版进行修改，如图 4-8 所示。最终单击"下载"按钮即可下载课件。

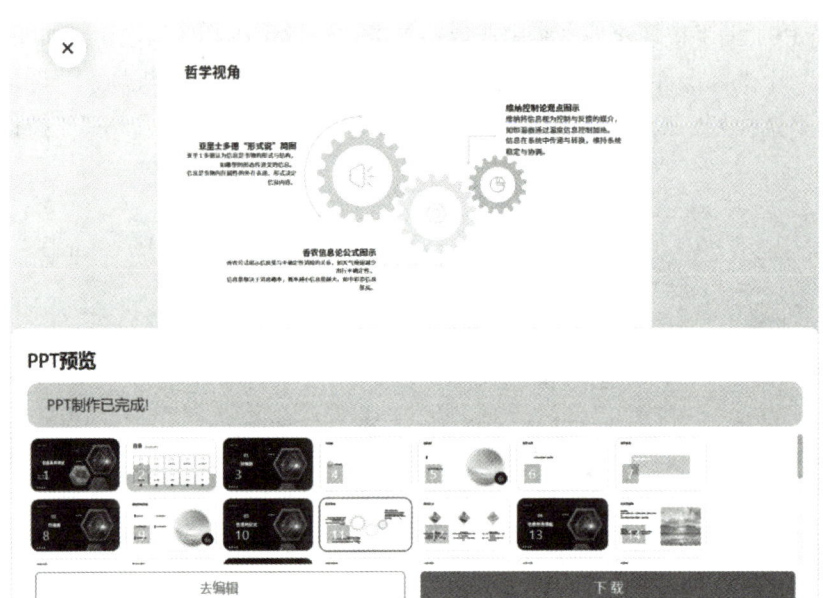

图 4-7　预览课件

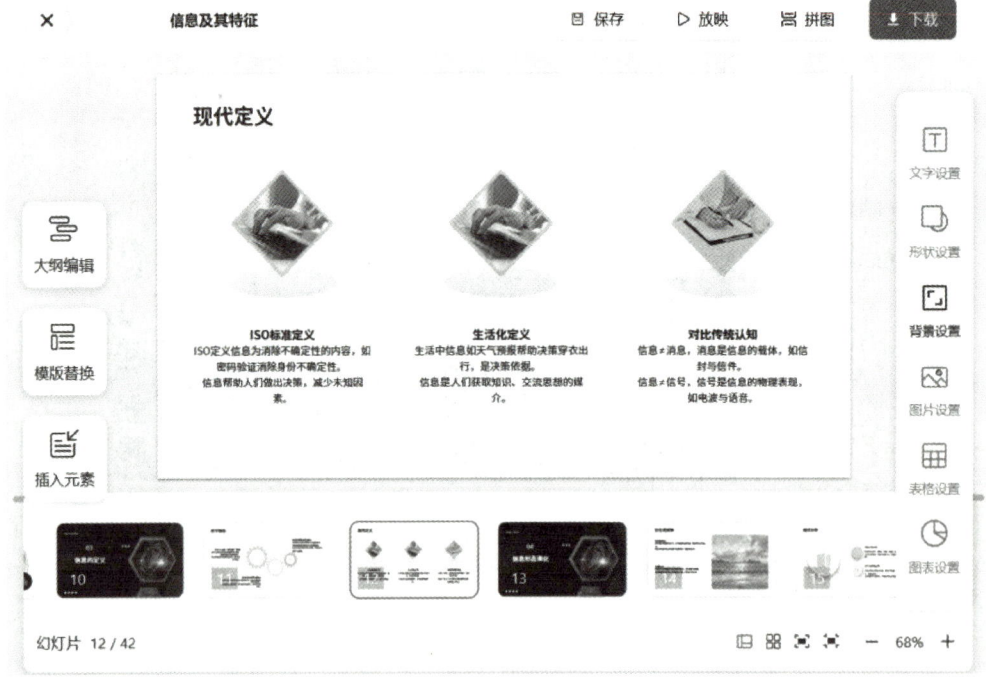

图 4-8　修改课件

> 学习任务4-3
>
> 访问 DeepSeek 或 Kimi+，尝试借助 AI 制作一份教学课件。

4.1.3　AI 辅助的创新教学策略

1. AI 辅助的创新教学策略有何优势

AI 辅助的教学策略是指利用人工智能技术来增强和优化传统教学模式的一种新型教学策略。它结合了人工智能的分析、学习和交互能力，旨在提供更加个性化、互动化和资源丰富的学习环境。其优势在于能有效克服传统教学策略的局限性，紧密贴合了现代教育的发展趋势与实际需求。

① 能够满足学生的个性化学习需求。通过智能分析学生的学习进度和能力，提供定制化的学习内容和进度，既激励学习较快的学生，也支持学习较慢的学生，从而激发每位学生的学习潜力和积极性。

② 增强了教学互动。利用智能平台和工具，实现多样化的互动形式，提高互动频率，这不仅能激发学生的学习兴趣和主动性，还能帮助教师实时了解学生的学习状况和需求。

③ AI 技术丰富了教学资源的利用。通过虚拟实验、在线课程等多样化形式，打破了传统教学资源的限制，使学习更加灵活多样，尤其是在实验性课程中，AI 技术能够提供模拟实验环境，让学生在不受设备和场地限制的情况下进行实践操作，提升学习效果。

2. 支持创新教学策略的 AI 辅助工具

AI 辅助工具为创新教学策略提供了有力支持，如虚拟实验室、智能问答系统以及个性化学习路径推荐等，这些工具帮助教师打破传统教学的束缚，实现教学的高效性、个性化和强互动性。

(1) 虚拟实验室

虚拟实验室是一种基于 AI 和虚拟现实（VR）、增强现实（AR）技术的教学工具，能够为学生提供沉浸式的实验环境。学生可以在虚拟实验室中进行各种实验操作，无须担心实验设备的限制和实验安全问题。例如，在化学实验中，学生可以通过虚拟实验室模拟各种化学反应，观察实验现象，调整实验参数，从而更好地理解化学原理。虚拟实验室不仅提高了实验教学的效率和安全性，还为学生提供了更加丰富的学习体验。

(2) 智能问答系统

智能问答系统是一种基于自然语言处理（NLP）和机器学习技术的教学工具，能够实时回答学生的问题。学生可以通过语音或文字输入问题，系统会根据问题的语义和上下文，提供准确的答案和解释。例如，在数学学习中，学生可以通过智能问答系统询问解题思路、公式推导等问题，系统会提供详细的解答过程和相关知识点。智能问答系统不仅能够及时解决学生的学习困惑，还能够激发学生的学习兴趣和主动性。

(3) 个性化学习路径推荐

个性化学习路径推荐系统是一种基于 AI 技术的教学工具，能够根据学生的学习进度、兴趣爱好和知识掌握程度，为学生推荐个性化的学习路径。系统通过分析学生的学习数据，如学习时间、答题正确率、学习行为等，利用机器学习算法预测学生的学习需求，并生成适合学生的学习计划。例如，在英语学习中，系统可以根据学生的词汇量、语法水平和阅读能力，推荐适合的英语阅读材料、语法练习和口语练习。个性化学习路径推荐系统不仅能够提高学生的学习效率，还能够满足学生的个性化学习需求。

3. 如何面对教师角色的转变与适应性

AI 辅助的创新教学策略为教育带来了新的机遇，同时也对教师的角色和能力提出了新的挑战。

(1) 教师角色的转变

教师的角色需要从传统的知识传授者转变为学习的引导者、组织者和促进者。在 AI 辅助教学中，教师可以更多地关注学生的学习过程和学习需求，并根据 AI 系统提供的数据和建议，为学生提供个性化的学习指导，组织多样化的学习活动，激发学生的学习兴趣和主动性。例如，在虚拟实验室中，教师需要引导学生进行实验设计和数据分析，帮助学生理解实验原理和现象，而不是直接告诉学生实验结果。

(2) 教师的适应性

AI 辅助教学策略的实施对教师的技术素养和创新能力提出了要求。教师不仅需要熟悉 AI 技术的基本原理和应用方法，熟练掌握各种 AI 辅助教学工具的方法，还需要具备数据分析能力，能够根据 AI 系统提供的数据了解学生的学习情况，并据此调整教学策略。

4.2　个性化学习支持：提升学习效率与效果

4.2.1　学生画像构建与学习路径规划

1. 学生画像

(1) 学生画像是什么

学生画像是通过对学生多维度数据的收集、分析和整合，构建一个全面、立体、动态的学生特征模型。它不仅包括学生的基本信息，如姓名、学号、性别、年龄、班级等，还涵盖了学生的学习行为、学习偏好、学习进展、考核成绩等学习数据，以及学生的社交行为、活动参与等非学习数据。学生画像的构建的目的在于帮助教师更深入地了解每个学生的特点、需求和学习状态，从而为学生提供个性化的教育服务。

(2) 构建方法是什么

多维度数据融合是构建学生画像的关键方法之一。

第一步：从多个数据源收集数据，包括教务信息系统、在线学习平台、互联网搜索引擎、社交媒体平台等。这些数据源提供了丰富的学生相关信息，如学生的基本数据、学习内容记录、学习进展记录、考核成绩记录、搜索记录、浏览记录、下载记录等。

第二步：对收集到的数据进行预处理，包括数据清洗、文本分词等，以提高数据的质量和规范性。然后，构建画像标签体系，将学生的信息划分出不同的维度，如基本信息标签、个人偏好标签、学习行为标签等，并进一步细分出多个二级标签。通过多维度的标签体系，可以更精准地刻画学生的特征，提升学生画像的准确性。

第三步：利用数据挖掘和分析技术，对学生画像进行动态更新和优化。例如，通过机器学习算法对学生的在线学习行为数据进行挖掘，提取学生的学习行为特征，并根据学生的学习情况实时调整学生画像。

2. 学习路径规划的技术实现

学习路径规划的技术实现主要依赖智能规划算法。这些算法通过对学生画像的分析和学习内容的匹配，为学生推荐个性化的学习路径。以下是两种常用的智能规划算法：

基于推荐系统的算法，如混合推荐算法，它结合了协同过滤和基于内容的推荐方法，根据学生的学习历史和兴趣偏好，推荐适合学生的学习内容。

自适应优化算法，如自适应教与学优化算法（ATLBO）。该算法通过模拟教学过程中的教学阶段和学习阶段，动态调整种群适应度，以优化学习路径。在教学阶段，算法根据教师的指导和学生的反馈，调整学习路径的推荐策略；在学习阶段，算法根据学生的学习进度和成绩，实时调整学习路径的推荐内容。

此外，学习路径规划还需要考虑学习内容的知识依赖关系和学习的动态特性。例如，通过构建知识依赖图，确定学习内容之间的前置和后置关系，确保学生在学习过程中能够逐步掌握相关知识。同时，利用强化学习技术，对学习路径规划进行动态优化，根据学生的实时学习反馈，调整学习路径的推荐策略。

3. 如何实现学生画像构建与学习路径规划

（1）学生画像的构建

① 进行数据采集与分析。学生画像的构建需要基于多维度的数据采集和分析。通过智慧教育平台，可以收集学生的基本信息、学习行为、课堂表现、考试成绩、兴趣爱好等数据。

② 结合动态与静态画像。学生画像应包括静态画像（如基本信息、兴趣爱好）和动态画像（如学习行为、知识掌握情况）。动态画像能够实时反映学生的学习状态和进步情况，帮助教师及时调整教学策略。AI技术可以通过深度学习和自然语言处理对学生的学习过程进行实时监测和动态调整。

③ 标签化与模型构建。通过数据加工工厂对学生的数据进行"标签化"，以不同的标签组合构建学生画像，这种标签化的画像能够为教师提供针对性的教学支持服务。

利用人工智能和大数据技术，可以更高效地处理海量数据，生成精准的学生画像。同时，AI大模型也可以通过分析学生的学习能力和风格，生成个性化的学习路径。

（2）学习路径规划

设计个性化学习路径。基于学生画像，教师可以为每个学生设计个性化的学习路径，并通过分析学生的知识点掌握情况，精准规划知识学习重点。此外，MOOC平台通过交叉使用Apriori All算法和贝叶斯网络，设计出学习画像与个性化学习路径拟合模型。

将学生的短期目标（如提高某门课程的成绩）和长期目标（如培养综合能力）相结合。利用智能平台中的设定目标—规划时间—自我反思的路径，帮助学生制定短期进阶目标，并分析其学习偏好和认知风格。

实时监测学生的学习状态，根据学生的学习进展动态调整并优化学习路径，结合遗传算法和逻辑斯蒂回归规划最佳学习路径，最大化学生学习效率。

(3) 数据准确性问题

数据准确性在学生画像构建与学习路径规划中至关重要。数据收集与融合时可能遇到不完整、噪声、冲突和重复等问题，需要进行数据清洗和整合。同时，学生的学习行为和偏好也会随时间和学习环境的变化而变化，因此需要及时更新学生画像数据以保持准确性。

> **学习任务4-4**
>
> 请小组合作，访问 DeepSeek 开启新对话，了解不同环节中 AI 技术的作用，制作学生画像构建与学习路径规划流程图。

4.2.2 智能推荐系统与学习资源匹配

1. 智能推荐系统的基本原理

智能推荐系统是基于人工智能技术，通过分析用户的行为数据和偏好信息，为用户提供个性化的推荐内容的系统。在教育领域，智能推荐系统主要应用于学习资源的个性化匹配，帮助学生更高效地获取适合自己的学习材料。

智能推荐系统的基本原理主要包括协同过滤和内容推荐两种方法。

协同过滤（collaborative filtering，CF）是基于用户之间的相似性或物品之间的相似性进行推荐。它通过分析用户的历史行为数据，如评分、浏览记录等，找到与目标用户具有相似兴趣的其他用户或与目标物品相似的其他物品，从而为用户推荐可能感兴趣的资源。例如，如果学生 A 和学生 B 在多个学习资源上的评分相似，那么当学生 A 对某个新资源给出高评分时，系统可能会将该资源推荐给学生 B。协同过滤的优点是能够发现用户潜在的兴趣，但其缺点是对新用户或新资源的推荐效果较差，即冷启动问题。

内容推荐（content-based filtering，CBF）则是基于用户对物品的特征偏好进行推荐。它通过分析学习资源的特征，如主题、关键词、难度等级等，以及用户的历史行为数据，为用户推荐具有相似特征的资源。例如，如果一个学生经常浏览和学习关于"人工智能基础"的课程资源，系统会分析这些资源的特征，并推荐其他具有类似主题和难度的课程。内容推荐的优点是能够很好地解决冷启动问题，但其缺点是容易陷入"信息茧房"，即只能推荐与用户已知兴趣相似的内容，难以发现新的兴趣点。

2. 学习资源个性化匹配如何实现

为了实现学习资源的个性化匹配，智能推荐系统需要综合运用多种技术手段。

数据收集是基础。系统需要收集学生的基本信息、学习行为数据（如浏览时间、停留时间、评分等）、学习成果数据（如作业成绩、考试成绩等）以及学习资源的特征数据

（如课程内容、难度等级、适用年级等）。这些数据可以通过学习管理系统（learning management system，LMS）或其他教育平台进行收集和整合。

数据预处理是关键步骤。由于收集到的数据可能存在噪声、缺失值或不一致的情况，需要对数据进行清洗、归一化和特征提取等操作。例如，对于文本数据，可以使用自然语言处理技术（natural language processing，NLP）进行分词、词性标注和主题提取；对于数值数据，可以进行标准化处理，以便更好地进行分析和建模。

推荐算法的选择和优化是核心环节。除了上述提到的协同过滤和内容推荐算法外，还可以结合混合推荐算法（hybrid filtering）来提高推荐效果。混合推荐算法综合了协同过滤和内容推荐的优点，通过融合不同的推荐策略，克服单一算法的局限性。例如，可以先使用内容推荐算法为新用户生成初始推荐列表，然后通过协同过滤算法对推荐结果进行优化和调整。

推荐结果的评估和反馈机制也是必不可少的。通过评估推荐结果的准确性和用户满意度，可以及时发现推荐算法的不足之处，并进行优化和改进。

3. 智能推荐系统在教育中有哪些应用

① 个性化学习。智能推荐系统能够根据学生的学习历史、兴趣、能力和行为模式，提供个性化的学习资源和课程推荐并动态调整，确保学习资源的针对性和有效性。帮助学生提高学习效率、增强学习动机和成就感。

② 教学资源推荐。智能推荐系统可以根据教师的教学需求和兴趣，推荐相关的教学资源，这种推荐方式不仅减轻了教师的工作负担，还提高了教学资源的利用效率。

③ 学习效果评估与反馈。智能推荐系统可以结合学习效果评估功能，实时为学生提供针对性的个性化反馈和改进措施，帮助学生及时调整学习策略，提高学习效果。

> **学习任务4-5**
>
> 推荐算法偏差可能导致某些学生群体或学习资源被不公平地对待，如忽略一些小众但有价值的学习材料；这可能使成绩差或学习行为少的学生获得更少推荐。请访问 DeepSeek 开启新对话，了解为了减少推荐算法的偏差，可以采取哪些措施。

4.2.3　个性化学习反馈与调整机制

1. 个性化学习反馈与调整机制的基本原理是什么

学习反馈不仅是教师了解学生学习进展的重要手段，更是学生调整学习策略、提升学习效果的关键依据。有效的学习反馈能够帮助学生明确自身的优点与不足，激发其学习动机，促进知识的巩固与深化。个性化学习反馈与调整机制是一种基于学习者个体差异的动态优化系统，旨在通过实时监测学习者的表现、进度和需求，提供针对性的反馈，并动态调整学习内容和策略，以提升学习效果。其基本原理是通过数据驱动和智能算法，动态识别学习者的个体差异，实时提供反馈并调整学习策略，以实现最优学习效果。

该机制的基本原理主要基于数据驱动与智能算法。具体而言，它依托数据驱动决策的理念，系统性地收集并分析学习者的行为数据与表现数据，这些数据作为学习状态与问题的直观反映，为后续的决策提供了坚实的基础。基于对这些数据的深入剖析，生成个性化的反馈意见及调整建议。通过智能算法的运用，动态识别每位学习者的个体差异，实时提供精准反馈，并灵活调整学习策略，从而确保每位学习者都能在最适合自己的路径上稳步前行，最终实现学习效果的最大化。

2. AI 驱动的学习反馈与调整技术

作为 AI 驱动学习反馈的核心技术之一，实时反馈分析（real-time feedback analysis, RFA）基于学生在学习过程中的即时表现数据，如答题正确率、解题时间、互动频率等，并进行即时反馈。系统通过监控学生的这些学习行为，及时发现学生在学习中的强项和弱项，为学生提供即时的、针对性的学习反馈。例如，当学生在某个知识点上的答题正确率较低时，系统会立即给出错误解析并推荐相关学习资源，帮助学生及时纠正错误，加深理解。实时反馈分析的优点是能够迅速响应学生的学习需求，但其挑战在于如何准确、高效地处理和分析大量的实时数据。

动态路径调整（dynamic path adjustment, DPA）作为 AI 驱动学习反馈的另一重要组成部分，能够基于学生的学习进度、能力水平及反馈效果，动态调整学习路径和计划。它通过分析学生的历史学习数据，如课程完成度、测试成绩、学习时长等，以及学生对实时反馈的响应情况，为学生定制个性化的学习计划。例如，如果一个学生在某个学习模块上表现出色，系统会自动调整后续的学习内容，增加相关且更具挑战性的课程；相反，如果学生在某个模块上遇到困难，系统会减缓学习进度，提供更多的辅助材料和练习机会。动态路径调整的优点是能够根据学生的实际情况灵活调整学习计划，提高学习效率，但其难点在于如何准确评估学生的学习状态，并做出合理的调整决策。

3. 个性化反馈机制如何在实际教学中开展

（1）数据采集

设计并使用轻量化数据记录工具进行数据采集。

① 课堂观察表：例如，设计 5 分钟快速记录模板（包含姓名、答题次数、错误类型、参与度、情绪符号）。

② 错题归因本：学生用不同颜色标注错误原因（红色=知识盲区，黄色=粗心失误，绿色=思维偏差）。

③ 学习情绪速记法：用符号标记学生状态（✔=高效投入，✘=持续困惑，●=主动探究）。

案例：小学数学课上，教师发现 5 名学生在"分数比较"练习中反复出现"分子分母混淆"错误（红色标记），随即将其归类为"概念理解薄弱组"。

使用 AI 工具收集数据。

① 课堂行为分析系统：通过摄像头与语音识别技术，自动记录学生课堂参与度（如举手次数、发言时长）、表情识别（专注/困惑/分心）及互动轨迹，生成课堂参与热力图。

② 作业批改 AI 助手：自动识别错题类型（如数学公式错误、英语语法偏差），统计高频错误知识点，生成错题归因雷达图。

③ 学习情绪监测 App：结合智能手环采集生理数据（心率变异性、皮肤电反应），分析学习压力指数，推送情绪波动预警报告。

(2) 分层反馈设计

在数据采集的基础上，我们根据学生的学习情况进行了分层反馈设计。如表 4-1 所示，对于基础薄弱型学生，我们重点提供知识点微课和错题变式题的自动推送，帮助他们巩固基础知识；对于能力均衡型学生，我们鼓励同伴互评，并借助 AI 优化互评结果，同时生成思维导图以帮助他们构建知识体系；对于高效进阶型学生，我们则提供跨学科项目和学术文献摘要推荐，以激发他们的创新思维和探究精神。

表 4-1 智能资源匹配引擎

学生类型	AI 反馈策略	工具示例
基础薄弱型	知识点微课+错题变式题自动推送	国家中小学智慧平台"AI 错题本"
能力均衡型	同伴互评 AI 优化+思维导图智能生成	腾讯智笔"作文智能互评系统"
高效进阶型	跨学科项目生成+学术文献摘要推荐	DeepSeek"学科融合创意工坊"

(3) 动态调整

AI 自适应学习系统结合教师干预动态优化智能路径规划。具体来说，AI 根据学生历史数据推荐学习顺序（如先学"分数运算"再学"比例应用"），教师可手动调整优先级。

案例：高中数学"导数应用"单元中，AI 检测到 5 名学生解题耗时异常，自动推送"微积分发展史"动画降低认知负荷，教师同步组织"导数生活化应用"案例讨论。

4.3 教育管理与评估的智能化：优化决策与提升质量

4.3.1 教育大数据的收集与分析平台

1. 教育大数据来自哪里

教育大数据是指在教育领域中产生的海量、多样化的数据集合，其来源广泛且复杂。从宏观层面来看，教育大数据主要来源于以下几个方面。

(1) 学习过程数据

学生在学习过程中产生的各种数据，如在线学习平台上的学习行为记录（包括课程访问时间、学习时长、作业完成情况、测验成绩等）、课堂互动数据（如课堂提问、小组讨论参与情况等）以及学习管理系统（LMS）中的数据等。这些数据能够全面反映学生的学习过程和学习效果，为个性化学习提供依据。

(2) 教育资源数据

涵盖了教学资源的使用情况,例如电子教材、教学视频、课件、在线课程等的访问次数、使用时长、用户评价等信息。通过对教育资源数据的分析,可以了解不同教学资源的受欢迎程度和有效性,从而优化教育资源的配置和开发。

(3) 教育管理数据

包括学校管理信息系统中的学生信息(如基本信息、学籍信息、成绩信息等)、教师信息(如教师基本信息、教学工作量、教学评价等)、课程安排、教学计划等数据。这些数据对于学校的日常管理和决策具有重要意义,能够帮助管理者更好地了解学校的整体运行情况。

(4) 教育环境数据

如校园网络使用情况、图书馆借阅记录、实验室使用记录等,这些数据反映了学生的学习环境和学习资源的利用情况,为优化教育环境提供参考。

2. 教育大数据具有哪些特征

(1) 海量性

教育大数据的规模庞大,随着教育信息化的不断推进,数据量呈爆发式增长。例如,在线教育平台每天都会产生大量的用户数据,包括视频观看记录、互动数据等,这些数据的存储和处理需要强大的技术支持。

(2) 多样性

教育大数据的类型丰富多样,包括结构化数据(如学生成绩、课程信息等)、半结构化数据(如 HTML 格式的教育资源、XML 格式的教育数据等)和非结构化数据(如教学视频、学生作文、教师评语等)。不同类型的数据需要采用不同的处理方法和技术手段,增加了数据处理的复杂性。

(3) 高速性

教育大数据的产生和更新速度非常快,尤其是在在线学习环境中,学生的学习行为数据实时产生,需要及时收集和处理,以便为教学提供实时反馈和决策支持。例如,在实时在线课堂中,教师需要根据学生的实时互动数据调整教学策略,这就要求数据处理具有较高的实时性。

(4) 价值性

虽然教育大数据的规模庞大且类型复杂,但其中蕴含着巨大的价值。通过对教育大数据的深入分析,可以挖掘出有价值的信息,如学生的学习规律、教学效果评估、教育资源的优化配置等,从而为教育决策提供科学依据,推动教育质量的提升。

3. 教育大数据分析平台的技术架构

教育大数据分析平台是实现教育大数据收集、存储、处理和分析的重要工具,其技术架构通常包括以下几个关键组成部分。

(1) 数据存储层

数据存储层是教育大数据分析平台的基础,负责存储海量的教育数据。由于教育大数据具有海量性、多样性和高速性等特点，传统的数据存储方式难以满足需求，因此需要采用分布式存储技术，如 Hadoop 分布式文件系统（HDFS）、NoSQL 数据库（如 MongoDB、Cassandra）等。这些分布式存储系统能够提供高可扩展性、高可靠性和高性能的数据存储服务，能够有效地存储和管理不同类型和规模的教育数据。例如，HDFS 可以将大规模的数据分布式存储在多个节点上，通过数据冗余机制保证数据的可靠性，同时支持高吞吐量的数据读写操作。

（2）数据处理层

数据处理层是教育大数据分析平台的核心，负责对存储的数据进行清洗、转换、挖掘和分析等操作。由于教育大数据的多样性和复杂性，数据处理需要采用多种技术手段。数据清洗作为数据处理的初始环节，通过去除噪声数据、填补缺失值、纠正错误数据等操作，提高数据的质量。随后，数据转换将不同格式和结构的数据转换为统一的格式，以便进行后续的分析处理。在数据挖掘方面，可以采用机器学习算法（如聚类分析、分类算法、关联规则挖掘等）和数据挖掘技术（如数据挖掘工具和平台）来挖掘数据中的潜在规律和知识。例如，通过聚类分析可以将学生分为不同的学习群体，为个性化教学提供依据；通过关联规则挖掘可以发现学生学习行为之间的关联关系，从而优化教学策略。

（3）数据可视化层

数据可视化层是将数据处理的结果以直观、易理解的方式展示给用户，便于用户快速了解数据的含义和价值。数据可视化工具和技术可以将复杂的数据转化为图表、图形、地图等形式，使用户能够直观地观察数据的分布、趋势和关系。例如，通过柱状图可以展示不同课程的选课人数，通过折线图可以展示学生学习成绩的变化趋势，通过热力图可以展示学生在不同学习环节的活跃度等。数据可视化不仅能够帮助教育工作者快速理解数据，还能够激发学生对数据的兴趣和参与度，促进数据驱动的教学和学习。

（4）应用层

应用层是教育大数据分析平台的最终用户层面，为教育工作者、学生和管理者等提供各种应用服务。这些应用服务可以根据不同的用户需求和应用场景进行定制开发，例如，为教师提供教学分析工具，帮助教师了解学生的学习情况，优化教学策略；为学生提供个性化学习推荐系统，根据学生的学习数据为其推荐适合的学习资源和学习路径；为管理者提供教育决策支持系统，通过数据分析为学校的教学管理、资源配置等提供决策依据。应用层的设计需要充分考虑用户的使用习惯和需求，提供简洁、易用的操作界面和功能强大的应用服务。

4. 实践案例：教育大数据平台的应用场景

教育大数据平台在教育领域的应用越来越广泛，以下是一些典型的实践案例和应用场景。

个性化学习支持：在线教育平台通过收集学生的学习行为数据（如视频观看时长、作业完成情况、测试成绩等），利用机器学习算法对学生的学习情况进行分析和建模，为每个学生生成个性化的学习路径和学习资源推荐。

教学质量评估与改进：利用教育大数据分析平台收集和分析教师的教学数据（如教学内容、教学方法、课堂互动情况等）和学生的学习数据（如成绩、学习满意度等），对教学质量进行全面评估。通过对数据的深入分析，发现某些课程的教学效果不佳，主要原因是教学方法单一，缺乏与学生的互动。学校则可以根据分析结果，组织教师进行教学方法培训，鼓励教师采用多样化的教学方法。

教育资源优化配置：教育管理部门通过教育大数据平台收集和分析各学校的教育资源使用情况（如教学设备使用率、图书馆借阅率等）和学生的学习需求数据（如不同学科的学习资源需求等），对教育资源进行优化配置。

学生行为预警与干预：利用教育大数据平台对学生的学习行为和校园生活行为进行实时监测和分析。通过设置预警规则，如学生连续多次未完成作业、课堂出勤率低、学习成绩突然下降等，当学生出现异常行为时，平台会自动向教师和家长发送预警信息。教师和家长可以根据预警信息及时与学生进行沟通和干预，帮助学生解决学习和生活中的问题，避免学生出现严重的学业问题和心理问题。

4.3.2 基于 AI 的教育决策支持系统

1. 为什么需要教育决策支持系统

随着教育信息化的不断推进，教育管理者面临着日益复杂的决策需求。教育决策支持系统（educational decision support system，EDSS）应运而生，旨在为教育管理者提供科学、高效、精准的决策支持。教育决策支持系统的需求主要体现在以下几个方面：一是教育数据的海量增长，传统的数据分析方法难以满足快速、准确的决策需求；二是教育决策的复杂性增加，涉及多个因素和层面的综合考量；三是教育管理者对决策结果的可解释性和可靠性要求不断提升。

在功能方面，教育决策支持系统主要包括：数据收集与整合，能够从多个来源收集教育相关数据，并进行有效的整合与清洗；数据分析与挖掘，运用先进的数据分析技术，如机器学习、数据挖掘等，对数据进行深度分析，提取有价值的信息；决策模型构建，根据不同的决策场景，构建相应的决策模型，为管理者提供决策建议；可视化展示，将分析结果以直观的图表、报表等形式展示出来，便于管理者理解和使用；决策方案评估，对不同的决策方案进行评估和比较，为管理者提供决策参考。

2. 基于 AI 的决策支持技术

人工智能技术为教育决策支持系统提供了强有力的技术支撑。其中，预测模型作为基于人工智能的决策支持技术体系中的核心组成部分，通过运用机器学习算法（如线性回归、决策树、神经网络等）对教育大数据进行建模与分析，能够有效预测未来教育事件的发生概率及发展趋势。具体而言，该技术可应用于学生学业成绩预测、辍学风险评估、就业前景分析等关键领域，从而为教育管理者制定前瞻性干预策略提供科学依据。

在基于人工智能的决策支持技术体系中，优化算法同样发挥着不可或缺的作用。教育决策往往涉及多目标优化与复杂约束条件下的求解问题。通过采用遗传算法、粒子群优化算法等智能优化算法，模拟自然选择机制或群体智能行为，可实现对最优决策方案的快速搜索与确定。这一技术在教育资源优化配置、课程体系规划、教师调度管理等实际应用场景中，能够显著提升决策的科学性与资源配置效率，为教育管理决策提供智能化解决方案。

3. 教育决策支持系统的实际应用

教育决策支持系统通过整合多源教育数据、构建分析模型与可视化工具，已逐步渗透至教育管理的核心场景，为不同层级的决策者提供科学依据。以下是其典型应用方向。

(1) 学校管理优化

① 动态调整资源配置。基于学生选课数据、教师工作量及教室使用率，EDSS 可生成智能排课方案。例如，某高中通过系统分析发现实验室利用率不足 30%，随即调整实验课程时段分配，实验室使用效率提升至 75%。

② 对教师发展精准评价。结合课堂教学行为数据、学生成绩增值与同行互评，构建教师能力雷达图，辅助制定个性化培训计划。

(2) 课堂教学改进

① 推荐个性化学习路径。通过学情诊断引擎，系统自动识别学生知识薄弱点并推送分层练习，有助于改善学习分化现象。

② 实时诊断课堂质量。利用语音识别与情感计算技术，分析师生互动频次、提问认知层级等指标，生成课堂改进建议报告。

(3) 区域教育治理

① 智能模拟学区规划。结合人口迁移预测模型与学校承载力数据，EDSS 可动态模拟不同招生政策下的学位供需关系，从而进一步缩短评估周期。

② 教育公平监测预警。通过追踪弱势群体入学率、优质师资校际分布等指标，自动触发教育资源调配的预警机制。

> **学习任务4-6**
>
> 请访问 DeepSeek 开启新对话，提出问题"如何实现人机的有效协作，充分发挥人类管理者和 AI 系统的各自优势？"

4.3.3 智能化教育评估体系构建

1. 为何要促进传统教育评估的智能化转型

教育评估是教育活动中衡量学生的学习成果，为教师的教学改进提供依据的重要环节。传统教育评估依赖纸笔测试和教师主观评价，难以全面评估学生的创新能力、实践能力及情感态度等综合素质，且易受主观偏见影响，导致评估结果缺乏客观性。随着人工智能技术的飞速发展，构建智能化教育评估体系已成为教育领域的重要探索方向。

智能化教育评估体系通过整合多源数据与先进算法，突破了传统评估的单一维度限

制,实现了对学生学习过程的全面、精准评估。具体包括以下几个维度:

(1) 学习成效(知识掌握度):通过智能系统对学生的作业、考试等文本数据进行分析,判断学生对知识的掌握程度。例如,利用自然语言处理技术对学生的答案进行语义分析,评估其对概念的理解是否准确、知识运用是否合理。

(2) 参与度(互动频次):借助课堂互动平台记录学生在课堂上的发言、提问、小组讨论等互动行为的频次,以此衡量学生的参与度。通过分析学生在不同教学环节中的互动表现,进而了解其学习积极性和课堂投入程度。

(3) 创新能力(项目成果):对于学生的创新项目成果,采用图像识别、文本分析等技术进行评估。例如,通过分析学生设计的作品图片、项目报告等,从创意性、实用性、技术实现等多个角度对学生的创新能力进行评价。

(4) 情感状态(课堂表情分析):利用计算机视觉技术对学生的课堂表情进行实时捕捉和分析,判断学生在课堂上的情感状态。例如,通过分析学生的面部表情,判断其是否感到困惑、兴奋、无聊等,从而为教师调整教学策略提供依据。

智能化评估体系还能够根据教育目标的不同,动态调整各评估指标的权重。在素质教育阶段,可以适当加大实践能力、创新能力等指标的权重,以引导学生全面发展;而在应试教育阶段,可以适当提高知识掌握度的权重,以满足考试要求。通过动态权重调整,评估体系能够更好地适应不同的教育需求,为学生提供个性化的评估服务。

2. 如何构建智能化评估体系

构建智能化评估体系需依托人工智能技术对传统评估范式进行系统性重构,其核心在于建立多模态数据驱动的评估框架、智能化评分算法与能力发展模型的三维协同机制。该体系的构建路径可分解为以下技术模块。

(1) 多模态数据融合框架的构建

基于教育场景大数据,整合文本、语音、图像、行为日志等多源异构数据,通过特征抽取算法与跨模态对齐技术建立统一表征空间,实现学习过程的全息化建模。此框架不仅能捕捉显性知识掌握程度,还可通过眼动追踪、交互频次等行为数据推断高阶思维能力,为评估提供立体化证据链。

(2) 智能评分算法的迭代优化

智能评分算法通过"数据积累—模型优化—效果验证"闭环持续升级。初期基于答题数据构建评分模型,分析关键词、逻辑结构等特征;依托机器学习,动态调整特征权重,例如发现"实验步骤完整性"在理科评分中影响较大,便提升该特征的系数。针对手写识别偏差、语义歧义等问题,采用注意力机制和增量训练优化算法。每轮迭代均通过三重验证:参考答案校准、教师评分对比、A/B测试评估,确保评分可靠性。经3~5轮迭代后,系统可兼容规范作答与个性化解题,并自动生成知识点掌握度热力图,支撑精准教学。

(3) 能力发展模型的动态建模

通过构建学生能力的多维度指标体系,对学生的学习能力、思维能力、创新能力等进行全面评估。以深度学习算法为基础的能力评价模型能够自动从学生的学习行为数据中提取特征，如学习时间、答题正确率、知识点掌握程度等，并根据这些特征对学生的能力水平进行精准预测与分类。

> **学习任务4-7**
>
> 案例分析：
>
> 某中学引入了一套智能化评估系统，系统通过分析学生课堂表情、作业数据、项目作品和互动频次进行综合评价。但部分家长投诉，认为系统对性格内向的学生（如课堂发言少、表情变化小）评分较低，而对擅长技术操作的学生（如项目作品格式精美但内容空洞）评分偏高。
>
> 请结合课程内容，回答以下问题：
>
> （1）当前系统可能忽略了哪些关键评估要素？如何通过多模态数据融合优化评估模型？
>
> （2）从"评估标准科学性"和"技术使用差异"角度，分析该案例中存在哪些公平性问题？

4.4 思考与练习

一、选择题

1. 以下关于AI在教育中的应用正确的是（　　）。
   A. AI只能用于课程设计 B. AI可以动态调整课程内容
   C. AI无法提供个性化学习支持 D. AI不能用于教育管理
2. 智能推荐系统在教育中的主要作用是（　　）。
   A. 提供个性化学习资源 B. 增加课程难度
   C. 减少学习时间 D. 提高教师工资
3. 教育大数据平台的主要功能是（　　）。
   A. 存储学生照片 B. 分析学生学习行为
   C. 提供娱乐内容 D. 销售教育产品
4. AI辅助教学策略的设计主要基于（　　）。
   A. 学生的学习风格 B. 教师的年龄
   C. 学校的地理位置 D. 以上都不是
5. 智能化教育评估体系的优势在于（　　）。
   A. 提高评估效率 B. 增加评估成本
   C. 降低评估准确性 D. 以上都不是

二、简答题

1. 简述 AI 在课程设计中的作用。
2. 简述智能推荐系统在教育中的应用。
3. 简述教育大数据平台的功能。
4. 简述 AI 在教育管理与评估中的作用。
5. 简述智能化课程设计的优势。

第 5 章

Python 编程基础

 本章导读

在信息时代，Python 编程语言以其简洁易学、功能强大的特点而广泛应用于各个领域。无论是数据分析、人工智能、网站开发还是自动化脚本，Python 都展现出了其独特的魅力和优势。Python 不仅改变了开发者的工作方式，也为非专业人士提供了强大的工具，使得编程不再是少数人的专利，而是大众化的技能。

本章针对 Python 的程序设计和应用进行详细介绍。通过本章的学习，读者能够扎实地掌握 Python 编程基础，并对其有全面的理解，从而为后续深入学习 Python 的高级特性和实际应用奠定坚实的基础。

本章带领读者学习和解决以下问题。

- Python 是如何诞生的？
- 为什么要学习 Python？
- Python 有什么功能与特点？
- 如何用 Python 编程？

5.1 Python 语言概述

在软件编程的世界里，Python 就像是一把万能钥匙，能开启众多不同的应用之门。从简单的脚本任务到复杂的科学计算、数据分析，再到搭建庞大而高效的 Web 应用，Python 都有着广泛的应用场景。

5.1.1 Python 语言的诞生

1. Python 的创始人是谁？

Python 语言是由荷兰人 Guido van Rossum（吉多·范·罗苏姆，中国程序员常称他为

龟叔，如图 5-1 所示）于 1989 年圣诞节期间开发的。

图 5-1　Python 创始人吉多·范·罗苏姆

2. Python 的设计目标是什么？

吉多认为当时的编程语言（如 C 语言）要么过于复杂，要么功能有限，无法满足他的需求。于是他希望创造一种既简单易用又功能强大的语言。简单来说，Python 语言的设计目标有以下几个。

① 简单易学：语法直观，适合初学者。
② 代码可读性高：通过缩进来定义代码块，减少冗余符号。
③ 功能强大：支持多种编程范式（如面向对象、函数式编程）。
④ 可扩展性：可以轻松调用 C/C++ 等语言的库。

3. Python 是什么含义？

在自然界中，Python 通常指的是一类属于蟒科（Pythonidae）的爬行动物，即巨蛇或大蟒。Python 语言的 Logo 如图 5-2 所示，图案为两条蟒蛇。之所以用蟒蛇命名 Python 语言，主要原因有以下两点。

（1）创始人吉多的个人爱好

吉多喜爱的电视剧 *Monty Python's Flying Circus*（巨蟒剧团的飞翔的马戏团）是一部由英国喜剧团体"巨蟒剧团"制作的电视喜剧节目。选择以该喜剧团体的名字来命名他的新编程语言，以此向他们致敬。

图 5-2　Python 语言的 Logo

（2）语言设计的初衷

吉多选用的这个短小、独特且稍微神秘的名字，不仅符合他的喜好，也反映了他设计这门语言的初衷——易于阅读和理解，让编程更加愉快和有趣。Python 的设计哲学强调代码的可读性和简洁性，这与 Monty Python 喜剧团体的风格在某种程度上相契合，都追求简洁、明了和幽默。

> 🖥 学习任务5-1
>
> 请访问 DeepSeek 开启新对话，了解 Python 语言是如何诞生的。

5.1.2 学习 Python 语言的重要性和意义

1. Python 语言流行度高

在 IEEE Spectrum 的综合排名中，Python 凭借其卓越表现，连续 9 年稳居榜首，远超第二名的 Java，如图 5-3 所示。

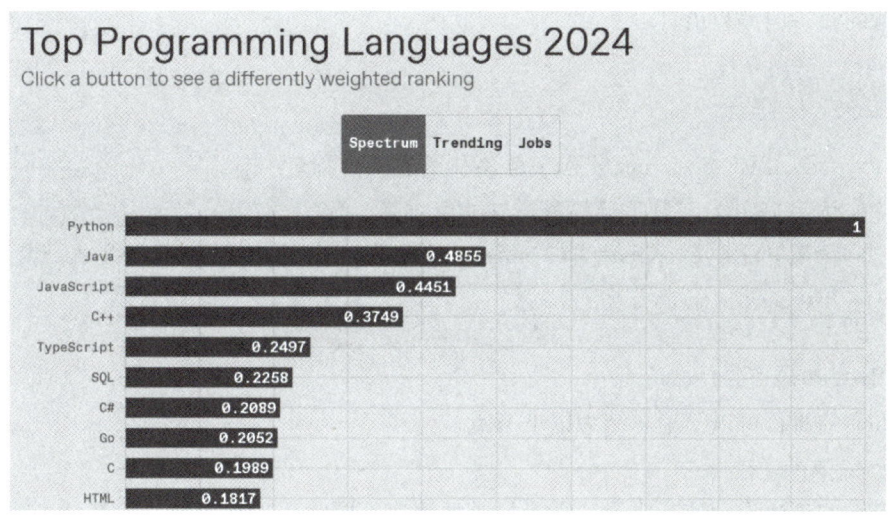

图 5-3　Python 语言位列 2024 年 IEEE Spectrum 编程语言排名第一

说明：IEEE Spectrum 中文直译为"IEEE 综览"，它是 IEEE（美国电气电子工程师学会）的标志性出版物，聚焦于未来科技动态及其对社会和商业的影响，特别关注航空航天、计算机、电信、生物医学工程、能源和消费电子等领域的新技术发展与成果。

Python 荣获"2024 年 TIOBE 年度编程语言"称号。该奖项授予在一年内评分增长最快的编程语言。2024 年，Python 的评分大幅增长 9.3%，远超其他竞争对手。它甚至有可能成为 TIOBE 指数历史上排名最高的语言，如图 5-4 所示。

Jan 2025	Jan 2024	Change		Programming Language	Ratings	Change
1	1			Python	23.28%	+9.32%
2	3	^		C++	10.29%	+0.33%
3	4	^		Java	10.15%	+2.28%
4	2	v		C	8.86%	-2.59%
5	5			C#	4.45%	-2.71%
6	6		JS	JavaScript	4.20%	+1.43%
7	11	^		Go	2.61%	+1.24%
8	9	^		SQL	2.41%	+0.95%
9	8	v	VB	Visual Basic	2.37%	+0.77%
10	12	^		Fortran	2.04%	+0.94%

图 5-4　Python 语言位列 TIOBE 编程语言排名第一

说明：TIOBE 开发语言排行榜每月更新一次，该指数依据世界范围内的资深软件工程师和第三方供应商提供的数据，其结果作为当前业内程序开发语言的流行使用程度的有效指标。

如今，Python 无处不在，已成为许多领域中无可争议的首选语言。这得益于 Python 在人工智能等热门领域中丰富的库资源，以及在教育领域的广泛普及——Python 已成为许多学生接触的第一门编程语言。

> **学习任务5-2**
>
> （1）访问 IEEE Spectrum 官网了解编程语言最新排名。
> （2）访问 TIOBE 官网了解编程语言最新排名。
> （3）访问 PYPL（popularitY of programming language index，编程语言流行度指数）官网了解 Python 语言的流行度。

2. Python 语言为什么流行？

Python 的流行可以简单总结为以下三点。

（1）简洁的语法

Python 的语法设计使其成为初学者的首选语言，同时也受到专业开发者的青睐。

Python 将许多机器层面上的细节隐藏，交给编译器处理，凸显出逻辑层面的编程思考。Python 程序员可以花更多的时间用于思考程序的逻辑，而不是具体的实现细节。这一特征吸引了广大的程序员。

（2）支持广泛的应用场景

1991 年，第一个 Python 编译器诞生。它用 C 语言实现，并能够调用 C 语言的库文件。从一开始，Python 就具备了许多功能：类、函数、异常处理、核心数据类型（如列表和字典）以及模块为基础的拓展系统。

如今，Python 能够被广泛应用于 Web 开发、数据分析、人工智能、科学计算等领域。

（3）开源与社区支持

Python 从一开始就是开源的，吸引了全球开发者的参与和贡献。

最初的 Python 完全由吉多本人开发。他的同事们迅速反馈使用意见，并参与到 Python 的改进中。吉多和一些同事构成了 Python 的核心团队。

如今，Python 的发展由 Python 软件基金会（PSF）和社区共同推动。

3. Python 语言有什么特点？

Python 作为一种备受推崇的编程语言，凭借其众多鲜明的特点，赢得了众多开发者和数据科学家的青睐，成为他们的首选工具。具体来说，Python 有以下一些特点。

（1）跨平台性与易用性

Python 是一种跨平台的解释型编程语言，它可以在多种操作系统上运行，包括 Windows、Linux、MacOS 等。这使得 Python 开发者可以在不同的平台上开发和运行自己的程序，编写的程序不需要编译成二进制代码，而是可以直接从源代码运行。Python 解释器将源代码转换成字节码的中间形式，并将其翻译成计算机使用的机器语言后执行，无须担心平台差异带来的兼容性问题，大大提高了程序的可移植性。

（2）编程语法简洁且优雅

Python 的语法简洁明了，易于学习和理解。它的语法设计贴近自然语言，使得开发者可以更加直观地编写代码。

Python 采用缩进来表示代码块，而不是像其他编程语言使用大括号或关键字。这种简洁的语法使得 Python 代码更加清晰、易读，减少了因语法错误而导致的问题。同时，Python 的语法尽可能简洁明了，减少了代码的冗长性，使得开发者可以用更少的代码实现相同的功能。

【例 5-1】在屏幕输出字符串"Hello World!"。

Python 代码：	C 语言代码：

print('Hello World!')	int main( )
	 {
	     printf("Hello World!");
	     return 0;
	 }

Python 是一种动态类型语言，这意味着在编写代码时不需要显式声明变量的类型。这种灵活性使得 Python 代码更加简洁，并减少了因类型不匹配而导致的错误。开发者可以在运行时动态地修改变量的类型，这使得 Python 在处理复杂数据结构时更加灵活和高效。

（3）面向对象与函数式编程

Python 既支持面向对象编程，又支持函数式编程。面向对象编程适合开发大型的软件系统，便于代码的模块化和复用。开发者可以通过定义类和对象来实现代码的封装和组织。函数式编程则注重函数的纯粹性和不可变性，适合处理一些复杂的计算和数据处理任务。Python 的这种多范式的编程支持使得开发者可以根据具体的需求和场景选择合适的编程风格。

（4）丰富的社区资源支持

Python 语言是开源的，任何人都可以免费使用和修改它。这使得 Python 拥有庞大的社区和丰富的资源。

① 大量的学习教程、文档、示例代码和问题解决方案。

② 大量丰富的库和框架。这些库和框架涵盖了各个领域，如数据科学、Web 开发、机器学习、自动化等。开发者可以选择合适的库和框架来快速开发应用程序，无须从头开始编写各种基础代码，大大提高了开发效率。

③ 定期举办各种研讨会，为开发者提供了一个学习和交流的平台。

> **学习任务5-3**
>
> 请访问 DeepSeek 开启新对话，了解有哪些著名的 Python 中文社区，并访问 DeepSeek 推荐的中文社区，深度体会 Python 语言的特点。

5.2 Python 程序设计

Python 自其诞生之初便以其简洁明了的语法、强大的数据处理能力和广泛的应用领域而备受瞩目。从早期的脚本编写、自动化任务处理，到如今的软件开发、数据分析、人工智能等多个领域的广泛应用，Python 始终保持着其独特的魅力和不断进化的生命力。在 Python 程序设计中，我们不仅要掌握其基础的语法结构和控制流程，更要深入理解其数据类型、基本运算以及丰富的内置函数和模块。这些基础知识是我们构建复杂应用程序的基石，而 Python 的强大之处更在于其能够灵活高效地处理各种类型的数据，无论是文本、数值还是图像，都能以统一且直观的方式进行操作。

5.2.1 AI 辅助 Python 程序设计

ChatGPT 类 AI 工具不仅可以与人类对话，还可以帮助人类阅读、编写和修改程序，协助软件设计与开发。

ChatGPT 类 AI 工具衍生出的 AI 编码工具正逐渐成为开发者们的得力助手。这些工具凭借各自独特的特点和优势，正在重塑我们的编程体验。

常见的 AI 辅助编程工具有以下几种。

① GitHub Copilot：它是 GitHub 与 OpenAI 合作的产物，基于 GPT-4 模型构建，与多种集成开发环境（IDE）兼容，如 Visual Studio Code。适合那些需要在多种 IDE 中集成并使用 AI 助手的开发者，特别是在需要快速生成代码片段和解决方案的场景中。

② Cursor：Anysphere 开发的基于 VS Code 内核的 AI 辅助代码编辑器，提供代码补全、解释、重构和基于自然语言描述的完整函数生成等功能。

③ DeepSeek Coder：基于自然语言处理技术的代码语言模型，支持多种编程语言，提供多种模型大小选择。

④ 通义灵码：同时支持 VSCode 和 JetBrains IDE 的全面型 AI 开发解决方案。它强调高效、沉浸式的开发体验，并通过与用户的对话协作在复杂开发任务中发挥更大作用，具备从零开始的需求开发、问题诊断与修复，以及单元测试的批量生成等核心功能。

> **学习任务5-4**
>
> 请访问 DeepSeek 开启新对话，了解更多 AI 辅助编程工具。

5.2.2 节将带领读者学习借助 ChatGPT 类工具学习 Python 编程的基础知识。

5.3.3 节将带领读者学习借助 ChatGPT 类工具完成编写 Python 程序解决实际应用问题。

5.2.2 Python 编程基础知识

本小节展示如何借助 ChatGPT 类工具学习 Python 编程的基础知识。

> **学习任务5-5**
>
> 请访问 DeepSeek 开启新对话，提出问题"对于初学者，Python 编程时需要掌握的基本知识有哪些？"

1. Python 程序基本构成

> **学习任务5-6**
>
> 与 DeepSeek 继续对话，提出问题"请举一个 Python 程序样例，讲解什么是模块、表达式、语句等基本概念"。

本书成书时 DeepSeek 回答如下：

```python
# 示例：计算圆的周长并判断是否是特殊值
import math    # 导入模块

radius = 5.0   # 赋值语句

# 表达式组合成的计算语句
circumference = 2 * math.pi * radius   # 使用模块中的常量

# 函数调用语句 + 格式化字符串表达式
print(f"半径为{radius}的圆周长为：{circumference:.2f}")

# 条件判断语句 + 比较表达式
if circumference > 31.4 and circumference < 31.42:
    # 逻辑表达式 + 方法调用语句
    print(str(circumference).split('.')[0] + "是特殊值!")
```

示例程序的执行流程如下。

① 导入 math 模块获取精确的 π 值。

② 通过表达式计算周长（2πr）。

③ 使用格式化字符串输出结果。

④ 通过逻辑表达式判断周长是否在特定范围。

⑤ 对符合条件的结果进行字符串处理并输出。

从示例程序可知，我们编写程序时将解决问题的步骤用相应 Python 语句写出来即可，当然要符合 Python 语言的语法规则。

(1) 模块（module）

Python 的模块是 Python 程序的基本组成部分，是包含 Python 定义和语句的文件（.py 文件），它们为 Python 提供了代码重用、组织和管理的方式，包含 Python 定义和声明的文件。模块可以定义函数、类和变量，也可以包含可执行的代码。模块主要分为内置模块、第三方模块和自定义模块。Python 标准库提供了许多预定义的内置模块，如 os、sys、json、logging 等。由其他开发者或组织编写的，并发布到 Python 包索引（PYPI）等仓库中的模块是第三方模块，如 requests、numpy、pandas 等。开发者也可以创建自定义模块，用于特定项目或任务中。

上例代码中的 math（数学计算）就是内置模块，import math 就是模块导入。

(2) 表达式（expression）

Python 表达式是由操作数（如变量、常量或函数调用返回的值）和运算符（如算术运算符、比较运算符、逻辑运算符等）组成的代码片段。这些片段可以被 Python 解释器计算或评估以产生一个值。表达式的值可以是一个数字、字符串、布尔值、列表、字典等任何 Python 数据类型。例如，示例代码中：

```
2 * math.pi * radius（数学运算表达式）
circumference > 31.4 and circumference < 31.42（逻辑表达式）
str(circumference).split('.')[0]（方法调用链）
```

语句则用于执行特定操作或计算的指令。例如，示例代码中：

```
radius = 5.0      # 赋值语句
if…:              # 条件控制语句
print(…)          # 输出语句
特殊语句：import（导入）、def（函数定义）等
```

在编写表达式和语句时，需严格遵守 Python 的语法规则，同时利用适当的缩进和空行来提升代码的可读性。

(3) 空白

在 Python 编程中，空白虽不是语法的一部分，却在代码的结构和可读性上扮演着至关重要的角色。尤其是缩进和续行，它们是 Python 代码风格中的两个核心要素，对代码的清晰度和维护性有着深远的影响。

缩进是 Python 代码的骨架。Python 采用缩进来界定代码块的范围，这是其语法的一大特色，也是 Python 与其他许多编程语言显著不同的地方。在 Python 中，一个代码块中的所有语句都应该有相同的缩进量。这一机制使得 Python 代码的结构清晰明了，无须使用大括号或其他分隔符。

(4) 注释

Python 中的注释是一种非常重要的编程工具，它允许开发者在代码中添加说明、备注或解释，而不影响程序的执行。注释帮助开发者理解代码的意图和功能，尤其是在代码复杂或需要特定说明时。通过注释，其他开发者（或未来的自己）可以更容易地理解和修改代码，从而提高代码的可读性和可维护性。

Python 中的注释主要分为两种类型：单行注释和多行注释（也称为文档字符串）。

单行注释以井号（#）开头，通常用于解释代码行的作用、提供简短说明或标记待办事项，其后跟随的文本内容即为注释内容，可以放在代码行的末尾，也可以独占一行。例如，示例代码中就是单行注释：

```
# 示例：计算圆的周长并判断是否是特殊值
import math    # 导入模块
```

多行注释通常使用三重引号（'''或"""）来定义，主要用于描述函数、类、模块等的用途、参数、返回值等。文档字符串应该紧跟在定义对象的第一行之后。虽然文档字符串本质上也是字符串对象，但 Python 解释器会将其视为注释，不会执行其中的代码。

(5) 特殊元素

① 关键字：Python 关键字是编程语言中保留的单词，它们具有特定的含义，不能用作变量名、函数名或任何其他标识符。Python 3 中包括以下关键字。

- False、None、True：表示布尔类型和空值类型。
- and、or、not：逻辑运算符，分别代表与、或、非。
- if、elif、else：条件语句，用于控制程序的分支结构。
- for、while：循环语句，用于实现程序的重复执行。
- break、continue：循环控制语句，用于控制循环的终止和中断。
- try、except、finally：异常处理语句，用于处理程序运行过程中的异常情况。
- class、def：面向对象编程的关键字，用于定义类和函数。
- yield：生成器函数的关键字，用于实现生成器对象的生成方法。

其他关键字如 as、assert、async、await、del、from、global、import、in、is、lambda、nonlocal、pass、raise、return、with 等，也在 Python 编程中发挥着重要作用。

② 运算符：Python 中的运算符用于执行各种算术、比较和逻辑操作。常见的运算符包括以下几种。

- 算术运算符：+（加法）、-（减法）、*（乘法）、/（除法）、//（整除）、%（取模）、**（幂运算）。
- 比较运算符：==（等于）、!=（不等于）、>（大于）、<（小于）、>=（大于或等于）、<=（小于或等于）。
- 逻辑运算符：and（与）、or（或）、not（非）。
- 位运算符：~（按位取反）、&（按位与）、|（按位或）、^（按位异或）、<<（左移位）、>>（右移位）。

- 赋值运算符：=（赋值）、+=（加后赋值）、-=（减后赋值）、*=（乘后赋值）等。

③ 分隔符：Python 中的分隔符用于分隔代码元素，使代码更加清晰和易于理解。常见的分隔符包括以下几种。

- #：注释符号，用于添加注释说明代码。
- ()：圆括号，用于函数调用、创建元组或改变表达式求值顺序。
- []：方括号，用于访问列表、元组、字符串等序列的元素或进行切片操作。
- {}：花括号，用于创建集合或字典。
- :：冒号，用于类定义、函数定义、控制流语句（如 if、for、while）中，表示代码块的开始。
- ,：逗号，用于分隔元组、列表、字典等数据结构中的元素，或在函数调用中分隔参数。
- .：点操作符，用于访问对象的属性或方法。
- @：装饰器符号，用于定义装饰器，修改或增强函数、方法或类的行为。

④ 字面量：Python 中的字面量是在源代码中直接表示的数据值，它们不需要计算即可直接使用。字面量主要分为以下几类。

- 数值型字面量：如整数 10、浮点数 3.14 等。
- 字符型字面量：即字符串，如'hello'、"world" 等。Python 支持单引号、双引号和三引号（'''或"""）定义的字符串。
- 布尔型字面量：True 和 False，表示真和假。
- 列表字面量：如[1, 2, 3]，表示一个包含三个元素的列表。
- 元组字面量：如(1, 2, 3)，表示一个包含三个元素的元组（注意，单个元素的元组需要在元素后加逗号，如(1,)）。
- 字典字面量：如{'name': 'Alice', 'age': 25}，表示一个包含键值对的字典。
- 集合字面量：如{1, 2, 3}，表示一个包含三个元素的集合。

(6) 对象命名

在 Python 编程中，对象的命名必须以字母（A-Z，a-z）或者下划线（_）开始。数字（0-9）不能作为名字的首字符。

当名字包含多个单词时，可以使用下划线来连接。以下划线开始的名称通常表示一个特殊的变量，初学时最好不要以下划线开头。

除了首字符外，名字可以包含任何字母、数字和下划线的组合，但不能包含空格、分隔符、标点符号（如@、#、$等）或者运算符（如+、-、*等），还要注意避免使用 Python 语言中的关键字（如 if、else、for 等）作为对象的名称，以免引起冲突。

Python 中的命名是区分大小写的。例如，myVariable 和 myvariable 是两个不同的名字。

对象的命名关系到代码的可读性、可维护性和团队协作的效率。命名应具有描述性，能够清晰地表达其用途或功能。例如，使用 calculate_area 作为函数名，比使用无意义的字母组合或单个字母更具可读性。虽然命名的长度没有严格限制，但应保持简洁，在描述性和简洁性之间找到平衡，并且在整个代码库中使用一致的命名风格。

说明：本小节展示了如何利用 DeepSeek 这类的 AIGC 工具进行探究式学习 Python 基础编程元素。理解并掌握这些概念是进行 Python 编程的重要基础。实际开发中，这些元素会以更复杂的方式组合使用。

请读者继续提出更多问题，学习了解 Python 编程基础知识。

学习任务5-7

与 DeepSeek 继续对话，提出问题：
(1) PYPI 中提供哪些模块？
(2) Python 中模块、库、包和框架这些概念之间有什么区别与联系？
(3) Python 中的空白和缩进为什么很重要？
……

2. Python 中的数据类型

(1) 基本数据类型

Python 中的基本数据类型包括以下几种。

- 整数型：表示没有小数部分的数字，例如 606，-1000。
- 浮点数型：表示带有小数部分的数字，即小数。例如，3.14、-0.001、-9.87E-2（表示-0.0987）。
- 布尔型：表示逻辑状态的数据类型。它只有两个可能的取值：True（真）和 False（假）。True 表示逻辑上的真，通常用于表示条件成立、操作成功或某个值为真等。False 表示逻辑上的假，通常用于表示条件不成立、操作失败。
- 字符串型：表示文本数据。字符串由一系列字符组成，这些字符可以是字母、数字、符号或空格。在 Python 中，字符串可以用单引号（'）、双引号（"）或三引号（'''或"""）来定义。例如：

```
s1 = 'Hello, world!'         # 使用单引号
s2 = "Python is fun"         # 使用双引号
s3 = '''This is a
multi-line string.'''        # 使用三引号定义多行字符串
s4 = """Another
multi-line string."""        # 三引号也可以用于双引号字符串
```

(2) 复合数据类型

- 列表（list）：用于存储一系列的项目或元素，这些元素可以是不同类型的数据，如数字、字符串，甚至是其他列表（即嵌套列表）。列表是可变的，可以在程序运行时添加、

删除或修改列表中的元素。

例如：

```
# 用方括号创建一个包含数字的列表
numbers = [1, 2, 3, 4, 5]
# 创建一个包含字符串的列表
fruits = ["apple", "banana", "cherry"]
# 创建一个包含不同类型元素的列表
mixed = [1, "hello", 3.14, True]
```

- 元组（tuple）：用于存储一系列的元素，这些元素可以是数字、字符串、列表（注意，列表内的元素还可以是元组，实现嵌套），甚至是其他数据类型。与列表不同的是，元组一旦创建，其元素便不可更改。

```
# 用圆括号创建一个包含多个元素的元组
my_tuple = (1, 2, 3, "hello", True)
# 创建一个包含单个元素的元组（注意逗号的使用）
single_element_tuple = (5,)
# 如果不使用逗号，Python 会将其视为一个变量赋值
not_a_tuple = 5    # 这是一个整数，而非元组
```

- 集合（set）：用于存储唯一且不重复的元素。与列表（List）和元组（Tuple）不同，集合中的元素是无序的，并且不允许有重复值。集合可用于快速判断元素是否存在、删除重复元素等操作。

```
# 使用花括号创建集合
empty_set = {}            # 注意：{}实际上创建了一个空字典，正确创建空集合应使用 set()
proper_empty_set = set()
my_set = {1, 2, 3, 2}            # 自动去重，结果为{1, 2, 3}
# 使用 set()函数创建集合
list_to_set = set([1, 2, 3, 2])       # 结果为{1, 2, 3}
tuple_to_set = set((1, 2, 3, 2))      # 结果为{1, 2, 3}
```

- 字典（dictionary）：以键值对（key-value pair）的形式存储数据。键（key）用于唯一标识元素，而值（value）则是与该键相关联的数据。字典提供了一种高效的方式来存储和访问数据，可以根据键快速查找、添加、删除或更新对应的值。

```
# 使用花括号创建字典
my_dict = {'name': 'Alice', 'age': 25, 'city': 'New York'}
# 使用 dict()函数创建字典
# 从关键字参数创建
kwargs_dict = dict(name='Bob', age=30, city='Los Angeles')
```

```
# 从包含键值对的可迭代对象创建（注意：这里需要是包含两个元素的元组或列表的列表/元组）
items = [('name', 'Charlie'), ('age', 35), ('city', 'Chicago')]
items_dict = dict(items)
# 但通常，我们会直接使用列表推导式或生成器表达式与 zip 函数来转换这种结构
items_list = [('name', 'David'), ('age', 40), ('city', 'Houston')]
items_list_dict = dict([tuple(item) for item in items_list])
# 或使用：dict(zip(*[iter(items_list)]*2))
```

学习任务5-8

与 DeepSeek 继续对话，提出问题：

（1）Python 有哪些基本数据类型？请举代码示例说明。

（2）Python 中列表、元组、字典、集合这些概念之间有什么区别与联系？

……

3. Python 基本运算

（1）算术运算

算术运算是指进行数学计算的运算，包括加、减、乘、除等基本操作。这些操作与数学习惯一致，运算结果也符合数学意义。

（2）比较运算

比较运算用于判断两个值之间的关系，如相等性、大小关系等。这些操作与我们日常习惯一致。在 Python 中，比较运算符返回布尔值（True 或 False）。

（3）逻辑运算

逻辑运算用于处理布尔值（True 和 False），并根据这些值执行逻辑操作。在 Python 中，逻辑运算符用于组合多个条件，从而创建更复杂的逻辑表达式。基本运算规则如表 5-1 所示。

表 5-1 逻辑运算操作符及规则样例

运算操作符	描述	样例
x and y	逻辑与运算，当且仅当 x 和 y 都为 True 时，返回 True；否则返回 False	a = True b = False print(a and b)　# 输出：False
x or y	逻辑或运算，当且仅当 x 和 y 都为 False 时，返回 False；否则返回 True	c = True d = False print(c or d)　# 输出：True
not x	逻辑非运算，将 x 的布尔值取反	e = True print(not e)　# 输出：False

(4) 赋值运算

赋值运算是编程中最基本、最常用的操作之一，它用于将值或表达式的结果存储到变量中。在 Python 中，赋值运算通过等号（=）来实现。例如：

```
x = 10              # 将整数 10 赋给变量 x
name = "John"       # 将字符串"John"赋给变量 name
x 和 name 是变量名，而 10 和"John"是赋值给这些变量的值。
```

(5) 成员运算

成员运算用于检查一个值是否存在于序列（如列表、元组、字符串）或其他容器类型（如集合、字典的键或值）中。在 Python 中，成员运算主要通过 in 和 not in 这两个关键字来实现。

```
# 检查值是否在列表中
fruits = ["apple", "banana", "cherry"]
if "banana" in fruits:
    print("Banana is in the list.")
else:
    print("Banana is not in the list.")
# 检查字符是否在字符串中
text = "Hello, World!"
if "World" in text:
    print("The word 'World' is in the string.")
```

(6) 其他特殊运算

除了上述算术运算、比较运算、逻辑运算、赋值运算以及成员运算以外，Python 中还有类型与身份运算、位运算等。

(7) 运算符优先级

在 Python 编程中，运算符的优先级决定了在解析表达式时哪个运算符会首先被计算。了解运算符的优先级对于正确编写和理解代码至关重要。读者也不用死记硬背，一方面通过与 DeepSeek 交互，学习了解各类运算的语法规则和使用技巧，另一方面通过不断编程实践，积累使用经验和教训。

学习任务5-9

与 DeepSeek 继续对话，提出问题：

（1）请举示例，说明 Python 中的算术运算、比较运算、逻辑运算、赋值运算、成员运算、类型与身份运算、位运算规则和使用技巧。

（2）请举示例，说明 Python 中运算符的优先级。

……

5.3　Python 在人工智能教育中的应用

5.3.1　搭建 Python 编程环境

本小节分别介绍安装 Python 官网提供的基础编程环境以及安装开源的 Python 发行版软件 Anaconda 两种方法。

1. 如何安装 Python 官网提供的基础编程环境

安装基本步骤如下。

① 打开浏览器，访问 Python 官网，如图 5-5 所示，在"Download"栏中找到最新版 Python 下载版本链接，如图 5-6 所示。

提醒：从 Python 官网下载安装包以确保安全。

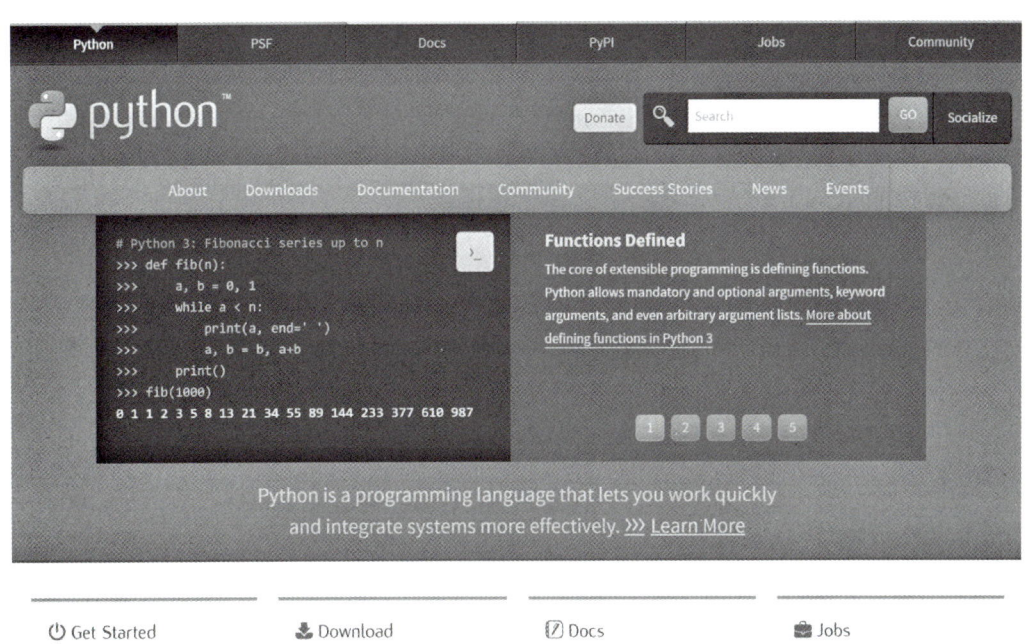

图 5-5　Python 官网

② 在图 5-6 中，如果 Windows 版本是 64 位的，则单击"Windows installer(64-bit)"，然后下载。

提醒：在 Python 官网的下载页面会提供适用多种操作系统的 Python 版本下载。请确保下载与操作系统相适应的版本。

③ 下载完成后，双击运行所下载的文件，此时会弹出 Python 安装向导对话框，如

图 5-7 所示。勾选 Add Python. exe to PATH 复选框，然后单击 Customize installation（自定义安装）按钮，弹出如图 5-8 所示 Optional Features（可选功能）对话框。默认选择各选项，然后单击 Next 按钮继续。

Files

Version	Operating System	Description	MD5 Sum	File Size	GPG	Sigstore	SBOM
Gzipped source tarball	Source release		6192ce4725d9c9fc0e8a1cd38410b417	28.0 MB	SIG	.sigstore	SPDX
XZ compressed source tarball	Source release		4c2d9202ab4db02c9d0999b14655dfe5	21.6 MB	SIG	.sigstore	SPDX
macOS 64-bit universal2 installer	macOS	for macOS 10.13 and later	9916903cff14723bdbc41e3ed5530eeb	67.8 MB	SIG	.sigstore	
Windows installer (64-bit)	Windows	Recommended	40d2c830eedee3dd78f4b707f04fd1d2	27.3 MB	SIG	.sigstore	SPDX
Windows installer (32-bit)	Windows		91941eaa5086d500384cb55ad247be87	26.0 MB	SIG	.sigstore	SPDX
Windows installer (ARM64)	Windows	Experimental	252c8265c8768e14f7eeee3e1fcc39fc	26.6 MB	SIG	.sigstore	SPDX
Windows embeddable package (64-bit)	Windows		4c9d083e2d79c07e8d9e5e2d02127980	10.4 MB	SIG	.sigstore	SPDX
Windows embeddable package (32-bit)	Windows		60bbb372a73146c08702f5513ec2714d	9.2 MB	SIG	.sigstore	SPDX
Windows embeddable package (ARM64)	Windows		6814e678a029bb545e6fb2472ddc1153	9.7 MB	SIG	.sigstore	SPDX

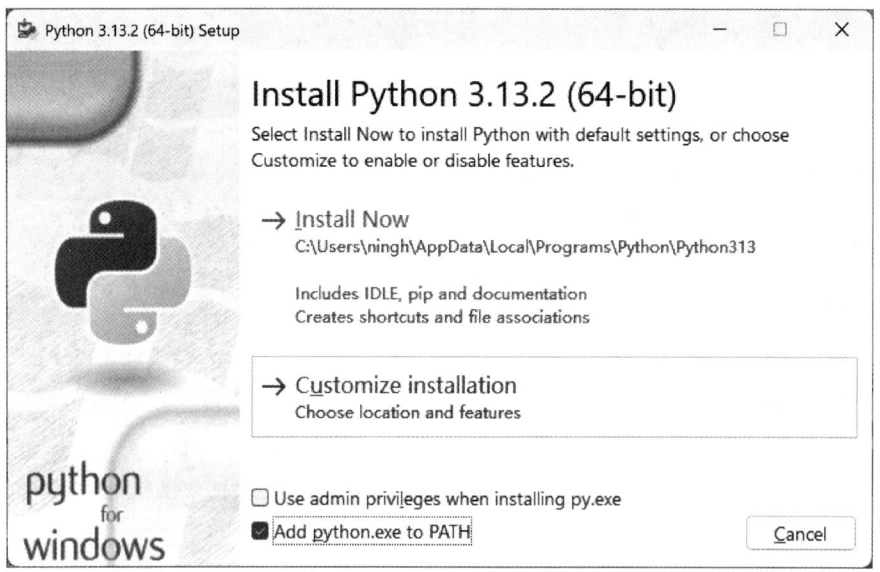

图 5-6 Python 安装文件下载链接

图 5-7 安装主界面

④ 在弹出的 Advanced Options（高级选项）对话框中可以修改安装路径，然后单击 Install（安装）按钮，如图 5-9 所示。

⑤ 等待安装完成之后，会弹出 Setup was successful（安装成功）对话框，如图 5-10 所示。

⑥ 安装完成后，在计算机搜索栏输入 cmd 或 PowerShell 打开命令提示符或 PowerShell。输入 python 并按回车键，即可进入 Python 交互式解释器，也就是 Python 编程环境。

5.3 Python 在人工智能教育中的应用　85

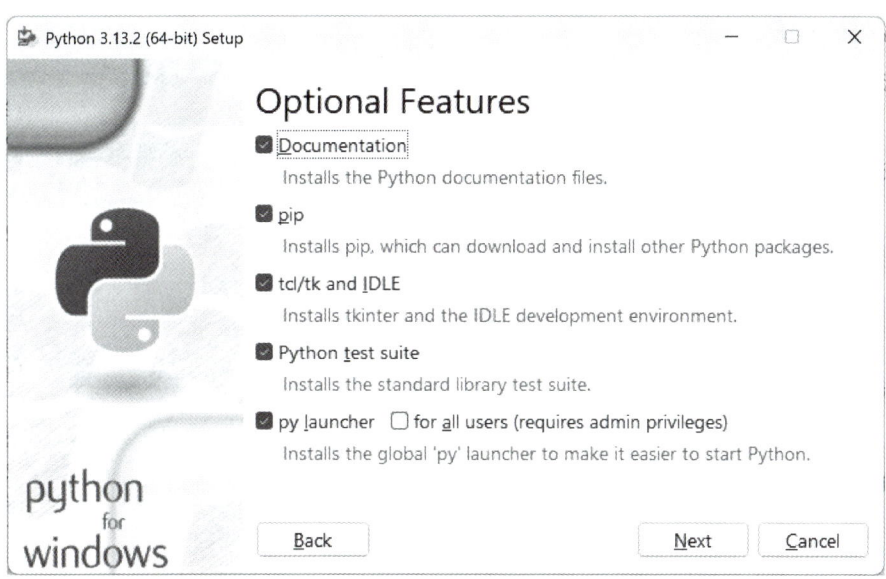

图 5-8　Optional Features（可选功能）对话框

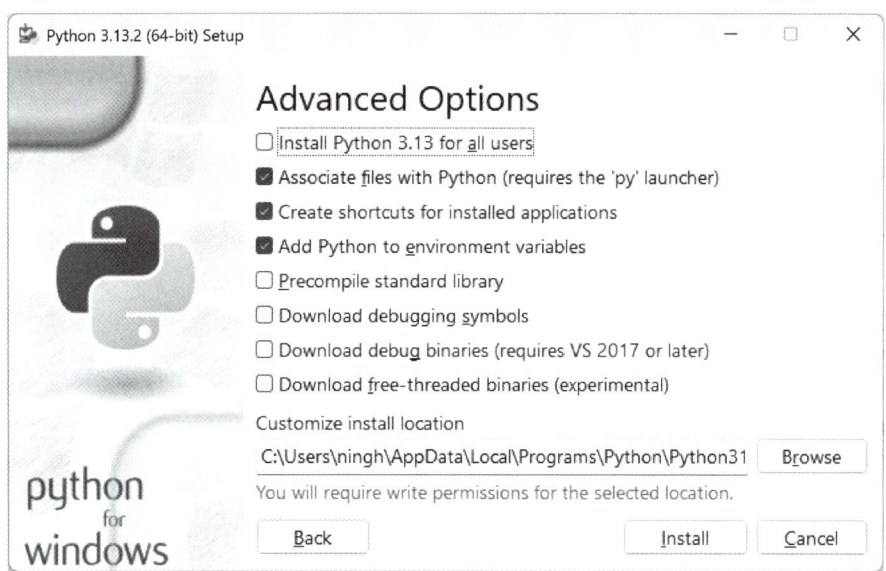

图 5-9　Advanced Options（高级选项）对话框

如图 5-11 所示，如果安装成功，此时将看到 Python 的版本信息和交互式解释器的提示符（通常是>>>）。

要退出 Python 交互式解释器，可以输入 exit( )或者按 Ctrl+Z 键然后按回车键。

说明：本书截图时已对命令提示符窗口进行了外观的配色设置，设为了白底黑字，Windows 系统默认情况下该窗口为黑底白字。

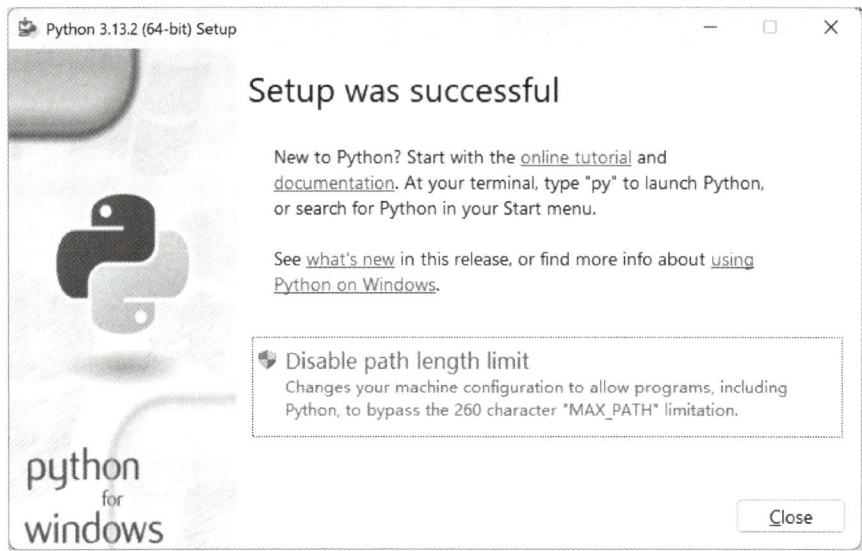

图 5-10　Setup was successful（安装成功）对话框

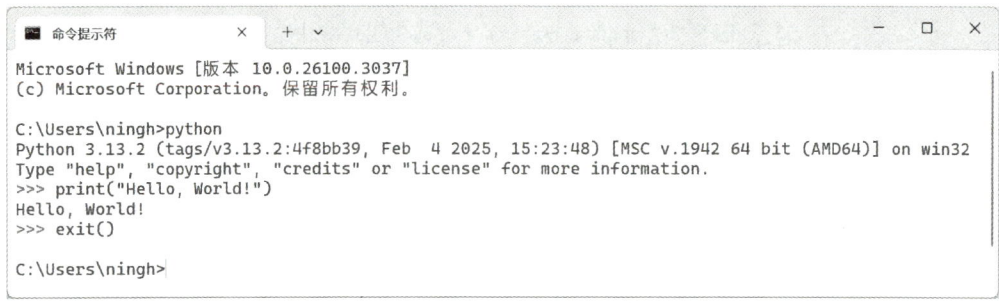

图 5-11　在 Python 编程环境中验证是否安装成功

> **学习任务5-10**
>
> （1）安装 Python 官网提供的基础编程环境。
>
> （2）在 Python 的 IDLE 或交互式解释器中隐藏了一个彩蛋——Python 之禅（The Zen of Python）。请输入以下命令，了解并体验 Python 之禅。
>
> 　　>>> import this

2. 如何安装开源的 Python 发行版软件 Anaconda

Anaconda 是 Python 发行版，包含了 Python 解释器、集成开发环境（IDE）Spyder，还有常用的模块（Module），例如 numpy、scipy 等。

> **学习任务5-11**
>
> （1）访问 Anaconda 官网，了解其功能与特点。
>
> （2）访问 DeepSeek 开启新对话，了解 Anaconda 与 Python 的关系。

安装基本步骤如下。

① 访问 Anaconda 官网，如图 5-12 所示，可以选择 Skip registration（跳过注册）进入下载窗口，如图 5-13 所示，选择下载对应操作系统版本的安装包。

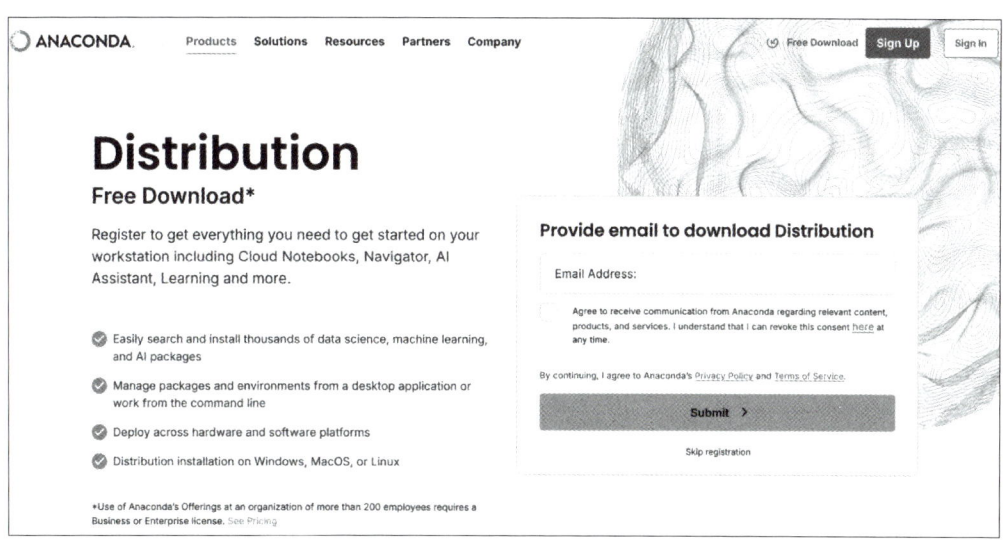

图 5-12　访问 Anaconda 官网

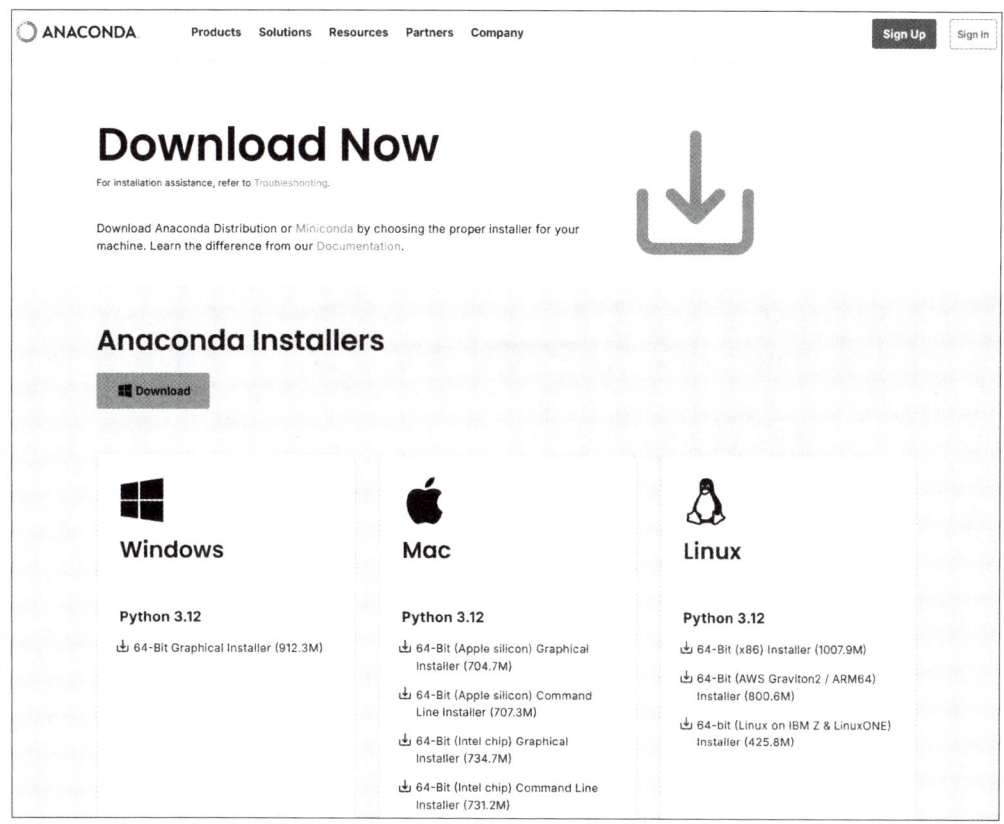

图 5-13　Anaconda 下载界面

说明：之前若已经安装了 Python 编程环境再安装 Anaconda 并不冲突，其实它是一个编程环境管理器。可以在同一台计算机上安装不同版本的环境及依赖库，用户借助 Anaconda 能够选择不同的编程环境进行编程。

安装 Anaconda 时，安装包的路径和安装目录路径都尽量用英文，而且也不要出现空格，以免出现各种莫名的问题。

② 下载完成后，双击运行所下载的文件，进入开始安装界面，如图 5-14 所示。

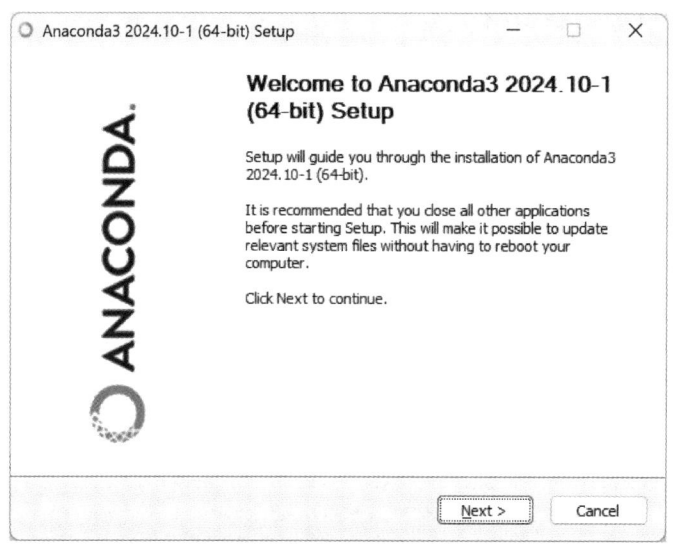

图 5-14　安装开始界面

③ 安装过程中，在 Advanced Installation Options（高级安装选项）对话框中勾选 Add Anaconda3 to my PATH environment variable（添加 Anaconda 的安装目录到系统环境变量 PATH 中）复选框，如图 5-15 所示。

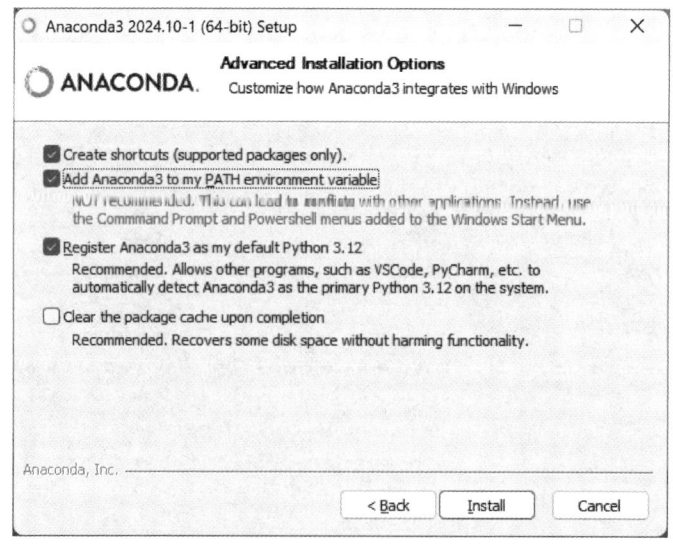

图 5-15　Advanced Installation Options（高级安装选项）对话框

说明： 此处 PATH 环境变量是用于记住 Anaconda 程序安装的路径，方便用户在命令行窗口 cmd 中的任意目录中启动程序，而不需要每次都指定 Anaconda 所在的完整路径。

如果此处不勾选，将来会出现"'conda' 不是内部或外部命令，也不是可运行的程序或批处理文件。"无法运行 Anaconda 的出错提示。

④ 由于安装包接近 1 GB 大小，所以安装时间会比较长。如图 5-16 所示，进入 Installation Complete（安装完成）界面，单击 Next 按钮后进入 Code with Anaconda in the Cloud（Anaconda 云端编程）设置对话框，如图 5-17 所示。继续单击 Next 按钮，进入感谢安装对话框，如图 5-18 所示，单击 Finish 按钮即默认启动 Anaconda。

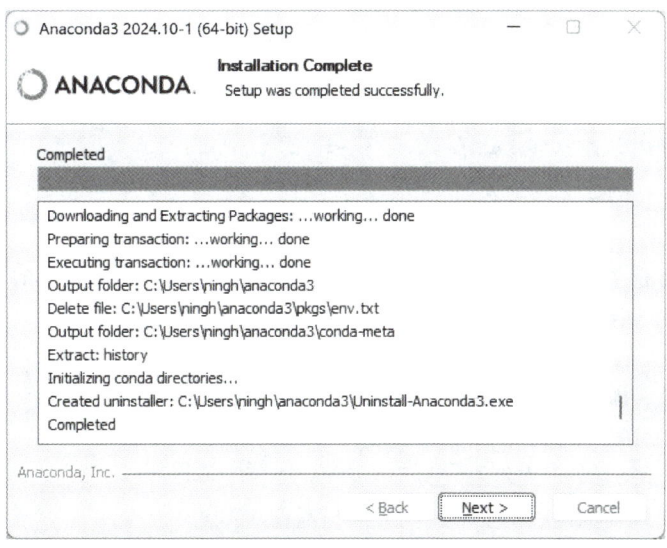

图 5-16　Installation Complete 安装完成界面

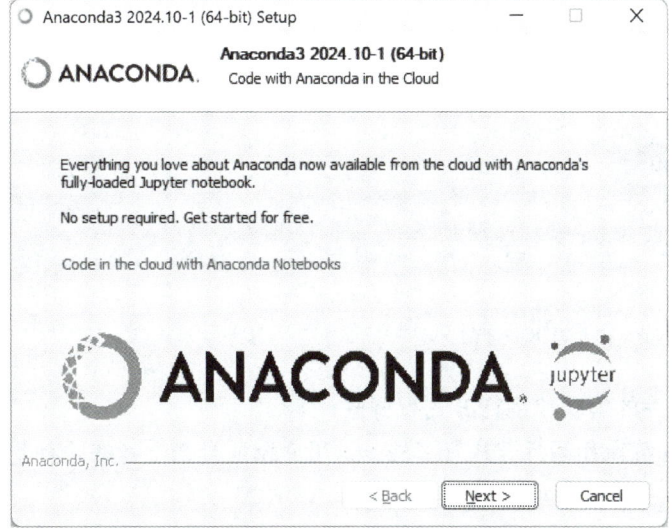

图 5-17　Code with Anaconda in the Cloud（Anaconda 云端编程）设置对话框

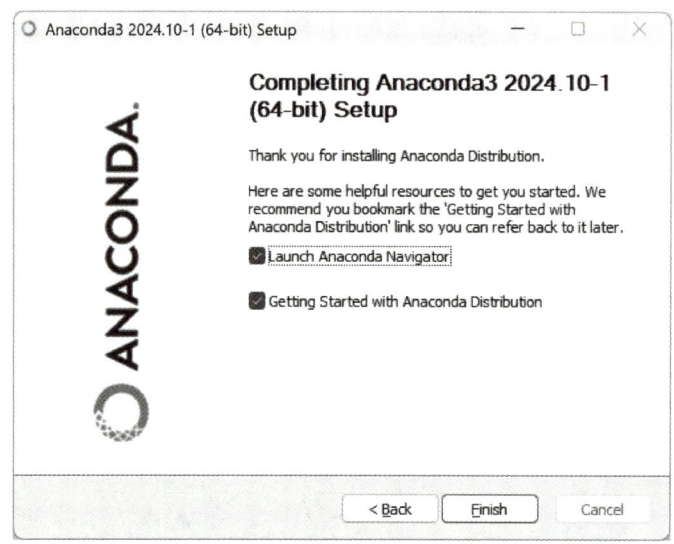

图 5-18　安装结束选择启动 Anaconda

⑤ 验证安装是否成功。打开命令提示符，输入 conda -version，如果返回对应 Anaconda 的版本号（如图 5-19 所示），说明安装成功了。

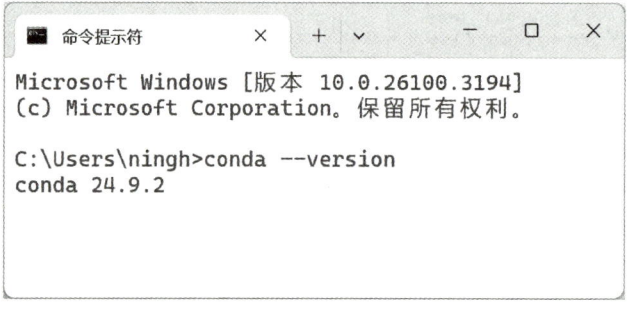

图 5-19　安装成功显示版本号

学习任务5-12

安装开源的 Python 发行版软件 Anaconda。

5.3.2　编辑运行一个 Python 程序

1. Python 程序的编辑和运行方式有哪些

Python 程序的编辑和运行方式有多种，这里介绍适合初学者的两种基本方法。

（1）交互式运行（REPL）

REPL 代表 Read（读取）-Eval（运算）-Print（输出）-Loop（循环），这是一种很简单的、交互式的计算机编程环境，用户输入后即运算并返回结果给用户。

适用场景：快速测试代码片段或调试。

操作方式：例如，直接在 Windows 搜索栏输入 Python 即可启动 Python 自带的解释器，逐行输入代码并立即执行。如图 5-20 所示，在提示符>>>后输入命令语句 print("Hello, World!")，按回车键后即可得到运行结果 Hello, World!。

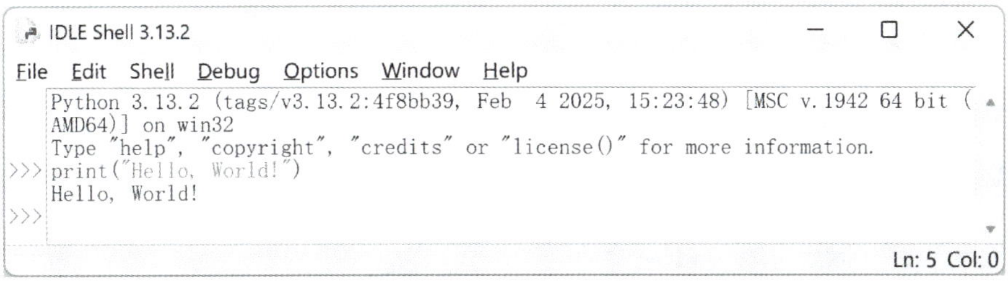

图 5-20　Python 程序的交互式运行

（2）文件方式运行

可以在 IDE（集成开发环境）中创建一个以 .py 为扩展名的文件，然后编写代码，并通过 IDE 的运行按钮或快捷键运行程序。

说明：可以使用任何文本编辑器，如记事本等编写 Python 代码，保存为 .py 文件，但是在 IDE 中使用各种便捷功能菜单项和按钮来编辑、运行程序更加方便快捷。

代表性的 IDE 如下。

• IDLE（integrated development and learning environment，集成开发和学习环境）：Python 自带的轻量级编辑器，适合新手使用。

• Jupyter Notebook：支持交互式编程和数据可视化。

• Spyder：功能丰富的交互式 Python 语言开发环境，提供高级的代码编辑、交互测试、调试等特性。

• PyCharm：功能丰富的交互式 Python 语言开发环境，支持代码补全、调试、项目管理等。

• Visual Studio Code（VS Code）：轻量级且功能丰富的代码编辑器，通过安装 Python 插件可支持多种开发需求。

说明：可以通过 Anaconda Navigator 安装和使用 Jupyter Notebook、Spyder、PyCharm 等。下面选择代表性的两种 IDE 介绍。

2. 如何在 Windows 平台编辑运行 Python 程序

（1）方法一：使用 Python 自带的图形界面的 IDLE

如图 5-21 所示，Python 安装完成后，可以在计算机搜索栏输入 python，选择 IDLE（Python 3.13 64-bit）即可进入 Python 图形化界面，如图 5-22 所示，这就是 Python 编程环境，这时可以开始编程。

操作方式：例如，在 Python 自带的 IDLE 中选择 File→New File 选项，打开代码编辑窗口，在其中输入代码，然后保存并取文件名，例如本例中文件命名为"1.py"，如图 5-23 所示。然后选择 Run→Run Module 菜单项运行，即可得到运行结果，如图 5-24 所示。

图 5-21　在计算机搜索栏输入 python 后选择 Python 的 IDLE

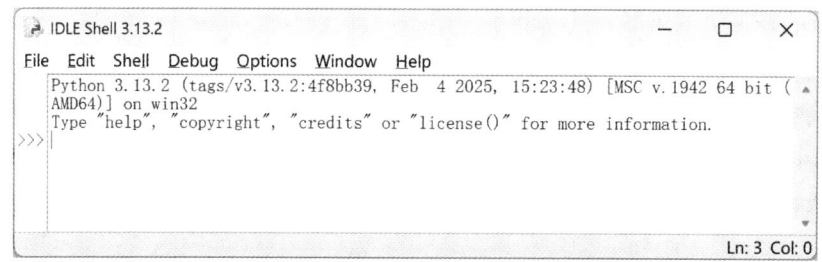

图 5-22　Python 图形化 IDLE

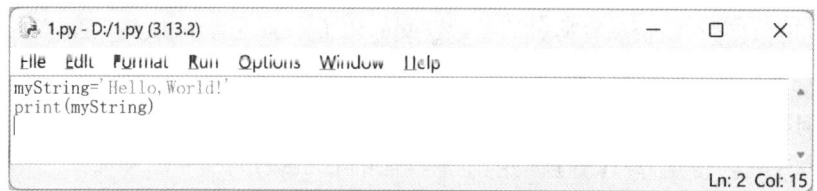

图 5-23　创建 Python 代码文件

（2）方法二：使用 Jupyter Notebook

启动 Anaconda Navigator，如图 5-25 所示，在 Navigator 界面中，找到 Jupyter Notebook 的图标，单击 Launch 按钮，选择一种浏览器后打开 Jupyter Notebook 的网页界面，如图 5-26 所示。

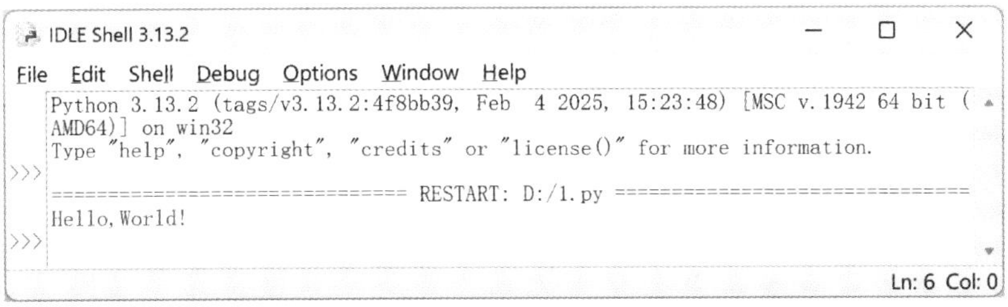

5.3 Python 在人工智能教育中的应用

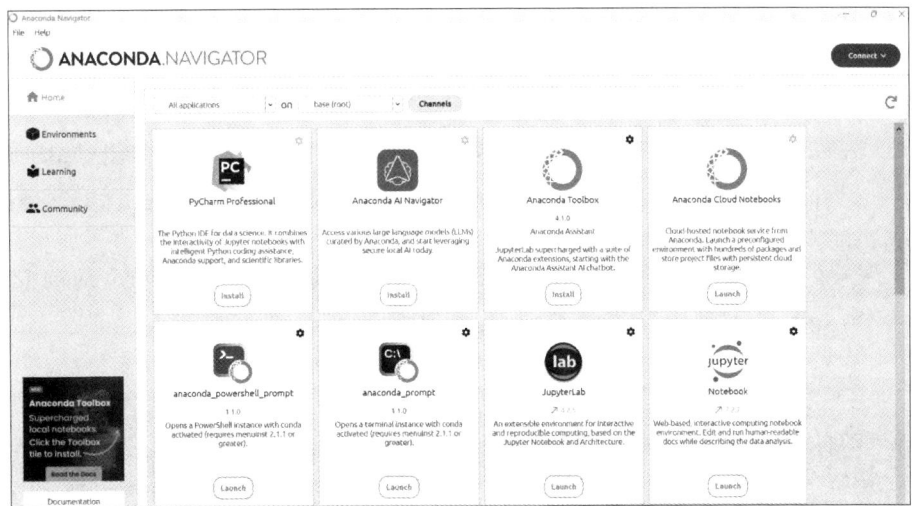

图 5-24 运行 1.py 文件得到运行结果

图 5-25 Anaconda Navigator 主界面

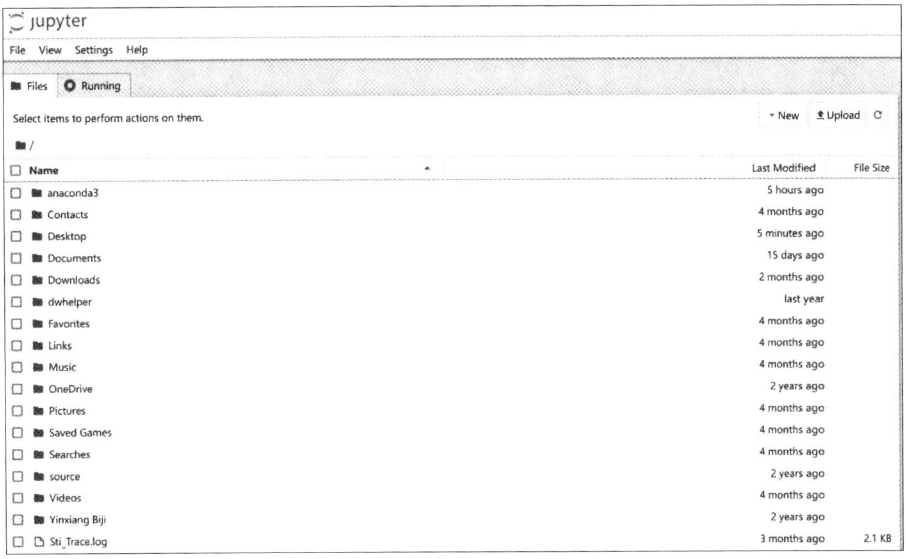

图 5-26 Jupyter Notebook 网页界面

在图 5-26 所示的 Jupyter Notebook 的网页界面中，单击 New 按钮，选择 Python 3 来创建一个新的 Notebook，相当于编程环境，在其中的代码单元（Cell）中输入 Python 代码完成相关编程任务。单击 Run 菜单项或其下工具栏中的"运行"按钮，即可得到运行结果，如图 5-27 所示。通过单击工具栏上的软盘图标，或者通过菜单 File→Save Notebook，且作为一个观察点来保存本次代码所在的 Notebook。

图 5-27　新建一个 Notebook 编辑和运行代码

（3）方法三：使用 Spyder

启动 Anaconda Navigator，在 Navigator 界面中，找到 Spyder 图标，单击 Launch 按钮，打开 Spyder 界面。通过菜单"文件"→"新建文件"，或是单击工具栏上的"新建文件"图标按钮，创建一个新的 Python 文件，然后在其中进行编程。

单击工具栏上的绿色三角形 Run 按钮，或者按 F5 快捷键运行代码。结果将显示在 Spyder 右下方的控制台窗口中，如图 5-28 所示。

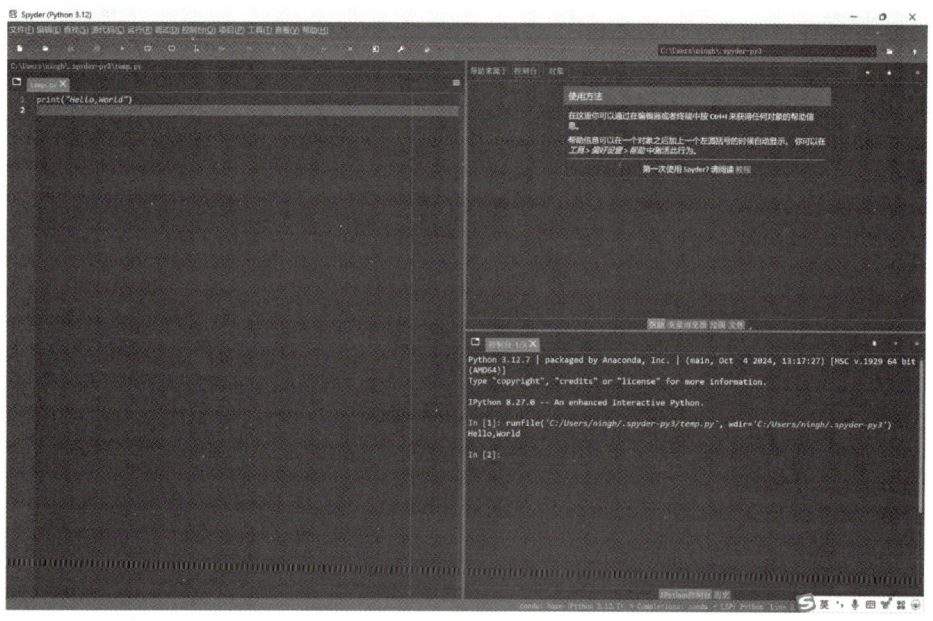

图 5-28　新建一个 temp.py 文件并运行查看结果

学习任务5-13

（1）访问 DeepSeek 开启新对话，了解更多 Python 代码编写和运行方法。

（2）选择一种 IDE 编写程序并运行查看结果，并思考如何在编程过程中选择合适的 IDE。

5.3.3 实战：大数据爬取与分析

1. 预备知识"大数据"

麦肯锡全球研究所给出的大数据（big data）定义是：一种规模大到在获取、存储、管理、分析方面大大超出了传统数据库软件工具能力范围的数据集合。

大数据具有 4V 特征：海量的数据规模（volume）、快速的数据流转（velocity）、多样的数据类型（variety）和价值密度低（value）。

大数据摩尔定律：根据 Internet Data Center 互联网数据中心（IDC）做出的估测，数据一直都在以每年 50% 的速度增长，也就是说每两年就增长一倍。

大数据有两个主要的来源：互联网、传感器。

2. 代码实现及释义

步骤 1：爬取数据，以豆瓣电影 TOP250 页面为例。

> **学习任务5-14**
>
> 访问 DeepSeek 开启新对话，提问"请写一个 Python 爬虫程序，爬取豆瓣电影 Top250 的网页内容。"
>
> 将给出的代码复制进 Jupyter Notebook 中编辑并运行。

本书成书时 DeepSeek 给出的代码如下：

```python
import urllib.request
import urllib.error

# 获取页面全部内容
def askURL(url):
    request = urllib.request.Request(url)           # 发送请求
    try:
        response = urllib.request.urlopen(request)  # 取得响应
        html = response.read().decode('utf-8')      # 获取网页内容并解码
        print("%s crawl success" % url)
    except urllib.error.URLError as e:
        print("%s crawl fail" % url)
        if hasattr(e, "code"):
            print(e.code)
        if hasattr(e, "reason"):
            print(e.reason)
        html = None
    return html
```

```
def main():
    print("开始爬取......")
    baseurl = 'https://movie.douban.com/top250?start='
    for i in range(0, 10):
        url = baseurl + str(i * 25)
        html = askURL(url)
        if html:
            print(f"第{i+1}页内容长度:{len(html)}")
    print("爬取完成!")
```

运行上述代码后报错,不要紧,继续与 DeepSeek 对话。

学习任务5-15

继续与 DeepSeek 对话,提问"程序运行返回如下,如何修改程序?……(粘贴出错提示)"。

将重新给出的代码复制进 Jupyter Notebook 中编辑并运行。

本书成书时,DeepSeek 修改后的代码一次运行通过。

虽然 AI 可以帮助自动化生成代码实现相应功能,读者还是要尝试阅读并理解代码。代码及解释如下。

```
import urllib.request
import urllib.error

def askURL(url):
    headers = {
        "User-Agent": "Mozilla/5.0 (Windows NT 10.0; Win64; x64) AppleWebKit/537.36 (KHTML, like Gecko) Chrome/91.0.4472.124 Safari/537.36"
    }
    request = urllib.request.Request(url, headers=headers)
    try:
        response = urllib.request.urlopen(request)
        html = response.read().decode('utf-8')
        print("%s crawl success" % url)
    except urllib.error.URLError as e:
        print("%s crawl fail" % url)
        if hasattr(e, "code"):
            print(e.code)
```

urllib 是 Python 内置的 HTTP 请求库,无须安装即可使用,它包含了 4 个模块。

● request:它是最基本的 http 请求模块,用于发送请求。

● error:异常处理模块,如果出现错误可以捕获这些异常。

● parse:一个工具模块,提供了许多 URL 处理方法,如拆分、解析、合并等。

● robotparser:主要用来识别网站的 robots.txt 文件,并判断哪些网站允许被爬取。

```python
            if hasattr(e, "reason"):
                print(e.reason)
        html = None
    return html
def main():
    print("开始爬取......")
    baseurl = 'https://movie.douban.com/top250?start='
    for i in range(0, 10):
        url = baseurl + str(i * 25)
        html = askURL(url)
        if html:
            print(f"第{i+1}页内容长度：{len(html)}")
    print("爬取完成!")
if __name__ == "__main__":
    main()
```

确定爬取的首地址。

打开豆瓣电影 TOP250 页面，共有 250 部电影，每页 25 部，共 10 页。观察每页网址，总结网址规律，其中 n 取值分别为：0、25、50、……、225

程序运行结果如图 5-29 所示。

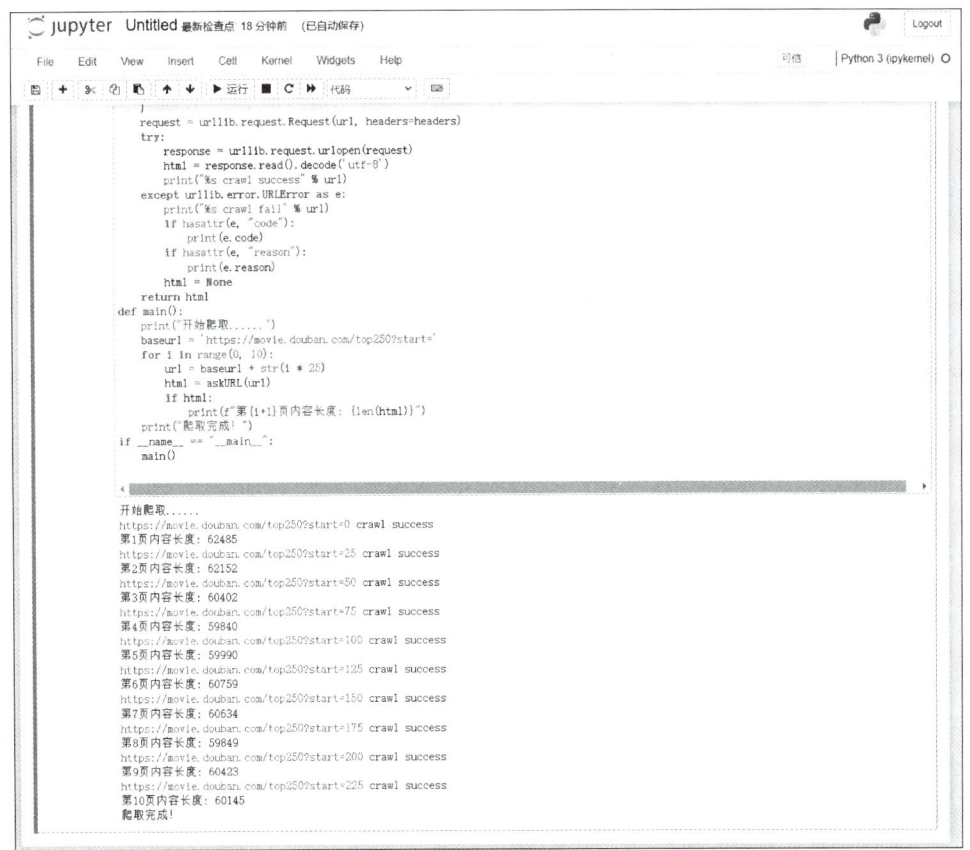

图 5-29　程序运行显示爬取信息成功

步骤 2：解析步骤 1 爬取的数据。

图 5-29 所示是爬取数据代码的爬取进度，并在完成后显示"爬取完成！"，但无法显示爬取的网页内容。为此，进入步骤 2，对爬取到的数据进行解析。

访问豆瓣电影 TOP250 页面，右击查看网页源代码，所需的各类数据如图 5-30 所示。分析 HTML 代码，通过标签和属性定位到相关数据的位置，再使用正则表达式就可以提取想要的数据。

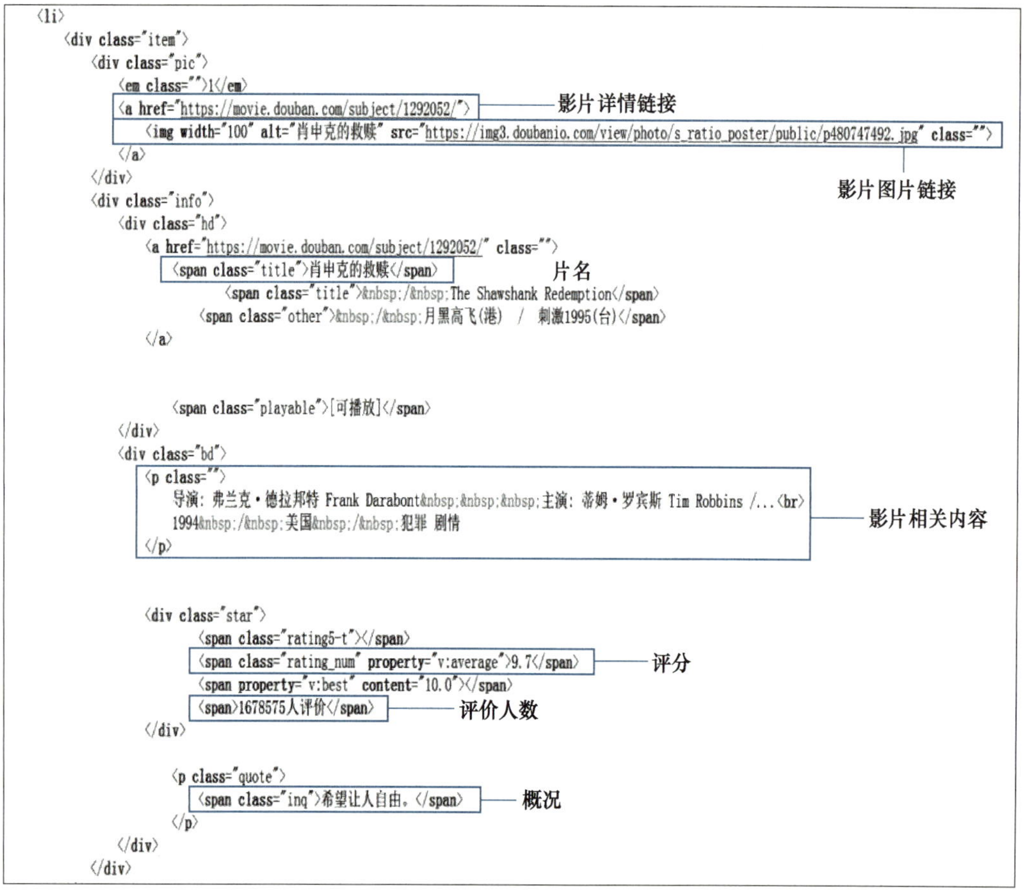

图 5-30　分析网页源代码中所需数据所在位置

🖥 学习任务5-16

继续与 DeepSeek 对话，向其提问"请写一个 Python 程序，使用正则表达式提取电影信息，解析上一步骤爬取得到的数据"。

将给出的代码复制进 Jupyter Notebook 中编辑并运行。

本书成书时 DeepSeek 给出的代码如下。

```python
import urllib.request
import urllib.error
from bs4 import BeautifulSoup
import re

# 获取页面全部内容
def askURL(url):
    headers = {
        "User-Agent": "Mozilla/5.0 (Windows NT 10.0; Win64; x64) AppleWebKit/537.36 (KHTML, like Gecko) Chrome/91.0.4472.124 Safari/537.36"
    }
    request = urllib.request.Request(url, headers=headers)
    try:
        response = urllib.request.urlopen(request)
        html = response.read().decode('utf-8')
        print("%s crawl success" % url)
    except urllib.error.URLError as e:
        print("%s crawl fail" % url)
        if hasattr(e, "code"):
            print(e.code)
        if hasattr(e, "reason"):
            print(e.reason)
        html = None
    return html

# 解析相关内容
def getData(baseurl):
    # 构造正则表达式
    findLink = re.compile(r'<a href="(.*?)">')
    findImgSrc = re.compile(r'<img.*src="(.*?)"', re.S)
    findTitle = re.compile(r'<span class="title">(.*)</span>')
    findRating = re.compile(r'<span class="rating_num" property="v:average">(.*)</span>')
    # 找到评分
    findJudge = re.compile(r'<span>(\d*)人评价</span>')
    findInq = re.compile(r'<span class="inq">(.*)</span>')
    findBd = re.compile(r'<p class="">(.*?)</p>', re.S)
    remove = re.compile(r'\s{32}|\n|</br>|\.*')
    datalist = []
    for i in range(0, 10):
```

```python
url = baseurl + str(i * 25)
html = askURL(url)
if not html:
    continue
soup = BeautifulSoup(html, "html.parser")
for item in soup.find_all('div', class_='item'):
    data = []
    item = str(item)
    # 影片详情链接
    link = re.findall(findLink, item)[0]
    data.append(link)
    # 影片图片链接
    imgSrc = re.findall(findImgSrc, item)[0]
    data.append(imgSrc)
    # 片名
    titles = re.findall(findTitle, item)
    if len(titles) == 2:
        ctitle = titles[0]
        otitle = titles[1].replace("/", "")
        data.append(ctitle)
        data.append(otitle)
    else:
        data.append(titles[0])
        data.append(' ')
    # 评分
    rating = re.findall(findRating, item)[0]
    data.append(rating)
    # 评价人数
    judgeNum = re.findall(findJudge, item)[0]
    data.append(judgeNum)
    # 概况
    inq = re.findall(findInq, item)
    if inq:    # 如果有概况
        inq = inq[0].replace("。", "")
        data.append(inq)
    else:
        data.append(' ')
    # 影片相关内容:导演,主演,年份,地区,类别
    bd = re.findall(findBd, item)[0]
```

```
                bd = re.sub(remove, "", bd)
                bd = re.sub('<br(\s+)?\/?>(\s+)?', " ", bd)
                bd = re.sub('/', " ", bd)
                data.append(bd.strip())
            datalist.append(data)
    return datalist
def main():
    print("开始爬取……")
    baseurl = 'https://movie.douban.com/top250?start='
    datalist = getData(baseurl)
    for data in datalist:
        print(data)
    print("爬取完成!")
if __name__ == "__main__":
    main()
```

将生成的代码复制到 Jupyter Notebook 中编辑并运行,运行结果如图 5-31 所示。

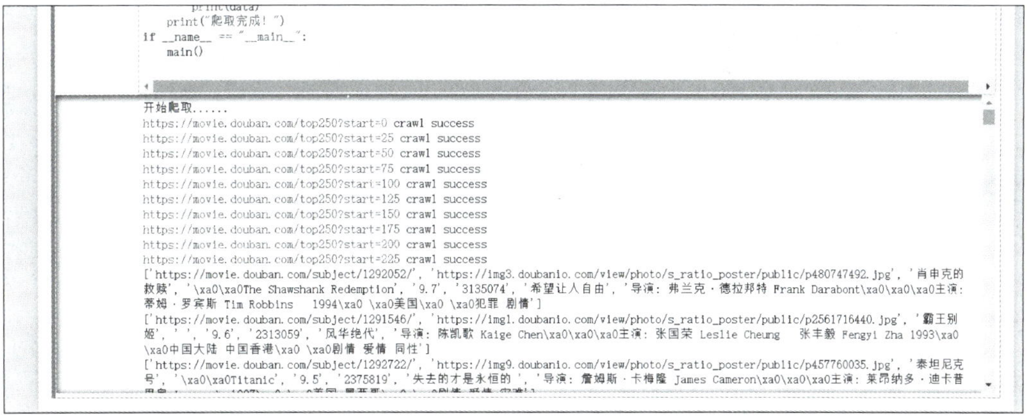

图 5-31 爬取成功并显示爬取的数据

学习任务5-17

尝试阅读理解步骤中 DeepSeek 生成的代码语句。

步骤 3:显示解析后的数据内容并保存到 Excel 文件,以便后续进一步分析处理。

学习任务5-18

继续与 DeepSeek 对话,向其提问"如何将解析的结果保存到 Excel 文件中?"。将给出的代码复制进 Jupyter Notebook 中编辑并运行。

本书成书时 DeepSeek 给出的代码如下。

```python
import urllib.request
import urllib.error
from bs4 import BeautifulSoup
import re
import pandas as pd

def askURL(url):   # 得到页面全部内容
    head = {
        "User-Agent": "Mozilla/5.0 (Windows NT 10.0; Win64; x64) AppleWebKit/537.36 (KHTML, like Gecko) Chrome/111.0.0.0 Safari/537.36"
    }
    request = urllib.request.Request(url=url, headers=head)
    try:
        response = urllib.request.urlopen(request)
        html = response.read().decode("utf-8")
        return html
    except urllib.error.URLError as e:
        if hasattr(e, "code"):
            print(e.code)
        if hasattr(e, "reason"):
            print(e.reason)
        return None


def getData(baseurl):
    datalist = []
    # 爬取豆瓣 Top250 的 250 个页面
    for start in range(0, 250, 25):
        url = baseurl + str(start)
        html = askURL(url)
        soup = BeautifulSoup(html, "html.parser")
        # 解析每一页的内容
        for item in soup.find_all("div", class_="item"):
            data = {}
            # 提取详情链接
            detail_link = item.find("a", href=re.compile(r"https://movie.douban.com/subject/\d+/")).get("href")
            data["详情链接"] = detail_link
```

```python
            # 提取图片链接
            img_link = item.find("img").get("src")
            data["图片链接"] = img_link

            # 提取中文片名和外国片名
            titles = item.find("span", class_="title").text
            foreign_title = item.find("span", class_="original")
            data["中文片名"] = titles
            data["外国片名"] = foreign_title.text if foreign_title else ""

            # 提取评分
            rating_num = item.find("span", class_="rating_num").text
            data["评分"] = rating_num

            # 提取评价人数
            judge = item.find("span", class_="rating_num").find_next_sibling("span").text
            data["评价人数"] = "".join(re.findall(r"\d+", judge))

            # 提取概况
            info = item.find("p", class_="").text.strip()
            data["概况"] = info

            # 提取相关信息
            other_info = item.find("p", class_="quote").text.strip().replace("\n", "") if item.find("p", class_="quote") else ""
            data["相关信息"] = other_info
            datalist.append(data)
    return datalist


def saveToExcel(datalist, filename):
    columns = ["详情链接", "图片链接", "中文片名", "外国片名", "评分", "评价人数", "概况", "相关信息"]
    df = pd.DataFrame(datalist, columns=columns)
    # 保存到 Excel 文件
    df.to_excel(filename, index=False, encoding="utf-8")
    print(f"数据已保存到 {filename}")


def main():
    print("开始爬取......")
```

```
        baseurl = "https://movie.douban.com/top250?start="
        datalist = getData(baseurl)
        if datalist:
            saveToExcel(datalist, "douban_top250.xlsx")
        print("爬取完成!")

if __name__ == "__main__":
    main()
```

若运行有错,继续与 DeepSeek 对话进行修改。运行成功后可以打开 Excel 文件查看。

步骤 4:数据可视化。将步骤 2 中存储在 Excel 中的数据更直观地展示。

> 🌐 **学习任务5-19**
>
> 继续与 DeepSeek 对话,向其提问"如何将 Excel 文件可视化?请用 Python 程序绘制评分与排名的散点图和评分分布的直方图"。
>
> 将 DeepSeek 给出的代码复制进 Jupyter Notebook 中编辑并运行。

本书成书时 DeepSeek 给出的代码运行有问题,继续将问题描述或出错提示向 DeepSeek 提问。给出的修改后的代码如下。

```
import pandas as pd
import matplotlib.pyplot as plt
import matplotlib

# 设置全局字体和字号
matplotlib.rcParams['font.size'] = 14
matplotlib.rcParams['font.family'] = 'SimHei'  # 使用系统中常见的中文字体

# 读取文件
df = pd.read_excel("douban_top250.xlsx")
print("数据前 5 行:")
print(df.head())
print("\n 数据信息:")
print(df.info())

# 数据可视化
plt.figure(figsize=(18, 6))

# 第一个图:评分与排名的散点图
```

```
plt.subplot(1, 2, 1)                                    # 一行两列,第一个图
plt.scatter(df['评分'], range(1, 251), color='blue', alpha=0.6)    # 绘制散点图
plt.xlabel('评分')                                       # x 轴标签
plt.ylabel('排名')                                       # y 轴标签
plt.title('豆瓣电影 Top250 评分与排名')                    # 标题
plt.gca().invert_yaxis()                                # 反转 y 轴,使排名从高到低显示

# 第二个图:评分分布的直方图
plt.subplot(1, 2, 2)                                    # 一行两列,第二个图
plt.hist(df['评分'], bins=15, color='green', edgecolor='black', alpha=0.7)    # 绘制直方图
plt.xlabel('评分')                                       # x 轴标签
plt.ylabel('电影数量')                                    # y 轴标签
plt.title('豆瓣电影 Top250 评分分布')                      # 标题

# 调整布局并显示图形
plt.tight_layout()
plt.show()
```

代码运行结果如图 5-32 所示。

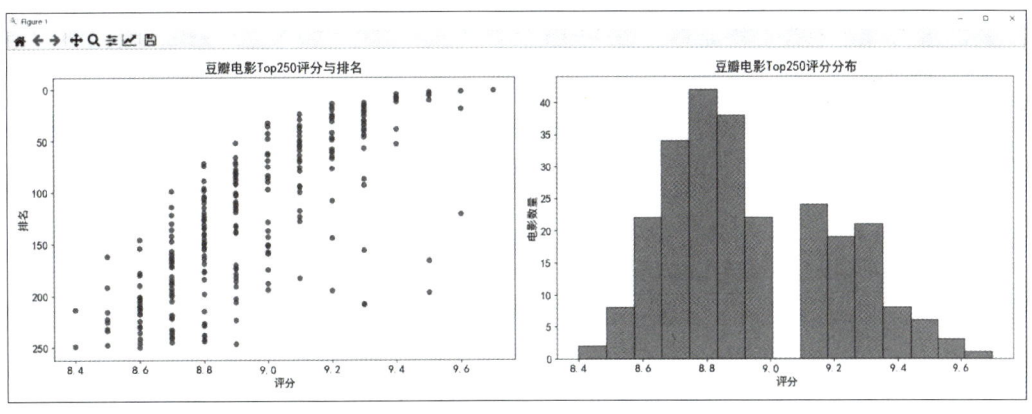

图 5-32　爬取数据图表展示

学习任务5-20

进一步利用 DeepSeek 思考完成:

(1) 如何可视化电影的评价人数?

(2) 如何画出一个时间段内每部电影评价人数的热力图?

热力图(heat map)是以特殊高亮的形式显示访客热衷的页面区域和访客所在的地理区域的图示。

5.4 思考与练习

一、选择题

1. 下面关于 Python 的说法正确的是（　　）。
   A. Python 是开源软件
   B. 必须先从官网安装 Python，然后才能安装 Anaconda
   C. Python 文件不能直接在命令行中运行
   D. 安装 Python，Add Python to Path 可有可无

2. 关于 Python 内存管理，下列说法错误的是（　　）。
   A. 变量不必事先声明
   B. 变量无须指定类型
   C. 变量无须先创建和赋值，可以直接使用
   D. Python 中对象的类型和内存都是在运行时确定的

3. Python 语言语句块的标记是（　　）。
   A. 大（花）括号　　B. 小（圆）括号　　C. 分号　　D. 缩进

4. 若 k 为整型，下述代码执行后打印出的 k 值的个数为（　　）。
   ```
   k = 1024
   while k>1:
       print(k)
       k = k//2
   ```
   A. 9　　B. 10　　C. 11　　D. 1000

5. 下面有 4 个代码段想输出 1,2,3,4,5 五个数字，能够正确输出的代码段是（　　）。

   ①
   ```
   for i in range(5):
       print(i)
   ```

   ②
   ```
   aList = [1,2,3,4,5]
   for i in aList:
       print(i)
   ```

   ③
   ```
   for i in {1,2,3,4,5}:
       print(i)
   ```

④
```
i = 1
while i < 5:
    print(i)
    i+=1
```
A. ②　　　　　B. ②③　　　　　C. ①②③　　　　　D. ①②③④

二、填空题

1. Python 使用符号_____进行单行注释。

2. Python 安装扩展库常用的是_____工具。

3. Python 中表示逻辑与的关键字是_____。

4. 执行下列 python 语句后的输出结果是_____。

```
i=-1
while(i<0):
    i*=i
print(i)
```

5. 当输入是 1234 时，写出下面程序的执行结果。

```
num = int(input("请输入一个整数:"))
s=0
while num != 0:
    s=s+ num%10
    num=num//10
print(s)
```

三、简答题

1. 简单解释 Python IDLE、Anaconda、Pycharm、Spyder、Jupyter 这些软件的作用。

2. Python 程序有哪几种运行方式？

第 6 章
机器学习与教育应用

本章导读

在当今人工智能浪潮中,机器学习作为人工智能的核心驱动力,正悄然改变着我们的生活,教育领域也不例外。想象一下,未来的课堂或许不再是千篇一律的统一教学,而是根据每个学生的学习习惯和进度,量身定制的个性化学习体验。如何实现这一需求呢?

本章将带领读者走进机器学习的奇妙世界。首先从基础概念出发,揭开机器学习核心技术与经典算法的神秘面纱,帮助读者理解"机器"是如何从数据中"学习"并做出决策的。接着,聚焦教育场景,探索机器学习如何赋能教学创新。从平台构建到工具应用,通过实现一个简单实战程序,带领读者体验从数据到模型的全流程。通过本章的学习,读者不仅能掌握机器学习的核心知识,还能发现它在教育中的无限潜力,为未来的学习和研究打开一扇全新的大门。

本章带领读者学习和解决以下问题。
- 什么是机器学习?
- 机器学习涉及哪些核心技术?
- 机器学习包括哪些重要算法?
- 机器学习可以有哪些应用?如何在教育教学中应用?

6.1 机器学习基础

本节介绍机器学习的概念、核心技术和经典算法。

6.1.1 机器学习的概念

1. 什么是机器学习(machine learning,ML)

如图 6-1 所示,人类在学习过程中,通过观察、实践(例如听课、做题)和评估

（例如测验、总结）不断积累经验和规律，从而提升解决问题的能力，这样在面对新的情境时就能顺利解决新问题。与此类似，机器学习是一种通过历史数据训练模型，从中提取数据的内在规律和模式（包含若干重要参数），进而对新的数据进行预测、分类或决策的方法。

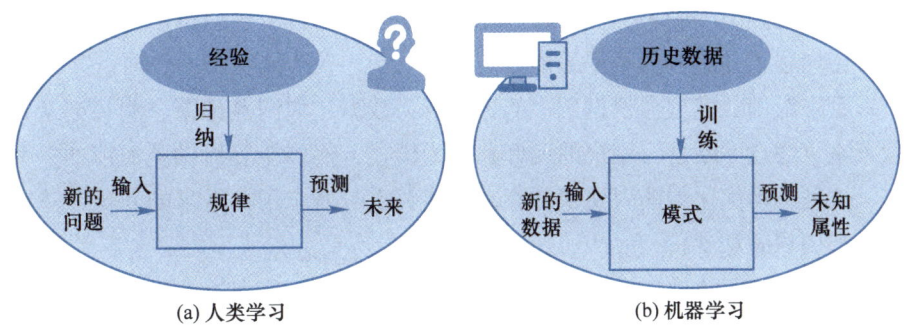

图 6-1　人类学习与机器学习

使用不同领域的数据可以生成不同领域的机器学习模型，完成不同的任务。在医疗领域，机器学习可以帮助医生诊断疾病、预测患者的治疗效果；在金融领域，机器学习可以用于风险评估、投资决策；在教育领域，机器学习可以根据学生的学习行为和成绩，为学生提供个性化的学习建议和辅导。

2. 机器学习有哪些特点

机器学习作为一种革命性的人工智能技术，其核心特点主要体现在以下几个方面。

（1）数据驱动

与传统的基于规则的程序化方法不同，机器学习不依赖于人为定义的明确指令，而是通过数据驱动的方式，让计算机系统自主地从经验中学习，从而完成特定任务。

如果要编写一个传统程序来识别图片中的猫，开发者需要手动编写一系列规则，比如"猫有三角形的耳朵""猫有胡须"等。这种方法在面对复杂问题时往往显得力不从心，因为现实世界中的问题通常具有高度的不确定性和多样性，很难用固定的规则完全描述。

同样的任务，机器学习模型通过分析大量标注为"猫"和"非猫"的图片，自动提取出猫的特征（如耳朵形状、胡须长度、毛发纹理等），并构建一个能够区分猫和其他物体的模型。

机器学习不需要人为地设计复杂的规则和逻辑，而是通过数据让模型自动学习到这些规则和逻辑。这种方法的优势在于，模型能够自主发现数据中的复杂模式，而不需要人为干预。这种方法不仅能够处理传统编程难以解决的问题，还能够随着数据量的增加和数据质量的提高，不断提升模型的性能。

因此，数据是机器学习的"燃料"，没有数据，机器学习模型就无法进行学习和优化。模型的性能和准确性在很大程度上取决于数据的质量和数量。高质量的数据能够帮助模型更准确地捕捉到数据中的规律，从而提高模型的预测能力。

例如，在自然语言处理任务中，模型需要大量的文本数据来学习语言的语法和语义，从而能够更好地完成文本分类、情感分析、机器翻译等任务。在图像识别领域，模型需要大量的图像数据来学习图像的特征，从而能够准确地识别出不同的物体和场景。

（2）自动优化

机器学习模型能够在训练过程中，根据训练数据的反馈，不断更新参数值，以最小化预测误差或最大化分类准确率，从而逐步提升性能。这种自动优化机制不仅提高了模型的预测精度，还增强了其适应新数据的能力。

以推荐系统为例，模型会根据用户的历史行为数据，如浏览记录、购买记录等，自动调整推荐策略。通过不断学习用户的偏好和行为模式，模型能够提供更加精准、个性化的推荐内容。这种自动优化的能力使得推荐系统能够实时适应用户需求的变化，持续提升推荐的准确性和用户满意度。

自动优化的特点还体现在模型结构的选择和调整上。一些先进的机器学习算法，如深度学习中的神经网络，能够根据数据的复杂性和任务需求，自动调整网络结构。例如，神经网络可以通过增加或减少层数和神经元数量，从而适应不同的数据特征和任务要求。这种结构上的自动优化进一步提升了模型的灵活性和适应性，使其能够更有效地处理复杂问题。

（3）泛化能力

机器学习的目标不仅是拟合已知数据，更重要的是具备对未知数据的预测能力，这种能力称为泛化能力。泛化能力是机器学习模型的核心竞争力，它决定了模型在实际应用中的表现。一个具有良好泛化能力的模型，不仅能够在训练数据上表现良好，还能够在未见过的数据上做出准确的预测。例如，一个训练好的语音识别模型不仅能够识别训练集中的语音，还能准确识别用户新输入的语音，即使这些语音在训练时并未出现过。这种泛化能力使得模型在实际应用中具有广泛的适用性和可靠性。

泛化能力的实现依赖于多个因素，包括模型的复杂度、数据的多样性和训练过程的合理性。

- 模型的复杂度需要与数据的复杂度相匹配，过于简单的模型可能无法捕捉到数据中的所有规律，而过于复杂的模型则可能导致过拟合，即在训练数据上表现很好，但在未知数据上表现不佳。因此，选择合适的模型复杂度是提升泛化能力的关键。
- 数据的多样性也对泛化能力有重要影响。丰富的数据能够帮助模型学习到更多的模式和规律，从而提高其在未知数据上的表现。为了进一步提升泛化能力，还可以使用数据增强技术，通过生成更多的训练样本，增加数据的多样性。
- 合理的训练过程同样至关重要，如使用交叉验证等方法，也能够有效防止过拟合，提升模型的泛化能力。

> **学习任务6-1**
>
> 数据是机器学习的燃料，请访问 DeepSeek 开启新对话，了解与您研究领域相关的机器学习常用数据集。

3. 机器学习有哪些种类

基于学习方式的分类是机器学习领域中最直观且广泛采用的一种分类方法，以下简单介绍最主流的 3 种学习方式，如图 6-2 所示。

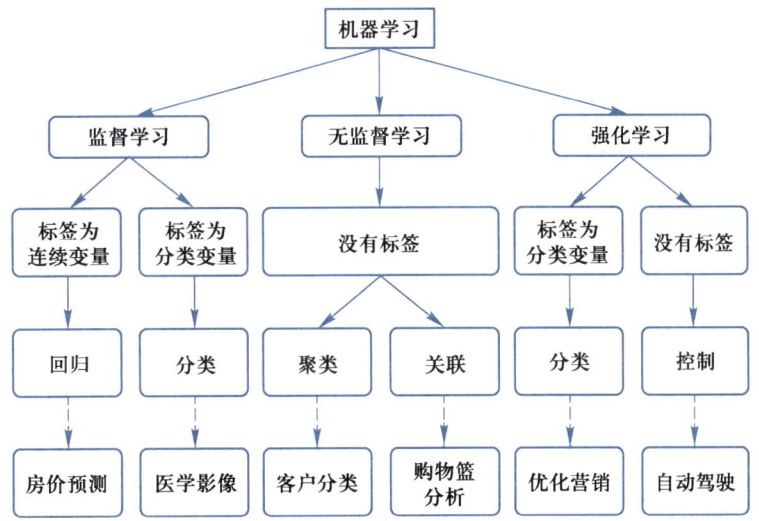

图 6-2　机器学习的 3 种学习方式

(1) 监督学习（supervised learning）

机器学习中最传统的方法是监督学习。在监督学习中，通过标注（打标签）数据构建输入与输出之间的映射关系。标注数据中的每个样本均包含特征向量（输入）和对应的标签（输出），模型通过最小化预测值与真实标签之间的差异（如交叉熵损失、均方误差）来优化参数，最终实现对新数据的泛化预测。

例如，在识别手写数字时，需要提供"手写数字的图像"和"正确答案的标签"数据对。利用这些数据，当输入手写数字"8"的图像时，机器学习模型判断它是正确答案"8"的概率会增加，从而学会对于数字的识别，如图 6-3 所示。

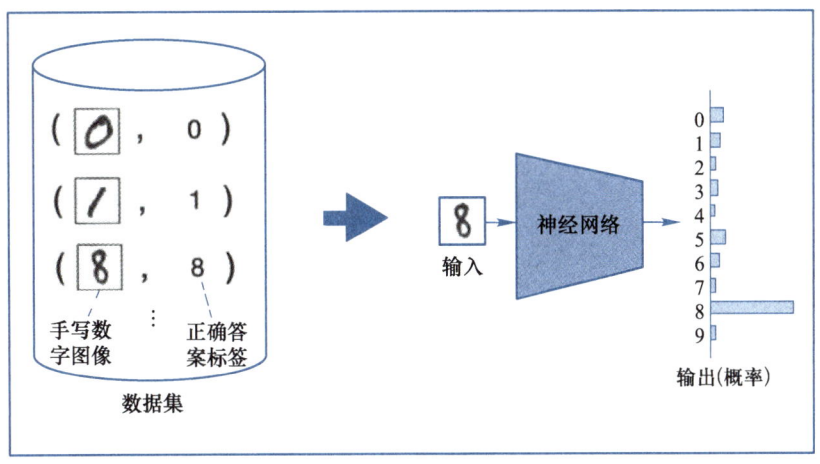

图 6-3　监督学习方式

监督学习的一个关键是"正确答案标签"的存在。因此，给数据打上正确的标签（标注）很重要。然而，监督学习高度依赖标注数据的质量和规模，标注成本高昂、数据分布偏移（如训练数据与真实场景分布不一致）等问题仍是主要瓶颈。为此，研究者一方面提出利用无监督学习后的模型对数据进行分类，实际起到打标签的作用，另一方面通过迁移学习（利用预训练模型适应新任务）、主动学习（优先标注信息量大的样本）等策略，旨在降低对标注数据的依赖。

> **学习任务6-2**
>
> 请与 DeepSeek 对话，了解：
> （1）数据标注师这一 AI 时代的新职业。
> （2）如何有效应对标注成本高、数据分布偏移等监督学习中的问题？

（2）无监督学习（unsupervised learning）

在无监督学习中，与监督学习不同，获取的数据样本里没有"正确答案标签"，即没有预设明确的输出目标，而是通过聚类、降维、关联规则挖掘等技术找到隐藏在数据中的结构和模式。无监督学习的本质是对数据本身分布特性的探索。

例如，在手写数字识别时，对于无标签数据，可以通过降维实现识别，如图6-4所示。

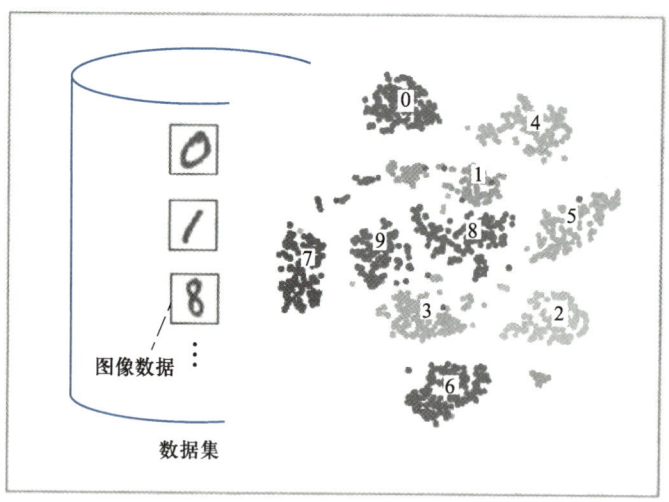

图6-4　无监督学习方式

（3）强化学习（reinforcement learning）

在强化学习中，模型（通常称为智能体）会与环境进行交互，采取不同的行动，并根据环境反馈的奖励信号来调整其行为策略，以实现策略优化，如图6-5所示。

例如，在自动驾驶领域，强化学习模型通过模拟城市道路环境中的数千次驾驶，学习如何平衡加速、转向和制动，以最小化事故率并提升通行效率。强化学习在机器人控制、金融投资等领域也有着重要的应用。

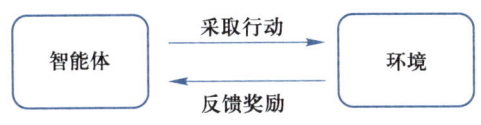

图 6-5　强化学习方式

小结：监督学习、无监督学习和强化学习三种方式对比如表 6-1 所示。

表 6-1　3 种机器学习方式对比

维度	监督学习	无监督学习	强化学习
数据需求	精准标注数据	无标签数据	环境交互反馈信号
优化目标	最小化预测误差	最大化数据内在一致性	最大化长期累积奖励
典型场景	图像分类、语音识别	用户分群、异常检测	机器人控制、游戏 AI
计算复杂度	中等（依赖数据量）	高（需探索结构）	极高（环境模拟成本）

需要注意的是，这三类机器学习方法并非孤立地存在，其边界正随着技术进步逐渐模糊。未来，随着通用人工智能（artificial general intelligence，AGI）探索的深入，三类方法的协同进化将成必然趋势。

> **学习任务6-3**
>
> 与 DeepSeek 对话展开探讨：
> 1. 进一步了解监督学习、无监督学习以及强化学习的细节。
> 2. 机器学习除了基于学习方式的分类，是否还有别的分类标准呢？比如根据任务类型分类？

6.1.2　机器学习的核心技术

机器学习的核心技术涵盖从数据预处理到模型部署的全流程关键环节，本小节首先介绍机器学习的基本过程，然后介绍该过程中关键步骤涉及的技术。

1. 机器学习的基本过程

如图 6-6 所示，机器学习的工作流程通常包括以下几个主要步骤。

① 数据收集：从各种来源收集原始数据，确保数据的多样性和代表性。这些数据可能是结构化的（如数据库中的记录）或非结构化的（如文本、图像、音频等）。

② 数据输入：将收集到的数据作为初始数据集输入系统中，准备进行后续处理。

③ 数据探索与预处理：在使用数据之前，运用主成分分析和自组织映射进一步理解数据的结构和特征；并对数据进行清洗和预处理，比如处理缺失值、归一化数据、去噪等使其适合模型训练。

④ 特征提取与数据分割：从数据中提取有用的特征，这些特征将作为样本集，并将

样本集划分为训练样本集（通常占80%）和测试样本集（通常占20%），提供给机器学习算法，用于模型训练和测试。

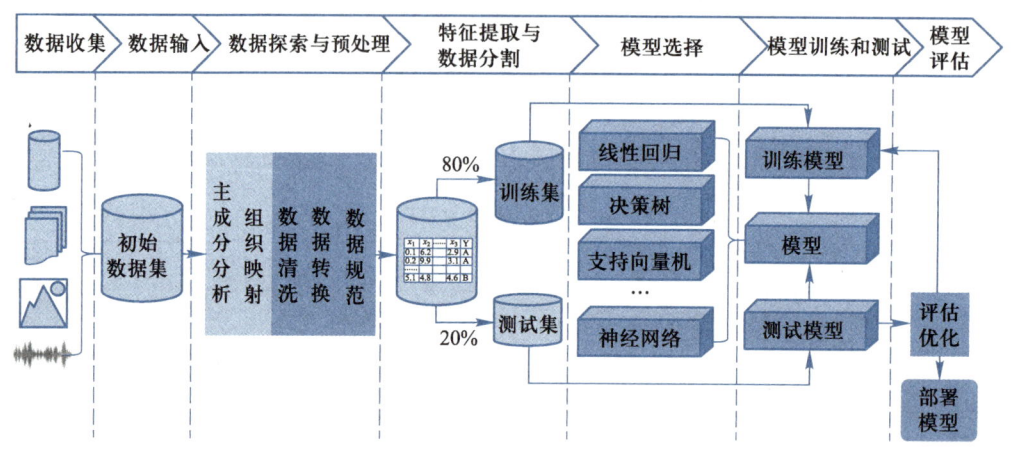

图6-6 机器学习的工作流程

⑤ 模型选择：根据问题类型选择合适的模型，如线性回归、决策树、支持向量机、神经网络等。

⑥ 模型训练和测试：使用训练集来训练选定模型，让模型学会从训练样本中识别模式和规律；使用测试集评估模型的性能。

⑦ 模型评估：通过指标，如准确率、召回率、F1分数等，评估模型整体性能，并根据评估结果，调整和优化模型，以提高其性能。

⑧ 部署模型：将训练好的模型部署到实际应用中，用于实时预测或决策。

2. 数据预处理与特征工程

在机器学习的过程中，数据是整个过程的起点，其质量和信息的丰富程度直接决定了模型的性能。数据预处理需要解决数据中的各种问题，如数据缺失、噪声干扰和数据分布的偏态等。例如，对于缺失的数据值，可以通过多种方法进行处理。一种常见的方法是使用均值填充，即用该特征列的平均值来替代缺失值。

在机器学习中，特征是用来描述数据的属性或变量，是模型用来学习规律的输入。例如：

- 预测房价任务中：房屋的面积、房间数量、房龄等都是特征。
- 图像识别任务中，图像的颜色直方图、纹理特征等是特征。
- 文本分类任务中，词频、句长、情感关键词等是特征。

特征工程是通过对原始数据的处理、转换和组合，构造更适合模型训练的特征的过程。其本质是将数据转化为信息，帮助模型更好地理解数据中的模式。

【例6-1】学习者学习行为预测特征工程。

原始特征：用户ID、浏览时长、点击次数、历史学习时间、设备类型。

特征工程步骤如下：

① 构造特征：计算"点击率"（点击次数/浏览时长）。

② 编码设备类型：One-Hot 编码"设备类型"（如手机、PC）。
③ 标准化：对"浏览时长"进行 Z-Score 标准化。
④ 选择关键特征：通过随机森林评估特征重要性，保留 4 个重要特征。

3. 模型架构

（1）模型选择

设计一个有效的模型需要在表达能力和计算效率之间找到平衡。一方面，模型需要有足够的表达能力来捕捉数据中的复杂关系；另一方面，模型的计算效率也不能忽视，因为需要在有限的计算资源下进行训练和预测。

线性模型，如线性回归和逻辑回归，通过权重系数来建立输入特征和输出结果之间的线性关系。这类模型适用于特征与目标之间存在显式线性关联的场景。例如，逻辑回归通过 Sigmoid 函数将线性组合的输出映射到 0 到 1 之间，从而拟合二分类问题的概率。在金融风控领域，逻辑回归被广泛用于违约预测，通过分析客户的信用记录、收入水平等特征，预测其违约的可能性。

非线性模型，如支持向量机（SVM）和决策树，能够捕捉更复杂的关系。支持向量机通过核技巧将数据映射到高维空间，从而在高维空间中找到一个最优的分割超平面，实现对数据的分类。例如，SVM 利用高斯核函数，可以将低维空间中不可分的数据映射到高维空间，使其变得可分。决策树则通过树形结构来表示数据的决策过程，每个节点代表一个特征，每个分支代表一个决策结果，最终在叶节点给出预测结果。

集成模型，如随机森林和梯度提升树（GBDT），通过融合多个弱学习器来提升整体性能。随机森林通过 Bagging 技术，即对数据进行自助采样，训练多个决策树，并通过投票的方式进行预测，从而降低模型的方差，减少过拟合的风险。梯度提升树则通过 Boosting 技术，即逐步训练多个模型，每个模型都关注前一个模型的残差，从而逐步修正模型的预测误差，在结构化数据预测任务中表现出色。

除此之外还有很多成熟的模型架构。无论我们根据任务最终选择何种模型，都应当遵循一个准则，即模型是机器学习从数据中提取规律的核心载体，其设计需平衡表达能力与计算效率。

（2）模型调优

在机器学习的领域中，优化技术是推动模型从数据中学习规律的核心驱动力。其本质在于通过不断迭代调整模型的参数，以最小化损失函数，从而提升模型的预测准确性。在这个过程中，梯度下降及其各种变体算法扮演着至关重要的角色，它们通过反向传播算法来计算参数的更新方向，确保模型能够朝着最优解的方向前进。

梯度下降算法的核心思想是利用损失函数关于模型参数的梯度信息来指导参数的更新。具体来说，模型参数的更新方向与损失函数的梯度的负方向一致，这样可以确保损失函数值在每次迭代中逐渐减小。然而，标准的梯度下降算法在处理大规模数据时可能会遇到收敛速度慢的问题。

通过不断迭代调整模型参数，最小化损失函数，这些优化技术不仅提升了模型的预测准确性，还通过正则化、加速训练过程和全局优化策略，确保了模型的泛化能力和训练效率。

(3) 模型评估

模型评估的目的是通过一系列量化指标和方法，对已训练的模型的性能和泛化能力进行全面、客观的评价。通过模型评估，能够了解模型在实际应用中的表现，从而为模型的优化和选择提供科学依据。

在任何评估中，选择合适的评估指标都是关键。不同的任务类型需要不同的评估指标来衡量模型的性能。

例如，在分类任务中，常用的评估指标包括以下几个。

- 准确率（Accuracy）：衡量模型预测正确的比例。
- 精确率（Precision）：衡量模型预测为正类的样本中实际为正类的比例。
- 召回率（Recall）：衡量实际为正类的样本中被模型正确预测为正类的比例。
- F1 值（F1 Score）：是精确率和召回率的调和平均数。

在回归任务中，常用的评估指标包括以下几个。

- 均方误差（MSE）：衡量模型预测值与真实值之间的平方差的平均值。
- 平均绝对误差（MAE）：衡量模型预测值与真实值之间的绝对差的平均值。
- 决定系数（R-squared）：用于衡量模型对数据的拟合程度。

确定了合适的评估指标之后，接下来就要采用科学的评估方法。常见的评估方法包括以下几个。

- 交叉验证：一种将数据集划分为多个互不重叠子集，轮流使用其中一个子集作为测试集，其余子集作为训练集的方法。这种方法能够充分利用数据，减少评估结果的方差。
- 留出法：将数据集划分为训练集和测试集，使用训练集训练模型，使用测试集评估模型。这种方法简单直观，但可能会因为数据划分的不同而导致评估结果的波动。
- 自助法：一种基于重采样的方法，通过从原始数据集中随机抽取样本，生成多个新的训练集和测试集，从而对模型进行评估。这种方法能够有效减少评估结果的方差，提高评估的稳定性。

评估结果的分析与应用是模型评估的最终目的。通过对评估结果的分析，能够了解模型的优点和不足，从而为模型的优化和选择提供指导。如果模型的准确率较高，但召回率较低，说明模型可能存在漏报的问题，需要进一步调整模型的参数或采用其他方法来提高召回率。如果模型的评估结果在不同的数据集上表现不一致，说明模型可能存在过拟合或欠拟合的问题，需要进一步调整模型复杂度或采用正则化等方法来提高模型的泛化能力。此外，评估结果还可以为模型的选择提供依据。在多个模型中，选择评估结果最优的模型，能够提高模型在实际应用中的性能和效果。

学习任务6-4

看完文字描述的评价指标是不是还有些疑惑？请与 DeepSeek 对话，提出问题"机器学习的常用的评估指标有哪些，其符号表达为何？"

6.1.3　机器学习经典算法

机器学习的核心是算法，它们是解决问题的蓝图，指导着计算机如何从数据中学习规律并做出预测。

机器学习算法种类繁多，每种算法都有其独特的理论基础、应用场景和优缺点。本小节按照 6.1.1 节中对机器学习的分类，将这些算法大致分为以下三类。

- 监督学习算法：通过标注数据来训练模型，如线性回归、逻辑回归、决策树、支持向量机、朴素贝叶斯、K-近邻算法、随机森林等，它们广泛应用于分类和回归任务。
- 无监督学习算法：处理未标注的数据，旨在发现数据中的潜在结构，如 K 均值聚类、主成分分析、层次聚类等，它们在数据挖掘和特征提取中发挥着重要作用。
- 强化学习算法：通过试错和奖励机制来训练模型，如 Q 学习、深度 Q 网络等，它们在机器人控制和游戏 AI 等领域有着广泛的应用。

> **学习任务6-5**
>
> 由于篇幅所限，本书没有详细介绍各种经典算法。请与 DeepSeek 对话，选择你感兴趣的算法，提出类似问题。
> 1. 随机森林的工作原理是什么？
> 2. 随机森林在实际应用中有哪些典型案例？
> 3. 随机森林如何进行参数调整以优化性能？
> ……

6.2　机器学习在教育中的应用

机器学习在教育领域的应用正逐渐展现出其独特的价值和潜力。通过智能化的数据分析和预测能力，机器学习能够为教育工作者提供更为精准的学生学习情况跟踪，从而实现个性化的教学方案制定。例如，它可以根据学生的学习进度、知识掌握程度以及学习习惯，为每个学生量身定制适合其个人需求的学习路径和内容，让学习更加高效和有针对性。

除了学生层面之外，机器学习还能辅助教师进行教学资源的推荐和优化，根据教学目标和学生特点，智能筛选出最合适的教学材料和工具。此外，在教育管理方面，机器学习也发挥着重要作用，通过对教育数据的深度挖掘和分析，为教育决策提供科学依据，帮助学校和教育机构更好地规划教学资源、优化课程设置以及提升教学质量。在不远的未来，机器学习在教育中的应用将不仅有助于提升教学效果和学习体验，还为教育的创新发展提供了新的思路和方法。

6.2.1 机器学习平台与工具

随着人工智能的火爆，机器学习领域的平台和工具呈现出令人目不暇接的繁荣景象。它们如同一个个功能强大的工具箱，贯穿了机器学习从最基础的数据预处理环节，到复杂模型的构建、消耗大量算力的训练阶段，再到将训练好的模型部署到实际应用场景中，以及后续对模型的维护与更新的完整生命周期。这些平台和工具，犹如人工智能领域的坚实基石，不仅为专业的开发者提供了强劲的计算能力，让他们能够处理海量的数据和复杂的算法运算，还集成了丰富多样的算法库，涵盖了从传统的机器学习算法到前沿的深度学习模型等众多类别。

更为重要的是，这些平台和工具在设计上充分考虑了用户体验，通过设计直观简洁的界面，让操作流程变得更加清晰易懂，即使是非专业人员，也能在较短的时间内熟悉基本的操作流程，参与到机器学习项目的开发与实施中来。它们的应用场景极为广泛，无论是在学术研究领域，助力科研人员探索未知、挖掘数据背后的规律，还是在企业中用于数据分析，帮助企业从海量的业务数据中提取有价值的信息，辅助决策制定，或是在产品开发过程中，为产品赋予智能的功能，提升产品的竞争力，这些平台和工具都发挥着不可或缺的作用，并极大推动了人工智能技术在各个行业中的普及与深入发展。

因此，对于初涉机器学习领域的读者来说，深入了解这些平台和工具的特性和优势都显得尤为关键，可以将这些平台分为以下 3 种主要类型。

- 开源平台：开源平台为开发者提供了自由度高、可定制性强的工具，适合那些希望深入研究和定制机器学习算法的用户。例如，谷歌开源的 TensorFlow、Facebook 开源的 PyTorch，以及开源机器学习领域的重要工具 Scikit-learn。
- 云服务平台：云服务平台则提供了强大的计算资源和便捷的服务，特别适合需要处理大规模数据和复杂模型的企业用户。例如，亚马逊 SageMaker 是亚马逊 Web Services（AWS）提供的机器学习平台；微软 Azure 机器学习是微软 Azure 云服务的一部分；谷歌 Cloud AI Platform 提供端到端机器学习解决方案。
- 垂直领域平台：垂直领域平台则专注于特定的应用场景，为用户提供专业的工具和数据，帮助他们在特定领域内快速实现机器学习项目的应用。例如，数据科学竞赛平台 Kaggle；计算机视觉的开源库 OpenCV 等。

> **学习任务6-6**
>
> 由于篇幅所限，本书没有详细介绍机器学习平台的搭建与使用。请与 DeepSeek 对话，提出以下问题。
> 1. 有哪些开源的机器学习平台？
> 2. 在实践中如何选择机器学习平台？
> ……

6.2.2 实现一个简单的机器学习程序

本小节介绍如何实现一个简单的机器学习程序:评定奖学金。

【例 6-2】已知学生相关成绩数据如表 6-2 所示。根据学生的各科成绩,学生获得奖学金分为 A、B 两类。实现一个简单的机器学习程序,按照以往的获奖模式,当输入一名学生的各科成绩,能够输出该生奖学金等级。

表 6-2 学生成绩数据

学号	高数	英语	思政	C 语言	奖学金级别
01	80	95	88	66	B
02	91	90	92	98	A
03	92	93	91	95	A
04	88	80	72	90	B
05	90	75	89	78	B
06	92	96	94	99	A
07	95	88	77	66	B
08	96	90	100	97	A
09	93	80	82	81	B
10	98	70	91	92	B
11	92	91	90	95	A
12	93	93	95	94	A
…	…	…	…	…	…

实现步骤如下。

1. 数据预处理

学习任务6-7

开启与 DeepSeek 的对话,首先提出问题"要对图片中学生数据进行数值化处理,我们应该怎么做?",同时将表 6-2 中的数据拍照或截图复制粘贴到 DeepSeek 对话框。

本书成书时得到 DeepSeek 的回复如下:在这个问题中,我们需要对学生成绩数据进行预处理,特别是将数据中的非数值部分进行数值化处理。通常有两种方法,一是特征数值化,即将非数值型数据(例如"奖学金级别"中的"A"和"B")转换为数值;二是数据标准化,对数值型特征进行标准化处理,例如将数据缩放到 0~1 或者均值为 0、方差为 1。考虑到这里只有 AB 两种值,这里采用第一种方法。

表 6-2 中的数据只有十二条,当然可以一条一条手动把 A 改成 1,B 改成 0,但实际中的情况学生数据可能远远不止这么多,所以建议采用代码的方式解放双手。

学习任务6-8

请继续与 DeepSeek 对话,提出问题"数值化处理的过程如何通过代码实现?"。将给出的代码复制进 Jupyter Notebook 中编辑并运行。

本书成书时 DeepSeek 给出的代码及关键代码解释如下。

```python
import pandas as pd
from sklearn.preprocessing import LabelEncoder

# 示例数据
data = {
    '学号': ['01', '02', '03', '04', '05', '06', '07', '08', '09', '10', '11', '12'],
    '高数': [80, 91, 92, 88, 90, 92, 95, 96, 93, 98, 92, 93],
    '英语': [95, 90, 93, 80, 75, 96, 88, 90, 80, 70, 91, 93],
    '思政': [88, 92, 91, 72, 89, 94, 77, 100, 82, 91, 90, 95],
    'C语言': [66, 98, 95, 90, 78, 99, 66, 97, 81, 92, 95, 94],
    '奖学金级别': ['B', 'A', 'A', 'B', 'B', 'A', 'B', 'A', 'B', 'B', 'A', 'A']
}

# 转换为 DataFrame
df = pd.DataFrame(data)

# 使用 LabelEncoder 对"奖学金级别"进行数值化处理
le = LabelEncoder()
df['奖学金级别'] = le.fit_transform(df['奖学金级别'])

# 打印处理后的数据
print(df.to_string(index=False))
```

Pandas(pd)是一个强大的数据处理和分析库,用于创建、操作和处理数据表格(DataFrame)。在本例中,它用于将学生成绩数据存储为 DataFrame 格式,方便后续处理。

sklearn.preprocessing.LabelEncoder 是 scikit-learn 库中的一个工具,用于对分类标签进行编码。它会将类别型变量(字符串)转换为数值型变量(整数),以便机器学习模型可以更好地处理。

2. 建立模型

学习任务6-9

继续与 DeepSeek 的对话,提出问题"如何用 KNN 算法构建模型?请给出代码"。将生成的代码复制进 Jupyter Notebook 中编辑运行。

本书成书时得到的 DeepSeek 生成的代码如下：

```python
from sklearn import neighbors  # 从 Sklearn 中导入 KNN 分析模型
features=[[80,95,88,66],[91,90,92,98],[92,93,91,95],[88,80,72,90],[90,75,89,78],
          [92,96,94,99],[95,88,77,66],[96,90,100,97],[93,80,82,81],[98,70,91,92],
          [92,91,90,95],[93,93,95,94]]           # 属性数据
labels=[0,1,1,0,0,1,0,1,0,0,1,1]                 # 标签数据
clf=neighbors.KNeighborsClassifier()
# 采用 KNN 分析模型
clf=clf.fit(features,labels)                     # 用已有数据训练模型
a=int(input("高数:"))
b=int(input("英语:"))
c=int(input("思政:"))
d=int(input("C 语言:"))
result=clf.predict([[a,b,c,d]])                  # 判断
if result==1:
    print("\nA 等!")
else:
    print("\nB 等!")
```

3. 测试模型

在上一步中建立了模型，但是对于这个模型的性能和预期效果并没有清楚的认知。因此应当按照先前章节中所提到的对模型进行评估。使用测试集评估模型性能，并绘制预测结果。

> **学习任务6-10**
>
> 继续与 DeepSeek 对话，提出问题"模型成功运行了，请给出使用测试集评估模型性能，并绘制预测结果的代码"。
>
> 将生成的代码复制进 Jupyter Notebook 中编辑运行。

本书成书时得到的 DeepSeek 生成的代码如下：

```python
import matplotlib.pyplot as plt
from sklearn.metrics import accuracy_score, confusion_matrix
import seaborn as sns

features = [
    [80, 95, 88, 66], [91, 90, 92, 98], [92, 93, 91, 95],
    [88, 80, 72, 90], [90, 75, 89, 78], [92, 96, 94, 99],
    [95, 88, 77, 66], [96, 90, 100, 97], [93, 80, 82, 81],
```

```
        [98, 70, 91, 92], [92, 91, 90, 95], [93, 93, 95, 94]
]
labels = [0, 1, 1, 0, 0, 1, 0, 1, 0, 0, 1, 1]

# 将数据分为训练集和测试集
from sklearn.model_selection import train_test_split
X_train, X_test, y_train, y_test = train_test_split(
    features, labels, test_size=0.2, random_state=42)

# 创建 KNN 分类器并训练
from sklearn import neighbors
clf = neighbors.KNeighborsClassifier()
clf.fit(X_train, y_train)

# 对测试集进行预测
y_pred = clf.predict(X_test)

# 计算准确率
accuracy = accuracy_score(y_test, y_pred)
print(f"模型的准确率：{accuracy:.2f}")

# 绘制混淆矩阵
confusion = confusion_matrix(y_test, y_pred)
plt.figure(figsize=(8, 6))
sns.heatmap(confusion, annot=True, fmt='d', cmap='Blues',
            xticklabels=['B', 'A'], yticklabels=['B', 'A'])
plt.xlabel('预测标签')
plt.ylabel('真实标签')
plt.title('混淆矩阵')
plt.show()
```

上述代码运行得到的混淆矩阵如图 6-7 所示。从图中可以看出，模型对测试集的分类情况如下。

- 真实为 B 且预测为 B 的样本有 2 个（左上角的数字 2）。
- 真实为 A 且预测为 A 的样本有 1 个（右下角的数字 1）。
- 没有出现真实为 B 但预测为 A 的情况（右上角的数字 0）。
- 没有出现真实为 A 但预测为 B 的情况（左下角的数字 0）。

这表明模型在测试集上表现非常优秀，准确率达到了 100%，即所有测试样本都被正确分类，没有出现误判的情况。不过，需要注意的是，这样的准确率是由于我们测试集的样本数量较少，不足以全面评估模型的性能导致的。在实际应用中，建议使用更大的测试集来验证模型的泛化能力和稳定性。

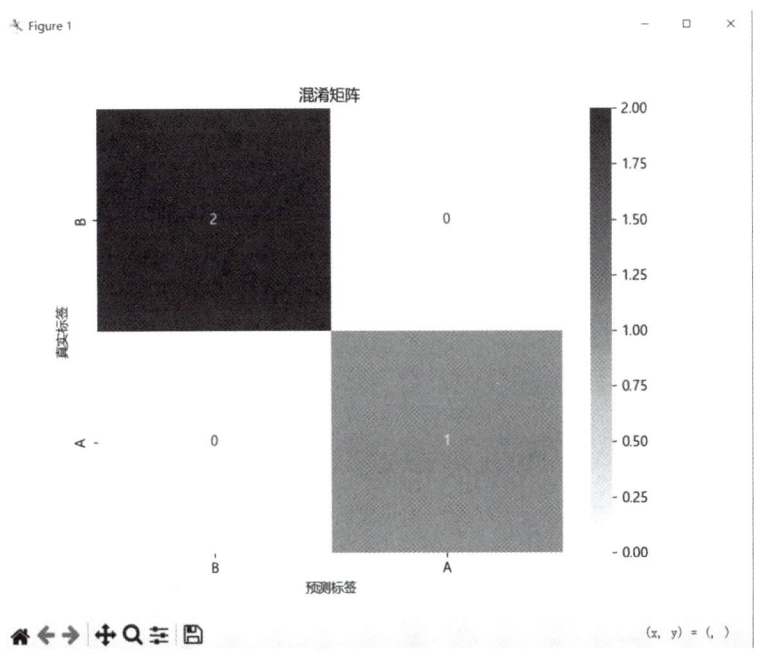

图 6-7　测试出的混淆矩阵图

4. 模型应用

将训练好的模型应用于实际问题，进行预测或决策。

本例中借助一些 Python 库生成符合正态分布的模拟成绩，接着将生成的模拟成绩数据输入到已经训练好的模型中进行分类。模型会根据输入的成绩数据，按照之前训练好的规则和参数，自动对每个学生的成绩进行分类，判断其属于哪一类。通过这种方式，可以快速、高效地对大量学生的成绩进行分类。

> 学习任务6-11
>
> 　　继续与 DeepSeek 对话，提出问题"如何生成大量学生数据，并模拟实际中的模型应用？"。
> 　　将生成的代码复制进 Jupyter Notebook 中编辑运行。

本书成书时得到的 DeepSeek 生成的代码及关键语句解释如下。

```
import numpy as np
from sklearn import neighbors

features = [
```

numpy 是一个强大的科学计算库，提供了大量高效的数学函数和多维数组操作。在这段代码中，numpy 主要用于生成模拟数据。

```
    [80, 95, 88, 66], [91, 90, 92, 98], [92, 93, 91, 95],
    [88, 80, 72, 90], [90, 75, 89, 78], [92, 96, 94, 99],
    [95, 88, 77, 66], [96, 90, 100, 97], [93, 80, 82, 81],
    [98, 70, 91, 92], [92, 91, 90, 95], [93, 93, 95, 94]
]
labels = [0, 1, 1, 0, 0, 1, 0, 1, 0, 0, 1, 1]

clf = neighbors.KNeighborsClassifier()
clf.fit(features, labels)

# 应用模型
def generate_random_student(mean=80, std=10):
    """生成符合正态分布的学生数据"""
    return [
        int(np.random.normal(mean, std)),   # 高数
        int(np.random.normal(mean, std)),   # 英语
        int(np.random.normal(mean, std)),   # 思政
        int(np.random.normal(mean, std))    # C 语言
    ]

# 生成多个随机学生数据
num_students = 20   # 模拟 20 个学生
for i in range(num_students):
    student = generate_random_student(mean=85, std=15)
# 调整 mean 和 std 来模拟不同水平的学生
    result = clf.predict([student])
    print(f"学生 {i+1}：")
    print(f"高数：{student[0]}，英语：{student[1]}，思政：{student[2]}，C 语言：{student[3]}")
    print("预测结果:", "A 等" if result == 1 else "B 等")
    print("-" * 30)
```

如果使用纯随机数的话会生成一些不符合常理的数据，比如 32 分的 C 语言，14 分的数学，所以我们应当生成符合常理的数据。运用 numpy 的 random.normal 函数生成符合正态分布（高斯分布）的随机数。当我们有特定需求的时候，还可以调整相应的参数。

- mean：正态分布的均值（代表成绩的平均水平）。
- std：正态分布的标准差（代表成绩的波动范围）。

说明：学校在实际评奖过程中会建立科学的评奖办法。本例只是利用读者比较熟悉的案例进行机器学习应用的简单说明。

通过以上步骤，读者可以轻松实现一个简单的机器学习模型，构建、处理及预测数据。机器学习广泛应用于各个领域，通过合理选择和应用算法，可以解决实际问题。

6.2.3 实战：基于机器学习的学习行为智能评估

随着智慧教育的不断普及，学生的学习行为数据日益丰富，这些数据蕴含着关于学习效果、学习习惯和学习偏好等多方面的宝贵信息。通过对学习行为进行智能评估，教育工作者可以更好地了解学生的学习状况，为个性化教学提供有力支持，同时也有助于学生自身认识学习过程中的优势与不足，从而有针对性地进行改进和提升。本项目旨在利用机器学习技术，对学习行为进行智能评估，通过比较3种不同的机器学习算法在该任务上的性能表现，引导读者掌握根据不同情境选择合适算法的能力，并在实践中锻炼先前章节所提到的理论知识。

步骤1：利用决策树算法模型评估学习行为。

图6-8所示为一种评估学习行为的决策树模型。

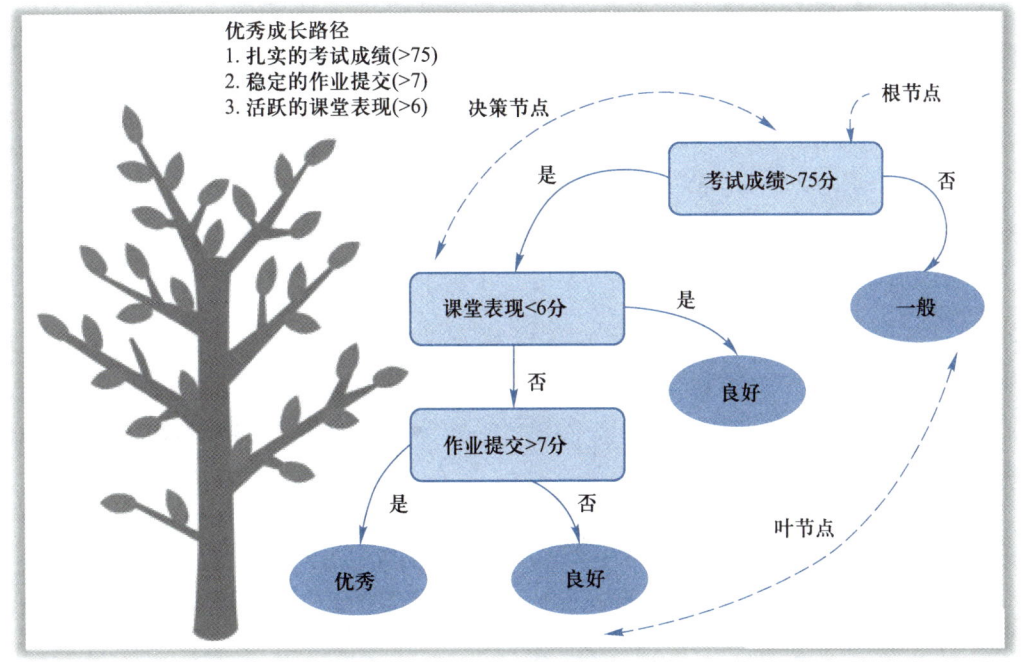

图6-8 评估学习行为的决策树模型

决策树具有直观的可解释性，在图6-8所示的决策树模型中，可以清晰地看到各个学习行为特征（如课堂表现、作业提交、考试成绩等）与学习成果之间的层次关系，这有助于教育工作者和学生直观地理解哪些行为对学习成果影响最大。

同时，决策树算法对数据的预处理要求相对较低，能够直接处理不同类型的特征数据，包括数值型和类别型数据，这为我们大幅减少了数据清洗和转换的时间。此外，决策树还可以处理非线性关系，模型结构相对简单，易于实现和理解，有利于后续的模型优化与改进。

为了对训练得到的决策树模型进行评估，可以采用交叉验证方法。交叉验证是一种统计分析方法，用于验证模型的性能。通过将数据集划分为多个子集，轮流将其中一个子集作为测试集，其余子集作为训练集，多次训练和测试模型，从而得到更稳定、更可靠的模型性能评估结果。

交叉验证有助于更好地评估模型的泛化能力，帮助判断模型在面对新样本时能否保持较好的预测效果。它能够有效避免"过拟合"，即模型在训练集上表现良好但在测试集上表现不佳的问题，从而提高模型的可靠性和稳定性。

> **学习任务6-12**
>
> 访问 DeepSeek 开启新对话，提出问题"如何用决策树算法构建学习行为评估模型？"。探讨如何获取合适的数据集。

本书成书时 DeepSeek 生成的代码及关键语句解释如下。在这个程序中通过输入课堂表现、作业提交、考试成绩和项目参与度等学习行为特征，能够预测出学生的学习成果（一般、良好、优秀）。

```python
from sklearn import tree
from sklearn.model_selection import train_test_split
from sklearn.metrics import accuracy_score, classification_report
import logging

# 配置日志
logging.basicConfig(level=logging.INFO)
logger = logging.getLogger(__name__)

# 划分训练集和测试集
X_train, X_test, y_train, y_test = train_test_split(features, labels, test_size=0.2, random_state=42)

# 创建决策树分类器（调整参数以防止过拟合）
clf = tree.DecisionTreeClassifier(max_depth=3, min_samples_split=2, random_state=42)

# 模型训练
clf.fit(X_train, y_train)

# 模型预测
y_pred = clf.predict(X_test)
```

通过调用 train_test_split 将数据集划分为训练集和测试集。其中 features 表示特征数据，labels 表示标签数据，test_size 设置为 0.2 设定测试集占总数据集的比例为 20%。

DecisionTreeClassifier 用于创建一个决策树分类器。一般有三个重要参数。
- max_depth：决策树的最大深度，此处为 3，以限制树的规模防止过拟合。
- min_samples_split：分裂节点所需的最小样本数。
- random_state：设置随机种子，确保结果的可重复性。

cross_val_score 函数对模型进行交叉验证，评估模型在不同子集上的性能。此处 cv = 5 表示将数据集划分为 5 份，进行 5 折交叉验证。返回值 cv_scores 表示每折的准确率，cv_accuracy 表示交叉验证的平均准确率。

```
# 模型评估
accuracy = accuracy_score(y_test, y_pred)
report = classification_report(y_test, y_pred)
# 使用交叉验证评估模型
cv_scores = cross_val_score(clf, features, labels, cv=5)
cv_accuracy = cv_scores.mean()

logger.info(f"测试集准确率:{accuracy:.2f}")
logger.info("分类报告:\n" + report)
logger.info(f"交叉验证平均准确率:{cv_accuracy:.2f}")

# 用户输入
try:
    a = int(input("请输入课堂表现(1-10):"))
    b = int(input("请输入作业提交(1-10):"))
    c = int(input("请输入考试成绩(0-100):"))
    d = int(input("请输入项目参与度(1-10):"))
    input_features = [[a, b, c, d]]

    # 预测
    result = clf.predict(input_features)

    # 输出结果
    if result == 0:
        print("该学生学习成果为:一般")
    elif result == 1:
        print("该学生学习成果为:良好")
    elif result == 2:
        print("该学生学习成果为:优秀")
    else:
        print("无法识别的学习成果!")

except ValueError:
    print("输入无效,请输入整数。")
```

细心的读者可能发现了,以上的代码中使用到了 features 和 labels 两个列表,但没有在代码中给出,实际上这部分就是机器学习中非常重要的数据集,它是模型训练和评估的基础。一个高质量、具有代表性的数据集能够使模型更好地学习到数据中的规律和模式,从而提高模型的预测准确性和泛化能力。因此希望读者能够自行寻找或创建适合自己的数据集。这样不仅可以使项目更具个性化和针对性，还能让读者更深入地理解数据在机器学习中的作用。

同时，为了方便读者更好地开展项目实践，本书也会提供一份标注好的数据集作为参考。这份数据集包含了经过整理和标注的学习行为特征数据以及对应的学习成果标签，读者可以直接使用它来完成上述步骤1的代码，快速上手项目实践，同时也为读者自行收集和整理数据提供一个参考模板。

```
# 特征：课堂表现、作业提交、考试成绩、项目参与度（范围：1-10）
features = [
    [9, 8, 85, 7],   # 学生 A
    [7, 6, 70, 6],   # 学生 B
    [8, 9, 90, 8],   # 学生 C
    [6, 7, 65, 5],   # 学生 D
    [9, 9, 95, 9],   # 学生 E
    [5, 4, 50, 4],   # 学生 F
    [8, 7, 80, 7],   # 学生 G
    [7, 6, 75, 6],   # 学生 H
    [6, 5, 60, 5],   # 学生 I
    [9, 8, 88, 8],   # 学生 J
    [4, 3, 45, 3],   # 学生 K
    [6, 5, 68, 5],   # 学生 L
]
# 标签：0=一般，1=良好，2=优秀
labels = [2, 1, 2, 1, 2, 0, 1, 1, 0, 2, 0, 1]
```

💻 学习任务6-13

继续与DeepSeek对话，进一步了解决策树模型；探讨如何获取合适的数据集。

步骤2：利用K近邻（K-nearest neighbors，KNN）算法模型评估学习行为。

KNN的核心思想是相似的样本在特征空间中距离更近。KNN算法的优势在于它不需要对数据进行复杂的预处理，能够直接利用原始数据进行预测。这使得能够更快速地构建模型，并且在一定程度上保留了数据的原始特征和信息。此外，KNN算法对于小规模数据集也能表现出较好的性能，这在本例现有的数据规模下是非常适用的。

💻 学习任务6-14

请继续与DeepSeek对话，提出问题"如果改用K近邻算法构建模型呢？"。将给出的代码复制进Jupyter Notebook中编辑并运行。

本书成书时得到 DeepSeek 给出的完成步骤 2 的代码及关键语句解释如下。

```python
from sklearn.neighbors import KNeighborsClassifier
from sklearn.model_selection import train_test_split
from sklearn.metrics import accuracy_score, classification_report
import logging

# 配置日志
logging.basicConfig(level=logging.INFO)
logger = logging.getLogger(__name__)

# 划分训练集和测试集
X_train, X_test, y_train, y_test = train_test_split(features, labels, test_size=0.2, random_state=42)

# 创建 KNN 分类器
# 参数配置
clf = KNeighborsClassifier(
    n_neighbors=3,      # 邻居数,即 k 值
    weights='uniform',  # 权重配置,'uniform'表示所有邻居的权重相同
    algorithm='auto',   # 算法选择,'auto'表示自动选择最合适的算法
    leaf_size=30,       # 叶子节点大小,影响树的深度
    p=2,                # 距离度量,p=2 表示欧氏距离
    metric='minkowski', # 距离度量方法,'minkowski'表示闵氏距离
    metric_params=None, # 距离度量参数
    n_jobs=None         # 并行计算参数
)

# 模型训练
clf.fit(X_train, y_train)

# 模型预测
y_pred = clf.predict(X_test)

# 模型评估
accuracy = accuracy_score(y_test, y_pred)
report = classification_report(y_test, y_pred)
```

KNeighborsClassifier 的作用是创建一个 KNN 分类器。以下是其重要参数的详细讲解。

- n_neighbors(邻居数)指定分类时考虑的最近邻居数量,即 k 值。通常取值为较小的正整数(如 3、5、7 等)。
- weights(权重配置)决定邻居对分类结果的影响权重。常用取值有两种,'uniform':所有邻居的权重相同,简单直接,适用于数据分布均匀的情况;'distance':权重与距离成反比,距离越近的邻居权重越大。该方式更灵活,适用于数据分布不均匀的情况,能够更好地捕捉局部特征。
- algorithm(算法选择)决定计算最近邻的算法。有四种选择。'auto':自动选择最合适的算法;'ball_tree':使用球树算法,适用于高维数据;'kd_tree':使用 KD 树算法,适用于低维数据;'brute':使用暴力搜索算法,适用于小规模数据。
- leaf_size(叶子节点大小)影响树的深度,从而影响搜索效率。
- p(距离度量)决定距离计算的方式。p=1 时为曼哈顿距离;p=2 时为欧氏距离。
- metric(距离度量方法)决定使用哪种距离度量方法。有三种表示方式,分别为 'minkowski':闵氏距离;'euclidean':欧氏距离;'manhattan':曼哈顿距离。

```python
logger.info(f"模型准确率:{accuracy:.2f}")
logger.info("分类报告:\n" + report)

# 用户输入
try:
    a = int(input("请输入课堂表现(1-10):"))
    b = int(input("请输入作业提交(1-10):"))
    c = int(input("请输入考试成绩(0-100):"))
    d = int(input("请输入项目参与度(1-10):"))
    input_features = [[a, b, c, d]]

    # 预测
    result = clf.predict(input_features)

    # 输出结果
    if result == 0:
        print("该学生学习成果为:一般")
    elif result == 1:
        print("该学生学习成果为:良好")
    elif result == 2:
        print("该学生学习成果为:优秀")
    else:
        print("无法识别的学习成果!")

except ValueError:
    print("输入无效,请输入整数。")
```

为了更好地展示数据的分布情况和学习成果与特征之间的关系,可以在项目中加入数据可视化部分。比如,绘制散点图时,可以将学生的考试成绩和项目参与度作为两个主要特征进行展示,并根据学习成果的不同类别用不同颜色和形状的标记进行区分。这样,教育工作者和学生可以直观地看到不同学习成果的学生在这两个特征上的分布情况,从而更清晰地了解学习行为特征与学习成果之间的关联。

学习任务6-15

继续与 DeepSeek 对话,进一步了解 K 近邻算法;

运用第 5 章中所学习的 Python 可视化技术,为 KNN 模型的评估结果绘制合适的图表。

步骤3：利用支持向量机算法模型评估学习行为。

SVM算法在处理分类问题时表现出色，尤其适用于高维数据的分类任务。在学习行为评估中，我们涉及多个特征维度（如课堂表现、作业提交、考试成绩和项目参与度等），这些特征构成了一个高维特征空间。SVM模型能够在这个高维空间中找到一个最优的超平面，对不同学习成果的学生进行有效分类。

SVM的优势在于其强大的泛化能力。它通过最大化分类间隔，使得分类超平面与各类别样本之间的间隔最大化，从而提高了模型对新样本的预测准确性。在本例中，这意味着模型能够更好地区分不同学习成果的学生，为教育工作者提供更可靠的评估结果。

SVM对数据的分布没有严格假设，能够处理线性和非线性可分的数据。在学习行为数据中，可能存在各种复杂的数据分布情况，SVM的这一特性使其能够更好地适应不同的数据特点，提高模型的鲁棒性。

> 💻 **学习任务6-16**
>
> 继续与DeepSeek对话，提出问题"如果改用支持向量机算法构建模型呢？"。
> 将给出的代码复制进Jupyter Notebook中编辑并运行。

限于本书篇幅，此处将只提供DeepSeek生成的完成步骤3的部分核心代码。

```python
from sklearn import svm
from sklearn.preprocessing import StandardScaler
from sklearn.model_selection import train_test_split


# 创建SVM分类器
clf = svm.SVC(
    C = 0.8,
    kernel = 'rbf',
    gamma = 20,
    decision_function_shape = 'ovr',
    probability = True
)
clf.fit(X_train_scaled, y_train)
```

> 💻 **学习任务6-17**
>
> 继续与DeepSeek对话，提出问题"除了以上三种模型外还有哪些模型适合这一任务？若存在可行模型请给出代码。"
> 对于获得的代码了解各语句及重要参数的作用。

步骤4：比较以上三种模型的优劣特点。

在前面三个步骤中，运用三种不同算法构建了学习行为评估模型，那么这三种方法有什么样的区别呢？这就需要进行全面的性能评估与比较。

> 学习任务6-18
>
> 继续与 DeepSeek 对话，提出问题"对上述三类机器学习模型进行评价的指标有哪些？"。

可以通过准确率、召回率、F1 分数等关键指标，衡量各模型在学习行为分类和评估任务上的表现。

- 准确率反映了模型预测正确的比例。
- 召回率则衡量了模型对实际正例的识别能力。
- F1 分数综合考虑了准确率和召回率，为模型性能提供了更全面的评估。

作为示例，本例先脱离当前这个任务语境，直接让 DeepSeek 比较以上三种算法模型的优劣特点，再由读者通过学习任务 6-8 看看在这个任务中的结果是否相似，如图 6-9 所示。

图 6-9　DeepSeek 给出的决策树、KNN、SVM 对比分析

除了纯粹理论上的讨论，也可以借鉴别的任务（如手写数字识别）中是如何比较多种机器学习模型的方法。如图 6-10 中所展示的，就是一个小规模多分类任务的对比报告样例，该任务正是在先前 6.1.1 节中提及的手写数字识别任务。

```
模型：决策树
准确率：0.83
分类报告：
              precision    recall  f1-score   support

           0       1.00      1.00      1.00         2
           1       0.80      0.67      0.73         6
           2       1.00      1.00      1.00         2

    accuracy                           0.83        10
   macro avg       0.93      0.89      0.91        10
weighted avg       0.90      0.83      0.86        10

交叉验证得分：0.80 ± 0.10
混淆矩阵：
[[2 0 0]
 [1 4 1]
 [0 0 2]]
```

```
模型：KNN
准确率：0.80
分类报告：
              precision    recall  f1-score   support

           0       1.00      1.00      1.00         2
           1       0.67      0.83      0.75         6
           2       1.00      0.50      0.67         2

    accuracy                           0.80        10
   macro avg       0.89      0.78      0.81        10
weighted avg       0.86      0.80      0.82        10

交叉验证得分：0.75 ± 0.15
混淆矩阵：
[[2 0 0]
 [1 5 0]
 [1 1 0]]
```

```
模型：SVM
准确率：0.90
分类报告：
              precision    recall  f1-score   support

           0       1.00      1.00      1.00         2
           1       0.86      1.00      0.92         6
           2       1.00      0.67      0.80         2

    accuracy                           0.90        10
   macro avg       0.95      0.89      0.91        10
weighted avg       0.92      0.90      0.91        10

交叉验证得分：0.85 ± 0.12
混淆矩阵：
[[2 0 0]
 [0 6 0]
 [1 0 1]]
```

图 6-10　手写数字识别任务中三种模型的比较

学习任务6-19

请进一步利用 DeepSeek 思考完成：

1. 对于本节任务我们应当选用哪些评估指标？为什么？

2. 这三种模型的比较结果会如何？

3. 三种模型各有各的特点，但也有共性，它们有没有什么共同的缺点？有没有比这三种方案更好的方案？

6.3 思考与练习

一、选择题

1. 下面关于机器学习的说法正确的是（　　）。

A. 机器学习不需要数据

B. 机器学习模型训练完成后可以直接推广到所有场景

C. 机器学习是人工智能的一个分支

D. 机器学习模型的性能与数据无关

2. 关于训练集和测试集的划分，下列说法错误的是（　　）。

A. 训练集用于训练模型

B. 测试集用于评估模型性能

C. 训练集和测试集必须来自同一分布

D. 训练集和测试集可以随意划分，没有比例要求

3. 以下哪种算法属于无监督学习？（　　）
A. 线性回归　　　　　　　B. 逻辑回归
C. K-Means 聚类　　　　　D. 决策树

4. 在机器学习中，过拟合是指（　　）。
A. 模型在训练集上表现很好，但在测试集上表现较差
B. 模型在训练集和测试集上都表现很好
C. 模型在训练集上表现较差，但在测试集上表现很好
D. 模型在训练集和测试集上都表现较差

5. 以下哪种方法可以用于防止过拟合？（　　）
A. 增加模型复杂度　　　　B. 减少训练数据
C. 增加正则化　　　　　　D. 提高学习效率

二、填空题

1. 机器学习可以根据学习方式分类为_____、_____、_____三种。
2. 在收集到大量数据后，需要做一些准备工作，包括_____和_____。
3. 机器学习的平台种类包括_____、_____、_____。
4. 机器学习中，用于衡量模型性能的指标包括_____、_____、_____等。
5. 在训练神经网络时，常用的优化算法包括_____和_____。
6. 机器学习中，用于处理分类问题的算法有_____和_____。
7. 在机器学习中，train_test_split 函数通常用于将数据集划分为_____和_____。
8. 机器学习中的"正则化"方法包括_____和_____，用于防止模型过拟合。

三、简答题

1. 机器学习的核心目标是什么？
2. 简要说明机器学习中的"监督学习"和"无监督学习"的区别。并举例说明常见算法。
3. 什么是交叉验证？请简要说明交叉验证的作用。
4. 简要说明机器学习中的"正则化"是什么，以及它的作用。
5. 什么是"特征工程"？请简要说明特征工程的重要性。
6. 简要说明机器学习中的"梯度下降"算法。

第7章
深度学习与教育应用

 本章导读

在人工智能的浪潮中,深度学习如同一把钥匙,正在解锁教育领域从未触及的可能性——从千人一面的传统课堂到精准适配的个性化学习,从教师疲惫的重复性劳动到智能助手的协同赋能,这场技术革命正在重新定义"教"与"学"的本质。本章将带您穿透算法黑箱,探寻神经网络如何解码教育场景的复杂规律,并通过工具实践与伦理思辨,共同勾勒智能时代教育进化的未来图景。

本章将带领读者探索深度学习的奥秘。首先从神经网络的基本原理出发,拆解多层感知、激活函数与反向传播的数学密码,揭示"深度"模型如何通过层次化特征提取实现智能涌现。在夯实卷积网络、循环网络等核心架构的理论根基后,我们将目光投向教育智能化前沿,剖析深度学习在智能导学、知识图谱构建等场景的革命性应用。通过搭建一个图像识别教学辅助系统,读者将亲历数据预处理、模型训练到部署优化的完整生命周期。本章不仅构建起深度学习的知识坐标系,更将点燃教育技术创新的思维火花,为探索人工智能与教育融合的无人区开启一扇通向智能时代的大门。

本章带领读者学习和解决以下问题。
- 什么是深度学习?
- 深度学习涉及哪些核心技术?
- 深度学习包括哪些重要算法?
- 深度学习可以有哪些应用?如何在教育教学中应用?

7.1 深度学习基础

7.1.1 深度学习的概念

1. 什么是深度学习（deep learning）

人类学习事物往往从简单到复杂——先认识线条，再理解形状，最后看懂整个画面。深度学习也是如此：它通过多层网络结构，让计算机从最基础的数据（比如图片的像素、声音的波形）开始，一步步自动提取特征，最终完成复杂任务。不需要人类告诉它"该注意什么"，它能自己学会识别规律——这就是为什么手机能认出照片里的猫，语音助手能听懂你说的话。

深度学习是一种人工智能技术，通过模拟人脑神经网络的层次化结构，自动从数据中学习复杂规律。深度学习的核心是构建多层的"人工神经网络"，让机器能够直接从原始数据（如图片、声音、文字）中提取关键特征，无须依赖人工预先定义规则或特征。

2. 深度学习的"深度"体现在哪里

深度学习属于机器学习的子领域，通过构建多层神经网络，如卷积神经网络（convolutional neural networks，CNN）、循环神经网络（recurrent neural network，RNN）、转换器模型（Transformer）实现自动特征提取，其"深度"体现在隐含层的层级结构，能够从原始数据中逐层抽象高阶特征。

（1）网络层数深

典型的卷积神经网络（CNN）可能包含数十层甚至上百层结构，每一层通过非线性变换提取数据的抽象特征，此过程模拟了人脑的认知过程，低层处理边缘、颜色等基础特征，高层组合这些特征形成复杂特征。

（2）自动特征学习的深度化

与传统机器学习依赖人工设计特征不同，深度学习通过多层非线性变换实现特征表示的自动深化。这种端到端的学习方式消除了人为特征工程的局限性，尤其在处理非结构化数据（如图像、语音）时优势显著。

（3）模型复杂和泛化能力强

深层网络通过增加参数规模和层级关系，能够捕捉数据中的高阶非线性模式。其复杂性使其在复杂任务（如自然语言生成、自动驾驶环境感知）中表现远超浅层模型。

3. 深度学习与机器学习的区别和联系

（1）概念范畴

如图 7-1 所示，机器学习是人工智能的一个分支，通过分析数据发现模式和关系，从而进行预测或决策。

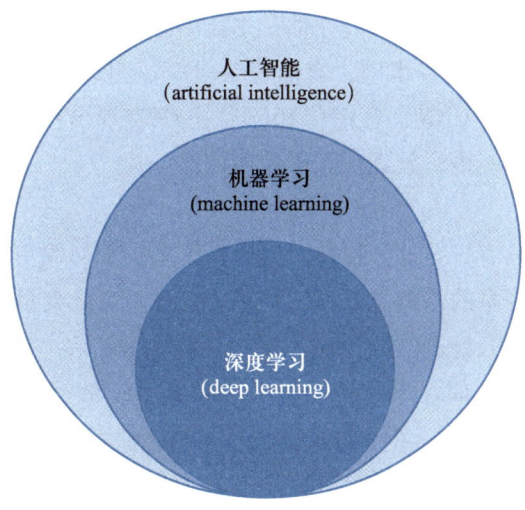

图 7-1 深度学习与机器学习和人工智能的关系

深度学习是机器学习的一个子领域,它使用多层神经网络来模拟人类大脑的信息处理方式。深度学习模型通过大量的数据和复杂的神经网络结构来自动提取数据中的特征,从而进行更高级的模式识别和预测。

(2) 模型结构

机器学习模型通常包括线性回归、逻辑回归、决策树、支持向量机(support vector machine,SVM)、随机森林等。这些模型结构相对简单,通常只包含一层或几层的处理单元。

深度学习模型主要基于神经网络,尤其是深度神经网络(deep neural networks,DNN)、卷积神经网络、循环神经网络及其变体,如长短期记忆(long short-term memory,LSTM)RNN 和门控循环单元(gated recurrent unit,GRU)。这些模型通常包含多个隐藏层,能够自动提取数据中的多层次特征。

(3) 数据需求

机器学习通常需要较少的数据来训练模型,因为模型结构相对简单,参数数量较少。例如,线性回归和决策树等模型可以在较小的数据集上进行有效的训练。

深度学习模型通常需要大量的数据来训练,因为模型结构复杂,参数数量众多。大量的数据有助于模型学习到更丰富的特征和模式,从而提高其泛化能力。

(4) 计算资源

机器学习模型通常对计算资源的要求较低,可以在普通的计算机上进行训练和部署。例如,线性回归和决策树等模型的训练和预测速度较快。

深度学习模型通常需要大量的计算资源,如高性能的 GPU 或 TPU。这是因为深度学习模型的训练过程涉及大量的矩阵运算和梯度计算,计算复杂度较高。

(5) 应用场景

机器学习广泛应用于各种领域,如金融风险预测、医疗诊断、自然语言处理、图像识别等。例如，决策树可以用于金融风险评估，支持向量机可以用于图像分类。

深度学习在图像识别、语音识别、自然语言处理、自动驾驶等领域取得了显著的成果。例如，卷积神经网络（CNN）在图像识别任务中表现出色，循环神经网络（RNN）及其变体在语音识别和自然语言处理任务中应用广泛。

(6) 模型解释性

机器学习模型通常具有较好的解释性，因为模型结构相对简单，参数的物理意义较为明确。例如，线性回归模型的系数可以直接解释为特征对目标变量的影响程度。

深度学习模型通常具有较差的解释性，因为模型结构复杂，参数数量众多，难以直观地解释模型的决策过程。例如，深度神经网络的隐藏层中的神经元的具体作用难以直接解释。

深度学习与机器学习的区别与联系可概括为表7-1。它们是继承与突破的关系，两者既存在理论传承性，均基于统计学习理论，又在方法论层面展现出显著差异。

- 机器学习：适用于数据量较小、模型结构简单、计算资源有限的场景，具有较好的解释性。
- 深度学习：适用于数据量较大、模型结构复杂、计算资源充足的场景，能够自动提取数据中的多层次特征，适用于复杂的模式识别和预测任务。

两者共同构成智能教育的技术工具箱，实际应用中常采用混合架构（如用随机森林处理结构化数据，CNN处理教学视频），实现优势互补。

表7-1 机器学习与深度学习的比较

比 较 项	机 器 学 习	深 度 学 习
概念定义	使计算机从数据中学习，无须明确编程。通过分析数据发现模式和关系	使用多层神经网络模拟大脑处理信息，自动提取特征，进行高级模式识别
模型结构	结构简单，处理单元少	多隐藏层，自动提取多层次特征
数据需求	数据需求少，模型简单，参数少	数据需求大，模型复杂，参数多
计算资源	计算资源需求低，训练和预测速度快	需大量计算资源（如GPU、TPU），训练复杂度高
应用场景	金融风险预测、医疗诊断、自然语言处理、图像识别等	图像识别、语音识别、自然语言处理、自动驾驶等
模型解释性	解释性强，模型简单，参数物理意义明确	解释性差，模型复杂，参数多，难以直观解释决策过程

学习任务7-1

访问DeepSeek开启新对话，了解深度学习的发展历程。

进一步了解深度学习的"深度"体现在哪里。

7.1.2 深度学习核心技术

1. 一个基本的神经网络是怎样的结构

神经网络是一种生物神经系统启发的计算模型，广泛应用于机器学习和深度学习领域。它以模拟人脑神经元的连接方式，通过训练来学习数据中的模式和特征。

一个神经网络的基本结构如图 7-2 所示，包括神经元（图中圆圈）、输入层、隐藏层、输出层。

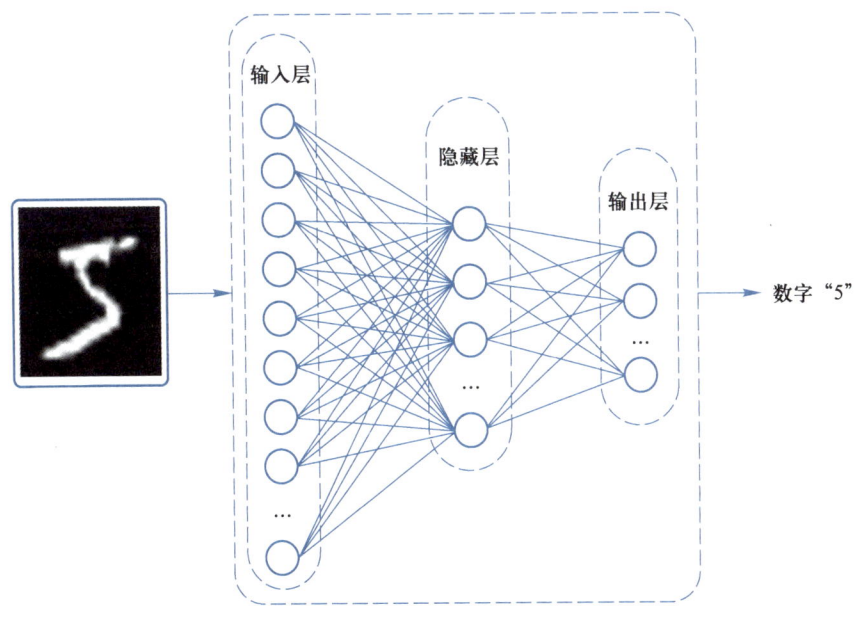

图 7-2　简单神经网络结构

- 神经元：神经网络的基本单元，每个神经元接收输入信号，经过加权求和后，通过激活函数输出。每个神经元通过权重连接到其他神经元。
- 输入层：输入层接收输入数据，将数据传递到网络的下一层，每个神经元代表一个特征。
- 隐藏层：隐藏层位于输入层与输出层之间，神经网络通常包含一个或多个隐藏层，每个隐藏层负责对输入数据进行特征提取和特征变换。
- 输出层：输出层产生最终预测结果。对于回归问题，输出层通常只有一个神经元；对于分类问题，输出层的神经元数量等于类别数。

2. 什么是激活函数（activation functions）

引入激活函数是为了增加神经网络模型的非线性。非线性是深度神经网络能够逼近任意函数的关键，也是提升模型表达能力的重要来源。

常见的激活函数有 Sigmoid、ReLU 和 Softmax 以及 Tanh。

3. 什么是损失函数（loss functions）

损失函数是模型训练的核心，它不仅是评估工具，更是优化过程的指导依据。损失函数用于量化模型预测结果与真实值之间的差异。作为优化目标，损失函数是模型训练的方向标。通过梯度下降等优化算法，模型参数会朝着最小化损失的方向调整。

4. 什么是前向传播（forward propagation，FP）和反向传播（backward propagation，BP）

神经网络的计算主要有两种：前向传播作用于每一层的输入，通过逐层计算得到输出结果；反向传播作用于网络的输出，通过计算梯度从输出层到输入层更新网络参数。

在实际应用中，前向传播和反向传播通常结合使用，形成一个完整的训练循环。在每次迭代中，先通过前向传播计算损失，然后通过反向传播计算梯度，并使用这些梯度来更新网络参数。这个过程通常会重复多次，直到模型收敛或达到预定的停止条件。

前向传播和反向传播是构建和训练深度神经网络的核心机制。它们共同确保了模型可以通过学习数据中的模式来做出准确的预测，并且随着训练的进行不断改进自身的性能。通过反复迭代这两个过程，神经网络能够逐渐优化其内部参数，从而实现从大量复杂数据中学习的能力。

5. 什么是梯度

梯度是一个向量，表示某一函数在该点处的方向导数沿该方向取得最大值，即函数在该点处沿着该方向变化最快，变化率最大。

梯度消失指的是在深层神经网络的训练过程中，随着网络层数的增加，靠近输入层的参数梯度的幅值变得非常小，导致这些参数几乎不再更新。这通常发生在使用某些类型的激活函数（如 Sigmoid 或 Tanh），因为它们的导数值在大部分区域都非常接近于零。

与梯度消失相反，梯度爆炸是指在网络的某些部分，梯度过大，导致权重更新幅度过大，使得模型无法收敛甚至出现数值溢出的情况。

6. 从基本神经网络到深度学习

神经网络是深度学习的基础。无论是基本神经网络还是深度学习模型，均基于"神经元连接+层级结构"的核心架构：输入层→隐藏层（特征提取）→输出层（预测结果）。同时通过权重连接和非线性激活函数模拟人脑的信息处理方式。训练过程中通过前向传播计算预测值，通过损失函数衡量误差；反向传播利用梯度下降更新权重，最小化误差。

基本神经网络通常只有 1~2 个隐藏层（浅层结构），特征提取能力有限，适合简单任务（如线性可分数据）。深度学习则包含多个隐藏层（通常≥5 层，甚至数百层），如 ResNet、Transformer；并通过层级特征抽象：底层学习边缘、纹理，高层学习语义概念。

深度学习并非全新领域，而是神经网络从"浅"到"深"的进化。一方面，深度学习是神经网络技术的自然延伸，继承其基础架构和训练原理。另一方面，深度学习通过增加深度（更多隐藏层）、引入新结构（如卷积、注意力）、优化训练技术，解决了传统神经网络的局限性，成为处理复杂现实任务的核心工具。

📖 学习任务7-2

访问 DeepSeek 开启新对话，了解：
(1) 深度学习模型与人体神经系统有什么联系？
(2) 什么是激活函数？有哪些激活函数？分别在什么场合使用？
(3) 什么是损失函数？有哪些损失函数？分别在什么场合使用？
(4) 前向传播和反向传播在神经网络中有什么重要作用？
(5) 常见的"梯度消失"和"梯度爆炸"等术语是什么意思？
……

7.1.3 深度学习经典算法

深度学习作为人工智能领域的核心技术，通过构建多层非线性网络模型，实现了对复杂数据的高效表征与推理。从图像识别到自然语言处理，从生成式任务到强化决策，深度学习的广泛应用依赖于一系列经典算法的支撑。本节将系统梳理深度学习的核心算法框架，涵盖其设计思想、关键突破与典型应用场景。

卷积神经网络（CNN）特别适用于处理图像数据；循环神经网络（RNN）则擅长处理序列数据如文本和语音；生成对抗网络（generative adversarial networks，GAN）用于生成逼真的图像和视频；长短期记忆网络（LSTM）解决了传统 RNN 在处理长序列时的梯度问题；注意力机制（attention mechanism）提高了模型对重要信息的关注度；图神经网络（GNN）则用于处理图结构数据等。

1. 什么是卷积神经网络（CNN）

如图 7-3 所示，CNN 主要包括输入层、卷积层、池化层、全连接层和输出层。

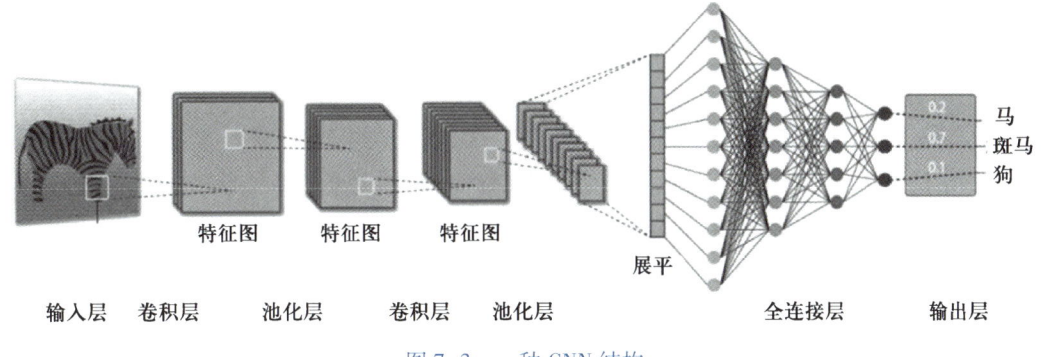

图 7-3 一种 CNN 结构

与将输入视为平面像素阵列的传统神经网络不同（如图 7-2 所示），CNN 各层中的神经元是三维排列的：宽度、高度和深度。

CNN 中通常需要设计多层卷积层和池化层，浅层卷积层（靠近输入层）负责捕捉低级特征，例如边缘、颜色、纹理等。深层卷积层逐渐组合低级特征，形成高级语义特征，例如物体部件（眼睛、车轮）或完整物体（人脸、汽车）。

CNN 利用图像的空间结构来提取分层特征，这种能力使 CNN 在图像分类、目标检测和分割等任务中特别有效。

① 输入层：将输入图像等信息转换为其对应的像素值构成的二维矩阵。本层不进行计算和变换，直接传递给卷积层。输入层中神经元的宽度和高度指的是输入图像的宽度和高度，深度代表输入图像的通道数，灰度图像深度为 1，RGB 图像深度为 3。

② 卷积层：用来提取图像的底层特征。

③ 池化层：保留关键特征，缩减数据空间维度，从而减少计算负担并防止过拟合。

④ 全连接层：与常规神经网络层相似，全连接层将一层所有神经元与下一层每个神经元连接，此处把所有特征图进行连接，确保每个神经元都可以参与运算。此层将网络中的三维层转换为一维向量，以适应全连接层的输入要求，从而进行分类，汇总卷积层和池化层得到的图像的底层特征和信息。也就是将提取到的所有特征图进行"展平"，并进行运算，最后会得到一个概率值。

⑤ 输出层：根据全连接层得到的一维向量计算后，得到识别结果的概率值。

从上面对各层的分析可以看到，其中最重要的就是卷积层，这也是卷积神经网络名称的由来。

CNN 的缺陷：

- CNN 通过卷积核逐步提取局部特征（如边缘、纹理），但可能忽略远距离的语义信息。
- 池化层会压缩特征图尺寸，丢失精确的位置信息。
- 传统卷积核是固定大小的正方形（如 3×3），无法适应不规则形状或不同尺度的对象。
- CNN 天生适合处理网格数据（如图像），但难以直接建模时间序列或长距离依赖。

CNN 与 Transformer 的混合架构（如 Swin Transformer）正在成为主流，平衡局部效率和全局建模能力。

2. 什么是循环神经网络（RNN）

RNN 是带记忆的神经网络，适合处理有时间顺序的数据，例如一句话、一段语音、股票价格变化……这些数据的前后顺序非常重要，而 RNN 能记住前面的信息，并用它来影响后面的决策。

用普通神经网络处理句子，输入必须固定长度（如句子必须为 10 个词），但现实中句子长短不一。而且每个词独立处理，无法联系上下文。RNN 通过循环结构解决了这两个问题。

想象你在读一句话："猫吃了鱼，然后它舔了舔__。"

人类会立刻知道"它"指猫，填空处可能是"爪子"。但要让 AI 理解，必须记住前面提到的"猫"。

RNN 的特点是：每次处理一个词时，偷偷带个"小本本"（隐藏状态），记录之前的信息，再结合新词做判断。

假设按时间顺序处理三个词："猫"→"吃"→"鱼"，RNN 的展开结构如图 7-4 所示。

图 7-4 中，每个 RNN 单元由三部分构成：输入层、递归层和输出层。

- 输入层：接收序列各时刻的输入，如"吃"。
- 递归层：利用递归连接"记忆"前一时刻的信息，处理输入层数据。同时接收上一个单元的隐藏状态（h_0），结合两者计算新的隐藏状态（h_1），再输出结果。这就像接力赛，隐藏状态 h 像接力棒，把前面所有信息一步步传下去。

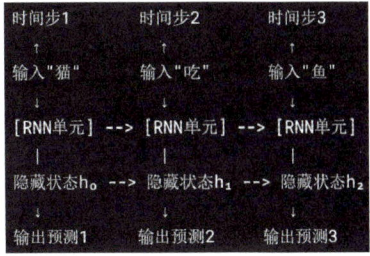

图 7-4 一种 RNN 结构

- 输出层：基于递归层信息，预测序列中下一个最可能出现的单词。

RNN 的缺陷与改进：如果句子太长（如 100 个词），前面的信息传到最后会变弱甚至消失（像传话游戏越传越错）。解决方案如下。

- 长短期记忆网络（LSTM）：给 RNN 加一个"记忆单元"，能选择记住重要的信息，忘记不重要的。
- GRU（门控循环单元）：简化版的 LSTM，效果类似但计算更快。

3. 什么是生成对抗网络（GAN）

GAN 通过两个神经网络（生成器和判别器）的对抗训练，模拟艺术家创作与鉴赏的过程，旨在生成逼真的图像、音频和文本等数据。生成器构造新样本，判别器评估其真实性。两者相互博弈，生成器力求生成更逼真的数据，判别器则不断提高识别伪造样本的能力。

如图 7-5 所示，GAN 有两个主要组成部分：

- **生成器**：负责从随机噪声生成假样本，如图像或句子。它通过不断优化以减少生成样本与真实样本间的差异。
- **判别器**：预测一个观测值是来自原始样本还是生成器的假样本。

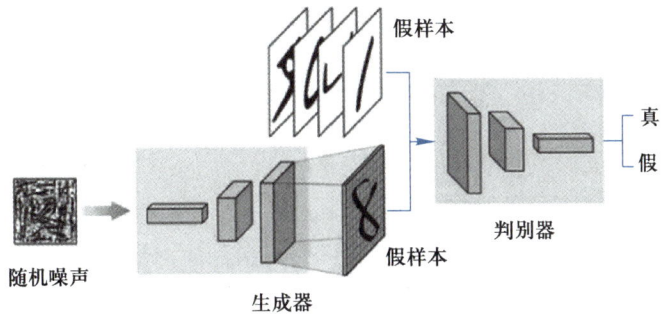

图 7-5 GAN 架构

两者在 GAN 中相互竞争，生成器力求欺骗判别器，判别器则努力提升分辨能力。此对抗训练持续进行，直至生成器能生成难以与真实数据区分的高质量样本。

RNN 的缺陷与改进：会出现训练不稳定（容易崩坏）等情况，如常出现一方压倒另一方的情况，导致训练失败。可以将 GAN 与 Transformer 结合，利用全局建模能力生成复杂场景。

4. 什么是 Transformer

Transformer 是一种专门处理"序列数据"（如句子、时间序列）的神经网络，它通过"自注意力"机制，让每个元素（如单词）都能直接关注整个序列的信息，分析其内在联系，进而生成连贯、自然的输出，从而摆脱传统 RNN 的逐词处理限制。Transformers 现广泛用于自然语言处理任务，涵盖翻译、文本分类和问答系统等领域。

假设要翻译这句话："猫吃了鱼，然后它舔了舔爪子。"要正确翻译"它"指代"猫"，模型需要让"它"和"猫"建立联系。

- 传统 RNN：像传话游戏，从左到右逐词处理，距离远的词容易遗忘。
- Transformer：直接让所有词互相"看"到对方，快速找到关联（比如"它"直接关联到"猫"）。

Transformer 的核心：自注意力（self-attention）+ 编码器/解码器。

如图 7-6（a）所示，以一个文本序列作为输入，并产生另一个文本序列作为输出，例如将输入的法语句子"Je suis étudiant"翻译成英语"I am a student"。如图 7-6（b）所示，Transformer 由多层编码器（encoder）和解码器（decoder）堆叠而成。图 7-6（c）所示为编码器和解码器内部结构，所有编码器完全相同，所有解码器也完全相同。

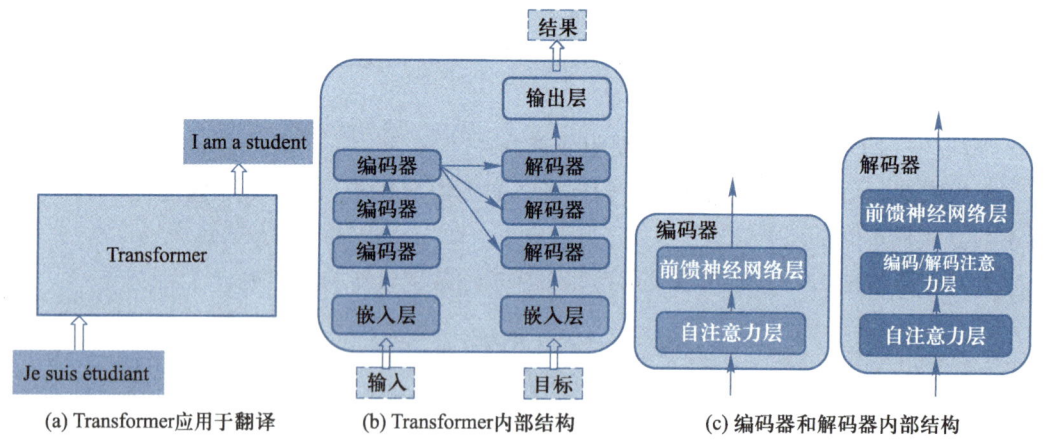

图 7-6　Transformer 架构

（1）自注意力机制

Transformer 的**自注意力机制**能自动分析每个词和其他词的关系，也就是能够解析输入文本各部分间的联系，通过为每个词赋予权重，体现其与语境的关联度。模型聚焦关键词汇，弱化不相关词的重要性。

上例中，**处理**"étudiant"这个词时，模型会关注"Je"（谁是学生）和"suis"（表示状态）。这种"注意力"机制让模型知道哪些词更重要，从而更准确理解句子。

（2）前馈神经网络

前馈神经网络基于自注意力机制的输出，多层感知机学习词间复杂关联。通俗来说，前馈神经网络就像一个"信息加工流水线"，数据从输入层进入，经过多层计算，最终得到一个输出结果，整个过程没有循环或反馈。

上例中，自注意力机制：发现"étudiant"与"Je""suis"关联。前馈神经网络：进一步分析"suis"这个动词的时态、语态等语法特性。这些都是模型自动学习的，并非人为设定。

（3）编码器和解码器

- 编码器：将输入内容转化为机器能理解的"深层特征表示"，也就是包含全局信息的向量。
- 解码器：根据编码器的输出生成目标序列（如翻译的英语）。

Transformer的工作方式类似人类：先注意到关键点，再深入分析这些点背后的逻辑。Transformer核心创新为自注意力机制，大幅提升长序列文本处理效率，省去递归或卷积操作，显著增强计算效能，高效应对NLP挑战。

通俗来说，Transformer就像具备"过目不忘"和"抓重点"超能力的学霸，通过同时处理全文并关注词与词的关系，实现了对语言和图像的深度理解。这项技术正推动着AI翻译、创作、科研等领域的飞速发展。

Transformer有以下缺陷。

- 计算量大：序列较长时（如1000个词），注意力计算复杂度呈平方增长。
- 需要大量数据：依赖海量语料库训练才能发挥效果。
- 位置信息依赖编码：需要通过"位置编码"手动添加词序信息。

> **学习任务7-3**
>
> 1. 访问CNN Explainer官网，通过可视化工具进一步了解CNN工作原理。
> 2. 访问Transformer Explainer官网，通过可视化工具进一步了解CNN工作原理。
> 3. 访问DeepSeek开启新对话，进一步了解深度学习相关的CNN、RNN、GAN、Transformer，以及长短期记忆网络（LSTM）等经典算法。

7.2 深度学习在教育中的应用

本节首先介绍人工智能领域中的"深度学习"与教育学领域中的"深度学习"两个概念之间的联系与区别，接着重点介绍人工智能领域中的深度学习平台，然后给出如何利用人工智能领域中的深度学习实现教育领域深度学习的实例。

7.2.1 两个深度学习概念辨析

教育学中的"深度学习"概念，可称为深层次学习。深层次学习是与浅层次学习对应的一种学习方式，主要指学生能够联系新旧知识，真正地理解并能运用所学内容来解决问题的能力。

表 7-2 中从目标、方法、研究重点和模型等方面对比了计算机科学和教育学两个领域内深度学习的对应关系。

表 7-2　两个领域内深度学习的对应关系

对比项		计算机科学中的深度学习	教育学中的深度学习
目标		让机器具备学习能力，获得样本数据的内在规律	让学生有自主学习的能力，由"学会"到"会学"
方法		通过大量的训练数据来确定模型	在教师引导下，学生参与学习，并自发理解知识点间关系
研究重点		通过大量计算训练，提取特征和模式，确定相关权重	学生的思考过程、知识元的激活以及知识间的关系
模型	输入层	初始训练数据	相关学习任务
	隐藏层	模仿神经元之间传递、处理信息	知识认知结构
	输出层	预测结果	知识理解与运用
	检验方法	检验模型	客观性、全面性的评价

在教育学领域，深度学习侧重于学生的全面发展需求，强调激发学生内在动力，重点在于学生能积极主动地学习并吸收新知识，以及将已有知识迁移到新情境中的能力。而在计算机科学中，深度学习是通过利用大量训练数据确定各层的权重，使机器能够模拟人类认识世界的方式，进行聚类、识别以及优化等工作。

尽管所在领域不同，两者之间也存在极强的关联性，计算机领域的深度学习技术为教育提供了更多智能化和个性化的可能，可应用于学生行为分析、自适应学习路径的制定等方面，提供个性化学习支持，以更好地满足学生个体差异和需求。

7.2.2 深度学习平台与工具

1. 常用深度学习平台有哪些

（1）Tensorflow

开源平台，由 Google 开发和维护，提供了丰富的工具和库，方便用于模型的构建、训练和部署。

（2）Pytorch

开源平台，由 Facebook 开发，易于上手，代码简洁直观，适合快速原型开发和研究实验。该平台具有良好的性能，在分布式训练等场景中表现出色。

（3）百度飞桨（PaddlePaddle）

百度自主研发的深度学习开源框架。与 TensorFlow、PyTorch 类似，飞桨具有丰富的工具集和模型库，对中文数据处理有较好的支持，在国内工业界和学术界有广泛的应用，同时也在不断拓展国际影响力。

（4）华为 MindSpore

华为推出的全场景深度学习框架。支持端、边、云等多种硬件平台，能够根据不同的计算环境自动优化模型执行效率，在性能、功耗等方面表现出色，并且注重数据隐私和安全。

说明：本书接下来的实例实现采用的是百度飞桨。

因为 PaddlePaddle 与 TensorFlow 等处于同一生态位，另外，考虑到大多数同学的计算机无 GPU 或者 GPU 比较老旧，而训练深度学习模型非常消耗 GPU 算力，若没有 GPU，则训练时间将以小时计，故在这里我们使用飞桨 AI Studio 平台，该平台每日提供 8 小时算力，足够供同学每日学习使用，如图 7-7 所示。

图 7-7　飞桨 AI Studio 的 GPU 资源

在与 DeepSeek 进行对话时请注意首先声明使用 PaddlePaddle 架构。

2. 飞桨 AI Studio 平台介绍

AI Studio（飞桨 AI Studio）是基于飞桨深度学习框架 PaddlePaddle 搭建的一个面向 AI 学习与实训的平台，提供丰富的教育资源、开发工具和比赛活动。它支持大模型开发、AI

应用体验和智能论文查重等功能,适用于学术研究、教育教学和项目开发等场景。

(1) 访问飞桨 AI Studio 控制台

飞桨 AI Studio 控制台主页如图 7-8 所示,此时右边显示的为最左一列功能图标"探索"中包含的内容。在"探索"页面可以查阅所有公开资源,包括项目大厅、应用中心、模型库、数据集、活动中心、特色专区、文心一言等目录。可以通过单击相应目录进入详细内容。

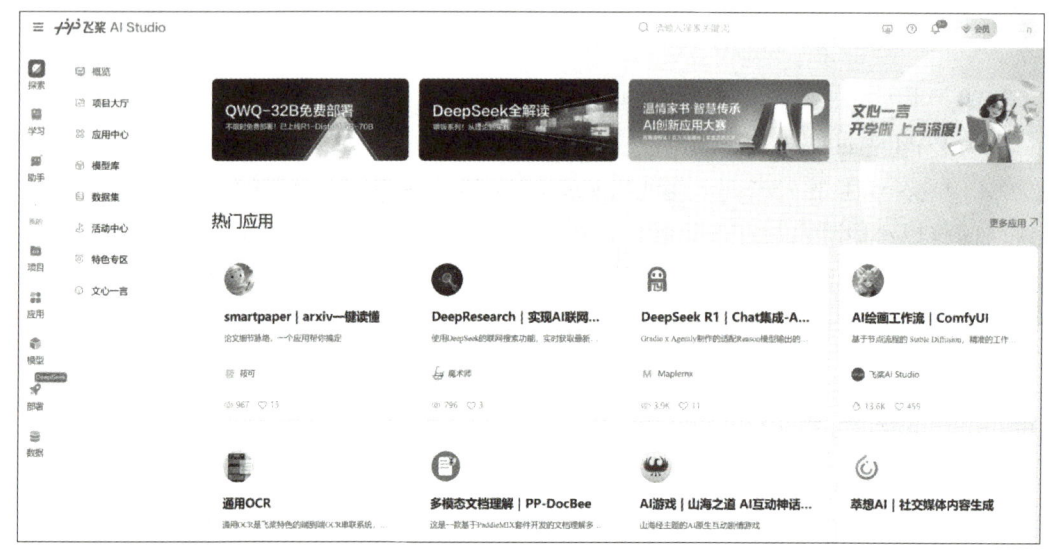

图 7-8 飞桨控制台主页

单击最左一列功能图标"学习"可进入学习中心,如图 7-9 所示,包括大厅、课程、比赛、认证、我的学习、教师版等栏目。

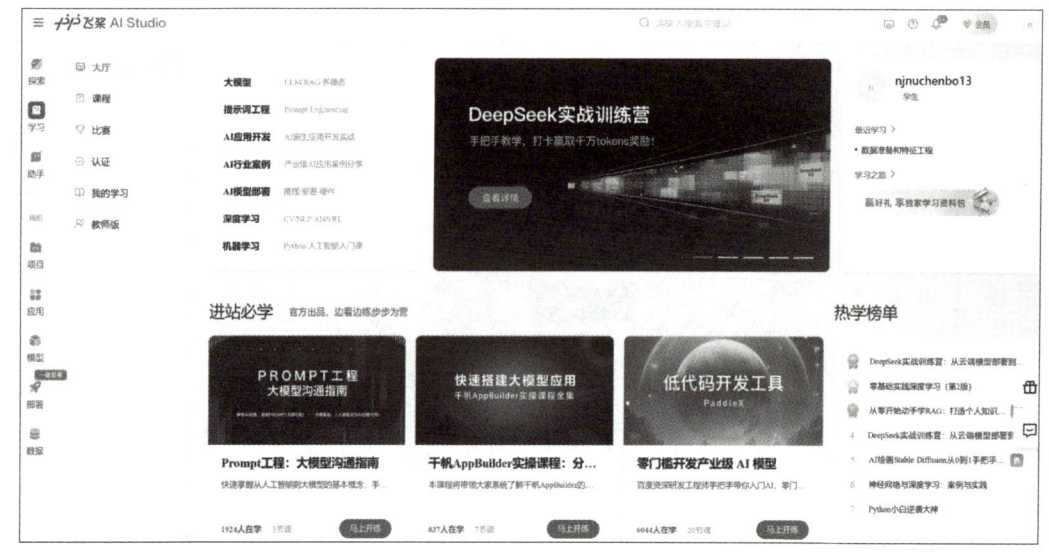

图 7-9 飞桨控制台"学习"页面内容

单击最左一列功能图标"助手"可进入基于文心大模型的智能对话页面，如图 7-10 所示。

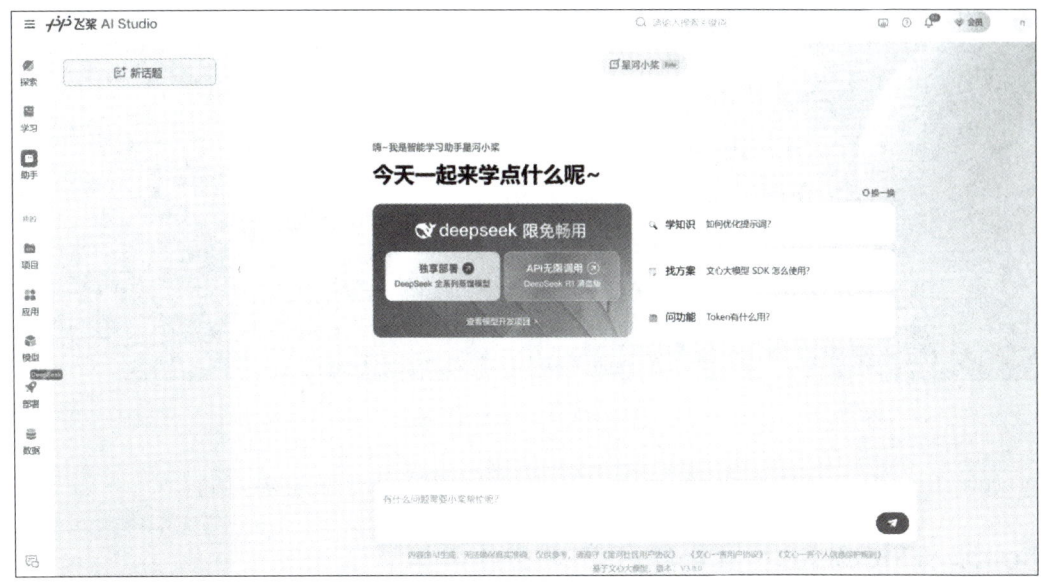

图 7-10　飞桨控制台"助手"页面内容

（2）创建项目

创建个人的一个项目可从控制台主页依次单击"探索"→"项目大厅"→"创建项目"→"Notebook"开始，如图 7-11 所示。

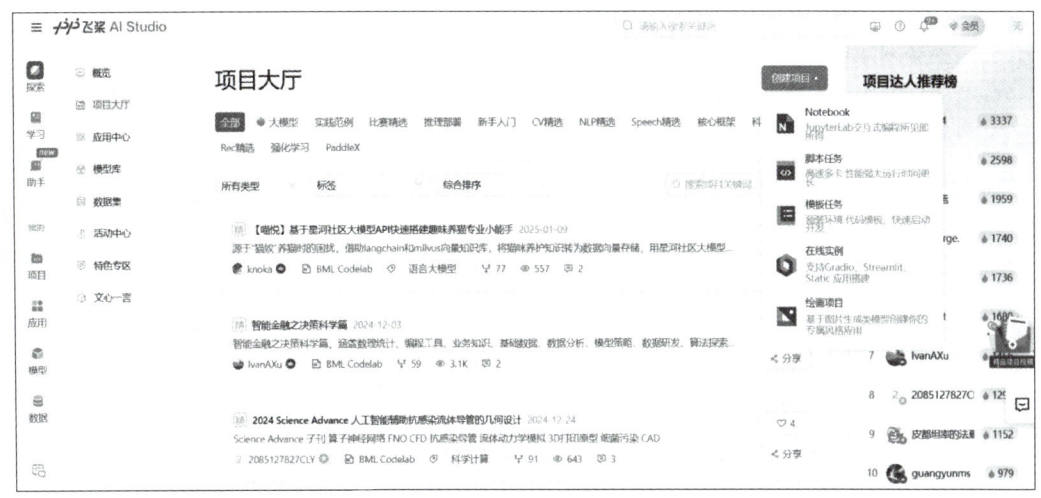

图 7-11　项目创建流程

在如图 7-12 所示的"创建 Notebook"对话框中，填写"项目名称"，然后在"添加数据集"中选择公开的数据集或者上传自己的数据集，在"创建数据集"中导入自己的数据集。IDE 选择 JupyterLab。

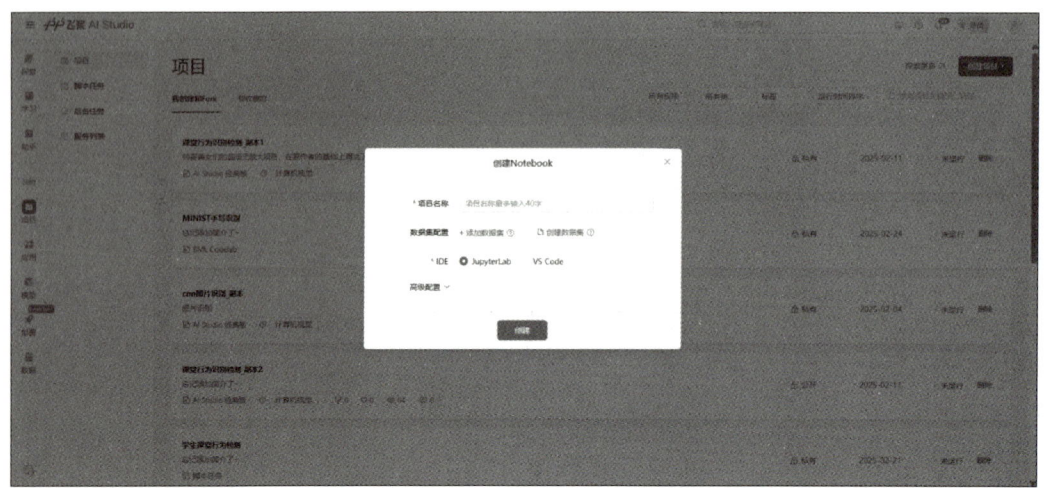

图 7-12　创建 Notebook

如图 7-13 所示，基于 Notebook 的调试方案和传统 IDE 方案略有不同。

图 7-13　调试与执行

7.2.3　实现一个简单的深度学习程序

【例 7-1】基于 PaddlePaddle 框架，通过实现三种深度学习算法（全连接神经网络、卷积神经网络和循环神经网络）完成 MNIST 手写数字识别任务，并对比不同算法在图像分类中的性能表现。

实现过程如下。

1. 数据集准备

如图 7-14 所示，MNIST 数据集是一个包含手写数字图像的经典数据集。它包含 60 000 张训练图像和 10 000 张测试图像，每张图像为 28×28 像素的灰度图，对应 0~9 的数字标签。在本项目中，MNIST 数据集是通过 PaddlePaddle 提供的 paddle.vision.datasets.MNIST 模块来加载的。paddle.vision.datasets.MNIST 模块中包含了多个常用的数据集类，包括 MNIST 数据集。

图 7-14　MINIST 数据集

2. 实现 MNIST 手写数字识别代码

> 📖 **学习任务7-4**
>
> 　　访问 DeepSeek 开启新对话，提问"基于 PaddlePaddle 框架，实现 MNIST 手写数字识别任务。"
>
> 　　将给出的代码复制进飞桨 AI Studio 的 Notebook 中编辑并运行。

本书成书时 DeepSeek 生成的代码如下：

```python
# 导入必要的库
import paddle
from paddle.vision.datasets import MNIST
from paddle.vision.transforms import Compose, Normalize
from paddle.nn import Linear, Dropout, Conv2D, MaxPool2D, LSTM
import paddle.nn.functional as F

# 设置设备（CPU 或 GPU）
paddle.set_device('gpu' if paddle.is_compiled_with_cuda() else 'cpu')

# 数据预处理：归一化图像数据
transform = Compose([Normalize(mean=[127.5], std=[127.5], data_format='HWC')])

# 加载 MNIST 数据集
train_dataset = MNIST(mode='train', transform=transform)
test_dataset = MNIST(mode='test', transform=transform)

# 定义全连接神经网络模型（FCNN）
```

```python
class SimpleNet(paddle.nn.Layer):
    def __init__(self):
        super(SimpleNet, self).__init__()
        self.flatten = paddle.nn.Flatten()
        self.fc1 = Linear(784, 128)        # 第一层全连接层,128 个神经元
        self.dropout = Dropout(0.2)         # Dropout 层,防止过拟合
        self.fc2 = Linear(128, 10)          # 输出层,10 个类别

    def forward(self, x):
        x = self.flatten(x)
        x = F.relu(self.fc1(x))             # ReLU 激活函数
        x = self.dropout(x)
        x = self.fc2(x)
        return x

# 训练模型
def train(model, train_loader, epochs):
    model.train()
    loss_fn = paddle.nn.CrossEntropyLoss()
    optimizer = paddle.optimizer.Adam(learning_rate=0.001, parameters=model.parameters())
    for epoch in range(epochs):
        for batch_id, data in enumerate(train_loader()):
            img, label = data
            pred = model(img)                      # 前向传播
            loss = loss_fn(pred, label)            # 计算损失
            loss.backward()                        # 反向传播
            optimizer.step()                       # 更新参数
            optimizer.clear_grad()                 # 清空梯度
            if batch_id % 300 == 0:
                print(f"Epoch {epoch+1}, Batch {batch_id}, Loss: {loss.item():.4f}")

# 测试模型
def evaluate(model, test_loader):
    model.eval()
    correct = 0
    total = 0
    with paddle.no_grad():
        for data in test_loader:
            img, label = data
```

```
            outputs = model(img)    # 模型输出
            predicted = paddle.argmax(outputs, axis=1)    # 获取预测类别
            total += label.numel()    # 累加总样本数
            correct += (predicted == paddle.squeeze(label)).astype('int').sum().item() # 累加
正确预测数
    accuracy = 100 * correct / total
    print(f"Test Accuracy: {accuracy.item():.2f}%")

def main(model, model_name):
    print(f"Training {model_name}...")
    # 创建数据加载器
    train_loader = paddle.io.DataLoader(train_dataset, batch_size=64, shuffle=True)
    test_loader = paddle.io.DataLoader(test_dataset, batch_size=64, shuffle=False)

    # 训练和测试模型
    train(model, train_loader, epochs=5)
    evaluate(model, test_loader)

# 初始化模型和优化器
model=SimpleNet()
model_name = "SimpleNet"
main(model, model_name)
```

从以上代码可以发现，一个深度学习应用分成了数据准备、网络配置、训练和评估、main 函数四部分，如图 7-15 所示。下面对这四部分代码进行一下探究。

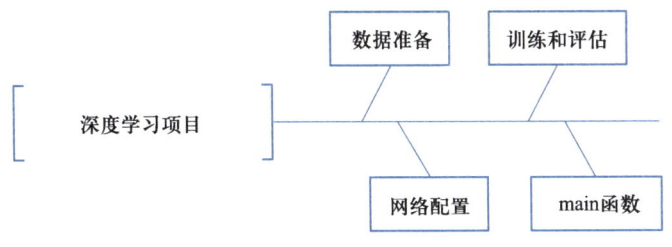

图 7-15　深度学习应用基本组成

(1) 数据准备

数据准备是指在进行机器学习或深度学习任务前，对原始数据进行收集、整理和处理的过程，目的是将数据转化为适合模型训练的形式，以便模型更有效地进行学习。

这通常包括数据的获取（各种来源（如数据库、文件、API 等）收集原始数据）、清洗（处理缺失值、异常值、重复数据等，确保数据的完整性）、划分（将数据集分为训练集、验证集和测试集，用于模型训练、调参和评估）等步骤，确保数据的质量和一致性。

本例中，数据预处理具体表现为以下几个方面。

① 通过 PaddlePaddle 的 "MNIST" 数据集接口加载手写数字数据集。

② 通过 "transform" 参数对数据进行了归一化处理。MNIST 数据集中，原始图像像素值为[0,255]，范围较大，可能影响模型训练效果。通过归一化将像素值转换到[-1,1]的范围，可以使数据更紧凑、分布更均匀，从而加快模型收敛速度，提高训练效率和准确性。

③ 将 MNIST 数据集划分为训练集和测试集。其中，训练集用于模型的训练，测试集用于评估模型性能。

通过以上数据预处理操作，原始数据被整理为适合神经网络输入的标准形式，从而为后续的模型训练和评估做好了充分准备。

代码各语句解释如下。

```
# 导入必要的库
import paddle
from paddle.vision.datasets import MNIST
from paddle.vision.transforms import Compose, Normalize
from paddle.nn import Linear, Dropout, Conv2D, MaxPool2D, LSTM
import paddle.nn.functional as F

# 设置设备(CPU 或 GPU)
paddle.set_device('gpu' if paddle.is_compiled_with_cuda() else 'cpu')

# 数据预处理：归一化图像数据
transform = Compose([Normalize(mean=[127.5], std=[127.5], data_format='HWC')])

# 加载 MNIST 数据集
train_dataset = MNIST(mode='train', transform=transform)
test_dataset = MNIST(mode='test', transform=transform)
```

这段代码是用 PaddlePaddle 处理 MNIST 数据集。

import paddle：导入 PaddlePaddle 框架。

MNIST：从 PaddlePaddle 的数据集库中导入 MNIST 数据集。

Compose 和 Normalize：分别是 PaddlePaddle 的数据变换组合工具和归一化变换工具。

Linear、Dropout、Conv2D、MaxPool2D 和 LSTM：这些是 PaddlePaddle 提供的神经网络层，用于构建不同类型的模型。

F：导入 PaddlePaddle 的功能模块，包含一些常见的神经网络操作函数。

mean=[127.5] 和 std=[127.5]：将图像像素值从[0, 255]范围归一化到[-1, 1]。

data_format='HWC'：表示图像数据格式为 **Height-Width-Channel**。

MNIST：调用 PaddlePaddle 的 MNIST 数据集加载器。

mode='train'：加载训练数据集。

mode='test'：加载测试数据集。

transform=transform：将前面定义的 transform（数据预处理）应用到数据集上。

学习任务7-5

继续访问 DeepSeek 进行对话，提问"数据预处理除了归一化，还有什么操作？"

(2) 网络配置

网络配置的作用是定义神经网络的结构和参数，从而决定模型如何处理输入数据并生成输出结果。具体来说，网络配置明确了每一层的功能、神经元的数量、激活函数的选择以及是否使用正则化技术（如 Dropout）等。

网络配置部分的代码及释义如下。

```
# 定义全连接神经网络模型（FCNN）
class SimpleNet(paddle.nn.Layer):
    def __init__(self):
        super(SimpleNet, self).__init__()
        self.flatten = paddle.nn.Flatten()
        self.fc1 = Linear(784, 128)  # 第一层全连接层,128 个神经元
        self.dropout = Dropout(0.2)  # Dropout 层,防止过拟合
        self.fc2 = Linear(128, 10)   # 输出层,10 个类别

    def forward(self, x):
        x = self.flatten(x)
        x = F.relu(self.fc1(x))      # ReLU 激活函数
        x = self.dropout(x)
        x = self.fc2(x)
        return x
```

__init__方法：定义模型的各个层
- Flatten：将输入的 2D 图像（如 28×28）展平为 1D 向量，输出大小为 1×784。
- Linear（784, 128）：第一个全连接层，输入维度是 784（展平后的图像大小），输出维度是 128，包含 128 个神经元。
- Dropout（0.2）：Dropout 层，以 20% 的概率随机丢弃神经元，用于防止过拟合。
- Linear（128, 10）：第二个全连接层，输入维度是 128，输出维度是 10（对应 10 个手写数字类别 0~9）。

forward 方法：定义前向传播逻辑
- 输入 x 经过 Flatten 层展平。
- 然后通过第一个全连接层 fc1，使用 ReLU 激活函数。
- 接着是 Dropout 层，随机丢弃 20% 的神经元。
- 最后通过第二个全连接层 fc2，得到输出结果。

代码的作用包括：确定输入数据如何被展平、全连接层的神经元数量如何影响特征提取、ReLU 激活函数如何引入非线性、Dropout 层如何防止过拟合，以及输出层如何映射到目标类别。通过合理配置网络结构，可以使模型更好地适应特定任务（如分类或回归），提升性能和泛化能力。

(3) 训练和评估

训练是指通过算法让模型从数据中学习规律的过程。在训练过程中，模型会根据输入

数据调整内部参数，以最小化预测值与真实值之间的误差。常用的训练方法包括梯度下降及其变体（如 Adam 优化器），并通过损失函数（如交叉熵损失函数）衡量模型预测的准确性。

评估是指在测试数据上验证模型性能的过程，用于判断模型是否能够很好地泛化到未见过的数据。评估通常使用一些指标（如准确率、精确率、召回率等）来量化模型的表现。

在本题中，训练是通过 train 函数实现的，模型在训练数据集（train_loader）上进行迭代学习，使用交叉熵损失函数衡量预测值与真实值之间的误差，并通过 Adam 优化器更新模型参数，逐步降低损失值以提高分类准确性。训练过程中会定期输出当前批次的损失情况，以便观察模型的学习进度。

而评估则通过 evaluate 函数完成，模型在测试数据集（test_loader）上运行，不更新参数，仅统计预测正确的样本数与总样本数，最终计算并输出测试集上的准确率，以此衡量模型对未见过数据的分类能力。训练的目标是让模型学会分类规律，而评估则是验证模型的泛化性能。

训练和评估部分的代码及释义如下。

```
# 训练模型
def train(model, train_loader, epochs):
    model.train()
    loss_fn = paddle.nn.CrossEntropyLoss()
    optimizer = paddle.optimizer.Adam(learning_rate=0.001, parameters=model.parameters())
    for epoch in range(epochs):
        for batch_id, data in enumerate(train_loader()):
            img, label = data
            pred = model(img)
            loss = loss_fn(pred, label)
            loss.backward()
            optimizer.step()
            optimizer.clear_grad()
            if batch_id % 300 == 0:
                print(f"Epoch {epoch+1}, Batch {batch_id}, Loss: {loss.item():.4f}")

# 测试模型
def evaluate(model, test_loader):
    model.eval()
    correct = 0
    total = 0
```

train 函数用于训练模型：
① 设置模型为训练模式：model.train()。
② 定义损失函数：CrossEntropyLoss，用于计算模型预测与真实标签之间的差异。
③ 定义优化器：使用 Adam 优化器，学习率为 0.001，并指定模型参数。

训练循环：
● 遍历每个周期（epochs）和每个批量数据（train_loader）。
● 输入图像 img 经过模型的前向传播，得到预测结果 pred。
● 计算损失 loss。
● 反向传播梯度：loss.backward()。
● 更新模型参数：optimizer.step()。
● 清空梯度：optimizer.clear_grad()。
● 每隔 300 批量（batch_id % 300 == 0），打印当前 epoch、批量批次和损失值。

test 函数用于训练模型：
① 设置模型为评估模式：model.eval()。
② 禁用梯度计算：paddle.no_grad()，减少计算量。
③ 计算模型预测准确性：

7.2 深度学习在教育中的应用

```
        with paddle.no_grad():
            for data in test_loader:
                img, label = data
                outputs = model(img)   # 模型输出
                predicted = paddle.argmax(outputs, axis = 
1)   # 获取预测类别
                total += label.numel()  # 累加总样本数
                correct += (predicted == paddle.squeeze
(label)).astype('int').sum().item()   # 累加正确预
测数

        accuracy = 100 * correct / total
        print(f"Test Accuracy: {accuracy.item():.2f}%")
```

- 遍历所有测试数据。
- 输入图像 img 经过模型的前向传播,得到预测结果 outputs。
- 使用 paddle.argmax(outputs, axis = 1) 获取预测类别。
- 统计预测正确的样本数量和总样本数量。
- ④ 计算准确率:正确预测数/总样本数。
- ⑤ 打印测试集的准确率。

(4) main 函数

main 函数是程序的入口,用于组织和控制程序的主要流程,调用其他功能模块,确保程序按逻辑执行。

在本例中,main 函数(虽未明确写出)用于启动模型训练和评估流程。它会初始化模型,加载训练和测试数据,调用"train"函数训练模型,再调用"evaluate"函数评估模型性能,串联起整个深度学习任务的执行过程。这部分代码及释义如下。

```
def main(model, model_name):
    print(f"Training {model_name}...")
    # 创建数据加载器
    train_loader = paddle.io.DataLoader(train_dataset,
batch_size = 64, shuffle = True)
    test_loader = paddle.io.DataLoader(test_dataset,
batch_size = 64, shuffle = False)

    # 训练和测试模型
    train(model, train_loader, epochs = 5)
    evaluate(model, test_loader)

# 初始化模型和优化器
model = SimpleNet()
model_name = "SimpleNet"
main(model, model_name)
```

数据加载器:
- train_dataset 和 test_dataset 是已加载的 MNIST 数据集。
- batch_size = 64:每个批量处理 64 张图像。
- shuffle = True:训练集数据被打乱。

将全部代码加入 Notebook 之后,运行结果如图 7-16 所示。

其中 Epochs 和 Batches 代表训练轮次和批次。训练过程被划分为多个轮次,每个轮次又被划分为多个批次。输出显示了特定批次在每个轮次中的损失值 Loss。

结果表明：

- 随着训练的进行，损失逐渐减小，这表明模型正在学习以减少其预测与实际标签之间的误差。比如，在第 1 轮中，损失从 2.9200 开始下降到 0.3280；到了第 5 轮，损失值进一步降低，比如 0.1155、0.0626 等。
- 训练结束后，模型会在测试数据集上进行评估。最终报告的测试准确率为 96.70%。

```
Training SimpleNet...
Epoch 1, Batch 0, Loss: 2.9200
Epoch 1, Batch 300, Loss: 0.4367
Epoch 1, Batch 600, Loss: 0.3908
Epoch 1, Batch 900, Loss: 0.3280
Epoch 2, Batch 0, Loss: 0.1961
Epoch 2, Batch 300, Loss: 0.3192
Epoch 2, Batch 600, Loss: 0.3008
Epoch 2, Batch 900, Loss: 0.3073
Epoch 3, Batch 0, Loss: 0.2054
Epoch 3, Batch 300, Loss: 0.0897
Epoch 3, Batch 600, Loss: 0.2512
Epoch 3, Batch 900, Loss: 0.2119
Epoch 4, Batch 0, Loss: 0.1707
Epoch 4, Batch 300, Loss: 0.2621
Epoch 4, Batch 600, Loss: 0.2693
Epoch 4, Batch 900, Loss: 0.1675
Epoch 5, Batch 0, Loss: 0.1155
Epoch 5, Batch 300, Loss: 0.0626
Epoch 5, Batch 600, Loss: 0.0708
Epoch 5, Batch 900, Loss: 0.0766
Test Accuracy: 96.70%
```

图 7-16　CNN 运行结果

学习任务 7-6

继续刚才的 DeepSeek 对话，提问"除了 FCNN，其他深度学习算法检测效果如何？请在原代码中增加两个深度学习算法"

将给出的代码复制到飞桨 AI Studio 的 Notebook 中编辑并运行。

本书成书时 DeepSeek 生成的代码如下：

```
class CNN(paddle.nn.Layer):

    def __init__(self):

        super(CNN, self).__init__()
        #第一个卷积层：输入通道数为1（灰度图像），输出通道数为16，卷积核大小为3×3，步幅为1，填充为1。
```

```python
        self.conv1 = Conv2D(in_channels=1, out_channels=16, kernel_size=3, stride=1, padding=1)
        # self.pool1 和 self.pool2 是最大池化层(MaxPool2D),池化核大小为 2×2,步幅为 2。
        self.pool1 = MaxPool2D(kernel_size=2, stride=2)

        # 第二个卷积层,输入通道数为 16(灰度图像),输出通道数为 32,卷积核大小为 3×3,步幅为 1,填充为 1。
        self.conv2 = Conv2D(in_channels=16, out_channels=32, kernel_size=3, stride=1, padding=1)
        self.pool2 = MaxPool2D(kernel_size=2, stride=2)
        # 展平层:将卷积层和池化层输出的多维张量展平为一维向量。
        self.flatten = paddle.nn.Flatten()
        # 全连接层,输入维度为 32×7×7(由卷积和池化操作后的特征图尺寸决定),输出维度为 10(对应 MNIST 的 10 个类别)。
        self.fc = Linear(32 * 7 * 7, 10)

    def forward(self, x):
        # self.pool1 第一层最大池化。
        x = self.pool1(F.relu(self.conv1(x)))   # F.relu(self.conv1(x)):第一层卷积和 ReLU 激活。
        x = self.pool2(F.relu(self.conv2(x)))
        x = self.flatten(x)               # 展平操作
        x = self.fc(x)                    # 全连接层输出
        return x

# 定义循环神经网络模型(RNN)
class RNN(paddle.nn.Layer):

    def __init__(self):
        super(RNN, self).__init__()
        # 定义了一个单向 LSTM 层,输入大小为 28,隐藏层大小为 128,层数为 1。
        self.lstm = LSTM(input_size=28, hidden_size=128, num_layers=1, direction='forward')
        # self.fc:定义了一个全连接层,输入大小为 128,输出大小为 10(对应 MNIST 数据集的 10 个类别)。
        self.fc = Linear(128, 10)

    def forward(self, x):
        x = paddle.transpose(x, perm=[0, 2, 3, 1])   # 调整形状 [batch_size, 28, 28, 1]
        x = paddle.squeeze(x, axis=-1)               # 压缩维度 [batch_size, 28, 28]
        x, _ = self.lstm(x)                          # 输入 LSTM
```

```
                x = x[:, -1, :]                              # 取最后一个时间步的输出
                x = self.fc(x)
                return x

model = CNN()
model_name = "CNN"
main(model, model_name)


model = RNN()
model_name = "RNN"
main(model, model_name)
```

CNN 和 RNN 结构下的运行结果分别如图 7-17（a）和图 7-17（b）所示。

```
Training RNN...                            Training CNN...
Epoch 1, Batch 0, Loss: 2.3133             Epoch 1, Batch 0, Loss: 4.4117
Epoch 1, Batch 300, Loss: 0.2478           Epoch 1, Batch 300, Loss: 0.1274
Epoch 1, Batch 600, Loss: 0.1847           Epoch 1, Batch 600, Loss: 0.0828
Epoch 1, Batch 900, Loss: 0.0891           Epoch 1, Batch 900, Loss: 0.1165
Epoch 2, Batch 0, Loss: 0.0785             Epoch 2, Batch 0, Loss: 0.0459
Epoch 2, Batch 300, Loss: 0.1207           Epoch 2, Batch 300, Loss: 0.1414
Epoch 2, Batch 600, Loss: 0.0582           Epoch 2, Batch 600, Loss: 0.0437
Epoch 2, Batch 900, Loss: 0.1659           Epoch 2, Batch 900, Loss: 0.0070
Epoch 3, Batch 0, Loss: 0.2132             Epoch 3, Batch 0, Loss: 0.0141
Epoch 3, Batch 300, Loss: 0.0189           Epoch 3, Batch 300, Loss: 0.0089
Epoch 3, Batch 600, Loss: 0.0944           Epoch 3, Batch 600, Loss: 0.0640
Epoch 3, Batch 900, Loss: 0.0329           Epoch 3, Batch 900, Loss: 0.0218
Epoch 4, Batch 0, Loss: 0.0388             Epoch 4, Batch 0, Loss: 0.0152
Epoch 4, Batch 300, Loss: 0.2070           Epoch 4, Batch 300, Loss: 0.0078
Epoch 4, Batch 600, Loss: 0.0389           Epoch 4, Batch 600, Loss: 0.0072
Epoch 4, Batch 900, Loss: 0.0634           Epoch 4, Batch 900, Loss: 0.0194
Epoch 5, Batch 0, Loss: 0.0753             Epoch 5, Batch 0, Loss: 0.0022
Epoch 5, Batch 300, Loss: 0.0311           Epoch 5, Batch 300, Loss: 0.0058
Epoch 5, Batch 600, Loss: 0.0292           Epoch 5, Batch 600, Loss: 0.0181
Epoch 5, Batch 900, Loss: 0.1090           Epoch 5, Batch 900, Loss: 0.0096
Test Accuracy: 98.39%                      Test Accuracy: 98.63%
```

(a) CNN 结果   (b) RNN 结果

图 7-17   CNN 和 RNN 结构下的运行结果

结果表明：

- 收敛速度：CNN 的损失下降速度更快，最终的损失值也更低，说明其收敛性能更好。例如在 Epoch 1，batch 0 时，CNN 的 Loss 为 4.4117，RNN 的 Loss 为 2.3133。而 Epoch 5，Batch 900 时，CNN 和 RNN 的 Loss 均为 0.0096。
- 测试准确率：CNN 的测试准确率 98.63% 略高于 RNN 的 98.39%，表明 CNN 在 MNIST 数据集上表现更优。

📘 **学习任务7-7**

（1）前面我们已经通过 FCNN、CNN、RNN 去检测 MNIST 数据集，可以发现准确率都低于 98.7%。想要准确率进一步提高，应该如何改进？请问问 DeepSeek，然后自己运行试试。

（2）试着写其他深度学习模型，如 LSTM、ResNet。

（3）每个应用只能用一个神经网络模型吗？请带着疑问学习 7.2.4 节。

7.2.4 实战：基于深度神经网络的智能评价

在现代教育环境中，课堂行为分析对于提升教学质量、优化教学方法以及学生行为管理具有重要意义。通过自动化的图像识别技术，可以实时监测和分析学生在课堂上的行为表现，如专注、走神、举手等，从而为教师提供数据支持，帮助他们更好地了解学生的学习状态。

本项目旨在利用百度 AI Studio 平台的强大计算能力和深度学习框架，开发一个基于卷积神经网络（CNN）+长短期记忆网络（LSTM）的课堂场景行为识别模型。该模型能够对课堂上的学生行为进行分类识别，为教育管理和教学优化提供技术支持。

【背景知识】

本例将卷积神经网络（CNN）和长短期记忆网络（LSTM）混合，用于课堂场景行为识别，这种混合架构主要是为了同时利用两者的优势来处理视频分类任务，其中 CNN 用于提取单帧图像的特征，而 LSTM 用于捕捉帧序列中的时间动态。通过两者结合，模型能够对整个视频序列进行更准确的分类或预测。

【实现过程】

1. 数据集介绍

数据集可以从飞桨官网"数据集"模块下载。

数据集分为 train 和 val 两个文件夹。具体介绍如下。

- **train**：包含多个类别文件夹（分为 drink、listen、phone、trance、write 五种类别），每个类别下有子文件夹（如 drink_1、drink_104），子文件夹中存储视频帧图片。图片按时间顺序命名（如 5.jpg、10.jpg ……），每张图片代表一帧，如图 7-18 所示。
- **val**：包含编号类别文件夹（如 0,1,…,80），每个类别中存储验证集的图片。

5.jpg　　10.jpg　　15.jpg　　20.jpg　　25.jpg　　30.jpg　　35.jpg

图 7-18　drink_1 文件夹中部分视频帧图片

数据集具体结构存储在 1.txt 中，如图 7-19 所示。

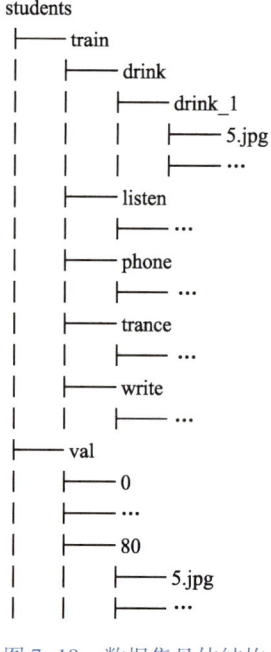

图 7-19　数据集具体结构

可以将数据集的结构复制到 DeepSeek 或者通义千问等大语言模型中，并提出处理要求。如本题使用 CNN+LSTM 去识别学生的行为，并将预测结果保存到 result.txt 中。

2. 智能评价代码实现

实战中将项目代码分成数据准备、网络配置、训练和评估、main 函数 4 个步骤。下面是每个步骤分别与 DeepSeek 对话提问进行。

（1）数据准备

🖥 学习任务7-8

　　DeepSeek 开始新对话，输入"数据集情况如 1.txt 所示，请给出该数据集的数据准备部分的代码，使用 PaddlePaddle 架构"。

本书成书时 DeepSeek 生成的代码如下：

```
import paddle                              # 导入 paddle
from paddle.io import Dataset, DataLoader
from paddle.vision import transforms        # 用于图像预处理（如缩放、裁剪、归一化等）。
import cv2                                  # 用于图像处理操作
import numpy as np                          # 用于数值计算
from natsort import natsorted               # 用于自然排序文件名或列表
```

```python
# 定义超参数
BATCH_SIZE = 32        # 每次迭代中使用的样本数量
NUM_CLASSES = 5        # 数据集中类别的数量。这里是 5 个类别: drink, listen, phone, trance 和 write
SEQ_LENGTH = 30        # 每个视频序列的帧数
IMG_SIZE = (64, 64)    # 图像大小
LEARNING_RATE = 0.0001    # 优化器的学习率,控制参数更新的步长。
EPOCHS = 15            # 训练过程中遍历整个数据集的次数

# 数据预处理
transform = transforms.Compose([
    transforms.Resize(IMG_SIZE),              # 将输入图像调整为指定大小
    transforms.ToTensor(),                    # 将图像从 NumPy 数组转换为 PaddlePaddle 的 Tensor
    transforms.Normalize(mean=[0.5, 0.5, 0.5], std=[0.5, 0.5, 0.5])])   # 对图像的每个通道进行标准化处理, mean 和 std 分别表示均值和标准差
def load_image(image_path, mode='RGB'):
    # 使用 OpenCV 加载图像
    img = cv2.imread(image_path)
    if img is None:
        raise ValueError(f"Failed to load image: {image_path}")
    if mode == 'RGB':
        img = cv2.cvtColor(img, cv2.COLOR_BGR2RGB)    # 转换为 RGB 格式
    return img


# 自定义数据集类
class VideoFrameDataset(Dataset):
    def __init__(self, data_dir, transform=None, seq_length=SEQ_LENGTH, is_train=True):
        self.data_dir = data_dir            # 数据目录路径
        self.transform = transform          # 图像预处理变换
        self.seq_length = seq_length        # 每个视频序列的帧数
        self.is_train = is_train            # 是否为训练集

        self.video_clips = []               # 存储视频片段(每个片段包含固定数量的帧)
        self.labels = []                    # 存储对应标签

        if is_train:                        # 训练集有标签
            for label_idx, action in enumerate(os.listdir(data_dir)):  # 遍历数据目录中的每个动作类别
                if label_idx >= NUM_CLASSES:    # 确保类别索引不超过预定义的数量
                    raise ValueError(f"Label index {label_idx} exceeds the number of classes {NUM_CLASSES}.")   # 获取动作类别的目录路径
```

```python
            action_dir = os.path.join(data_dir, action)
            if not os.path.isdir(action_dir):            # 如果不是目录,跳过
                print(f"Warning: {action_dir} is not a directory")
                continue
            for video_folder in os.listdir(action_dir):  # 遍历该动作类别下的每个视频文件夹
                video_path = os.path.join(action_dir, video_folder)   # 获取视频文件夹路径
                if not os.path.isdir(video_path):        # 如果不是目录,跳过
                    print(f"Warning: {video_path} is not a directory")
                    continue
                frames = [os.path.join(video_path, frame) for frame in sorted(os.listdir(video_path))]
                if len(frames) == 0:                     # 如果没有帧文件,打印警告信息
                    print(f"Warning: No frames found in {video_path}")
                    continue
                for i in range(0, len(frames) - seq_length + 1, seq_length):  # 按 seq_length 分割视频
                    clip = frames[i:i + seq_length]      # 提取连续的 seq_length 帧
                    self.video_clips.append(clip)        # 添加到视频片段列表
                    self.labels.append(label_idx)        # 添加对应的标签
        else:  # 测试集无标签
            for person_folder in natsorted(os.listdir(data_dir)):  # 遍历每个人的文件夹
                person_dir = os.path.join(data_dir, person_folder) # 获取个人文件夹路径
                print(person_dir)    # 打印当前处理的文件夹路径
                if not os.path.isdir(person_dir):        # 如果不是目录,跳过
                    print(f"Warning: {person_dir} is not a directory")
                    continue
                frames = [os.path.join(person_dir, frame) for frame in sorted(os.listdir(person_dir))]
                # 获取所有帧文件路径
                if len(frames) == 0:                     # 如果没有帧文件,打印警告信息
                    print(f"Warning: No frames found in {person_dir}")
                for i in range(0, len(frames) - seq_length + 1, seq_length):  # 按照 seq_length 分割视频
                    clip = frames[i:i + seq_length]      # 提取连续的 seq_length 帧
                    self.video_clips.append(clip)        # 添加到视频片段列表

        # 打印标签及其映射关系
        if self.is_train:                                                    # 只有训练集才有标签
            class_names = os.listdir(data_dir)[:NUM_CLASSES]   # 获取类别名称列表
```

```python
        for idx, label in enumerate(self.labels):
            print(f"Clip {idx}: Label {label} -> Class {class_names[label]}")

# 返回数据集的总样本数。
def __len__(self):
    return len(self.video_clips)


def __getitem__(self, idx):
    """
    根据索引返回单个样本(包括视频片段和标签)。
    :param idx:样本索引
    :return:视频片段的张量和对应的标签
    """
    clip_frames = self.video_clips[idx]                    # 获取指定索引的视频片段
    tensors = []                                            # 存储帧的张量
    for frame_path in clip_frames:                          # 遍历片段中的每一帧
        try:
            img = load_image(frame_path, mode='RGB')        # 加载帧图像
            if img is None or not isinstance(img, np.ndarray):  # 检查加载是否成功
                raise ValueError(f"Failed to load image: {frame_path}")
            if self.transform:                              # 如果有预处理变换,应用变换
                img = self.transform(img)
            tensors.append(img)                             # 将变换后的图像添加到张量列表
        except Exception as e:
            print(f"Error loading image {frame_path}: {e}")
            continue                                        # 跳过加载失败的图像

    if len(tensors) < self.seq_length:                      # 如果帧数不足,填充最后一帧
        last_frame = tensors[-1] if tensors else None
        tensors.extend([last_frame] * (self.seq_length - len(tensors)))

    clip_tensor = paddle.stack(tensors)  # 将帧堆叠为形状(SEQ_LENGTH, C, H, W)的张量

    if self.is_train:                                       # 如果是训练集,返回标签
        label = self.labels[idx]
        return clip_tensor, label
    else:                                                   # 如果是测试集,仅返回视频帧
        return clip_tensor
```

上面的代码实现了一个基于 PaddlePaddle 的视频分类任务的数据加载和预处理流程。它首先导入必要的库，定义了超参数（如批量大小、类别数、序列长度等），并设置了图像预处理步骤（调整大小、转换为张量、标准化）。

接着，通过自定义数据集类 VideoFrameDataset，实现了对训练集和测试集的加载与处理：对于训练集，代码从指定目录读取带有标签的动作类别数据，按固定帧数分割视频片段并存储；对于测试集，则仅加载无标签的视频帧。

同时，代码还提供了加载单个样本的方法，将视频帧转换为张量形式，并在帧数不足时进行填充，最终返回处理后的视频片段及其对应的标签（如果是训练集）。

说明： 张量（Tensor）是一种多维数组，是标量、向量和矩阵的泛化形式。它是现代深度学习框架（如 PaddlePaddle）中用于表示数据的核心数据结构。张量可以看作一个具有任意维度的数据容器，用于存储和操作数值数据。

- **0 维张量**：标量，例如 5。
- **一维张量**：向量，例如 [1, 2, 3]。
- **二维张量**：矩阵，例如：[[1, 2], [3, 4]]
- **多维张量**：超过二维的数组，例如 (batch_size, channels, height, width)，常用于表示批量图像数据。

在这段代码中，**张量**被用来表示视频帧数据。具体来说，每个图像经过预处理后被转换为 (C, H, W) 的张量（C 是通道数，H 和 W 是图像的高度和宽度）。随后，将一段视频的连续帧（共 SEQ_LENGTH 帧）堆叠成一个 (SEQ_LENGTH, C, H, W) 的张量，表示一个视频片段。这样做的目的是将视频数据结构化，方便批量加载到模型中进行训练或预测。最终，通过 DataLoader，多个视频片段会被组织成 (BATCH_SIZE, SEQ_LENGTH, C, H, W) 的批量张量，供模型高效计算。

（2）网络配置

学习任务7-9

继续与 DeepSeek 对话，输入"定义一个 CNN+LSTM 的网络结构，可以用于处理如 1.txt 所示的数据集"。

本书成书时 DeepSeek 生成的代码如下：

```
# 定义 CNN 模型
class CNN(paddle.nn.Layer):
    def __init__(self):
        super(CNN, self).__init__()
        # 定义卷积层序列
        self.conv_layers = paddle.nn.Sequential(
```

```python
            # 第一层卷积：输入通道数为 3（RGB 图像），输出通道数为 32，卷积核大小为 3x3，padding=1 保持尺寸不变
            paddle.nn.Conv2D(3, 32, kernel_size=3, padding=1),
            paddle.nn.ReLU(),                                    # 激活函数 ReLU
            paddle.nn.MaxPool2D(kernel_size=2, stride=2),        # 最大池化，缩小特征图尺寸
            # 第二层卷积：输入通道数为 32，输出通道数为 64
            paddle.nn.Conv2D(32, 64, kernel_size=3, padding=1),
            paddle.nn.ReLU(),
            paddle.nn.MaxPool2D(kernel_size=2, stride=2),
            # 第三层卷积：输入通道数为 64，输出通道数为 128
            paddle.nn.Conv2D(64, 128, kernel_size=3, padding=1),
            paddle.nn.ReLU(),
            paddle.nn.MaxPool2D(kernel_size=2, stride=2)
        )
        # 展平层，将多维张量展平为一维向量
        self.flatten = paddle.nn.Flatten()
        # 全连接层：输入维度为 8192（由卷积层输出决定），输出维度为 2048
        self.fc = paddle.nn.Linear(8192, 2048)

    def forward(self, x):
        """
        前向传播过程。
        :param x:输入张量，形状为（batch_size, channels, height, width）
        :return:输出张量，形状为（batch_size, 2048）
        """
        x = self.conv_layers(x)          # 卷积层处理
        x = self.flatten(x)              # 展平操作
        x = self.fc(x)                   # 全连接层调整维度
        return x


# 定义 LSTM 模型
class LSTM(paddle.nn.Layer):
    def __init__(self, input_size=2048, hidden_size=512, num_classes=NUM_CLASSES):
        """
        初始化 LSTM 模型。
        :param input_size:输入特征的维度，默认为 2048（与 CNN 输出一致）
        :param hidden_size：LSTM 隐藏层的维度，默认为 512
        :param num_classes:类别数量，默认为 NUM_CLASSES
```

```python
        """
        super(LSTM, self).__init__()
        # 定义 LSTM 层:输入维度为 input_size,隐藏层维度为 hidden_size,两层 LSTM,单向
        self.lstm = paddle.nn.LSTM(input_size, hidden_size, num_layers=2, direction='forward')
        # 定义全连接层:将 LSTM 的输出映射到类别数量
        self.fc = paddle.nn.Linear(hidden_size, num_classes)

    def forward(self, x):
        """
        前向传播过程。
        :param x:输入张量,形状为(batch_size, seq_len, input_size)
        :return:输出张量,形状为(batch_size, num_classes)
        """
        lstm_out, _ = self.lstm(x)           # LSTM 层输出,取最后一个时间步的输出
        out = self.fc(lstm_out[:, -1, :])    # 将最后一个时间步的输出通过全连接层映射到类别
        return out


# 定义 CNN-LSTM 组合模型
class CNNLSTM(paddle.nn.Layer):
    def __init__(self, cnn, lstm):

        super(CNNLSTM, self).__init__()
        self.cnn = cnn                  # CNN 模型
        self.lstm = lstm                # LSTM 模型

    def forward(self, x):

        batch_size, seq_len, c, h, w = x.shape    # 获取输入张量的形状信息
            # 将输入张量重塑为(batch_size * seq_len, c, h, w),便于送入 CNN
            x = x.reshape([-1, c, h, w])
        # 使用 CNN 提取每个帧的特征,输出形状为(batch_size * seq_len, cnn_output_dim)
        cnn_out = self.cnn(x)
        # 重塑为(batch_size, seq_len, cnn_output_dim),便于送入 LSTM
        cnn_out = cnn_out.reshape([batch_size, seq_len, -1])
        # 打印输入到 LSTM 的形状(可选,用于调试)
        # print(f"CNNLSTM input shape to LSTM: {cnn_out.shape}")
        # 使用 LSTM 对序列特征进行建模,输出形状为(batch_size, num_classes)
        lstm_out = self.lstm(cnn_out)]
        return lstm_out
```

上述代码定义了一个结合卷积神经网络（CNN）和长短期记忆网络（LSTM）的混合模型，用于处理视频数据。

实战中可能出现"CNN 和 LSTM 矩阵维度不匹配"的报错，如图 7-20 所示。

```
(InvalidArgument) The fisrt matrix width should be same as second matrix height,but received fisrt matrix width 8192, second matrix height 2048
 [Hint: Expected dim_a.width_ == dim_b.height_, but received dim_a.width_:8192 != dim_b.height_:2048.] (at /paddle/paddle/fluid/operators/math/blas_impl.h:1258)
 [operator < rnn > error]
```

你遇到的错误 (InvalidArgument) The first matrix width should be same as second matrix height 表明在矩阵乘法操作中，两个矩阵的维度不匹配。具体来说，第一个矩阵的列数（width）必须等于第二个矩阵的行数（height），但实际值分别为 8192 和 2048。

以下是问题的分析和解决方案：

1. 问题来源

- **可能原因 1**：CNN 模型的最后一层输出的特征维度与 LSTM 的输入维度不匹配。
- **可能原因 2**：LSTM 的 input_size 参数设置错误，未正确匹配 CNN 输出的特征维度。
- **可能原因 3**：CNN 的卷积层或全连接层配置不当，导致输出维度不符合预期。

图 7-20　网络配置常出现的问题

可以寻求 DeepSeek 的帮助，给出的解决方法：在 CNN 模型中，添加一个全连接层，将展平后的特征维度从 8192 调整为 2048，如图 7-21 所示。

```
# 定义 CNN 模型
class CNN(paddle.nn.Layer):
    def __init__(self):
        super(CNN, self).__init__()
        # 定义卷积层序列
        self.conv_layers = paddle.nn.Sequential(
            # 第一层卷积：输入通道数为 3（RGB 图像），输出通道数为 32，卷积核大小为 3x3，padding=1 保持尺寸不变
            paddle.nn.Conv2D(3, 32, kernel_size=3, padding=1),
            paddle.nn.ReLU(),  # 激活函数 ReLU
            paddle.nn.MaxPool2D(kernel_size=2, stride=2),  # 最大池化，缩小特征图尺寸
            # 第二层卷积：输入通道数为 32，输出通道数为 64
            paddle.nn.Conv2D(32, 64, kernel_size=3, padding=1),
            paddle.nn.ReLU(),
            paddle.nn.MaxPool2D(kernel_size=2, stride=2),
            # 第三层卷积：输入通道数为 64，输出通道数为 128
            paddle.nn.Conv2D(64, 128, kernel_size=3, padding=1),
            paddle.nn.ReLU(),
            paddle.nn.MaxPool2D(kernel_size=2, stride=2),
        )
        # 展平层，将多维张量展平为一维向量
        self.flatten = paddle.nn.Flatten()
        # 全连接层：输入维度为 8192（由卷积层输出决定），输出维度为 2048
        self.fc = paddle.nn.Linear(8192, 2048)
```

图 7-21　网络配置问题解决措施

(3) 训练和评估

> 📘 学习任务7-10

继续与 DeepSeek 对话,提问"写一个训练和评估函数,对数据集使用上面定义的 CNN+LSTM 网络进行训练和评估"。

本书成书时 DeepSeek 生成的代码如下。

训练部分:

```
def train(model, train_loader, criterion, optimizer, epochs):
    """
    训练模型的函数。
    :param model:要训练的模型(例如 CNN-LSTM 模型)
    :param train_loader:训练数据加载器,提供批量数据和标签
    :param criterion:损失函数(例如交叉熵损失)
    :param optimizer:优化器(例如 Adam 或 SGD)
    :param epochs:训练的轮数
    """
    model.train()              # 将模型设置为训练模式,启用 Dropout 和 BatchNorm 等操作

    for epoch in range(epochs):    # 遍历每个训练轮次
        total_loss = 0             # 初始化总损失
        correct = 0                # 初始化正确预测的数量
        total = 0                  # 初始化总样本数量

        for videos, labels in train_loader:    # 遍历训练数据加载器中的每个批次
            # 打印输入视频的形状(可选,用于调试)
            # print(f"Input video shape: {videos.shape}")
            # 将视频输入到模型中,获取输出(形状为[batch_size, num_classes])
            outputs = model(videos)
            # 打印模型输出的形状(可选,用于调试)
            # print(f"Model output shape: {outputs.shape}")
            # 打印标签的形状(可选,用于调试)
            # print(f"Labels shape: {labels.shape}")

            loss = criterion(outputs, labels)  # 计算当前批次的损失值(确保标签的形状为[batch_size])
            loss.backward()            # 反向传播,计算梯度
            optimizer.step()           # 更新模型参数
            optimizer.clear_grad()     # 清除梯度,避免梯度累加
```

```
            total_loss += loss.item()                    # 累加当前批次的损失值

            # 使用 paddle.argmax 获取预测类别索引（沿指定轴取最大值的索引）
            predicted = paddle.argmax(outputs, axis=1)   # 输出形状为 [batch_size]
            total += labels.shape[0]                     # 累加当前批次的样本数量
            correct += (predicted == labels).sum().item() # 统计预测正确的样本数量

        # 计算当前轮次的准确率
        accuracy = correct / total                       # 准确率 = 正确预测数 / 总样本数

        # 打印当前轮次的训练损失和准确率
        print(f"Epoch [{epoch+1}/{epochs}], Loss: {total_loss:.4f}, Accuracy: {accuracy:.4f}")
```

train 函数定义了一个完整的模型训练流程。它接收模型、训练数据加载器、损失函数、优化器和训练轮数（epochs）作为输入。在每个 epoch 中，函数将模型设置为训练模式，然后逐批处理训练数据。对于每一批次的视频数据和标签，模型执行前向传播以生成输出，随后通过损失函数计算预测值与真实标签之间的差异。损失值通过反向传播进行梯度计算，优化器根据这些梯度更新模型参数，并在每次迭代后清空梯度。同时，函数统计每个 epoch 的总损失、正确预测数和样本总数，以计算平均损失和准确率，并将这些信息打印出来，以便监控训练过程的进展。

评估部分：

```
def test(model, test_loader):
    model.eval()                    # 将模型设置为评估模式，禁用 Dropout 和 BatchNorm 的训练行为
    predictions = []                # 初始化一个空列表，用于存储预测结果

    with paddle.no_grad():                    # 禁用梯度计算，减少内存消耗并加速推理过程
        for videos in test_loader:            # 遍历测试数据加载器中的每个批次
            outputs = model(videos)           # 将视频帧输入到模型中，获得输出
            # 使用 paddle.argmax 获取预测类别索引（沿指定轴取最大值的索引）
            predicted = paddle.argmax(outputs, axis=1)    # 输出形状为 [batch_size]

            # 将预测结果从 PaddlePaddle 张量转换为 NumPy 数组，并扩展到 predictions 列表中
            predictions.extend(predicted.numpy())

    return predictions              # 返回所有预测结果的列表
```

test 函数用于在测试集上评估模型的性能。它首先将模型设置为评估模式以关闭训练

相关的特性，然后在禁用梯度计算的环境下逐批处理测试数据。对于每一批次的视频帧，模型执行前向传播生成输出，随后通过 paddle.argmax 获取预测的类别索引，并将这些预测结果保存为 NumPy 数组。最终，函数返回包含所有测试样本预测类别的列表，用于后续的性能评估或其他分析。

（4）main 函数

学习任务7-11

> 继续与 DeepSeek 对话，提问"写一个 main 函数，完成整个程序的运行"。

本书成书时 DeepSeek 生成的代码如下。

```python
if __name__ == "__main__":

    # 加载训练集（有标签）
    train_dataset = VideoFrameDataset('data/students/train', transform=transform, seq_length=SEQ_LENGTH, is_train=True)
    # 创建训练数据加载器，批量大小为 BATCH_SIZE，开启数据打乱
    train_loader = DataLoader(train_dataset, batch_size=BATCH_SIZE, shuffle=True)

    # 加载验证集（无标签）
    val_dataset = VideoFrameDataset('data/students/val', transform=transform, seq_length=SEQ_LENGTH, is_train=False)
    # 创建验证数据加载器，批量大小为 BATCH_SIZE，不打乱数据顺序
    val_loader = DataLoader(val_dataset, batch_size=BATCH_SIZE, shuffle=False)

    # 初始化模型、损失函数和优化器
    cnn = CNN()                                                           # 初始化 CNN 模型
    lstm = LSTM(input_size=2048, hidden_size=512, num_classes=NUM_CLASSES)  # 初始化 LSTM 模型
    model = CNNLSTM(cnn, lstm)                                            # 组合 CNN 和 LSTM 模型

    # 定义交叉熵损失函数
    criterion = paddle.nn.CrossEntropyLoss()
    # 定义 Adam 优化器，学习率为 LEARNING_RATE，优化模型参数
    optimizer = paddle.optimizer.Adam(learning_rate=LEARNING_RATE, parameters=model.parameters())

    # 训练模型
    train(model, train_loader, criterion, optimizer, EPOCHS)   # 调用训练函数，训练指定轮数
```

```
# 测试模型并保存结果
predictions = test(model, val_loader)                    # 调用测试函数,获取预测结果

# 将预测结果保存到 result.txt 文件中
with open('result.txt', 'w') as f:                       # 打开文件以写入模式
    for idx, pred in enumerate(predictions):             # 遍历预测结果列表
        # 写入到文件
        f.write(f"Clip {idx}: Label {str(pred)}\n")      # 将预测结果写入文件

print("预测结果已保存到 result.txt")                       # 提示用户预测结果已保存
```

上述代码是一个完整的主程序,用于训练和测试一个视频分类模型,并将测试结果保存到文件中。程序首先检查 PaddlePaddle 是否支持 CUDA,并根据检测结果设置运行设备(GPU 或 CPU)。接着,它加载训练集和验证集,并初始化 CNN 和 LSTM 模型、损失函数和优化器。随后,程序调用 train 函数对模型进行训练,并在训练完成后使用 test 函数对验证集进行预测。最后,程序将预测结果写入到 result.txt 文件中,格式为每一行显示一个视频片段的索引和对应的预测标签。

说明:

① main 函数中 train_dataset = VideoFrameDataset('data/students/train', transform=transform, eq_length=SEQ_LENGTH, is_train=True) 和 val_dataset = VideoFrameDataset('data/students/val', transform=transform, seq_length=SEQ_LENGTH, is_train=False) 中的 train 和 val 数据集的地址要根据实际情况进行更改,否则会报错。

② 飞桨 AI Studio 中没有包含 natsort 函数,所以每次重启 Notebook 都要通过命令行安装 natsort,如图 7-22 所示。

命令为:pip install natsort

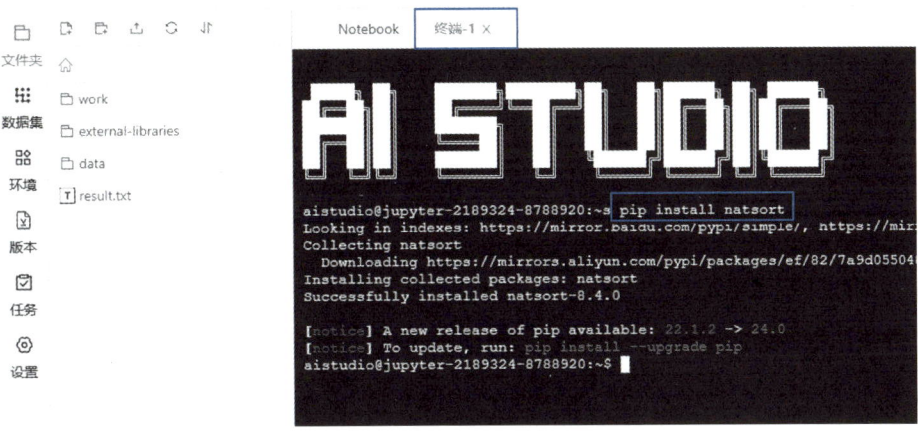

图 7-22　通过命令行安装 natsort

代码运行正确后得到 result.txt 文件，结果如图 7-23 所示。

```
1   Clip 0: Label 4
2   Clip 1: Label 4
3   Clip 2: Label 2
4   Clip 3: Label 2
5   Clip 4: Label 1
6   Clip 5: Label 3
7   Clip 6: Label 4
8   Clip 7: Label 4
9   Clip 8: Label 2
10  Clip 9: Label 2
11  Clip 10: Label 2
12  Clip 11: Label 1
13  Clip 12: Label 4
```

图 7-23　result.txt 的结果（部分）

结果表明：不同片段被准确地分配到了对应的标签类别，例如 Clip 0 和 Clip 1 都被识别为 Label 4，而 Clip 2、Clip 3 以及之后的多个片段则被识别为 Label 2。

学习任务7-12

请继续与 DeepSeek 对话，进一步思考：
（1）如何将标签从数字改成对应的类别？
（2）如何对结果进行可视化？
（3）结果该怎么进行优化？
……

7.3　思考与练习

一、选择题

1. 深度学习在教育领域的应用主要体现在哪些方面？（　　）
   A. 提高教师的工作效率　　　　　　　B. 实现个性化学习
   C. 改善传统课堂的教学模式　　　　　D. 以上都是
2. 在深度学习中，隐藏层的作用是（　　）。
   A. 接收输入数据　　　　　　　　　　B. 提取数据的中间特征
   C. 输出最终结果　　　　　　　　　　D. 存储训练数据
3. ReLU 激活函数在输入为负时的输出是（　　）。
   A. 0　　　　　　　　　　　　　　　B. 输入值本身
   C. 1　　　　　　　　　　　　　　　D. -1
4. 前向传播和反向传播在神经网络中的作用是（　　）。

A. 前向传播用于计算损失，反向传播用于更新参数

B. 前向传播用于更新参数，反向传播用于计算损失

C. 两者都用于计算损失

D. 两者都用于更新参数

5. 如果一个深度学习模型在训练集上表现很好，但在测试集上表现很差，这通常被称为（　　）。

A. 梯度消失　　　　　　　　B. 梯度爆炸

C. 过拟合　　　　　　　　　D. 欠拟合

二、填空题

1. 在深度学习中，_____是神经网络的基本单元，它接收输入信号，经过加权求和后通过激活函数输出。

2. _____是一种在神经网络中常用的下采样技术，它通过选择特征图中的最大值或平均值来减少特征图的空间维度，从而降低计算复杂度并防止过拟合。

3. 深度学习模型的训练过程通常需要_____，以确保模型能够学习到数据中的复杂模式和特征，从而提高其泛化能力。

4. 在深度学习中，_____是一种激活函数，其输出范围为[0，1]，常用于二分类任务的输出层，也可以将模型的输出解释为某种类别的概率。

5. _____是一种经典的深度学习架构，通过卷积层、池化层和全连接层的组合，能够自动提取图像中的多层次特征，广泛应用于图像识别任务。

三、简答题

1. 简述深度学习与机器学习的区别与联系。
2. 为什么深度学习模型通常需要大量的数据进行训练？
3. 什么是循环神经网络（RNN）？它为什么适合处理序列数据？
4. 数据处理除了归一化，还有什么操作？
5. 为什么在实际应用中会将多种神经网络结合使用？

第 8 章
自然语言处理

 **本章导读**

随着人工智能技术的迅猛发展，自然语言处理已成为人工智能研究的重要领域之一。自然语言处理旨在使计算机具备理解和生成自然语言的能力。近年来，自然语言处理技术在教育领域的应用日益深入，为教育资源的智能化处理和个性化学习提供了有力支撑，成为教育信息化研究的热点方向。

本章将系统阐述自然语言处理的基础理论和关键技术。通过本章的学习，读者将全面了解自然语言处理的基本原理及其在教育领域的实际应用，为进一步的研究与实践提供理论支持和技术参考。

本章带领读者学习和解决以下问题。
- 自然语言处理主要包括哪些部分？
- 自然语言处理包含哪些技术？
- 人工智能时代的各类应用中是如何使用自然语言处理技术的？

8.1 自然语言处理概述

自然语言处理（natural language processing，NLP）是指识别、分析和生成文本和语音的技术。这里自然语言通常是指一种自然地随文化演化的语言，比如汉语，英语等，有别于编程语言例如 Python 和 C++等这类"人造语言"。自然语言处理旨在让计算机能够理解、分析和生成人类语言，是计算机科学、人工智能和语言学领域的一个交叉学科。通过自然语言处理技术，可以实现问答系统、语义分析、信息提取、文本摘要、机器翻译、情感分析、人机交互等多种应用。

8.1.1 自然语言处理的背景与现状

1947 年，Warren Weaver 首次提出了利用计算机进行语言翻译的构想，为自然语言处理奠定了理论基础。几年后，Alan Turing 发表了划时代意义的论文 *Computing Machinery and Intelligence*，正式开启了对于人工智能和自然语言处理的研究序幕。自此，自然语言处理开始了几个重要的发展阶段。自然语言处理的初创期为 20 世纪 50 年代末到 60 年代，研究者开始基础的语言处理技术的探索；20 世纪 70 年代到 80 年代，自然语言处理主要依赖规则和逻辑进行语言分析；20 世纪 90 年代到 21 世纪初期，自然语言处理主要依赖大规模数据驱动的技术，统计方法开始兴起；从 2006 年至今，随着深度学习技术的突破，自然语言处理快速发展，其在语言理解、生成和翻译等领域取得了前所未有的成就。如图 8-1 所示，这些发展阶段共同塑造了自然语言处理从理论构想到实际应用的完整历程。

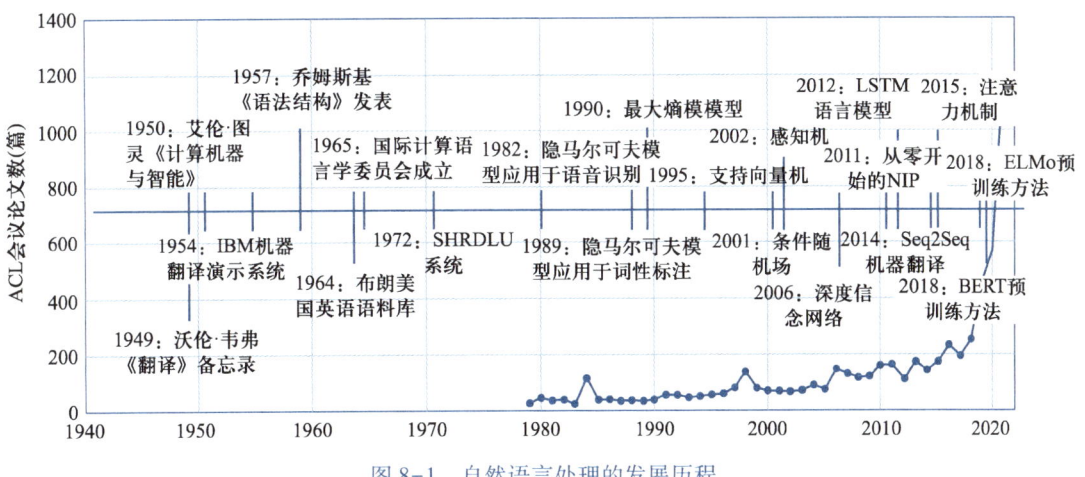

图 8-1 自然语言处理的发展历程

20 世纪 50 年代至 80 年代是自然语言处理发展的规则驱动时期，其技术路径以人工构建的符号规则体系为核心。该阶段主要呈现两大特征：基于符号主义的理论框架与专家系统的工程实践相结合；通过人工编码的语言规则和语法结构实现文本解析。如图 8-2 所示，1966 年诞生的 ELIZA 聊天机器人作为典型代表，采用预定义规则和关键词匹配机制实现人机对话，开创了模式驱动的交互范式。与此同时，Chomsky 提出的生成语法理论为形式化语言描述提供了数学模型，奠定了计算语言学的理论基础。技术演进过程中涌现出多项突破性成果：MIT 开发的 Shrdlu 程序首次实现了自然语言指令与虚拟块状世界的动态交互；LISP 和 PROLOG 等符号处理语言为复杂规则系统的构建提供了专用开发工具，极大推动了早期人工智能研究的工程化进程。值得关注的是，这一时期的学术探索形成了"语言学知识驱动+形式化规则系统"的研究范式，深刻影响着后续数十年自然语言处理的发展路径。然而，规则驱动范式的固有缺陷随着研究深入逐渐显现：人工规则系统难以有效捕捉自然语言的歧义性和语境依赖性，在词汇泛化、语义迁移等方面存在系统性缺陷。此外，系统构建需要语言学专家与计算机工程师的深度协作，知识表示与规则编码过程耗时费力，这种双重制约严重阻碍了自然语言处理技术的实际应用，最终促使研究界转向数据驱动的技术路线。

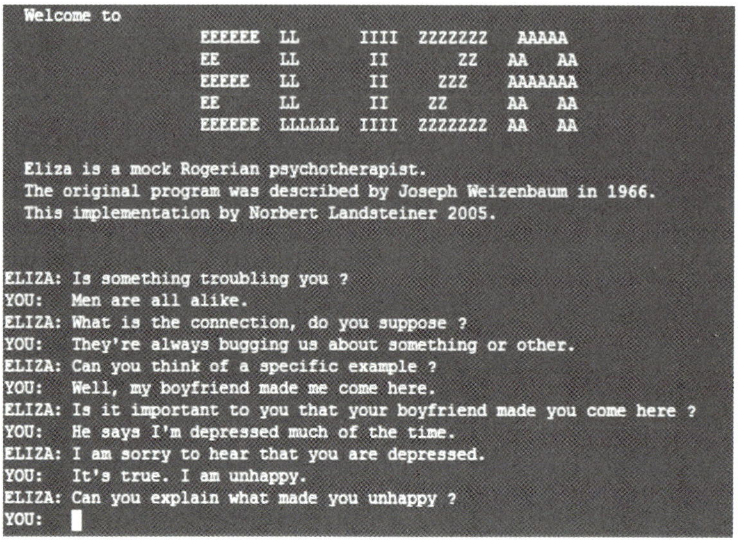

图 8-2 聊天机器人 ELIZA

20 世纪 90 年代至 21 世纪初，自然语言处理领域经历了从规则驱动到数据驱动的范式革命。互联网技术的普及与标注语料库的规模化积累，共同构成了统计学习方法崛起的双重技术基底。这一时期的核心特征体现为方法论层面的根本转变：研究范式从理性主义主导的符号逻辑推演，转向经验主义取向的概率模型建构，通过统计推断实现语言规律的自动发现。在技术实现层面，研究者构建起完整的统计学习框架：基于 N-gram 的语言模型通过马尔可夫假设实现词序列概率建模；以隐马尔可夫模型（HMM）为代表的概率图模型，在语音识别和词性标注任务中展现出强大的序列标注能力；最大熵模型与支持向量机（SVM）等判别式算法显著提升了文本分类精度；条件随机场（CRF）则通过全局特征建模优化了结构化预测性能。这些创新构成了统计自然语言处理的方法论矩阵，其中 IBM 翻译模型系列通过引入词对齐概率和短语切分策略，成功构建了首个可工程化的统计机器翻译系统原型。统计方法的突破性价值在于其范式创新意义：通过将语言现象建模为可量化的概率分布，系统绕过了人工规则系统的知识表示瓶颈，转而从海量数据中自动归纳语言规律。这种方法论革新不仅显著提升了词法、句法层面的处理性能，更使机器翻译、信息检索等现实应用的产业化落地成为可能。从技术演进视角看，统计学习时期的理论积淀与工程实践为后续深度学习时代的来临搭建了必要的基础设施与认知框架。

2010 年后，自然语言处理的突破主要来源于深度学习技术的进步。循环神经网络（RNN）、长短期记忆网络（LSTM）和门控循环单元（GRU）等架构成为主流，词嵌入技术如 Word2Vec 和 GloVe 将单词映射到连续向量空间，捕捉语义信息，而注意力机制则允许模型聚焦于输入的不同部分，显著提高了性能。深度学习通过端到端的训练方式，能够自动学习语言的复杂模式，极大地提高了自然语言处理的性能和效率，推动了 NLP 在机器翻译、问答系统和阅读理解等领域的广泛应用。

如今，自然语言处理正处于集成与应用深化的阶段。如图 8-3 所示，自然语言处理结合知识库与历史数据，实现更复杂的人机交互；强化学习在对话系统中的应用则以优化长期奖励为目标。同时，随着模型在社会中的广泛应用，伦理与透明度问题日益受到关注，包括模型的公平性、隐私保护以及可解释性问题。当前的技术趋势包括：大规模预训练模型的进一步发展，如 BERT、ELMo 等，它们不断增强模型的能力；微调与迁移学习技术使预训练模型能够快速适应特定领域或任务；而持续学习则致力于让模型在不遗忘旧知识的情况下不断学习新知识。自然语言处理的发展历程反映了从基于规则的方法逐渐过渡到数据驱动，特别是深度学习主导的方法。随着计算资源的增长和技术的不断进步，NLP 正变得越来越强大，并且正在越来越多地融入我们的日常生活。未来，NLP 将在多模态融合、伦理与透明度等方面持续探索，为人工智能的发展提供更强大的语言理解与生成能力，推动技术与社会的深度融合。

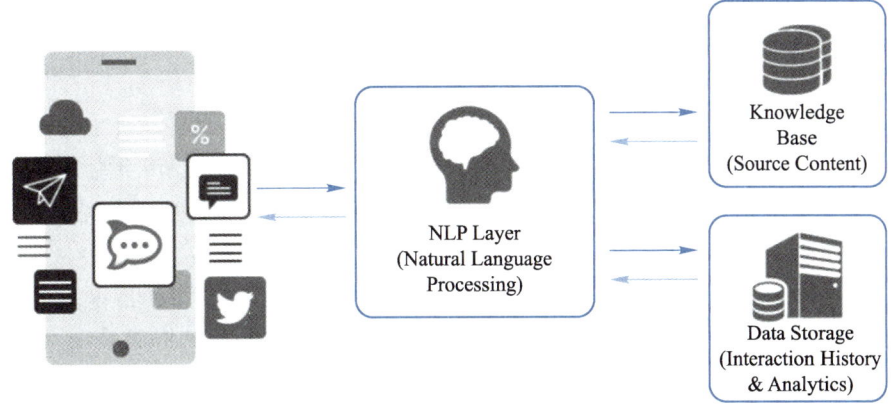

图 8-3　自然语言处理技术现状

8.1.2　自然语言处理的基本原理

自然语言处理通常分为两个部分，自然语言理解（natural language understanding，NLU）和自然语言生成（natural language generation，NLG），它们三者的关系如图 8-4 所示。自然语言理解是支持机器理解文本内容的技术，自然语言生成是使计算机能够生成可被人类理解的文本的技术，NLU 和 NLG 是 NLP 的两个核心组成部分。通俗来讲，NLU 阅读并理解自然语言，而 NLG 创造并输出更多的语言。

NLP 系统在解决具体问题的时候，通常既需要 NLU，也需要 NLG。比如手机的语音助手，不仅需要理解用户在说什么，还需要给出相应的回应来满足用户的需求。在理解用户话语以及意图的时候，机器需要使用 NLU 的技术；在以文本、语言的形式回应用户的时候，机

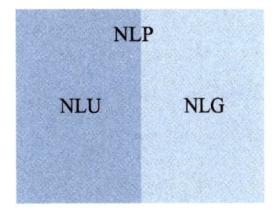

图 8-4　NLP、NLU 与 NLG 的关系

器需要使用 NLG 的技术。自然语言处理基本流程通常如图 8-5 所示，用户输入文本或语音信息，系统首先通过 NLU 技术获取用户意图，随后利用 NLG 技术生成用户可理解的文本，最后做出相应的回答和并执行相应动作。

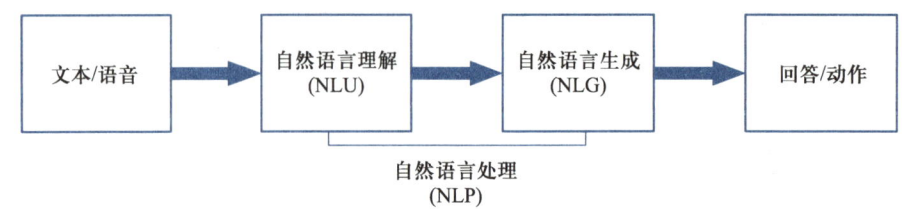

图 8-5　自然语言处理基本流程

1. 自然语言理解

自然语言理解（NLU）的意义在于在计算机能够有效处理语言数据之前，它必须先理解这些数据的含义。NLU 技术包括利用通用语法和语法规则，帮助计算机理解自然语言中的意义和上下文，其最终目标是使计算机能够像人类一样"直观"地理解语言，能够进行语言的生成和理解，而不必依赖对单词定义的频繁查询。

自然语言理解是人机交互中的核心技术，也是自然语言处理的基础。以智能语音助手帮助用户寻找并预订餐厅为例，当用户说"帮我找一家附近的中餐厅，最好有川菜，晚上 7 点，两个人"时，语音助手首先通过自动语音识别（ASR）将语音转换为文本，随后通过自然语言理解分析文本，识别用户意图为"寻找并预订餐厅"，并提取关键实体信息，如餐厅类型（中餐厅）、菜系（川菜）、时间（晚上 7 点）、人数（两个人）以及位置（附近）。基于这些信息，语音助手搜索附近符合条件的中餐厅，筛选出提供川菜且有空位的餐厅，并尝试为用户预订座位。如果预订成功，语音助手会反馈："已经为您预订了附近的'川味轩'，晚上 7 点，两个人。餐厅地址是 XX 路 XX 号，预订编号是 XX。"如果没有找到合适的餐厅，则会提示："抱歉，附近没有符合您要求的川菜餐厅，是否尝试其他菜系？"在多轮对话中，如果用户有进一步需求，系统会继续通过自然语言理解进行交互，例如推荐其他菜系的餐厅。在整个过程中自然语言理解通过意图识别和实体抽取，将用户的自然语言输入转换为机器可理解的结构化信息，从而实现高效的人机交互。为了实现这一目标，自然语言理解系统通常执行以下步骤，其流程如图 8-6 所示。

① 文本预处理：模仿人类理解语言的基本方式，如断句、分词等，将文本切分成具有语义和语法的单元。需要注意的是，某些切分方法并不符合人类直觉，例如 N-gram、字节对编码（byte pair encoding）等子词切分方法，这些方法生成的文本单元可能并非完整的词语。因此，通常使用"token"一词来表示文本切分后的基本单元。

② 语言建模：随后系统会基于 token 序列，采用词向量模型、分布式表示模型等文本表示方法，将文本转换为数值向量或矩阵。这种数值化表示便于后续处理，因为许多人工智能算法通常需要处理数值类型的数据。某些算法，如基于词袋模型的文本相似度计算方法，可以直接处理字符串序列，也能应对数值向量形式的文本表示。因此，在实际应用中，系统通常采用数值向量或矩阵作为统一的文本表示形式。

③ 语义解析：系统会基于文本表示数据，使用分类算法、序列标注方法等技术，提取文本中的关键信息，如实体、三元组、意图、事件等。通过这些关键信息，机器能够理解文本的含义并判断用户的需求。

图 8-6　自然语言理解基本流程

2. 自然语言生成

相较于自然语言理解负责理解语言内容，自然语言生成（NLG）负责生成语言内容。NLG 技术的核心目标是让机器生成的文本更加自然、流畅，甚至能够模拟人类的写作风格。通俗地讲，NLG 技术能够将计算机理解的数据"翻译"成人类可读的语言。例如，将天气预报数据转化为"今天多云转晴，气温在 $-1\sim10℃$，现在温度 $5℃$，有点凉"这样的句子。

自然语言生成主要包含文本到文本（text-to-text）和数据到文本（data-to-text）两种方法。其中文本到文本方法基于已有的文本来生成新的文本，如将文本翻译为其他语言或者对文本进行摘要等，该方法的核心是利用语言模型对输入的文本进行处理，生成符合语义和语法要求的输出文本。而数据到文本则是将结构化数据转换为自然语言文本，如根据天气数据生成天气预报、根据财务数据生成财务信息等，该方法通常需要先将数据提取出来，然后通过模板或语言模型生成对应文本。

在自然语言生成中，主要包含三个等级：简单数据合并、模块化 NLG 和高级 NLG。其中：简单数据合并是自然语言处理的简化形式，旨在通过类似 Excel 函数的方式将数据转换为文本；模块化 NLG 主要采用模块驱动的方式生成输出，如足球比赛中，数据会根据实时变化动态更新，模块化 NLG 会通过一组预定义规则来生成相应的文本输出；而高级 NLG 模仿人类的语言生成方式，它不仅能够理解用户意图，还能够加入智能处理，考虑上下文信息，将结果呈现为易于阅读和理解的叙述。例如，当用户询问"《寻梦环游记》的评分怎么样？适合全家人一起看吗？"时，智能助手首先从电影数据库获取相关数据，包括评分（豆瓣 9.1 分，IMDb 8.4 分）、评价关键词（感人、温暖、适合家庭）以及内容分级（PG）。随后，通过高级 NLG 生成一段自然流畅的回复："《寻梦环游记》是一部非常受欢迎的电影，豆瓣评分 9.1 分，IMDb 评分 8.4 分。影片以感人和温暖的故事为核心，讲述了一个关于家庭和梦想的动人旅程。它的内容分级为 PG，适合所有年龄段观看，特别适合全家人一起欣赏。如果您正在寻找一部能够让家庭成员共同享受的电影，这绝对是一个不错的选择！"这段回复不仅准确传达了电影评分和评价，还结合用户家庭观看的需求，提供了明确的建议，展示了高级 NLG 在理解上下文、生成自然语言和提升用户体验方面的强大能力。

自然语言生成技术的基本由以下几个步骤组成，其步骤流程如图 8-7 所示。

① 数据输入：NLG 系统首先接收结构化数据，如数据库中的表格、传感器数据或 API

返回的 JSON 格式数据。

② 内容规划：系统分析输入数据，识别需要传达的关键信息，并规划文本的结构。例如，在生成天气预报时，系统会优先考虑温度、降水概率等关键指标。

③ 文本生成：根据内容规划，系统选择合适的词汇、语法和句式，生成自然语言文本。该过程通常依赖预训练的语言模型。

④ 后处理：生成的文本可能会经过语法检查、风格调整等后处理步骤，以确保其质量和一致性。

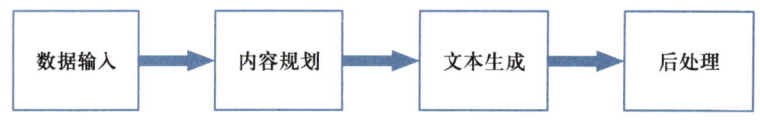

图 8-7 自然语言生成基本流程

学习任务8-1

访问 DeepSeek，了解自然语言处理是什么，可以应用在哪些场景。

8.2 自然语言处理的关键技术

在完整的自然语言处理过程中，如图 8-8 所示，输入的数据要经过自然语言理解和自然语言生成两大模块的处理。系统主要进行文本预处理、语言建模和语义解析的操作。文本预处理涉及分词、词形转换和停用词处理等技术；语言建模则基于 token 序列将文本表示为词向量模型和分布式模型等形式；语义解析包括分类算法、序列标注和特征工程等技术，以实现对输入文本的全面理解。随后的自然语言生成基于对输入文本的理解，进行内容规划、文本生成和后处理操作，其中涉及机器翻译、文本摘要和对话系统等关键模块，最终输出结果并进行展示。其中，分词、语言建模、特征工程以及机器翻译等技术是自然语言处理中核心的技术，本章将重点介绍这些技术，以阐明自然语言处理技术框架。

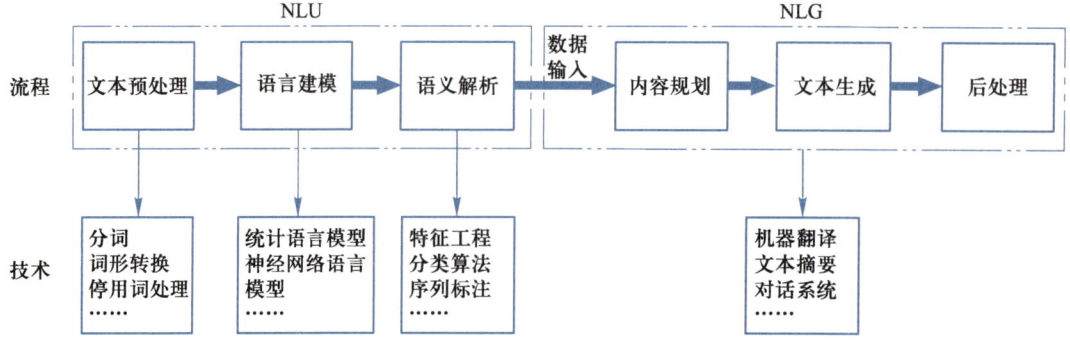

图 8-8 自然语言处理流程

8.2.1 分词

分词是自然语言处理领域的基石,其准确性对后续的词性标注、句法分析、词向量生成以及文本分析等任务有着至关重要的影响。在英文语句中,单词之间通过空格自然分隔,除了少数特定词组(如"how many""New York"等)需要特别处理外,通常无须额外考虑分词问题。然而,中文的情况则截然不同。由于中文文本天然缺乏明确的分隔符,读者需要自行判断词语的边界,进行分词和断句。因此,在开展中文自然语言处理时,分词是必不可少的首要步骤。常见的分词算法包括基于词典的分词算法以及基于统计的分词算法。

1. 基于词典的分词算法

基于词典的分词算法是一种字符串匹配技术,该算法通过特定的逻辑,将待分词的字符串与一个足够大的词典进行匹配。如果匹配成功,则完成分词。根据不同的匹配策略,基于词典的分词算法主要分为正向最大匹配法、逆向最大匹配法、双向匹配分词法和全切分路径选择法等。

2. 基于统计的分词算法

基于统计的分词算法本质上是一个序列标注的问题,其目标是通过标注语句中每个字在词中的位置,从而实现精准的分词。常见的标注方式包括:B(词的起始字)、E(词的结束字)、M(词的中间字,可有多个)、S(独立成词的单字)。例如,对于语句"网商银行是蚂蚁金服微贷事业部的最重要产品",其标注结果为"BMMESBM MEB MMM ESB MEBE",对应的分词结果为"网商银行/是/蚂蚁金服/微贷事业部/的/最重要/产品"。通过统计分析方法,可以从标注序列中推导出分词结果。此类算法通常基于机器学习或者深度学习技术,常见的方法包括隐马尔可夫模型(HMM)、条件随机场(CRF)、支持向量机(SVM)以及深度学习模型。

表 8-1 归纳了两种分词算法的优缺点和适用场景。

表 8-1 分词算法优缺点和适用场景

	优 点	缺 点	适 用 场 景
基于词典的分词算法	1. 速度快效率高; 2. 对于已知词汇准确性高; 3. 可解释性强便于理解调试; 4. 资源需求低	1. 效果高度依赖词典的完整性和准确性; 2. 无法处理未登录词; 3. 分词灵活性差; 4. 词典更新困难	1. 已知词汇的分词任务:适用于词汇表固定且已知的场景; 2. 对速度要求较高的场景:如实时分词系统; 3. 资源受限的环境:如嵌入式设备或移动应用
基于统计的分词算法	1. 对未登录词汇适应度强; 2. 能够自动学习词汇; 3. 对不同语言和语言变体的适应性较强	1. 需要大量的标注语料来训练统计模型; 2. 模型训练成本高; 3. 解释性差难以直观理解分词过程; 4. 存在过拟合风险	1. 开放领域文本:适用于词汇丰富且变化频繁的场景; 2. 需要处理未登录词的场景:如新闻、社交媒体文本; 3. 多语言或方言处理:能够适应不同语言和语言变体

8.2.2 语言建模

语言建模的目的是对自然语言文本进行概率建模，以便对句子、短语或单词的可能性进行估计，其核心在于捕获语言的统计规律和语义信息，从而支持各种下游任务，如文本生成、语音识别、机器翻译等。其中主要的语言模型为统计语言模型和神经网络语言模型。

1. 统计语言模型

统计语言模型直接统计文本中的词频，并且利用统计方法来计算概率。常见的统计语言模型为 N-gram 模型。

N-gram 模型基于马尔可夫假设，通过计算文本中连续 N 个词或字符的联合概率，来预测下一个可能的单词或者评估句子的合理性。模型假设当前单词出现的概率仅依赖于其前面 $N-1$ 个单词，而不是整个序列，即：$P(w_n|w_1,\cdots,w_{n-1}) \approx P(w_n|w_{n-k},\cdots,w_{n-1})$。由此可根据不同的 N 值将 N-gram 模型区分为一元模型（unigram）、二元模型（bigram）、三元模型（trigram）及更高阶的 N-gram 模型。

在实际应用中，N-gram 模型的概率通常基于统计频次进行估计：

$$P(w_n|w_{n-N+1},\cdots,w_{n-1}) = \frac{\text{Count}(w_{n-N+1},\cdots,w_n)}{\text{Count}(w_{n-N+1},\cdots,w_{n-1})} \tag{8-1}$$

上述公式中 P 为单词出现概率，w_n 为每个单词，Count 为单词的出现次数。例如，在二元模型中，$P(\text{apple}|\text{eat}) = \frac{\text{Count}(\text{eat apple})}{\text{Count}(\text{eat})}$，如果语料库中"eat apple"出现 20 次，而"eat"出现 100 次，则该条件概率为 $P(\text{apple}|\text{eat})) = \frac{20}{100} = 0.2$。

N-gram 模型有着简单易实现、高效计算和解释性强的优点，但其存在数据稀疏、无法处理长距离依赖以及存储和计算成本随着 N 增加而增加等问题，因此可以使用平滑技术进行进一步优化改进。

平滑技术可以用于解决未见过的 N-gram 组合导致概率为零的问题，其核心方法可分为四类：拉普拉斯平滑、Kneser-Ney 平滑、回退法和插值法。其中拉普拉斯平滑是最基础的解决方案，通过为所有可能的 N-gram 事件统一添加一个微小常数值来调整原始计数，这种方法强制所有 N-gram 的概率非零，但简单粗暴的全局修正可能导致高频事件的概率被过度稀释，尤其在高阶 N-gram 场景中易引发估计偏差。Kneser-Ney 平滑则采用更精细的低频词适应性策略，通过区分"延续概率"与"独立出现概率"，动态评估 N-gram 组合的真实贡献。其核心思想是降低仅依赖单一上下文的低频词权重，同时增强具有多样搭配能力的低频词生成概率，从而提升语言模型的分布合理性。回退法基于层级回退思想，当高阶 N-gram 的概率为零时，自动切换至低阶 N-gram（如三元组退化为二元组）进行概率估计。这种方法通过构建多级概率回退链，确保模型始终能基于已有统计信息生成有效概率值，但需谨慎设计回退权重以避免概率分布失真。插值法通过加权组合不同阶数的 N-gram 概率实现平滑，例如将三元组、二元组和一元组的概率按预设比例线性组合。相较于回退法，插值法更强调不同阶数统计量的协同作用，通过动态调整权重系数平衡局部与全局语言模式，但需额外优化权重参数以适配具体任务需求。

2. 神经网络语言模型

神经网络语言模型基于深度学习技术，模型主要采用神经网络来学习单词之间的复杂关系。神经网络语言模型的常见结构包含三层，如图8-9所示，首先输入层输入一个固定长度的上下文窗口，通过词嵌入将每个单词转换为低维密度的向量表示；随后隐藏层通过全连接层（如MLP）或者递归层（如RNN、LSTM、GRU等）提取特征，捕获上下文依赖关系；最后输出层通过Softmax函数计算每个单词在词汇表中的概率分布，预测下一个最可能出现的单词。

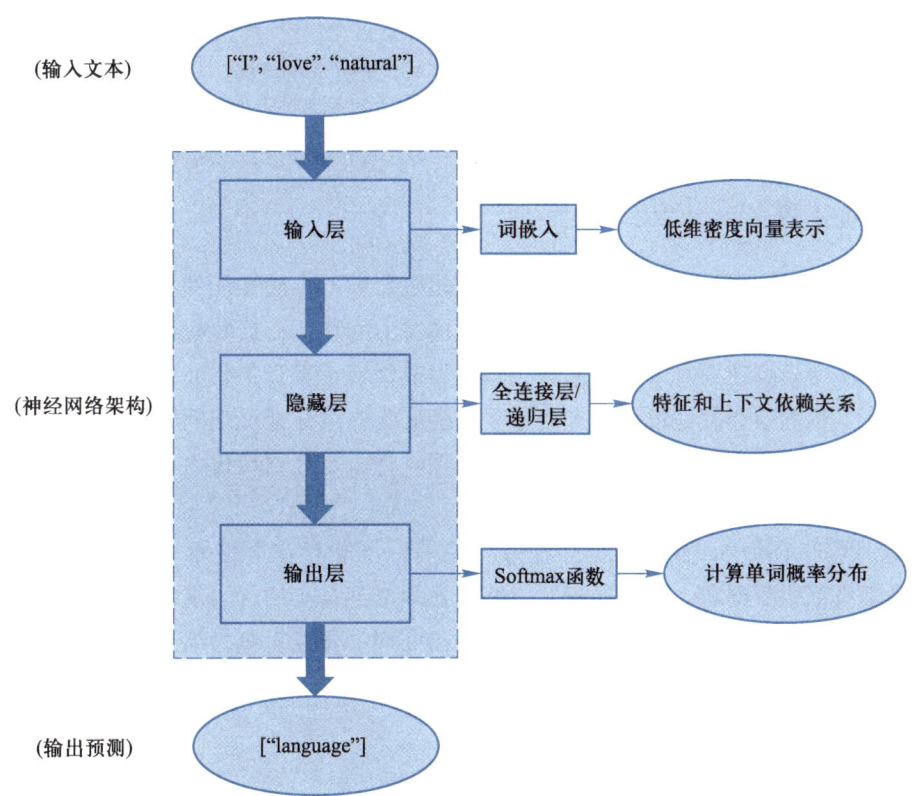

图8-9 典型的神经网络语言模型结构示意图

在自然语言处理中，神经网络语言模型主要通过四类典型架构学习文本的上下文信息：前馈神经网络语言模型、递归神经网络、长短期记忆网络和Transformer语言模型。前馈神经网络语言模型是最早的经典框架，由Bengio团队首次系统性地将其应用于语言建模任务。该模型基于多层感知机结构，通过固定窗口大小的上下文词向量拼接作为输入，能够捕捉局部词序关系，但受限于固定输入长度难以建模长距离依赖。递归神经网络采用循环时序展开结构，其隐藏状态的时序传递特性使其天然适合处理序列数据。这种架构通过动态更新内部状态逐步累积上下文信息，理论上可捕捉任意长度的历史依赖关系，但实际训练中常面临梯度消失或爆炸问题。长短期记忆网络作为递归神经网络的改进版本，通过引入输入门、遗忘门和输出门的三门控机制，实现了对信息流的精细化控制。这种设计使其能够选择性地保留长期记忆和过滤无关信息，显著提升了建模长距离语义依赖的能力。Transformer 语言模型彻底摒弃了循环结构，转而采用基于自注意力机制的全新范式。通过计算序列中所有位置间的注意力权重，该模型可同时捕获全局上下文关联，且并行计算特性大幅提升了训练效率。这种架构为后续 BERT、GPT 等预训练模型奠定了技术基础。

神经网络语言模型虽然可以捕捉深层语义信息，具有自动学习特征以及能处理未见过的词，但其技术优势背后存在明显的缺陷。首先，模型参数规模的爆炸性增长带来计算成本高昂的问题，以 Transformer 为例，其自注意力机制随序列长度增长呈二平方攀升；其次，数据依赖性体现为模型性能与数据质量和规模紧密相关；最后，解释性差的根源在于神经网络的黑箱特性，多层非线性变换使语义特征高度抽象耦合，自注意力权重虽能反映词间统计关联却无法解释逻辑因果关系。尽管当前通过模型压缩、数据增强和可解释性工具部分缓解了这些问题，但根本性突破仍需融合认知科学与符号逻辑的跨学科创新。

8.2.3 特征工程

特征工程是利用领域知识，设计能够最大化机器学习算法性能的特征的过程。简而言之，特征工程就是将原始数据转化为具有良好描述力的特征，这些特征可以有效支撑模型的学习，并使得模型在面对未知数据时能够获得最优（或接近最优）的表现。从数学角度来看，特征工程的核心就是设计输入变量 X，使其能够最好地反映问题的本质。特征工程通过数据预处理、特征预处理和特征选择的步骤，将原始数据转化为有效支撑模型学习的特征，以优化模型在未知数据上的表现。

在实际生产环境中，业务数据往往并不完美，可能存在上报异常、恶意数据注入行为、网络爬虫抓取等问题。为确保模型能够准确学习到真实的行为规律，必须对已构造的原始特征进行数据清洗，剔除脏数据等。数据预处理主要方法包含结合业务场景进行数据过滤和异常点检测。其中异常点检测对样本进行分析，识别和剔除异常数据，常见的异常点检测的方法如表 8-2 所示。

表 8-2 异常点检测方法

方法类型	描述	常见方法
基于偏差的异常点检测	划分数据簇来识别偏离正常模式的异常点	聚类方法、最邻近方法
基于统计的异常点检测	通过统计指标判断异常点	极差统计、四分位数间距统计、均差和标准差统计
基于距离的异常点检测	通过计算样本与其他数据点之间的距离识别异常样本	曼哈顿距离、欧氏距离、马氏距离
基于密度的异常点检测	通过考察样本周围的密度情况，识别局部异常点	局部离群因子算法（LOF）

在特征工程中，许多特征的取值范围可能存在显著差异，直接将这些特征输入模型进行训练可能会严重影响模型的表现。因此，为了消除特征之间的量纲差异，需要对特征进行预处理。特征预处理主要包括归一化、离散化、缺失值填补和数据平滑等步骤。

经过上述数据清洗和特征预处理的步骤，数据已经转换为模型可识别的特征。最后进行特征选择，该步骤的目的是从大量的特征中选出对模型性能最有影响的特征子集。特征之间可能存在多种关系，如特征之间的包含关系、相关性，或者某些特征只有与其他特征结合使用时才会起作用。另外，也可能存在特征之间的负相关性。因此，合理选择适合的特征集合对于模型效果至关重要。如表 8-3 所示，现有的特征选择方法大体可以分为三类。

表 8-3　特征选择方法

方法类型	描述	常见方法
Filter 方法	通过衡量单个特征与目标变量之间的关联性选择	相关系数计算、卡方检验、基尼系数计算
Wrapper 方法	通过模型训练来选择	计算模型的评估指标
Embedded 方法	通过训练模型过程自动选择	正则化方法、决策树模型、深度学习模型

8.2.4　机器翻译

机器翻译（machine translation，MT）是自然语言生成中的一个重要应用领域，其主要目标是将一种语言的文本自动转换为另一种语言的文本。机器翻译的主要方法可以分为以下几种。

1. 基于规则的机器翻译（rule-based machine translation，RBMT）

基于规则的机器翻译依赖人工制定的翻译规则和语言学知识。这种方法通过将源语言的句子分解为词汇和语法结构，然后根据预定义的规则将其转换为目标语言的句子。

2. 基于统计的机器翻译（statistical machine translation，SMT）

基于统计的机器翻译通过分析大量的双语语料库，利用统计模型来学习源语言和目标语言之间的对应关系。

3. 基于神经网络的机器翻译（neural machine translation，NMT）

基于神经网络的机器翻译是近年来发展迅速的一种方法，它利用深度学习技术自动学习语言的表示和翻译规则。

表 8-4 详细展示了各种方法的优缺点。

表 8-4　机器翻译方法优缺点

方　　法	优　　点	缺　　点
基于规则的机器翻译	1. 翻译质量高，尤其是对于规则性强的语言对； 2. 可以处理特定领域的专业术语	1. 规则难以穷尽，灵活性较差； 2. 开发和维护成本高，需要大量语言学专家的参与
基于统计的机器翻译	1. 能够处理语言的多样性和复杂性； 2. 不需要大量的语言学知识	1. 需要大量的双语语料库； 2. 翻译结果可能不够流畅，需要进一步优化
基于神经网络的机器翻译	1. 翻译结果更加自然流畅； 2. 能够捕获长距离的依赖关系	1. 训练成本高，需要大量的计算资源； 2. 对数据质量要求较高

学习任务8-2

梳理自然语言处理的主要流程，思考自然语言处理最关键的步骤是什么？

8.3　自然语言处理在教育文本分析中的应用

随着教育数字化转型的深度推进，自然语言处理技术正逐步成为教育文本智能分析的核心驱动力。面对海量且持续增长的教学文档、学术论文、学生作业及在线讨论等多模态文本数据，传统人工处理方式已难以满足教育工作者对文本深度挖掘、知识结构化整合及高效评估的迫切需求。NLP 技术通过语义理解、模式识别和知识推理等能力，为教育领域开辟了文本智能处理的新范式——从离散的非结构化文本中提取知识脉络，构建认知模型，进而赋能教育全场景的提质增效。本节将聚焦 NLP 技术在教育文本挖掘、多文档主题摘要、领域知识图谱构建以及作业论文自动批改等关键场景的应用突破，系统解析其如何重塑教育文本的价值挖掘路径，推动教育分析从经验驱动向数据智能驱动的范式跃迁。

8.3.1　教育文本挖掘

教育文本挖掘是指通过数据采集和处理，利用数据挖掘算法或工具，从非结构化文本文档中提取有意义的模式或知识的过程。其主要目的是从教育文本中挖掘出学习者认知、行为和情感等信息，从而深入探索教育教学的基本规律，解释教育中存在的问题和现象。

教育文本挖掘的主要应用包括学生学习行为分析、教师评价、课程设计与学习者建模及成绩预测等。下面主要使用 Kimi（月之暗面科技有限公司开发的人工智能平台）进行学生自我评语分析的实例展示。

1. 数据输入

将需要分析的学生自我评语输入平台，等待分析下一步骤开始。

输入评语:

（1）学生1:"这学期我的数学建模能力显著提升，独立完成了城市交通流量预测项目。虽然编程基础薄弱导致进度滞后，但通过教授指导我掌握了 MATLAB 核心功能，期末小组汇报得到创新奖提名。"

（2）学生2:"在社团招新面试时出现过度换气症状，这已是本学期第三次社交恐慌。尽管 GPA 保持在 3.8，但无法流畅进行课堂发言的问题持续困扰着我，预约的心理咨询似乎未见明显改善。"

（3）学生3:"作为全奖国际生，在量子力学讨论课中仍存在 40% 的术语理解障碍。值得欣慰的是通过语言交换项目，我的学术写作评分从 B- 提升到 A-，并成功协助实验室完成中英对照的设备操作手册。"

（4）学生4:"机械工程与数字媒体双学位让我陷入认知撕裂——车间实操时的机油味让我踏实，但 VR 建模时的代码报错又刺激挑战欲，职业测评显示我同时适合制造业工程师和元宇宙架构师，这种矛盾亟待解决。"

（5）学生5:"发起的校园塑料回收项目已覆盖 73% 宿舍楼，却因财务核算疏漏被学生会审计质疑，通过建立区块链溯源系统重获信任，这段经历让我认识到社会创新需要兼具理想主义与风险管理能力。"

2. 文本预处理

平台对于输入的文本数据进行文本清洗（去除无关符号和停用词）和分词处理（将句子分解为词语，便于后续分析）的处理，如图 8-10 所示，便于后续的分析。

```
1. 学生1：这学期、数学建模、能力、显著提升、独立完成、城市交通流量预测、项目、虽然、编程基础、薄弱、导致、进度、滞后、但、通过、教授、指导、掌握、MATLAB、核心功能、期末、小组、汇报、获得、创新奖、提名
2. 学生2：社团招新、面试、出现、过度换气、症状、这、已、本学期、第三次、社交恐慌、尽管、GPA、保持、3.8、但、无法、流畅、进行、课堂、发言、问题、持续、困扰、预约、心理咨询、似乎、未见、明显、改善
3. 学生3：作为、全奖、国际生、量子力学、讨论课、存在、40%、术语、理解、障碍、值得、欣慰、通过、语言交换、项目、学术写作、评分、从、B-、提升、A-、并、成功、协助、实验室、完成、中英、对照、设备、操作手册
4. 学生4：机械工程、数字媒体、双学位、让我、陷入、认知撕裂、车间、实操、机油味、让我、踏实、但、VR、建模、代码、报错、又、刺激、挑战欲、职业、测评、显示、我、同时、适合、制造业、工程师、元宇宙、架构师、这种、矛盾、亟待、解决
5. 学生5：发起、校园、塑料回收、项目、已、覆盖、73%、宿舍楼、却、因、财务、核算、疏漏、被、学生会、审计、质疑、通过、建立、区块链、溯源、系统、重获、信任、这段、经历、让我、认识到、社会、创新、需要、兼具、理想主义、风险管理、能力
```

图 8-10 分词结果示例

3. 情感分析

平台使用情感分析算法，如图 8-11 所示，判断每条评语的情感倾向（正面、负面、中性）。

```
1. 学生1：正面（提到了能力提升、完成项目、获得奖项等积极内容）
2. 学生2：负面（提到了社交恐慌、问题困扰、心理咨询未见改善等消极内容）
3. 学生3：正面（提到了学术写作评分提升、成功协助完成项目等积极内容）
4. 学生4：中性（提到了双学位带来的矛盾，但未明确表达强烈的积极或消极情绪）
5. 学生5：正面（提到了项目覆盖范围扩大、通过技术手段解决问题等积极内容）
```

图 8-11　情感分析结果

4. 主题提取

平台使用主题建模算法，提取评语中的主要主题，如图 8-12 所示。

```
1. 学生1：主题：数学建模与项目完成（数学建模能力提升、项目完成、创新奖提名）
2. 学生2：主题：社交恐慌与心理问题（社交恐慌、课堂发言困难、心理咨询效果）
3. 学生3：主题：学术提升与跨文化交流（量子力学术语障碍、学术写作提升、语言交换项目）
4. 学生4：主题：双学位与职业选择矛盾（机械工程与数字媒体双学位、职业测评结果、矛盾解决）
5. 学生5：主题：社会创新与风险管理（校园塑料回收项目、财务问题、区块链溯源系统）
```

图 8-12　主题提取结果

5. 关键词提取

平台使用关键词提取算法，提取评语中的主要关键词，如图 8-13 所示。

```
1. 学生1：关键词：数学建模、项目、编程、MATLAB、创新奖
2. 学生2：关键词：社交恐慌、GPA、课堂发言、心理咨询
3. 学生3：关键词：量子力学、术语、学术写作、语言交换、设备操作手册
4. 学生4：关键词：机械工程、数字媒体、双学位、VR建模、职业测评
5. 学生5：关键词：塑料回收、财务核算、区块链、溯源系统、社会创新
```

图 8-13　关键词提取结果

6. 总结与应用

根据情感分析、主题提取和关键词提取的结果进行分析，输出对于每位学生的整体分析和学习建议。

学生整体分析结果：

学生 1：表现出较强的学习能力和项目完成能力，但存在编程基础薄弱的问题，通过指导有所改善。

学生 2：面临社交恐慌和心理问题，尽管学业成绩优秀，但心理状态需要进一步关注。

学生 3：在学术写作和跨文化交流方面取得了进步，但仍有术语理解障碍。

学生 4：面临双学位带来的职业选择矛盾，需要进一步指导和规划。

学生 5：在社会创新项目中表现出色，但也遇到了财务管理问题，通过技术手段解决了信任危机。

学生建议结果：

学生 1 建议：老师可以为该学生提供更多的编程实践机会，如推荐参加编程竞赛或相关项目，进一步提升其编程能力。同时，鼓励学生分享项目经验，调动其他同学的学习积

极性。

学生 2 建议：老师应密切关注该学生的心理健康状况，主动与学生沟通，了解其心理压力来源。可以推荐学生参加学校的心理健康讲座或工作坊，并与心理咨询师合作，为学生提供必要的心理支持。在课堂上，可以给予学生更多的鼓励和引导，帮助其逐步克服发言困难。

学生 3 建议：老师可以为该学生提供更多语言学习和学术交流的机会，如组织学术写作小组或跨文化学习活动。针对量子力学术语理解障碍，可以提供额外的辅导材料或安排一对一辅导，帮助学生更好地掌握专业术语。

学生 4 建议：老师可以与学生进行深入的职业规划讨论，帮助其明确职业方向。可以邀请行业专家或校友分享经验，为学生提供职业发展的参考。同时，老师可以协助学生制定学习计划，平衡双学位的学习压力，确保学生在两个领域都能取得进步。

学生 5 建议：老师可以鼓励该学生继续参与社会创新项目，并在项目中注重培养学生的财务管理能力。可以推荐学生参加相关的财务管理课程或讲座，提升其风险管理意识。同时，老师可以引导学生总结项目经验，分享给其他同学，激发全班的创新意识和社会责任感。

通过对学生自我评语的分析与建议，老师可以更全面地了解学生的学习状态和需求，从而制定更有效的教学策略和辅导计划，促进学生的全面发展。

8.3.2 多文档主题摘要

多文档主题摘要（multi-document summarization）是一种自然语言处理技术，旨在从多个文档中提取关键信息，生成一个简洁的总结，以反映这些文档的共同主题和核心内容。与单文档摘要不同，多文档摘要需要处理来自多个来源的信息，识别出文档之间的共性和差异，并在生成摘要时去除重复内容。

下面主要使用 Kimi 进行多文档主题摘要示例。

1. 用户输入指令

输入"以'自然语言处理'为搜索词在网页中搜索 5 到 10 篇文章并汇总生成摘要"。

2. 搜索与数据收集

系统通过搜索关键词"自然语言处理"，如图 8-14 所示，联网进行搜索和数据收集。

> **关键词搜索**：以"自然语言处理"为关键词，搜索到以下网页 🔍：
> ○ 中科院计算技术研究所自然语言处理研究组 🔍。
> ○ 南京大学自然语言处理研究组的学术论文 🔍。
> ○ 自然语言处理中的文本摘要与生成技术 🔍。
> ○ 南京大学自然语言处理研究组的学术论文 🔍。
> ○ 自然语言处理领域的主要论文和资源汇总 🔍。

图 8-14 联网搜索结果

3. 文本预处理

对于联网搜索和收集到的数据，系统进行文本清洗（去除网页中的无关信息，如广告、导航栏、页脚等）和分段与分句处理，便于后续处理。

4. 摘要生成

系统使用多文档摘要生成技术（如基于领域知识图谱的多文档摘要生成技术）对于预处理的文本数据进行处理，提取每个文档的关键信息，生成初步的摘要，如图 8-15 所示。

> 1. 中科院计算技术研究所自然语言处理研究组
> 内容摘要：中科院计算技术研究所在自然语言处理领域取得了显著进展，研究方向包括机器翻译、人机对话、文本生成等。
> 2. 南京大学自然语言处理研究组七篇学术论文被EMNLP2024录用
> 内容摘要：南京大学自然语言处理研究组在EMNLP2024会议上发表了七篇学术论文，主要研究方向为文本分类、信息抽取和问答系统。
> 3. 自然语言处理中的文本摘要与生成：技术与案例
> 内容摘要：自然语言处理中的文本摘要技术近年来取得了显著进展，利用深度学习模型可以高效生成高质量的文本摘要。
> 4. 南京大学自然语言处理研究组七篇学术论文被ACL2024录用
> 内容摘要：南京大学自然语言处理研究组在ACL2024会议上发表了七篇学术论文，研究方向包括语言模型和自然语言理解。
> 5. 自然语言处理领域的主要论文和资源汇总
> 内容摘要：自然语言处理领域的主要研究方向包括机器翻译、人机对话、文本生成等，相关资源和论文可在多个平台获取。

图 8-15 初步摘要生成

5. 结果优化

系统生成多个摘要，对生成的摘要进行评估，筛选出最能反映原文主题和重点的内容，然后将多个文档的摘要进行整合，去除重复的信息，如图 8-16 所示，生成简洁的主题摘要。

> 自然语言处理（NLP）是人工智能领域的重要研究方向，近年来在多个方面取得了显著进展。中科院计算技术研究所和南京大学的研究组在机器翻译、人机对话、文本生成、文本分类、信息抽取、问答系统、语言模型和自然语言理解等领域发表了多篇学术论文。特别是文本摘要技术，利用深度学习模型可以高效生成高质量的摘要。相关研究资源和论文可在多个平台获取，为学术研究和实际应用提供了丰富的支持。

图 8-16 优化后的摘要

6. 结果展示

最终调整摘要内容，输出最后结果。

> 自然语言处理（NLP）是人工智能领域的重要研究方向，近年来在机器翻译、人机对话、文本生成、文本分类、信息抽取、问答系统、语言模型和自然语言处理等方面取得了显著进展。中科院计算技术研究所和南京大学的研究组在多个国际会议上发表了多篇学术论文。特别是文本摘要技术，利用深度学习模型可以高效生成高质量摘要。相关研究资源和论文可在多个平台获取，为学术研究和实际应用提供了丰富的支持。

8.3.3 知识图谱构建

知识图谱构建是指通过收集、处理和整合来自不同来源的数据，以图形结构的形式组织和表示知识的过程。知识图谱以节点（实体）和边（关系）为基础，将现实世界中的对象及其相互联系直观地呈现出来。

下面主要使用 Kimi 进行知识图谱构建示例。

1. 输入数据和指令

输入数据和指令"分析输入的文件，列出文件中历史事件的时间线"。输入文件如图 8-17 所示。

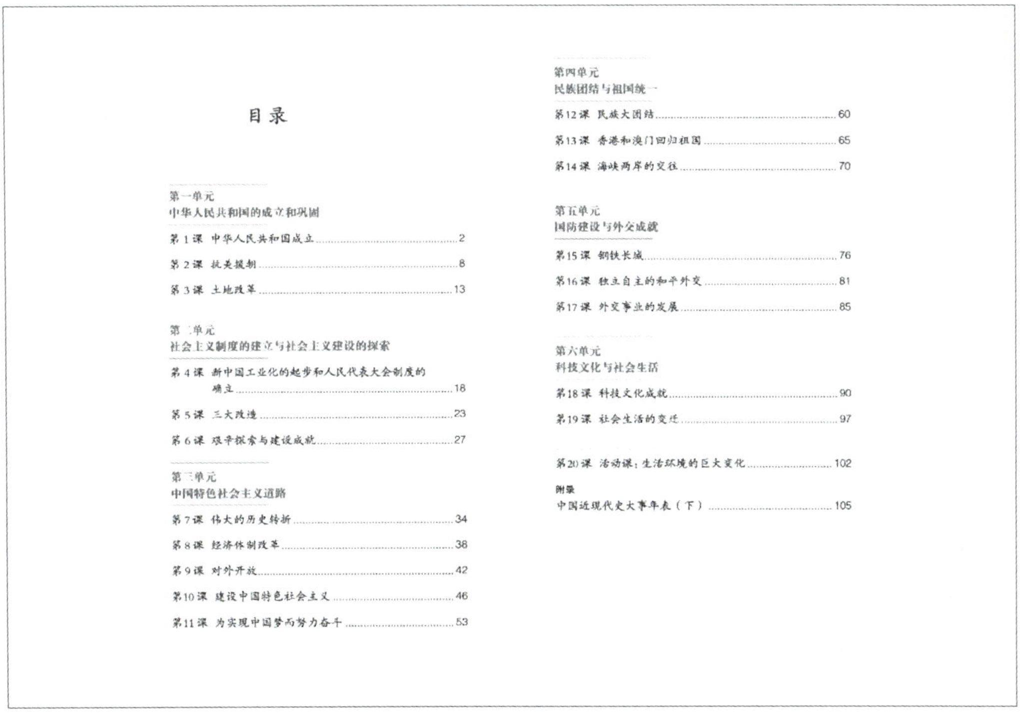

图 8-17　输入文件为中国历史八年级下册（部分图）

2. 意图识别

大模型首先对用户输入的指令进行理解，模型通过自然语言理解（NLU）模块，分析用户输入的指令。在本例中，模型识别到关键指令是"列出历史事件的时间线"，后续操作会根据该关键指令进行操作。

3. 文本预处理

根据关键指令"列出历史事件的时间线"，需要最后生成对历史事件的简要描述和时间排序串联。

模型首先确定时间范围，通过分析文件内容，确定所涵盖的时间范围是从 1949 年中华人民共和国成立到 2017 年中国共产党第十九次全国代表大会召开。模型识别关键内容，仔细阅读教材，梳理每一章节的主要内容和重点事件。重点关注与中华人民共和国历史发展、政策变化、科技进步、社会发展等方面相关的重大事件。例如：1949 年中华人民共和国成立、1950 年《中华人民共和国土地改革法》的颁布、1978 年改革开放政策的启动等。

根据提取出的重要事件，模型根据事件的性质和领域，对提取的事件进行分类，如政治事件、经济事件、外交事件、科技事件等。这有助于更好地组织和展示时间线。最后确定事件的时间点，并且按照时间顺序排列事件。

4. 文本生成

根据排列好的重要事件，模型对每个事件进行简要总结，提炼最核心的信息，便于在时间线上展示。同时，对于特别重要的事件，可以适当加以突出，例如使用不同的颜色或符号进行标注。然后模型检查时间线中的事件是否准确无误，是否有遗漏或重复的信息。如有需要，可以根据教材内容对时间线进行调整和补充。

5. 最终呈现

系统将整理好的事件以时间线的形式呈现，包含事件的发生时间和简要描述。

1949 年
- 9 月：中国人民政治协商会议第一届全体会议召开，通过《共同纲领》，选举产生中央人民政府委员会，毛泽东当选主席，决定改北平为北京作为首都，确定《义勇军进行曲》为代国歌、五星红旗为国旗等。
- 10 月 1 日：中华人民共和国成立。毛泽东在天安门城楼宣告中华人民共和国中央人民政府成立，举行开国大典，标志着中国进入新纪元。

1950 年
- 6 月：《中华人民共和国土地改革法》颁布，土地改革运动在全国逐步展开。
- 10 月：中国人民志愿军赴朝作战，抗美援朝战争开始。

1951 年
- 5 月：中央人民政府与西藏地方政府达成和平解放西藏的协议，西藏和平解放。

1953 年
- 1 月：第一个五年计划开始执行，集中力量发展重工业，建立国家工业化的初步基础。
- 10 月：抗美援朝战争结束。

1954 年
- 9 月：第一届全国人民代表大会第一次会议召开，通过《中华人民共和国宪法》，确立人民代表大会制度。

1956 年
- 9 月：中国共产党第八次全国代表大会召开。

8.3.4 作业与论文自动批改

作业与论文自动批改是对话系统在教育领域的一个显著应用，下面主要使用 Kimi 进行作业与论文自动批改的实例展示。

实例的输入数据为一篇小学生的作文,包含错别字、语序不当等错误,对话系统会针对输入的作文进行自动批改与纠正。

1. 输入数据与指令

输入作文:

> **钓鱼的乐趣**
>
> 　　上个周末,我和爸爸一起去钓鱼。天气非常晴朗,阳光照在河面上,金光闪闪,好像撒了一层金子。
>
> 　　我们找了一个好位置,爸爸教我放好鱼饵,然后耐心等待。不一回儿,鱼 piao 动了一下,我激动地拉起鱼竿,可惜鱼跑了。爸爸说:"不要急,要慢慢来。"我又试了一次,这次我等到鱼 piao 动了好几下才拉,果然钓上来一条大鱼!
>
> 　　我开心极了,觉得钓鱼真是一件有去的事。不仅可以静下心来享受大自然的美丽,还能体会到收获的喜悦。虽然过程中有些小挫折,只要但不放弃,就一定会有收获。
>
> 　　这次钓鱼经历让我明白了,做事要有耐心,不能急躁。我希望以后还能多参加这样的活动,享受更多的乐趣。

输入指令:"帮我分析这篇作文,指出错误并进行批改。"

2. 输出结果

对话系统根据指令,对于输入的包含错误的作文进行分析,寻找错误并且修改,输出错误的情况和最终修改的作文。

错误情况:

(1)"不一回儿"改为"不一会儿":这是更常见的固定搭配,更符合语言习惯。

(2)"鱼 piao"改为"鱼漂":这是生词,学生用拼音注释。

(3)"有去的事"改为"有趣的事":这是错别字,正确的写法是"有趣"。

(4)"只要但不放弃"改为"但只要不放弃":语序错误,应先说"但",再说"只要"。

(5)其他内容:整体表述流畅,没有其他明显错误。

修改结果:

> **钓鱼的乐趣**
>
> 　　上个周末,我和爸爸一起去钓鱼。天气非常晴朗,阳光照在河面上,金光闪闪,好像撒了一层金子。
>
> 　　我们找了一个好位置,爸爸教我放好鱼饵,然后耐心等待。不一会儿,鱼漂动了一下,我激动地拉起鱼竿,可惜鱼跑了。爸爸说:"不要急,要慢慢来。"我又试了一次,这次我等到鱼漂动了好几下才拉,果然钓上来一条大鱼!

> 我开心极了，觉得钓鱼真是一件有趣的事。不仅可以静下心来享受大自然的美丽，还能体会到收获的喜悦。虽然过程中有些小挫折，但只要不放弃，就一定会有收获。
>
> 这次钓鱼经历让我明白了，做事要有耐心，不能急躁。我希望以后还能多参加这样的活动，享受更多的乐趣。

8.4 思考与练习

一、选择题

1. 以下不属于自然语言处理（NLP）的研究内容的是（　　）。
   A. 机器翻译　　　　　　　　　　　　B. 语音识别
   C. 计算机视觉　　　　　　　　　　　D. 语义分析
2. 下面关于自然语言处理（NLP）的描述，错误的是（　　）。
   A. 自然语言理解（NLU）是 NLP 的一个子领域
   B. 自然语言生成（NLG）用于将结构化数据转换为自然语言文本
   C. 词向量（word embedding）用于将文本表示为低维度的向量
   D. 语法分析是自然语言生成（NLG）的核心任务
3. 在教育领域，基于自然语言处理的智能辅导系统不包括（　　）。
   A. 语法错误自动纠正　　　　　　　　B. 学生情感分析
   C. 知识点自动推荐　　　　　　　　　D. 物理实验模拟

二、简答题

1. 什么是自然语言处理（NLP）？它的主要研究目标是什么？
2. 自然语言理解（NLU）和自然语言生成（NLG）分别解决哪些问题？请举例说明。
3. 简述自然语言处理的主要技术框架，并说明其中关键环节的作用。
4. 目前 NLP 在教育领域有哪些应用？请列举至少三种并简要说明其作用。
5. 你认为在教育场景中应用自然语言处理可能会遇到哪些挑战？如何应对？

三、练习题

1. 选择一篇教育相关的文章或教材章节，使用 DeepSeek 对其进行关键词提取，并让模型解释每个关键词的重要性。进一步尝试让模型对文章进行总结，并对比其与人工总结的异同。
2. 选择一个知识点，例如"数学中的概率论"或"世界历史中的工业革命"，让 DeepSeek 自动生成单选题、填空题和简答题。评估生成题目的质量，并让模型优化它们，使其更具挑战性或更符合特定年龄段的学习者需求。

第 9 章
计算机视觉

本章导读

在数字化与信息化迅猛发展的今天,计算机视觉已成为人工智能领域的重要组成部分。计算机视觉的研究目标是让计算机能够像人类一样理解和解读图像与视频。随着硬件技术的进步和深度学习的突破,计算机视觉在多个领域展现出强大的应用潜力,包括自动驾驶、医疗影像分析、安防监控、智能制造等。

本章将探讨计算机视觉的背景、现状及其应用,分析其从早期的传统图像处理技术到如今的深度学习方法的演变。同时,我们还将介绍计算机视觉在教育领域中的应用实例,展示其在校园生活中的巨大影响力,帮助读者更好地理解这一领域的前景与挑战。

本章带领读者学习和解决以下问题。
- 计算机视觉的发展历程如何?
- 计算机视觉通用的处理流程是什么?
- 计算机视觉涉及什么技术?
- 我们如何将计算机视觉应用到教育中?

9.1 计算机视觉技术概述

计算机视觉(computer vision,CV)技术是旨在让计算机能够像人类一样"看"并理解图像和视频中的信息的一门技术。它是人工智能和机器学习的一个重要分支,主要研究利用图像处理和深度学习算法,从图像中提取、分析、识别和理解数据。

9.1.1 计算机视觉技术发展背景与现状

计算机视觉技术的起源可以追溯到 20 世纪 50 年代末到 60 年代初,那时计算机科学

和图像处理技术刚刚起步。在那个阶段,由于计算机硬件和处理能力的限制,计算机视觉的研究主要集中在如何通过简单的图像处理方法提取视觉信息,并使计算机能够"看到"并理解图像中的物体。这一时期的技术和方法虽然相对简单,但为计算机视觉研究奠定了基础。

1. 早期背景:初步探索阶段(20 世纪 50 年代末—60 年代初)

在计算机视觉诞生的初期,计算机科学界的研究者受到人工智能(AI)发展浪潮的影响。计算机视觉作为人工智能的一个子领域,其研究目标是模仿人类视觉系统,帮助计算机从图像和视频中"看到"物体并理解其内容。然而,考虑到计算能力和存储容量的限制,最初的研究更多依赖简单的图像处理技术,而不是复杂的机器学习算法或神经网络。于是,计算机科学家和工程师们开始着手解决如何让计算机理解和"看"图像的问题,从而使计算机能够像人类的视觉系统一样感知、识别、理解外部世界,并做出决策与行动。

计算机视觉的目标在于实现对图像内容的自动感知与解释,这一目标至今依然是计算机视觉研究的核心。在早期探索阶段,计算机硬件和算法尚未成熟,因此研究者主要专注于开发能够处理简单图像的技术。这个阶段的研究可以总结为以下几个方面。

(1) 图像的表示与编码

最初,图像通常被转化为一个二维矩阵(即像素矩阵)的形式,如图 9-1 中,图 9-1 (a) 显示一张手写数字"8"的图像,图 9-1 (b) 则给出了与这张图像一一对应的二维矩阵。可以把它理解为:图像和矩阵是同一个数据的不同表示方式。具体来说:这是一幅黑白(灰度)图像,每一个网格代表图像中的一个像素。

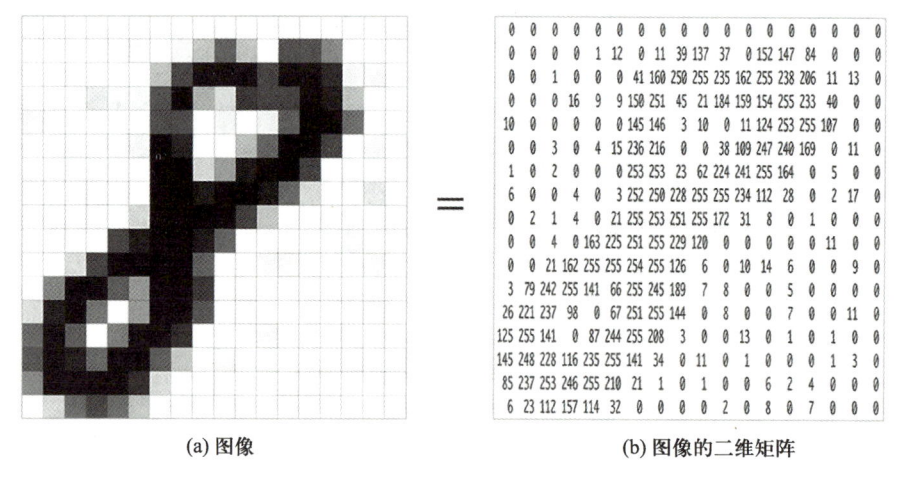

图 9-1　图像的表示

每个像素的值表示图像中对应位置的亮度或颜色信息。图像矩阵的每个元素代表图像的一个像素点,且像素值通常是一个数字,表示该点的灰度值(黑白图像的亮度)或颜色分量(彩色图像的 RGB 值)。

这一表示方法直接来源于图像的光学特性:图像本质上是由大量像素组成的,每个像素是图像的最基本单位。随着计算机硬件和存储能力的逐步提升,研究者逐渐意识到,图像可以通过二维矩阵数字化表示,便于计算机高效处理,成为后续图像处理算法的基础。

然而,这种简单的二维矩阵表示方法虽然直观,但仍存在许多技术瓶颈。早期的计算机硬件存储能力较差,存储图像所需的空间大,尤其是对于较大分辨率的图像,存储和处理的开销巨大。因此,如何压缩图像数据和提高图像处理效率成为当时的研究热点。

由于计算机硬件的存储和处理能力有限,研究者在图像表示的基础上,提出了多种图像简化和压缩的方法,例如图像二值化、灰度化处理等方法,以减少数据量和提高计算效率。特别是如何有效地存储和传输图像数据,成为早期计算机视觉研究的关键问题之一。

(2) 边缘检测与图像平滑

图像的边缘检测是计算机视觉中的一个基础任务,它用于从图像中提取出边缘信息。边缘通常代表了图像中物体的轮廓、结构和变化区域,能够帮助计算机理解图像中的形状、物体之间的关系以及物体的定位。边缘检测的目的是识别图像中亮度或颜色发生剧烈变化的部分,这些变化往往对应着物体的边界或重要的结构特征。

早期的边缘检测算法如 Roberts 算子和 Sobel 算子,通过计算图像的梯度,检测图像中的亮度变化,从而识别出图像的边缘。尽管这些算法简单高效,但也存在噪声敏感性和边缘精度不足的问题。为了改善边缘检测的效果,图像的平滑处理成为了一个重要的研究方向,尤其是高斯模糊技术,它通过去噪和平滑图像,极大地提高了边缘检测的准确性。随着技术的进步,边缘检测算法不断优化,推动了计算机视觉在图像分析、物体识别等领域的广泛应用。

(3) 图像匹配

在计算机视觉的早期探索阶段,研究者尝试了多种方法来识别和定位图像中的物体。其中,图像匹配技术是当时一个重要的研究方向。这种方法基于一个简单的假设:假设计算机已获得一个已知物体的模板,就可以通过与图像中所有区域进行匹配,找到该物体在图像中的位置。

在此基础上,科学家提出了模板匹配(template matching)技术。模板匹配是一种基于图像匹配的技术,假设有一个已知的"模板"图像,计算机的任务就是在另一幅图像中找到与该模板最相似的部分。模板匹配的基本步骤如图 9-2 所示。

图 9-2 模板匹配的基本步骤

图 9-2 展示了模板匹配的一般流程,包括三个主要步骤:滑动窗口、相似度度量和位置识别。首先,在滑动窗口阶段,模板图像会在输入图像上逐像素移动,每次对一个局部区域进行匹配。接着在相似度度量阶段,计算模板与当前窗口图像区域的相似度,常用的方法包括相关性(correlation)、均方误差(MSE)和归一化互相关(NCC)等。最后,在位置识别阶段,根据相似度计算结果,选出相似度最高的位置作为匹配目标,从而确定目标在图像中的位置。这种方法常用于目标检测、模式识别等领域,但在光照变化、尺度变

化或旋转情况下可能受到一定限制。

2. 传统图像处理与早期模式识别阶段（20世纪80年代—90年代）

到了20世纪80年代，计算机视觉领域开始进入更成熟阶段，图像处理技术不断发展，同时，模式识别也成为研究的主要方向。传统图像处理技术和早期模式识别方法为后来的计算机视觉技术提供了重要的理论基础，许多经典的图像处理方法和理论框架也在这一时期诞生。

在这一阶段，图像处理技术不仅仅局限于图像的简单转换和分析，研究者开始尝试从图像中提取更为丰富和有效的特征。这些特征可以是边缘、角点、纹理等，它们能够帮助计算机在图像中找到物体并对其进行识别。特征提取成为图像处理的核心任务之一，随着算法和计算能力的提升，图像分割、边缘检测和图像去噪等技术逐渐成熟。

例如，Canny边缘检测算子（1986年）就是在这一阶段提出的，它通过计算图像梯度和对图像平滑的优化，成功地提升了边缘检测的准确度。此外，霍夫变换（Hough Transform）也被引入，用于图像中的直线、曲线等几何形状的检测。

在模式识别方面，20世纪80年代到90年代的研究逐步将注意力从简单的图像匹配转向了更为复杂的物体识别和分类任务。研究者们提出了许多基于统计学习的模式识别方法，例如支持向量机（SVM）等，它们能够通过对大量图像的学习来构建图像特征与物体类别之间的关系。虽然这些方法比传统的模板匹配更为鲁棒，但由于依赖于人工设计的特征，它们仍然受到图像背景复杂、尺度变化和光照变化等因素的限制。

与此同时，基于人工神经网络的初步探索也开始在这一阶段崭露头角。尽管神经网络的应用受限于计算资源和数据量，但它们为后来的深度学习奠定了理论基础。此外，研究者们逐步认识到，图像中的上下文信息对物体识别和场景理解至关重要，这一认识推动了图像上下文建模和图像语义分析等技术的发展。

然而，在这个阶段，计算机视觉仍然面临许多挑战。许多传统方法仍然无法有效地处理复杂的背景、物体遮挡、尺度变化等问题。此外，图像标注和数据集的匮乏，限制了模式识别技术的进一步发展。

3. 深度学习引领的现代阶段（2010年至今）

进入21世纪10年代后，计算机视觉技术迎来了深度学习革命。随着大规模数据集的建立和强大计算能力的支持，深度学习逐渐成为计算机视觉领域的核心技术。尤其是卷积神经网络（CNN）和深度卷积神经网络（Deep CNN）在多个视觉任务中的突破性应用，标志着计算机视觉的现代化。

计算机视觉是让计算机"看"懂世界的一项技术，它的目标是让机器能够像人类一样理解图像和视频。过去十多年里，计算机视觉经历了巨大的进步，深度学习技术，特别是卷积神经网络（CNN）、生成对抗网络（GAN）和Transformer，带来了革命性的突破。

（1）卷积神经网络——让机器看图像

我们日常看到的图片，包含了许多细节：颜色、形状、纹理、边缘等等。早期计算机无法像人类一样"看懂"这些信息，但CNN的出现改变了这一切。CNN就像是计算机的

"眼睛",它能从图像中自动提取出最重要的特征,比如边缘、角点、纹理等,并逐层分析这些信息。

2012年,AlexNet的出现是一个重要的里程碑。它通过一层层的卷积操作,将图片中的信息层层递进,最后可以识别出图片的内容。AlexNet在ImageNet图像分类比赛中取得了压倒性的胜利,这一成就让深度学习一跃成为计算机视觉领域的主流技术。之后,许多改进的CNN架构让计算机能够处理更加复杂的视觉任务。

(2)生成对抗网络(GAN)——让机器"创作"新图像

你可以想象生成对抗网络(GAN)是一对"对抗"的艺术家。在GAN中,有两个网络相互竞争:一个是生成器,它试图创造出逼真的图像;另一个是判别器,它试图分辨出这些图像是否真实。随着两者的不断竞争,生成器变得越来越擅长创造出令人惊叹的图像,甚至可以生成完全虚构但看起来极其真实的图片、视频和艺术作品。

GAN被广泛应用于图像生成、风格转换、图像修复等任务。例如,利用GAN,可以将黑白图像转成彩色图像,或者将一个人的面部特征生成不同的面部表情。

(3)Transformer——打破传统的图像处理方式

Transformer模型最初并非为图像设计,而是为了处理自然语言而诞生,但它在计算机视觉中的表现却非常出色。与传统的CNN不同,Transformer不依赖卷积操作,而是通过自注意力机制(self-attention)来处理图像中的不同部分之间的关系。这种方式可以让模型更好地理解图像中长距离的、复杂的依赖关系。

在图像识别、图像分割等任务中,Transformer的引入使得计算机可以更加准确地处理和理解图像中的细节。特别是在复杂的视觉任务中,Transformer模型已经成为越来越重要的工具。

这些深度学习技术,特别是CNN、GAN和Transformer,推动了计算机视觉从简单的图像分类到复杂的图像生成和理解的巨大飞跃。随着技术的不断进步,未来计算机将在更多领域像人类一样"看懂"世界,并为我们的生活带来更多便利。从自动驾驶到医学影像分析,再到虚拟现实,计算机视觉技术正在不断改变着我们的世界。

> **学习任务9-1**
>
> 总结计算机视觉技术的发展历程,并思考对我们生活产生了什么影响。

9.1.2 计算机视觉技术的基本原理

计算机视觉技术的基本原理是让计算机能够"看懂"图像或视频中的信息,并从中提取出有用的数据。这个过程通常可以分为图9-3所示的几个关键步骤:图像采集与处理、特征提取、理解与决策。

1. 图像采集与处理

图像采集是计算机视觉的第一步,它通过摄像头、相机或其他图像采集设备获取图像或视频数据。采集到的图像通常以像素为单位表示，每个像素包含颜色和亮度信息。图像处理的目的是将原始图像进行优化和规范化，为后续的分析和理解做准备。

图 9-3　计算机视觉技术的流程

图像处理通常包括以下步骤。

(1) 去噪

原始图像中可能存在噪声（如传感器问题或环境干扰），通过滤波等方法去除噪声，提高图像质量。

(2) 灰度化

将彩色图像转换为灰度图，减少数据量，通常用于处理不需要颜色信息的场景。

(3) 图像缩放与裁剪

根据任务需求，对图像进行大小调整或裁剪出特定区域，使图像符合算法的输入标准。

这些处理步骤帮助计算机从原始图像中获取更清晰、有效的信息。

2. 特征提取

特征提取是计算机视觉的核心步骤，目的是从处理后的图像中提取出有用的特征信息。特征是图像中能够代表其重要内容的元素，例如边缘、角点、纹理、形状等。通过提取这些特征，计算机可以理解图像的结构和组成。

常见的特征包括以下几个。

● 边缘：物体的轮廓或边界，可以通过边缘检测算法（如 Sobel 算子、Canny 边缘检测）提取。

● 角点：图像中的特征点，常用于物体识别和图像匹配。

● 纹理与形状：描述物体表面的特征，有助于区分不同的物体。

● 颜色：虽然某些任务可能不依赖颜色，但颜色仍然是物体识别中常用的区分特征。

特征提取帮助计算机通过简化的图像信息理解物体、场景或事件的结构。

3. 理解与决策

理解与决策是计算机视觉的最终目标，计算机需要根据提取的特征信息，分析图像的内容，做出相应的判断或决策。这个阶段通常使用机器学习或深度学习算法来识别图像中的物体，对图像进行分类，对复杂场景做出行为决策。

常见的任务包括以下几个。

● 物体检测：通过识别图像中的物体，并确定其位置，计算机可以对图像进行标注或进一步分析。

● 图像分类：将图像整体分类到某一类，例如识别出图像中的物体是猫、狗还是人。

- 图像标注与生成：在图像中标记出物体，或者根据识别到的信息生成新的图像（如 GAN 生成模型）。

在自动驾驶中，计算机视觉通过识别道路、交通标志、行人等做出驾驶决策；在医疗图像分析中，计算机能够识别病变区域，辅助医生做出诊断。

9.2　计算机视觉相关技术

随着人工智能与大数据技术的迅猛发展，数字图像处理与计算机视觉已成为理解和分析视觉信息的关键手段。它们不仅从像素、分辨率、色彩模型等基础概念入手，逐步构建对图像的分类、检测与分割能力，更与智能决策相结合，帮助计算机在感知周围环境后做出有效判断与行动。正是这一完整的"感知—理解—决策"闭环，让自动驾驶、安防监控、医疗诊断等领域的智能化应用成为可能，也为人机交互和社会发展带来了新的机遇与挑战。

9.2.1　图像处理技术

在数字图像处理中，图像可以被看成是由许多基本单位构成的，每一个单位称为"像素"。想象一张照片被分解成无数个小方块，如图 9-1 所示，每个方块就是一个像素。每个像素都代表图像的最小单元，并且承载着图像的颜色和亮度信息。

1. 像素：图像的最小单元

像素是图像的基本构建块，它是图像中最小的可显示单元。每个像素通过特定的颜色和亮度值来构成图像的整体视觉效果。图像的清晰度和细节主要由每个像素的数量和分布决定。

2. 分辨率：决定图像清晰度

图像的分辨率决定了图像中像素的数量。分辨率越高，图像中包含的像素就越多，图像就越清晰。以常见的 1 920×1 080 分辨率为例，这个图像包含超过 200 万个像素，每个像素包含着独特的颜色和亮度信息。

3. 色彩模型：RGB 和 HSV 模式

（1）RGB 模式：红、绿、蓝三原色

RGB（Red、Green、Blue）是最常见的颜色模型，它通过红色、绿色和蓝色三种基本颜色的不同组合来表示其他颜色。这种方法类似于调色盘，通过调整三种原色的强度，可以得到多种颜色。例如，红色和绿色混合在一起可以得到黄色，而三者的混合则可以产生白色。

公式表示为：

$$RGB=(R,G,B)$$

式中，R、G、B 分别代表红、绿、蓝三种颜色的强度，数值通常在 0 到 255 之间。例如，(255,0,0)表示纯红色，(0,255,0)表示纯绿色，(0,0,255)表示纯蓝色。

(2) HSV 模式：色相、饱和度与亮度

HSV 模式通过三个参数来描述颜色：色相（Hue）、饱和度（Saturation）和亮度（Value）。这种模型常用于色彩调整，特别适合艺术和设计工作。色相代表颜色的种类，饱和度代表颜色的纯度，亮度则决定颜色的明暗程度。

- **色相**：表示颜色的类型，例如红色、蓝色等。
- **饱和度**：表示颜色的鲜艳程度，值越高颜色越纯。
- **亮度**：表示颜色的明亮度，值越高颜色越亮。

4. 灰度转换

黑白照片通过将彩色图像转换为灰度图像来实现。每个像素的颜色值会被转换成不同深浅的灰色，灰度值的范围从 0（黑色）到 255（白色），中间的值则代表不同的灰度。这个过程通常会使用加权平均的方法，将 RGB 三个通道的值按照一定比例转化为灰度值。

灰度公式为：

灰度 = 0.299×R + 0.587×G + 0.114×B

式中，通过对红、绿、蓝三色的加权平均来计算像素的灰度值，其中绿光的贡献最大，其次是红光和蓝光。

图像的构建和呈现依赖于像素、分辨率以及颜色模型。RGB 和 HSV 是两种常见的颜色表示方式，分别适用于不同的应用场景，通过灰度转换则能让图像呈现出经典的黑白效果。

9.2.2 计算机视觉的核心技术

1. 图像分类

计算机视觉包括一系列重要任务，如图像分类、定位、图像分割和目标检测。其中，图像分类可以被认为是最基本的内容。它构成了其他计算机视觉任务的基础。图像分类应用在许多领域，如医学成像、卫星图像中的目标识别、交通控制系统、刹车灯检测、机器视觉等。

图 9-4 展示了目标检测（object detection）的应用，识别并标注了图像中的人物和自行车。每个检测到的目标都被矩形框（bounding box）标注，并附有类别标签（如"person"和"bicycle"），以及置信度分数（例如 1.00 或 0.86），表示模型对检测结果的置信程度。该方法通常采用深度学习模型来精确识别和定位物体，广泛应用于自动驾驶、视频监控和智能分析等领域。

(1) 什么是图像分类？

图像分类是计算机视觉中的基础任务之一，目的是根据图像的内容将其分配到一个或多个预定义的类别中。这一过程通常基于图像中的像素、纹理、形状等特征进行分类。分类的规则可通过分析不同的特征（如色彩、亮度、形态等）来实现，即通过提取图像的视

觉信息来识别和归类不同图像。

图 9-4　图像分类

（2）图像分类是怎么做的？

计算机是以像素的形式对图像进行分析，通过将图像视为矩阵数组来达到分析的目的，其中矩阵的大小取决于图像的分辨率。总的来说，计算机视觉中的图像分类是通过算法分析这些数据实现的。在数字图像处理中，图像分类通过将像素自动分组到预定义的类别（类）来完成。图像分类有无监督图像分类和有监督图像分类两种基本方法，两者的数据依赖和学习策略有所不同。

无监督图像分类是一种无须预先标注数据的完全自动化方法，主要利用模式识别和图像聚类技术从原始数据中挖掘隐藏的结构和模式，典型算法包括 K-Means 和 ISODATA：前者需指定聚类数目并通过迭代更新聚类中心来实现聚类，后者则允许在迭代过程中根据数据分布动态调整聚类数目，具有更大的灵活性和适应性。有监督图像分类则依赖事先标注的训练样本，通过学习这些样本的统计特征来构建分类器，进而对新图像或未知数据进行准确分类，常见于遥感影像分析、地物类型识别等对分类精度要求较高的场景。

有监督图像分类是一种基于已标注数据进行学习的图像分析方法，旨在通过训练分类器来识别和分类图像中的像素或区域。该过程通常包括两个关键阶段：训练和分类。在训练阶段，首先选择一组具有代表性的样本，并将其分配到预定义的类别（如植被、道路、水体或建筑物等）。然后，利用这些样本训练分类器，使其学习各类别的特征模式。在分类阶段，训练好的模型用于对新图像进行分类，确保新图像的像素或区域能够被准确归类。常见的有监督分类算法有最大似然分类（MLC）、支持向量机（SVM）和随机森林（RF）等。

2. 目标检测

目标检测是计算机视觉中的一个核心任务，它的目标是识别图像或视频中的不同物体，并确定它们的类别以及位置（通常通过边界框表示）。与传统的图像分类任务不同，目标检测不仅需要识别图像中的物体类别，还需要准确地定位每个物体的位置。

目标检测的主要内容包括物体定位和物体分类。物体定位通过边界框（bounding box）来表示物体在图像中的位置，边界框通常由四个参数描述：左上角的坐标（x_{min}, y_{min}）和右下角的坐标（x_{max}, y_{max}）。物体分类则是对检测到的每个边界框内的物体进行分类，确定其所属的类别（如人、车、猫、狗等）。

目标检测的流程通常包括四个步骤。根据图9-5所示，首先是特征提取，通过传统方法（如HOG、SIFT等）或现代深度学习模型（如卷积神经网络）从图像中提取特征。接下来是候选区域生成，确定可能包含物体的区域，这些区域称为候选框。早期的方法使用滑动窗口或区域生成算法（如selective search）来生成候选框。然后，对于每个候选框，通过神经网络或其他分类器进行物体分类，并对边界框进行回归调整，以提高定位精度。最后，进行后处理，通常使用非极大值抑制来过滤掉重叠的框，确保每个物体仅被检测一次。

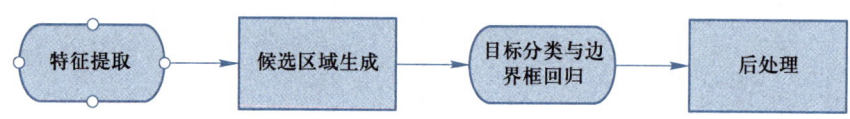

图9-5 目标检测流程

目标检测技术经历了从传统方法到深度学习方法的演变，逐步提高了精度和速度。

在传统方法中，最早的目标检测方法之一是基于Haar特征和AdaBoost分类器的结合，常用于人脸检测。另一种广泛应用于行人检测的传统方法是将HOG（方向梯度直方图）特征与支持向量机（SVM）结合，通过提取图像中的边缘信息来检测物体。

随着深度学习的崛起，目标检测迎来了重要的变革。

(1) R-CNN (regions with CNN features)

R-CNN方法通过引入区域建议（region proposals）来生成候选区域，并将这些区域输入卷积神经网络进行特征提取，显著提高了检测精度，但其计算速度较慢。随后，基于CNN提出了一种共享卷积特征图的方法Faster R-CNN，提高了计算效率，Faster R-CNN通过引入区域生成网络替代传统的候选区域生成方法，实现了端到端的训练和更快的检测速度。

(2) YOLO (you only look once)

YOLO将目标检测任务视为回归问题，通过一个单一的神经网络直接从整张图像中预测物体的位置和类别，具有非常快的检测速度，适合实时应用。YOLO的后续版本（YOLOv3/v4/v5）在精度和速度上不断优化，采用了更深的网络结构和更高效的特征提取方法，并能够通过不同尺度的特征来检测不同大小的物体。

(3) SSD (single shot multibox detector)

SSD同样基于卷积神经网络，使用多尺度特征图进行目标检测。与YOLO类似，SSD

也是一种端到端的检测方法，可以实现实时处理。

(4) Focal Loss

Focal Loss 由 RetinaNet 提出，解决了目标检测中类别不平衡的问题（大部分区域通常为背景）。这种方法尤其提升了小物体的检测效果。

通过这些技术的不断发展，目标检测不仅在精度上取得了突破，而且在处理速度上也越来越快，广泛应用于自动驾驶、安防监控、医疗影像等多个领域。

3. 图像分割

图像分割是计算机视觉中的一个核心任务，在计算机视觉领域，图像分割技术如同数字显微镜，能将图像分解为有意义的组成部分。这项技术主要分为两大类型——语义分割与实例分割，它们像一对互补的"视觉助手"，分别满足不同层次的场景理解需求。

图 9-6 对比了语义分割（semantic segmentation）和实例分割（instance segmentation）的区别。语义分割的目标是将图像中的每个像素分类，并用相同的颜色标记属于同一类别的对象，而不区分具体个体，例如所有的汽车、自行车等都被统一标记。而实例分割不仅进行类别分类，还能够区分同类别中不同的个体，例如不同的自行车和汽车会被标记为不同的实例，从而实现更精细的目标识别。这种差异使得实例分割在需要精确识别单个对象的应用场景中更具优势。

(a) 语义分割　　　　　　　　　　　　(b) 实例分割

图 9-6　语义分割与实例分割的直观对比

(1) 语义分割：场景的语义地图绘制者

语义分割如同为图像绘制彩色编码地图，它会对每个像素进行分类标注，将相似语义的物体区域统一着色。例如，在图 9-7 中，一张图像包含 1 辆小汽车、1 辆公交车、2 个骑自行车的人、一条道路和天空。这两个骑自行车的行人代表相似的纹理特征。

(2) 实例分割：物体的精准身份识别

实例分割则像是给每个物体颁发独立身份证，因此它通常处理与可计数的物体相关的任务。它可以检测图像中每个物体或类别的实例，并为其分配一个带有唯一标识符的不同掩模或边界框。例如，在图 9-8 中，实例分割将分别识别出 1 辆小汽车、1 辆公交车、2 个骑自行车的人（Bike_Person_1 和 Bike_Person_2）。

图 9-7 语义分割的结果表示　　　　　图 9-8 实例分割的结果表示

这对"视觉双生子"的核心差异体现在处理粒度上：语义分割聚焦"群体特征识别"，适用于需要整体场景理解的场景，如自动驾驶系统识别可行驶区域；而实例分割强调"个体特征追踪"，在需要精确计数的医疗影像分析、商品货架清点等场景大显身手。从技术实现来看，实例分割往往需要结合目标检测算法，通过增加"实例区分模块"来增加计算复杂度，这也使得它对硬件资源的要求更高。

在技术发展脉络上，实例分割可视为语义分割的进阶形态。现代算法常采用两阶段策略：先通过语义分割建立基础认知，再借助例如 Mask R-CNN 中的 ROI Align 技术对重点区域进行精细化处理。两者在智慧城市、工业质检等领域常协同工作，语义分割快速勾勒场景全貌，实例分割则对关键目标进行深度解析，这种分层处理模式大幅提升了计算机视觉系统的实用价值。

图像分割技术正在重塑人机交互方式：从手机相册自动区分人物与背景，到病理切片中精准标记癌细胞，图像分割技术的双重形态持续推动着机器视觉向人类视觉认知水平迈进。

4. 从图像到智能决策技术

图像分类只是智能决策的一部分。在图像分类中，计算机识别并分类图像中的内容，例如识别图片中的猫、狗或风景。而智能决策则是计算机在识别图像后，进一步分析图像的内容，并基于这些分析做出行动或判断。

例如，当你使用智能手机解锁时，手机通过人脸识别系统验证你的脸部特征，并解锁手机。这个过程不仅仅是"识别"你的脸，还基于识别结果做出解锁这个决策。智能决策正是通过这一系列图像分析和计算来实现的。

智能决策是计算机视觉和人工智能领域中的核心任务之一，目的是让计算机不仅能够感知周围环境（如图像、视频、传感器数据等），还能够基于这些感知做出合理、有效的决策。智能决策的原理和算法涉及多个学科，包括计算机视觉、机器学习、控制理论等。在这里，我们将重点详细介绍智能决策的基本原理和常见的算法。

智能决策的基本原理是计算机通过分析环境中的信息，做出最优或合理的决策。这一过程通常分为以下几个主要步骤。

（1）感知与信息获取

智能决策的第一步是从环境中获取数据。在图像识别的场景中，这意味着从摄像头、传感器或其他设备中采集图像或视频数据，然后，这些数据会被传递到计算机视觉模型中进行处理，提取出有用的特征信息，如物体、颜色、形状、位置等。

（2）分析与推理

在获得图像或传感器数据后，计算机会对这些信息进行分析和推理。分析通常包括对图像特征的提取、模式识别以及背景信息的整合。在推理过程中，计算机会基于已有的知识或训练得到的模型，来推断图像中的物体或事件的含义。推理过程不仅仅是对单个图像的处理，而是对环境中的多个因素和目标之间关系的全面考量。

（3）决策模型

智能决策的核心是决策模型。计算机根据感知到的信息和推理结果，通过特定的算法来评估不同的决策备选方案，并做出最适合当前情境的决策。决策模型通常涉及对可能行动的评估、风险的估算以及利益的最大化等。

（4）学习与优化

智能决策系统通常会使用机器学习算法来不断优化，这意味着系统在执行决策后，会根据实际结果来评估决策的好坏，并根据这些反馈进行调整。例如，通过强化学习，系统能够不断地通过试错来找到最优决策策略。每一次决策和执行都会增强或减少某种行为的可能性，最终形成一套有效的决策规则。

智能决策的算法种类繁多，在图像分析、自动驾驶、医疗诊断等领域发挥着重要作用。下面介绍几种在实际应用中广泛使用的智能决策算法。

（1）决策树（decision trees）

决策树是一种常用的机器学习算法，广泛应用于分类和回归问题。它通过树状结构将输入特征与类别标签之间的关系进行建模。每个节点表示一个特征的判断条件，每个分支代表一个特征值的具体取值，最终的叶节点表示决策结果。决策树从根节点开始，根据特定特征的值逐层划分数据，直到最终到达一个叶节点，输出相应的分类或回归结果。例如，在自动驾驶中，决策树可以帮助汽车根据传感器数据判断是否需要停车。决策树的优势在于其直观易懂，模型简单，且适合处理具有明确决策规则的问题。然而，它也存在一定的局限性：当特征数量较多时，容易发生过拟合，且对处理复杂的线性关系或数据分布较难应对。

（2）强化学习（reinforcement learning，RL）

强化学习是一种基于试错的学习方法，广泛应用于需要做出决策的动态环境中。在强化学习中，智能体（Agent）通过与环境的交互，学习并调整自己的行为策略，并根据环境反馈的奖励或惩罚来优化决策策略，使得未来的行为能够获得更多奖励。强化学习的一个显著优势是它能够在复杂、动态的环境中自我学习，适应没有明确规则的问题场景，如自动驾驶和机器人控制等。然而，强化学习的训练过程通常需要大量的交互和数据，训练时间较长，且对计算资源的需求也较大。

（3）马尔可夫决策过程（markov decision process，MDP）

马尔可夫决策过程是强化学习中的一个关键概念，用于建模决策问题。MDP 将决策问题建模为一个状态空间和行动空间的集合，智能体根据当前的状态选择行动，从而影响未来的状态。MDP 通过定义状态空间、行动空间、奖励函数和转移概率来描述决策过程。智能体的目标是通过优化策略，最大化长期的累积奖励。MDP 适用于那些具有明确状态和行动空间的复杂决策问题，如自动驾驶、机器人路径规划和资源调度等。通过在每个状态下评估可能的行动，MDP 帮助系统做出最优的多阶段决策。然而，MDP 在面对较大状态空间和行动空间时，计算开销较大，求解最优策略也变得更加困难。

（4）贝叶斯决策理论（bayesian decision theory）

贝叶斯决策理论是基于贝叶斯统计原理，结合概率论和统计学来评估决策结果的期望效用，并选择最优决策。该理论通过计算不同决策在特定情况下的后验概率，来评估各个行动的期望效用，最终选择期望效用最大的决策。在医学领域，贝叶斯决策理论被用来帮助医生在诊断过程中评估不同治疗方案的效用，通过分析患者的症状和影像数据等，辅助决策。贝叶斯决策理论的优势在于能够处理不确定性和噪声数据，尤其适用于数据量较小且面临高风险的决策问题。然而，该理论对已有知识有较高的要求，并且计算上较为复杂，尤其是需要进行大量的概率计算时。

这些智能决策算法在实际应用中各具特点，能够帮助计算机从复杂的环境中做出合理的决策。随着技术的不断发展，这些算法的应用场景也在不断扩展，推动着自动驾驶、机器人、医疗诊断等领域的不断进步。

> **学习任务9-2**
>
> 通过 DeepSeek 了解更多计算机视觉技术的具体原理和架构，并且思考其作用及应用场景，以及如何实际应用。

9.3 计算机视觉在课堂管理中的应用

9.3.1 课堂氛围分析与优化

1. 课堂管理与氛围分析的具体应用

计算机视觉在课堂管理中的应用可以通过分析学生的行为和情绪，从而优化课堂氛围。计算机视觉可以实现以下几方面的应用。

① 学生情绪分析：计算机视觉技术可以通过面部表情识别技术，实时监控学生的情绪状态，如注意力集中程度、困惑、厌烦等。这些数据可以帮助教师及时调整教学方法和节奏。例如，当学生表现出困惑或走神时，教师可以主动提供额外的解释或调整教学内容。

② 课堂行为分析：通过分析学生的坐姿、目光方向和肢体动作等，计算机视觉可以

帮助识别学生的参与度。长时间低头、频繁分心的学生可能需要更多的关注，而那些积极参与的学生则可以在课堂上得到更多的互动机会。

③ 课堂互动监测：计算机视觉还可以用来跟踪学生之间的互动情况，如小组讨论中的参与度。通过分析学生间的眼神交流、肢体语言等，系统可以评估小组合作的有效性，并为教师提供相应的反馈。

④ 课堂氛围评估：利用计算机视觉对课堂中的集体氛围进行分析，可识别学生总体情绪趋势。例如，教师可以根据多数学生的情绪反应（如笑声、皱眉等）来评估课堂氛围是否活跃，是否需要调整教学方式。

⑤ 个性化教学优化：基于课堂氛围分析，计算机视觉技术能够帮助教师了解每个学生的具体需求，从而调整教学内容的难度、互动方式和学习资源。例如，对于情绪低落的学生，教师可能会提供额外的支持或鼓励，以提高其学习动力。

⑥ 自动反馈与评估：计算机视觉技术还可以通过实时数据分析为教师提供自动反馈，例如学生在课堂上的参与情况、课堂互动质量等。这可以帮助教师及时调整教学方法，提高教学质量。

通过这些应用，计算机视觉不仅可以改善课堂管理，还能提升教学效率，增强学生的学习体验和课堂参与度，从而优化课堂氛围。

2. 使用计算机视觉技术的优势

在课堂管理与氛围分析中使用计算机视觉技术主要是为了提升教学效率、增强互动性，并根据实时数据进行智能化调整。具体好处如下。

① 计算机视觉技术可以实时分析学生的情绪和行为，帮助教师快速了解课堂氛围，调整教学方式以维持或改善课堂的互动性和参与度。通过面部表情识别，教师能够准确感知学生的情绪变化，如困惑、焦虑或无聊，从而更有针对性地调整教学内容或节奏。通过监测学生的目光和肢体语言，老师可判断学生的参与度和兴趣，从而更有效地组织课堂互动，激发学生的学习动力。

② 基于计算机视觉技术提供的学生数据，教师能够根据每个学生的参与情况、情绪变化等信息，调整教学策略并实施个性化的教学方案。自动化数据分析使得教师能够专注于教学内容和学生的情感需求，而无须花费过多时间在课堂管理和气氛评估上。

③ 通过全面分析学生行为数据，教师可动态调整讲授内容或节奏，使课堂氛围更加活跃和融洽，避免学生兴趣流失或注意力下降。计算机视觉还能提供数据驱动的课堂反馈，减少主观评价带来的偏差，使得课堂管理和氛围分析更加客观和精准。计算机视觉在课堂管理中的应用不仅帮助教师更好地理解学生的需求，还能提高课堂效率、促进个性化学习，最终显著提升教学质量。

3. 课堂应用的具体原理

在传统的教学模式中，教师往往难以全面关注每个学生的学习情况，通常只能通过观察少数学生来判断自己教学方法的效果。由于课堂提问机会有限，很多学生无法得到充分的互动与反馈。传统的应试教育模式也依赖于考试来评估学生对知识的掌握程度，但这种方法存在滞后性，反馈速度慢且低效。家长了解孩子学习情况的途径，也多依赖与老师和学生的主观交流，缺乏客观依据。

学习本身需要学生具备较强的自发性和主动性，但在青春期阶段，许多学生易受外部诱惑或注意力分散的影响，导致课堂参与度不足。因此，如何在教学过程中及时提供反馈并引导注意力，提升课堂效率，成为教学改革中的核心问题。

人工智能并非教育专家，但可探索如何将先进的技术应用于实际教育场景，尤其是借助技术实现课堂互动和反馈的优化。课堂氛围优化的核心思想是：利用目标检测模型来监测和分析学生的行为，实时评估学习状态与表现，如图 9-9 所示，通过分析课堂动作数据及时识别异常行为并做出响应。这样不仅可以提供更全面、更准确的教学反馈，还能通过纠正低效的课堂行为，提高学生的学习效率，最终推动学习成绩的提升。

图 9-9　识别学生动作

计算机视觉技术通过图像识别和模式识别算法，分析并理解图像中的内容。在此场景中，计算机视觉系统采用了目标检测和行为识别技术。

① 目标检测：目标检测是计算机视觉的一个核心任务，用于识别图像中的特定目标，并在目标周围画出框架（如图中的矩形框）。在此图中，每个学生和他们的行为被识别为一个目标，系统会框选并标注他们的活动状态。

② 行为分类：通过训练好的深度学习模型，计算机视觉系统能够识别学生的具体行为（如阅读、写作等）。这些行为是基于图像中的关键特征（如学生的姿势、手部动作等）来进行分类的。系统根据输入的图像进行推理，并为每个学生分配一个最可能的行为标签。

③ 置信度评估：模型通过计算每个行为的分类结果生成一个置信度值（例如，0.74 表示有 74% 的概率该学生在阅读）。这个置信度值反映了模型对于判断结果的确定性。

④ 实时分析：此类计算机视觉技术通常用于实时分析，能够在教学环境中及时提供关于学生行为的反馈，帮助教师更好地理解课堂动态。

这种计算机视觉应用通过深度学习模型，对图像中的学生行为进行检测和分类，并以高效的方式为教学过程提供实时数据支持。

此外，结合 YOLO 技术，计算机视觉模型可以高效地在课堂环境中实时检测学生的行为。具体应用包括以下几种。

① 行为识别：通过训练 YOLO 模型来检测不同的学生行为，如"阅读"（reading）、"写作"（writing）、"听讲"（listening）等，模型能够为每个学生分配正确的行为标签。例如，图像中可以检测出哪些学生在阅读、哪些学生在写作，并提供相应的置信度，帮助教师了解学生的状态。

② 实时反馈：YOLO 的快速检测能力使得该系统能够即时分析学生行为，并向教师反馈学生的学习状态。这种及时的反馈能够帮助教师调整教学策略，提升课堂互动性。

③ 课堂管理：YOLO 不仅能够识别学生的行为，还可以帮助监控学生的参与度。例如，模型可以检测到学生是否分心，是否在进行与课堂无关的活动，从而为教师提供学生参与度的动态数据。

④ 多目标检测：在课堂中，可能有多个学生同时进行不同的活动，YOLO 能够高效地检测并跟踪每个学生的行为，不会受到学生数量的影响。每个学生的活动都会在图像中被精准标记，并提供实时反馈。

结合 YOLO 技术，计算机视觉在课堂行为分析中的应用将更加高效。通过实时检测和分析学生的行为，YOLO 能够帮助教师快速了解课堂动态，提供即时反馈，进而改善课堂管理和教学质量。这一技术可以有效减少教师的管理负担，促进学生的学习参与，推动教育模式的智能化与现代化。

9.3.2 校园安全监控

1. 校园安全监控的意义

校园监控系统不仅能看到每个人经过的路径，而且能"理解"他们的动作，甚至预测并防止潜在的危险情况。通过计算机视觉技术，校园的安全管理变得更加智能和高效。这些技术使监控系统不仅仅停留在"看"的层面，而是能像人类一样做出判断和决策，帮助管理者保护校园的每个角落。

首先，让我们来聊聊人脸识别技术。在人群中，想要快速找到一个人，最直接的方式就是识别他的脸。人脸识别技术也正是通过这一原理工作，它通过计算机程序"记住"一个人的面孔，并利用这些信息去比对每一个经过的人的面孔。当有学生或教职工出入校园时，正如图 9-10 所示，系统会自动扫描他们的面部，确保只有授权人员可以进入。如果系统发现陌生面孔，它就会自动发出警报，提醒安保人员。这如同给校园门口部署了一位智能守卫，随时防范未经授权的侵入。

接下来，行为识别技术也在校园安全中发挥着重要作用。我们在生活中，常常能通过观察一个人的行为，判断该行为是否存在安全隐患，比如突然有人快速奔跑，或两个人开始激烈争吵。计算机视觉技术能够通过分析视频中的动作来识别这些行为。比如图 9-11，如果系统"看到"有人在翻越围墙，系统会立刻判断并发出警报。这样，校园的安保人员就能更快地做出反应，避免事态进一步升级。

图 9-10　学生人脸识别

图 9-11　学生危险动作识别

还有一种非常有用的技术，称为人群聚集检测。当一群人聚集在一起时，管理者往往需要关注这是否意味着危险，尤其是在学校举办大型活动时。通过计算机视觉，系统可以实时监测人群的密集度。如图 9-12 所示，如果某个区域的学生突然变得异常密集，系统会立刻提醒安保人员，这样管理者就可以提前采取措施，防止发生意外事件，比如踩踏事故。

通过将这些技术综合运用，校园的智能安防监控系统可以实现实时监测。它不仅能自动识别行为异常，还能对每个角落的变化做出反应。如果系统发现有人进入禁区，或发生了其他异常事件，它会立即报警，确保管理人员能够第一时间获悉并采取措施。

最后，这些技术还能够通过智能分析与报告生成帮助校园管理者做出更加科学的决策。系统可以根据监控数据，分析安全事件发生的频率和趋势，帮助管理者提前做好防范准备，合理优化安防资源的配置，提升校园安全管理的整体水平。

通过计算机视觉技术，校园的安全监控不仅变得更加精准，也变得更加智能。它让我们的校园像一个有智慧的大脑，时刻关注着每个角落，为大家提供一个更加安全、和谐的学习和生活环境。

2. 为什么要使用计算机视觉技术

图 9-13 展示了计算机视觉技术在现代智能系统中的重要应用。为了让读者更清楚地理解这一技术的作用，我们可以将整个过程拆解开来，逐步讲解每个环节是如何运作的。

（1）多源输入——数据的采集

首先，计算机视觉技术的工作开始于数据收集。这些数据来源于多种不同的设备和传感器，比如车载摄像头、无人车、固定摄像头等。这些设备通过实时拍摄图像或视频，采集周围环境的视觉信息。在一些特殊场景中，还可能会使用其他传感器（比如红外传感器、激光雷达等）来补充图像数据，以确保信息的全面性和准确性。所有这些数据源构成了计算机视觉技术所需要的输入。

图 9-12 人群聚集检测

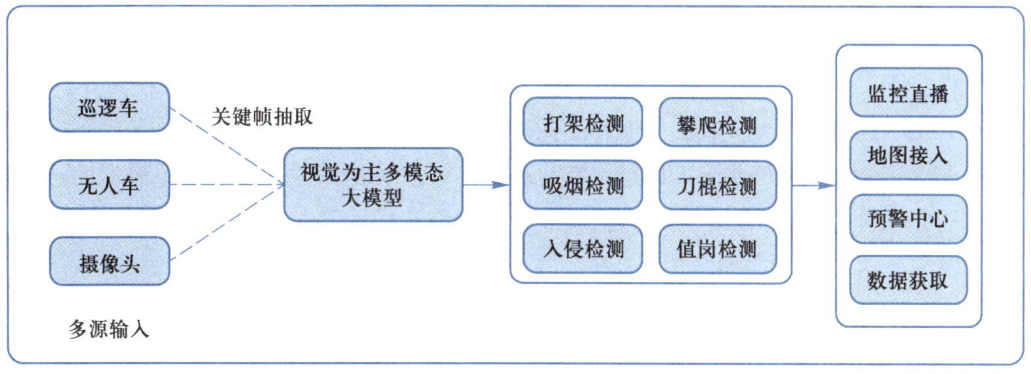

图 9-13 计算机视觉技术的应用

(2) 视觉为主的多模态大模型——数据的处理

收集到这些图像和视频数据后，计算机视觉技术就需要对它们进行处理。这时，所有的图像数据会通过一个称为"视觉为主的多模态大模型"的系统进行分析和计算。这个"大模型"其实是一个非常强大的计算机程序，能够并行处理不同类型的数据源，并通过机器学习和人工智能算法，提取出其中的有用信息。

这种"多模态"意味着这个模型不仅仅依靠图像数据，它还可以结合其他数据源（如声音、温度、压力等）做出更精准的判断。通过这种融合分析，计算机视觉技术可以全面理解场景并做出相应决策。

(3) 检测与分析——从图像中识别事件

经过大模型的处理后，系统将开始对收集到的图像数据进行细致化分析和检测。具体来说，其核心任务是识别并检测图像中的特定目标或事件。根据图中所示，主要有以下几种检测类型（部分列出）。

- 打架检测：识别图像或视频中是否出现了打斗行为。这一检测技术在公共安全和监控系统中尤为重要，能够及时发现异常行为并发出警报。
- 吸烟检测：检查图像中的人物是否在吸烟，尤其是在禁止吸烟的公共场所或建筑物中，这项技术可以帮助实现智能监控。
- 刀棍检测：识别图像中是否存在危险的刀具或武器。这在反恐或大型公共场所的安全监控中尤为关键。
- 入侵检测：用于检测是否有未经授权的人进入特定区域，常应用于商业建筑、私人场所或军事基地的安保系统。
- 值岗检测：监测工作人员是否按时值班，确保工作流程的正常运行。

(4) 最终应用——信息反馈与响应

经过详细的图像分析和检测后，系统会将这些信息传递到最终的应用平台。在这些平台上，相关人员或系统会得到实时反馈，并做出适当的响应。例如：

- 监控直播：将实时监控视频传输至控制中心，确保安保人员能随时掌握情况。
- 地图接入：将分析得到的数据与地图信息结合，进行实时定位和场景展示。
- 预警中心：如果系统发现潜在的危险或异常，警情中心可以立刻得到报警信息，并做出应对。
- 数据获取：系统会记录所有的检测信息，并汇总成数据，以便后续分析或存档。

通过计算机视觉技术，我们能够将图像和视频数据转化为有用的信息，从而帮助我们更好地进行安全监控、公共管理以及智能化决策。计算机视觉不仅仅局限于静态的图片分析，它还可以通过动态视频的实时分析，及时发现潜在的危险或问题，极大提高了处理效率和准确性。随着技术的不断进步，未来这一技术将在人们的日常生活中发挥越来越重要的作用。

3. 具体如何通过计算机视觉技术实现对校园安全的监控

校园监控不仅仅局限于查看是否有人走动，而是像一个智能大脑，时刻观察着每个人的行为，判断是否发生了异常事情。这种"智能大脑"正是由计算机视觉技术实现的，它通过强大的分析工具——姿态估计和行为识别，来帮助提高校园的安全水平。接下来，我们将结合这些技术的原理，更加详细地探讨它们是如何工作的。

(1) 姿态估计

姿态估计技术就像是为每个人穿上了一层"透明衣服"，这层衣服可以精准标记出我们身体各个部位的位置。这些部位被转化为关键点——例如肩膀、膝盖、手肘等，监控系统通过捕捉到的图像来分析这些关键点的坐标，从而理解我们当前的姿势。比如，系统会判断一个人是站着、坐着、走动还是突然摔倒。

技术原理如下：

姿态估计通常使用深度学习中的卷积神经网络（CNN）来进行图像处理并识别人体姿势。首先，通过摄像头捕捉到人物的全身图像或视频，系统通过模型提取关键点。然后，这些关键点的坐标信息被用来生成一个代表身体各部位的骨架结构。通过对骨架结构的分析，系统可以推测出人物的动作状态。

举个例子，当系统检测到一个学生突然摔倒时，姿态估计技术会迅速识别出身体姿势的变化，并通过算法确认是摔倒动作，进而向安保人员发出警报。这意味着，系统不仅仅是"看到"了摔倒事件，更是"理解"了这一动作，并能够迅速反应，确保及时救助。

(2) 行为识别

行为识别则是另一项更加智能的技术，它能够分析视频中的人物动作，并判断这些动作代表了什么。与姿态估计聚焦于身体各部位的定位不同，行为识别更侧重于对动作的整体理解。例如，它可以判断一个学生是在安静地走路，还是在激烈地争吵，甚至是打斗、奔跑等异常行为。

技术原理如下：

行为识别通常依赖于深度学习中的循环神经网络（RNN）和长短期记忆网络（LSTM），这些模型能够捕捉和分析视频中的时序信息，识别动作的顺序和变化。在行为识别中，视频不仅仅是一个静态的图像序列，而是一个动态的、具有时间关联的序列。通过对这些时间关联信息的分析，行为识别系统可以判断一个人的动作是否符合正常行为模式，或者是否属于异常行为。

例如，如果系统检测到两个学生突然发生激烈争执，行为识别技术能够判断这是一种可能的暴力行为，进而向安保人员发出警报。系统不仅仅能判断动作的发生，还能理解动作背后的潜在含义，为安保人员提供准确的信息。

(3) 姿态估计与行为识别的完美结合

当姿态估计和行为识别这两项技术结合时，它们就像是一对默契的搭档，在校园安全监控系统中密切配合。举个例子，当监控摄像头捕捉到一个学生摔倒时，姿态估计技术可以迅速识别出摔倒这一姿势变化，而行为识别则可以进一步分析这个摔倒事件是否属于意外，或者是否与其他暴力行为相关联。通过这种合作，系统可以做出更加准确的判断。例如，如果行为识别发现摔倒的同时伴随着激烈的推搡动作，系统就能够判断这可能是打斗导致的摔倒，而不是单纯的健康问题。这样，系统不仅能够及时识别问题，还能根据分析结果做出合适的应对措施，避免忽视潜在的安全威胁。

这种技术的结合，大大提升了校园监控的智能化水平，让它不仅仅是一个被动的观察者，而是一个能够"理解"和"反应"的智能系统。

通过姿态估计和行为识别技术的结合，校园的安全管理得到了前所未有的提升。计算机视觉不仅让校园监控变得更加"聪明"，它能理解每个学生和教职工的行为，及时发现潜在的危险，并做出反应。未来，校园不再是一个仅仅依赖人工巡逻的地方，而是一个充满智慧和安全保护的环境。这些技术将成为校园安全的重要守护者，让每个人都能在更安全的环境中学习和生活。

> **学习任务9-3**
>
> 请思考生活中接触过与计算机视觉技术相关的事物吗？思考并举例其如何使用该技术。

9.4 思考与练习

一、选择题

1. 计算机视觉的目标是（   ）。
   A. 让计算机能够像人类一样理解和解读声音
   B. 让计算机能够像人类一样理解和解读图像与视频
   C. 让计算机能够像人类一样理解和解读文本
   D. 让计算机能够理解和解读数据表格

2. 计算机视觉技术的主要发展背景是（   ）。
   A. 计算机网络和云计算技术的突破　　B. 图像处理和深度学习算法的提升
   C. 大数据分析和机器学习的崛起　　　D. 人工智能的多领域扩展

3. 计算机视觉在教育领域中的应用包括（   ）。
   A. 自动批改作业　　　　　　　　　　B. 课堂氛围分析与优化
   C. 开展在线考试　　　　　　　　　　D. 教师评分系统的自动化

4. 早期计算机视觉技术的主要问题是（   ）。
   A. 过于依赖深度学习　　　　　　　　B. 计算能力和存储能力有限
   C. 图像标注数据过于复杂　　　　　　D. 无法处理视频数据

5. 深度学习技术在计算机视觉中的突破主要表现在（   ）领域。
   A. 卷积神经网络（CNN）和生成对抗网络（GAN）

B. 支持向量机（SVM）和随机森林（RF）
C. 模式识别和图像匹配
D. 传统图像处理技术

二、简答题

1. 简要描述计算机视觉技术的发展历程，并分析其对生活的影响。

2. 概述计算机视觉技术的基本原理及其主要步骤，包括图像采集与处理、特征提取、理解与决策的过程。

3. 总结计算机视觉在教育领域，特别是在课堂管理和氛围分析中的应用，并阐述它带来的优势。

4. 解释计算机视觉在校园安全中的应用，特别是在学生行为识别和人群聚集检测方面的具体应用。

5. 简述计算机视觉中目标检测与图像分割的技术原理，并比较语义分割与实例分割的区别和应用场景。

第 10 章
智能语音

在人工智能技术飞速发展的今天，智能语音作为人机交互的核心领域之一，正在深刻改变人类与机器沟通的方式。从智能助手、智能家居到车载语音系统、无障碍交互技术，智能语音技术已渗透到生活的方方面面，成为推动社会智能化转型的重要驱动力。它不仅让机器"听懂"人类语言，更能通过自然流畅的语音合成实现拟人化交互，使得技术真正服务于人类需求。

本章将系统解析智能语音技术的基础原理、核心算法和实际应用。通过本章学习，读者不仅能掌握语音信号处理的关键技术，还能了解语音识别与合成的技术实现路径，为深入探索语音人工智能领域打下坚实基础，并培养解决实际语音交互问题的能力。

本章带领读者学习和解决以下问题。
- 语音识别与语音合成的核心算法原理是什么？
- 如何构建端到端的智能语音交互系统？
- 智能语音在医疗、教育、工业等场景中有哪些创新应用？
- 开发智能语音系统需要掌握哪些工具和框架？
- 当前智能语音技术面临哪些挑战与伦理问题？
- 未来语音交互将如何向多模态、情感化方向发展？

10.1 智能语音概述

智能语音技术是人工智能领域的重要分支，旨在通过计算机系统模拟人类语音的感知、理解与生成能力，实现机器与人类自然交互。其核心目标是通过算法与模型实现"人机自然交互"，使机器能够"听懂"人类语言并"回应"以语音形式，其核心技术涵盖语音识别（automatic speech recognition，ASR）、语音合成（text-to-speech，TTS）、自然语言处理（natural language processing，NLP）等。智能语音的兴起得益于深度学习、大数据和算力的提升，被广泛应用于智能助手、智能家居、医疗诊断和教育等领域。

从技术发展历程看，智能语音经历了从基于规则的系统（如早期语音合成器）到统计模型（如隐马尔可夫模型），再到深度学习驱动（如端到端神经网络）的演变。当前，随着 Transformer 架构和大规模预训练模型（如 BERT、GPT）的兴起，智能语音在语义理解和上下文处理上取得了突破性进展。

10.1.1　智能语音的概念

智能语音技术是人工智能（AI）和自然语言处理（NLP）领域的重要组成部分，涉及语音识别、语音合成、语音增强（speech enhancement）等关键技术。其核心目标是使计算机能够接收、分析和处理人类语音信号，从而实现语音交互、信息查询和语音输出等功能。

智能语音技术的发展得益于计算机科学、深度学习、信号处理以及大数据技术的进步。传统的语音处理方法依赖于统计建模技术，如隐马尔可夫模型（HMM）和高斯混合模型（GMM），而现代语音技术广泛采用深度神经网络（DNN）、卷积神经网络（CNN）、循环神经网络（RNN）及基于自注意力机制（Transformer）的新型架构，如 Whisper、WaveNet 等。

近年来，智能语音技术已经深入到日常生活的各个领域。例如，智能语音助手（如 Siri、Google Assistant、Amazon Alexa）能够理解用户指令，提供信息查询、日程管理、语音购物等服务。在智能家居场景中，用户可以通过语音控制照明、温控系统和安防设备。此外，客服系统广泛采用智能语音机器人，提高客户服务效率，降低运营成本。

智能语音技术在教育和无障碍技术方面也有重要应用。例如，语音识别技术被用于实时字幕生成、听障人士辅助工具，而语音合成技术能够为电子书、智能阅读设备提供自然流畅的语音朗读体验。这些应用不仅提升了用户体验，也促进了信息无障碍的发展。

智能语音技术的发展经历了四个阶段：认知阶段、起步阶段、发展应用阶段和融合应用阶段。最初，系统只能识别孤立的词汇和数字，随着技术的发展，系统能够识别连续的语音，并在深度神经网络技术的推动下，显著提升了大量词汇连续语音识别的准确率。目前，智能语音技术正快速进入全新的融合应用阶段，满足多样化的应用需求。

未来，智能语音技术将继续发展，特别是在边缘端实现更多的功能，以降低服务器的消耗和网络带宽，提升效率和用户体验。离线语音技术因其保护用户隐私、响应速度快等优势，已成为很多控制类设备的标准语音控制方式。

总体而言，智能语音技术正快速发展，逐步迈向更高的准确率和更自然的语音交互体验。未来，随着计算能力的提升和数据规模的增长，智能语音技术将在医疗、法律、工业等更多领域发挥重要作用。

10.1.2 语音处理的流程

语音是人类最自然的交流方式,但原始语音信号通常包含噪声、冗余信息和复杂的时序特征,因此需要进行处理以便计算机理解和利用。语音处理的主要目的是提高语音识别的准确性、增强语音质量、实现语音合成和语音交互等功能。

智能语音处理的过程如图 10-1 所示。

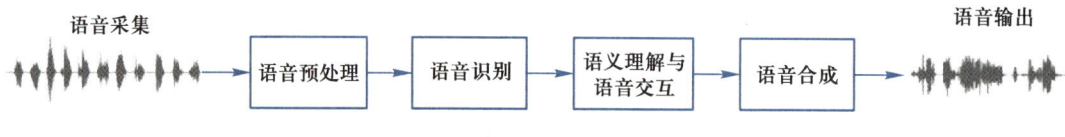

图 10-1　智能语音处理的过程

语音采集(speech acquisition)是指通过麦克风或其他录音设备获取用户的声音信号。该过程是智能语音处理的起点,影响着后续识别或合成的质量。声音信号通常以波形形式存在,采集时需要考虑采样率、位深度等参数。例如,标准电话语音通常采用 8 kHz 采样率,而高质量语音应用可能采用 16 kHz 或更高。例如,在智能家居环境中,智能音箱(如 Amazon Echo)通过远场麦克风阵列采集用户的语音指令,如"播放音乐"或"打开灯光"。

语音预处理(speech preprocessing)是对采集到的语音信号进行优化,以提升后续处理的准确性。主要涉及降噪、语音增强、特征提取等技术。语音预处理通过滤波器、端点检测等方法去除背景噪声,提高信噪比,使语音数据更易被机器学习模型处理。例如,梅尔频率倒谱系数(MFCC)是常用的语音特征提取方法。例如,在嘈杂的地铁站,智能语音助手需要通过降噪算法提取用户的有效语音,以准确识别"下一班车几点到达?"。

语音识别是将语音信号转换为文本的过程。基于统计建模(如 HMM-GMM)或深度学习(如 DNN、Transformer),解析语音的时序特征。现代 ASR 系统利用端到端神经网络(如 Whisper、DeepSpeech)提高识别准确率,并通过语言模型提高语义理解能力。例如,在会议场景中,语音识别系统可以将发言内容实时转录成文字,供会议记录或字幕生成使用。

语义理解(natural language understanding,NLU)与语音交互是从文本中提取用户意图,以便进行进一步的交互。结合自然语言处理(NLP)技术,智能系统可以理解语音中的语义关系,并作出相应回应。NLU 包括命名实体识别(NER)、情感分析、意图检测等任务。例如,系统需要区分"今天的天气"是查询天气信息,而"今天的电影"则是查询电影信息。例如,在智能客服系统中,用户询问"我想更改套餐",语音助手可以理解意图,并引导用户完成套餐变更操作。

语音合成是将文本转换为自然语音的技术。基于波形拼接或深度学习方法(如 WaveNet、Tacotron),生成自然流畅的语音。现代 TTS 系统利用神经网络生成端到端语音生成,能够控制语调、情感和语速,提高人机交互体验。例如,在有声书应用中,TTS 技术可以将电子书转换为语音朗读,用户可以"听书"而不是"看书"。

语音输出（speech output）是最终向用户呈现语音的过程。涉及语音合成后的信号处理、音频播放等环节。该过程可能包括音量调节、回声消除等处理，以优化用户体验。例如，在车载语音导航系统中，TTS 技术生成的导航指令通过汽车音响播放，例如"前方100 米左转"。

通过这些流程，智能语音技术正在改变我们的生活方式，使人机交互更加自然便捷。

> **学习任务10-1**
>
> 列举至少 5 个智能语音的应用场景，并简要说明其技术实现路径。

10.2 语音识别

10.2.1 语音识别的概念

语音识别，也被称为自动语音识别，是智能语音技术的核心组成部分，其本质是通过计算机将人类语音信号转化为可理解的文本或指令的过程，旨在实现机器对语音内容的精准解析和交互。该技术以声学模型、语言模型和解码算法的协同作用为基础，模拟人类听觉系统的分层处理机制，通过对语音信号的分析提取声学特征（如梅尔频谱、MFCC），并与预训练的语音模型进行匹配，最终生成可读文本信息。早期的语音识别系统主要依赖隐马尔可夫模型（HMM）和高斯混合模型（GMM）进行音素建模，但随着深度学习技术的突破，基于循环神经网络（RNN）、卷积神经网络（CNN）以及 Transformer 架构的端到端模型逐渐成为主流，显著提升了识别准确率与复杂场景的健壮性。现代语音识别流程涵盖信号预处理、声学特征提取、声学建模（通过神经网络学习语音与音素的映射关系）、语言模型驱动的解码优化等关键环节，同时需结合自适应降噪、说话人分离、上下文语义理解等增强策略，以应对口音差异、环境噪声、多说话人重叠等实际挑战。作为多学科交叉融合的产物，语音识别技术涉及信号处理、计算机科学、人工智能、机器学习及语言学等多个领域，其发展不仅推动了智能家居、医疗辅助、工业控制等场景的革新，更通过自然语言理解的深化持续拓展人机交互的边界。

语音识别的基本流程如图 10-2 所示，主要包括以下几个步骤。

① 语音信号采集：通过麦克风或其他设备捕捉语音信号。

② 预处理：对语音信号进行降噪、特征提取等处理，以提高识别精度。

③ 声学建模：使用机器学习方法（如深度神经网络）建立语音信号与音素之间的映射关系。

④ 语言建模：结合语言学知识，提高语音转换为文本的准确性。

⑤ 解码：基于统计模型或神经网络，将处理后的语音信号转换为最可能的文本输出。

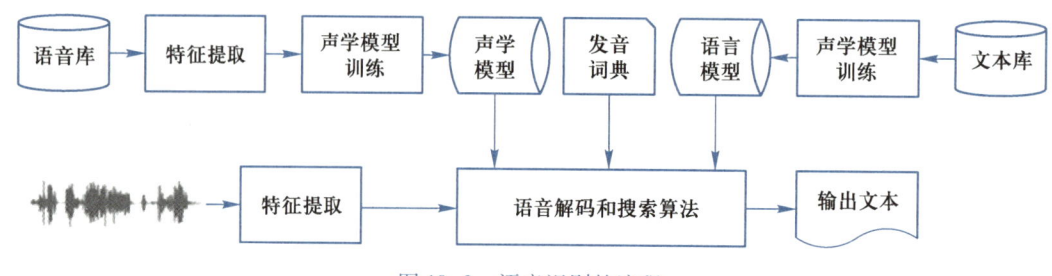

图 10-2　语音识别的流程

10.2.2　语音识别的应用

人们使用语音识别的主要原因包括有以下几点。

① 解放双手，提高效率：在驾驶、烹饪或其他不便于手动操作的场景下，语音识别可以让人们通过语音输入完成任务，例如拨打电话、发送信息或查询导航。

② 降低学习成本：对于不熟悉键盘输入的用户，如儿童、老年人或文化程度较低的人群，语音识别可以帮助他们更容易地与设备交互。

③ 提升用户体验：智能设备（如智能音箱、智能手机）通过语音交互，提供更直观的使用方式，让人们更轻松地获取信息或控制设备。

④ 无障碍辅助：对于视力障碍或行动不便的人群，语音识别技术能够帮助他们更方便地使用科技产品，提高生活质量。

语音识别之所以迅速普及，主要得益于以下几个方面的发展。

① 人工智能与深度学习的进步：深度神经网络（如 Transformer、RNN、CNN）大幅提高了语音识别的准确率，使其在现实应用中更加可行。

② 计算能力的提升：云计算和边缘计算的发展使得高性能语音处理可以在设备端或云端高效运行。

③ 智能终端的普及：智能手机、智能音箱等设备的广泛应用为语音识别提供了大规模的用户基础。

④ 大数据的推动：大量的语音数据使得训练更精准的语音模型成为可能，提高了语音识别的可靠性和适应性。

⑤ 商业化应用的驱动：科技公司（如苹果、谷歌、亚马逊、百度）纷纷推出语音助手和语音识别产品，推动了市场需求和技术发展。

语音识别技术作为智能化社会的基础设施，正在重塑人机交互的边界，其应用已渗透至生产生活的各个领域，形成多维度、跨场景的赋能体系。在消费电子领域，智能音箱（如 Amazon Alexa、Google Home）通过语音指令实现家居控制、信息查询和娱乐服务，而智能手机中的语音助手（如 Siri、小爱同学）则提供免提操作、实时翻译等功能，极大提升了用户体验；医疗场景中，医生通过语音识别技术快速完成临床病历的自动化录入，将口述诊断内容实时转化为结构化文档，显著优化诊疗流程；工业领域则利用语音指令实现复杂环境下的设备操控，例如在嘈杂车间中指挥机器人执行危险作业，降低人工风险。

值得注意的是，该技术的应用外延仍在持续扩展：其一，语音输入与翻译功能突破语言壁垒，Google Translate 等工具通过语音转写与机器翻译的融合，实现跨语言即时沟通；其二，自动语音转写技术广泛应用于会议记录、课堂笔记及媒体字幕生成，提升信息处理效率；其三，语音身份验证通过声纹生物识别技术，为银行支付、电话客服等场景提供高安全性认证方案。此外，语音识别在无障碍交互领域展现人文价值，例如为视障人群提供语音导航、为肢体障碍者设计语音控制的智能假肢，而多模态技术的融合更推动车载语音系统结合视觉感知实现安全驾驶交互，或辅助教育场景中的智能评测与个性化学习。然而，技术的普及仍面临隐私数据泄露风险、方言兼容性不足、低资源语言识别精度低等挑战，亟待通过算法优化与行业规范共同推进，以平衡技术创新与社会伦理需求。

尽管语音识别技术给人们带来了许多便利，但它也存在一些潜在的负面影响。

① 隐私与安全问题：语音助手通常需要监听环境声音，这可能导致用户隐私泄露。例如，未经授权的语音数据收集可能被用于广告推送或更严重的数据滥用。

② 误识别与误操作：语音识别的准确率仍然受限，特别是在嘈杂环境或口音较重的情况下，可能会导致错误识别，影响用户体验，甚至造成严重后果（如误拨电话或错误控制智能家居设备）。

③ 滥用风险：语音合成技术（如 deepfake 语音）可能被用于伪造身份或诈骗，例如欺骗性语音电话、假冒身份进行交易等。

④ 技术依赖问题：随着语音交互的普及，人们可能会越来越依赖语音助手，从而减少了传统的手写、阅读、记忆等能力，可能影响认知发展。

⑤ 语言和文化限制：语音识别技术对主流语言的支持较好，但对于方言或小语种的识别能力仍然有限，可能导致部分群体难以享受技术带来的便利。

随着人工智能和深度学习的发展，语音识别的准确率不断提升，并将在更多领域发挥作用。语音识别技术极大地提高了人机交互的效率和便利性，在各个领域都有广泛应用。然而，技术的普及也带来了一系列隐私、安全、误操作等挑战。因此，如何在享受语音识别便利的同时，合理规避其潜在风险，是一个值得关注的问题。

【实验10-1】通过 Python 实现中文语音识别，理解语音信号处理的基本流程。

实验环境如下。

操作系统：Windows 10/11 或 Ubuntu 20.04

Python 版本：3.8+

依赖库：pip install SpeechRecognition pyaudio pyttsx3

代码示例：

```python
import speech_recognition as sr
def recognize_speech():
    recognizer = sr.Recognizer()
    with sr.Microphone() as source:
        print("请说出您的指令(例如:打开灯)...")
        audio = recognizer.listen(source, timeout=5)
```

```
        try:
            text = recognizer.recognize_google(audio, language='zh-CN')
            print(f"识别结果:{text}")
            return text
        except sr.UnknownValueError:
            print("无法识别语音")
            return None
if __name__ == "__main__":
    recognize_speech()
```

操作说明:

运行代码后,对麦克风说出"打开灯"或"播放音乐"。

观察控制台输出的识别结果。

学习任务10-2

从数据、算法、场景三个维度,分析语音识别技术面临的瓶颈。

10.3 语音合成

10.3.1 语音合成的概念

语音合成,也称为文语转换,是一种通过电子计算机和一些专门装置模拟人类发声的技术,旨在将文本转换为自然流畅语音,它通过计算机模拟人类发声过程,让机器能够发出近似自然语音的声音,需解决韵律、情感与自然度问题。它将计算机自己产生的或外部输入的文字信息转换为可听懂的、流利的汉语口语输出。语音合成技术涉及多个学科,包括声学、语言学、数字信号处理和计算机科学等。

语音合成不仅是计算机科学、语音信号处理和人工智能领域的研究热点,也是人机交互领域的一项重要技术。其核心目标是通过自动化的方式生成流畅、自然、准确传达语义且富有情感的语音输出,来替代或模拟人类语音表达。

语音合成中的关键概念与技术主要包括以下部分。

自然度(naturalness):语音合成的自然度是指合成语音与真实人声的相似程度。自然度包括语音的流畅性、情感表达、语气变化等。高自然度的语音合成能够使机器发出的声音更加接近真人,且难以被辨识为人工合成的声音。

情感表达(expressiveness):情感表达是指语音合成系统能够模拟人类语音中的情感色彩,例如愉快、悲伤、愤怒等不同情绪的表达。为了实现情感表达,合成系统需要根据文本的情感倾向进行调整，如通过改变语音的音高、语速和语气等来传递特定的情感。

语调（pitch）：语调是指语音中声音的高低变化。良好的语调变化有助于表达语句的意义、情感和语法结构。在语音合成中，生成合适的语调是非常关键的一步，它影响着语音的自然度和可听性。

语速（speed/rate）：语速指语音输出时每分钟的字数或音节数。语速的调整能够影响语音的清晰度、易懂性以及与听众的互动感受。合成系统需要根据不同的场景和需求调整合成语音的语速。

语音单位（phoneme，syllable）：在早期的拼接式语音合成中，系统会选择语音单元作为基本的合成单位，通常是音素（phoneme）或音节（syllable）。这些单位是最小的声音单元，通过拼接多个单元来构建完整的语句。

深度学习（deep learning）：深度学习是目前语音合成领域的核心技术之一。通过神经网络的训练，深度学习模型能够学习到语音的深层次特征，从而生成更自然、更真实的语音输出。常用的模型包括卷积神经网络（CNN）、循环神经网络（RNN）、生成对抗网络（GAN）等。

语音合成的基本流程如图 10-3 所示。

图 10-3　语音合成的基本流程

1. 文本分析

文本分析是语音合成的第一步，目的是将输入的文本信息转化为机器能够理解的结构。在这个阶段，系统会进行分词、标点符号的处理、缩写词的还原等操作。进一步，还会通过语法分析、句法分析等手段分析文本的语义和语气。

2. 韵律生成

在进行文本分析后，语音合成系统需要生成与文本内容相符的韵律信息（例如，语调、重音、停顿、语速等）。这一过程的目标是让机器生成的语音听起来更加自然，符合人类发音习惯。

3. 语音合成模型

语音合成的核心技术依赖于合成模型的设计。在早期的语音合成技术中，常采用拼接方法，将预先录制的语音片段按需拼接成完整的句子。随着深度学习的引入，目前大多数语音合成系统采用基于神经网络的模型，如 WaveNet、Tacotron 等，这些模型能够通过训练大量的语音数据来生成更加自然和清晰的语音输出。

4. 音频输出

在生成韵律信息和语音特征后，最后一步是通过语音合成模型将这些信息转换为最终的音频信号。音频信号可以通过扬声器输出，使用户能够听到合成语音。当前，深度学习模型（如 WaveNet、FastSpeech 等）能够生成高质量的波形，避免了传统拼接方法的生硬感，生成的语音更为连贯和自然。

语音合成的技术发展主要经历了早期合成（基于规则的合成）、拼接式语音合成、基于统计参数的语音合成、深度学习与神经网络等阶段。早期的语音合成技术大多基于规则，采用语音学的理论和规则库，通过拼接、加噪、滤波等方法生成语音。这些技术虽然能实现基本的文本转语音功能，但语音质量差、自然度低，通常只能生成机械化、单调的声音。拼接合成方法通过将大量的预先录制的语音单元（如音节、音素、词组等）存储在语音库中，在合成时进行拼接。该方法生成的语音比早期基于规则的合成更加自然，但仍然存在拼接痕迹，难以很好地模拟流畅的语音。基于统计参数的语音合成这种方法利用统计模型（如 HMM—隐马尔可夫模型）对语音的参数进行建模。通过这种方式，语音合成系统能够根据文本内容预测合适的发音参数，生成更自然的语音。尽管此方法相比于拼接式合成提高了自然度，但仍无法避免生硬感。随着深度学习技术的快速发展，近年来基于神经网络的语音合成技术取得了巨大的突破。例如，WaveNet 和 Tacotron 系列模型通过深度神经网络训练，大大提升了语音的自然度和流畅性。WaveNet 通过生成声波波形来合成语音，能够产生接近人类发音的音质，而 Tacotron 则通过端到端的神经网络将文本直接映射到语音特征，省去了传统的韵律建模和音频后处理步骤。

语音合成技术通过将文本转化为人类可理解的语音，已经成为现代人工智能领域的重要组成部分。它涉及多个技术领域，包括自然语言处理、语音信号处理和深度学习等。当前的语音合成技术依赖于深度神经网络模型，能够生成更自然、更具情感表现力的语音，广泛应用于智能助手、自动客服、无障碍技术等多个场景。随着技术的发展，语音合成的自然度、情感表达能力以及语音的流畅性将继续提升，进一步增强人机互动体验。

10.3.2　语音合成的应用

语音合成技术的出现是为了满足人类日常生活和工作中对信息获取和传递方式的需求。传统的文本信息传递方式，如书面文字，常常无法满足快速、无障碍的交流需求。随着科技的发展，尤其是计算机、通信和人工智能技术的突破，语音合成技术已深度融入日常生活与产业升级，成为人机交互体验提升的重要推手，尤其在提升信息传递效率、改善无障碍环境等方面具有显著优势。人类对语音的感知是自然且高效的，因此通过模拟人类语音来传递信息，能够使机器与人类的互动变得更加直观和友好。

语音合成的发展推动了许多智能设备和应用的诞生，极大地改善了人们的生活质量，尤其是在提高效率、提升便利性、推动社会进步等方面起到了关键作用。语音合成技术通过跨领域的深度渗透与多模态融合，正在重塑社会运行模式并普惠人类生活。

① 在消费场景中，智能助手（如 Siri、小爱同学）以合成语音提供实时交互反馈，车载导航系统借助拟人化语音指引驾驶路线，智能家居设备则通过自然语音播报天气、新闻等信息，构建起无缝衔接的沉浸式交互生态。

② 教育领域内，该技术不仅赋能 AI 教师生成多语种教学内容，为语言学习者提供精

准发音示范，还将电子教材转换为有声读物，助力视障人群突破阅读障碍，同时通过语音交互学习平台深化教学效果。

③ 医疗健康方面，语音合成为失语症患者重建数字发声能力，虚拟医助通过语音播报诊断建议优化医患沟通，而公共交通的语音提示与医疗机构的自动化报告播报则显著提升公共服务效率。

④ 娱乐产业中，定制化语音合成技术驱动虚拟偶像与粉丝实时互动，影视游戏领域的自动化配音生成大幅降低创作成本，而智能客服系统的7×24小时语音应答在金融、电信等行业释放人力成本红利。

随着人工智能与深度学习技术的持续突破，语音合成技术正朝着自然化、情感化与智能化的方向加速演进。未来的语音合成系统将不仅实现音色与韵律的高度拟真，更能通过情感计算模型捕捉并复现人类情绪的细微变化，结合上下文语境生成具备动态适应能力的对话内容，使机器语音突破机械播报的局限，向更具人性化的交互体验跃迁。技术革新推动应用边界的多重拓展：一方面，语音合成与虚拟形象、AR/VR技术的深度融合，催生出能感知环境、自主决策的具身化数字人，构建起虚实交织的沉浸式交互场景；另一方面，多语种模型的优化将支持全球数千种语言与方言的高保真合成，消弭文化沟通壁垒，助力跨文明对话。在普惠价值维度，该技术通过屏幕阅读器赋能视障人群独立参与数字生活，以标准化语音输出弥合城乡、代际间的信息鸿沟，彰显技术向善的社会意义。然而，技术跃升亦伴随双重挑战：深度伪造语音引发的身份欺诈、合成情感表达的伦理争议，以及多语种扩展中的文化敏感性等问题，亟待通过可解释性算法设计、数字水印追踪技术、跨国界伦理框架构建等举措实现协同治理。唯有在技术创新与社会责任间建立动态平衡，方能推动语音合成技术在智能家居、自动驾驶、元宇宙等新兴领域中释放潜能，最终塑造兼具人文关怀与科技效率的数字化未来。

【**实验10-2**】使用Python生成中文语音，并控制语速与音量。

代码示例：

```python
import pyttsx3
def text_to_speech(text):
    engine = pyttsx3.init()
    # 设置中文语音（需安装中文语音包，详见注意事项）
    voices = engine.getProperty('voices')
    for voice in voices:
        if 'Chinese' in voice.name:
            engine.setProperty('voice', voice.id)
            break
    engine.setProperty('rate', 150)          # 语速（默认200）
    engine.setProperty('volume', 0.9)        # 音量（0-1）
    engine.say(text)
    engine.runAndWait()
```

```
if __name__ == "__main__":
    text_to_speech("欢迎使用智能语音实验系统!")
```

操作说明：

运行代码，检查是否生成中文语音。

调整语速（rate）和音量（volume）参数，观察语音变化。

中文语音包配置：

Windows：安装"科大讯飞语音引擎"或"微软中文语音包"。

Ubuntu：安装 espeak 与中文数据包：sudo apt-get install espeak espeak-data zhvoice

学习任务10-3

结合"深度伪造语音"案例，分析探讨语音合成的潜在风险与治理策略。

10.4　智能语音在教育场景中的应用

　　智能语音技术，特别是语音识别与语音合成的协同应用，正在重塑教育生态，推动教学模式从标准化向个性化、普惠化转型。随着人工智能技术的快速发展，智能语音已深度融入课堂教学、课外辅导、学习评估等各个环节，成为提升教育效率、促进资源公平分配的核心驱动力。在语言教育领域，语音识别技术通过声学模型与自然语言处理算法，实时捕捉学生发音的细微偏差（如英语连读错误或声调不准），为学习者提供音素级纠错反馈，智能口语评测系统（如 Duolingo、Rosetta Stone）正是基于此技术帮助用户精准打磨语音语调；而语音合成技术则生成多语种标准化发音示范，辅助学生模仿母语者的韵律节奏，同时将教材文本转化为有声内容，使视障学生能够通过听读独立完成知识获取，有效弥合教育鸿沟。课堂教学场景中，智能语音助教可自动转写教师授课内容并生成结构化笔记，支持学生课后高效复习与知识点检索，基于语音交互的虚拟教师（如 AI tutor）则通过自然对话解答疑问，结合学习数据分析推荐个性化学习路径，实现"因材施教"的动态适配。针对特殊教育需求，该技术开发出情感化语音交互工具，通过语调模拟训练自闭症儿童的社交沟通能力，或为言语障碍学生定制语音替代与增强系统（AAC），助力其融入主流教育环境。此外，智能语音与自适应学习引擎的结合，能够分析学生语音答题模式动态调整习题难度，或通过多模态情感识别优化远程课堂的互动体验，极大提升教学精准度。尽管技术显著优化了教育资源获取的灵活性与个性化程度，但其落地仍需应对方言识别偏差、低龄儿童语音数据稀缺、隐私泄露风险等挑战，唯有在算法鲁棒性强化与教育伦理规范间建立平衡，才能真正释放智能语音技术普惠价值，为未来教育注入更多人性化与智能化基因。

10.4.1 语音识别在教育中的应用

语音识别技术作为智能语音系统的核心模块，正通过多维度的场景渗透推动教育模式的革新。其应用不仅提升了语言学习的精准度与效率，还重构了课堂互动方式，并为特殊教育群体提供了包容性支持。基于声学模型、语言模型与自然语言处理（NLP）算法的协同作用，语音识别能够实时解析语音信号中的语义信息，结合教育场景需求实现动态反馈与个性化适配。其应用主要体现在以下几个维度。

① 语言学习与发音评测：语音识别技术通过声学特征分析（如 MFCC、梅尔频谱）与音素级建模，为语言学习者提供即时发音纠错。例如，在英语、汉语等语言课程中，智能口语评测系统（如 Rosetta Stone、英语流利说）可实时检测学生的语调偏差、连读错误或声调准确性，生成可视化反馈报告（如发音评分、错误音节标注），帮助学生精准定位问题并针对性练习。此外，针对多语言教学场景，语音识别支持跨语言对比分析，例如通过母语与目标语言的发音差异建模，辅助学生突破"母语干扰"瓶颈。

② 课堂交互与教学辅助：在传统课堂与远程教学中，语音识别技术助力高效教学管理。

- 授课内容自动化转写：教师讲解的语音可实时转换为结构化文本笔记，同步生成关键词索引与知识图谱，方便学生课后复习与重点检索。
- 智能问答与互动：学生通过语音提问触发 AI 助教响应，系统结合 NLP 技术解析问题语义，从教学资源库中提取答案或引导至相关知识点，减少教师重复性答疑负担。
- 课堂行为分析：通过分析学生课堂发言的语音数据，分析参与度、理解程度及情感倾向，为教师优化教学策略提供数据支持。

③ 特殊教育与无障碍支持：语音识别技术为残障学生构建无障碍学习环境。

- 听障学生辅助：将教师授课语音实时转换为文字字幕，并同步显示于电子屏幕或移动设备，确保听障学生同步获取教学内容。
- 言语障碍学生沟通：结合增强与替代沟通系统（AAC），将学生的非标准发音或替代性输入（如图片选择）转化为清晰语音输出，帮助其参与课堂讨论。
- 阅读障碍支持：语音驱动的交互式电子书允许学生通过语音指令翻页、跳转内容，降低文字阅读压力。

④ 学习评估与个性化适配：语音识别技术通过分析学生的语音答题模式（如语速、停顿频率、语义连贯性），构建多维能力评估模型。

- 口语考试自动化评分：在语言类考试（如托福口语、汉语水平考试）中，系统通过语音识别提取发音、语法、流畅度等维度特征，结合预训练的评分模型实现高效客观评测。
- 自适应学习路径生成：根据学生的语音练习数据（如错误类型分布、进步趋势），动态推荐专项训练内容，例如针对元音发音薄弱点推送定制化练习题库。

尽管语音识别在教育场景中展现出巨大潜力，其落地仍面临方言识别偏差（如少数民族语言支持不足)、低龄儿童语音数据稀缺导致的模型泛化能力较弱、课堂环境噪声干扰等问题。未来需通过方言语音语料库建设、小样本学习算法优化及多模态融合(如结合唇形视觉信息)提升鲁棒性,同时建立教育数据隐私保护机制,确保技术应用符合伦理规范,真正实现"以学生为中心"的智能教育愿景。

10.4.2 语音合成在教育中的应用

语音合成技术(TTS)作为智能语音系统的核心输出模块,正在重塑教育内容的传递方式,通过"可听化"与"拟人化"赋能教学资源普惠、学习体验升级及教育公平推进。其技术链条涵盖文本分析、韵律建模、声学特征生成与语音波形合成,结合深度学习算法(如 Tacotron、WaveNet)突破传统机械发音限制,实现高自然度、多情感的表达能力。语音合成在教育场景中的应用不仅打破文字依赖的单一学习模式,更通过多模态融合构建沉浸式教学环境,其核心价值体现在以下维度。

① 教材有声化与无障碍教育:语音合成技术将静态文本转化为动态语音,为不同学习需求群体提供灵活的知识获取路径。

- 视障学生支持:通过屏幕阅读器(如 JAWS、NVDA)将教材、试卷、网页内容转化为语音,辅助视障学生独立完成阅读、考试及在线学习,例如盲文电子书配合语音合成实现知识点双通道输入。
- 多模态学习资源生成:为普通学生提供"听读结合"的学习选择,例如历史课文配合同步语音讲解、数学习题附加语音解题思路,降低认知负荷并提升记忆效率。
- 方言与多语言教育:生成少数民族语言或小语种发音内容,解决偏远地区师资不足问题,例如藏语、维吾尔语教材的语音化传播。

② 虚拟教师与个性化教学:语音合成技术赋予教育工具拟人化交互能力,推动教学从单向传授转向智能互动。

- AI 教师语音输出:虚拟教师(如 Duolingo 的 AI 导师)通过自然语音讲解知识点、朗读例句,并基于学生反馈动态调整语速与情感表达(如鼓励性语调),增强学习沉浸感。
- 自适应学习反馈:根据学生答题表现,系统自动生成定制化语音提示,例如数学练习中针对错误步骤的语音引导("请检查第二步的公式代入是否正确")。
- 情感化学习陪伴:为低龄儿童设计具有情感温度的语音学习伙伴,通过语调起伏(如欢快、严肃)激发学习兴趣,或为自闭症儿童提供社交对话训练语音模板。

③ 语言学习与发音示范:语音合成在语言教育中承担"标准化发音教练"角色。

- 多语种发音建模:生成带目标语言母语者特征的语音样本(如英语连读、法语鼻腔音),供学生反复跟读模仿,例如中文学习者通过合成语音掌握四声调变化规律。
- 对比纠错训练:系统将学生录音与合成标准发音进行频谱对比,以可视化波形图结合语音反馈("您的元音/iː/时长不足"),实现精准发音矫正。
- 情景化语言练习:合成虚拟角色对话语音(如机场问路、商务谈判),构建沉浸式语言应用场景,强化听说实战能力。

④ 教育管理与效率优化：语音合成技术重构教育管理流程，释放人力资源潜力。
- 自动化通知与播报：校园广播系统通过合成语音发布课程调整、考试安排，教师利用语音合成工具批量生成作业点评录音，节省行政时间。
- 智能教具开发：语音交互教具（如会讲故事的地理地球仪、能语音解题的数学机器人）通过合成语音激发学生探索兴趣，例如化学实验设备语音提示操作风险。
- 教育内容规模化生产：快速将新课程标准、政策文件转化为多语种语音资源，支持偏远地区教育同步更新。

当前语音合成在教育场景的深度应用仍面临情感表达真实性不足（如无法准确传递教师授课的幽默感）、方言与特殊发音合成精度低、长文本语音连贯性差等瓶颈。未来需通过情感嵌入模型（如 BERT 情感向量驱动韵律生成）、少样本语音克隆技术优化个性化语音输出，并融合视觉信息（如虚拟教师口型同步）提升教学临场感。同时，需建立教育领域的语音伦理规范，防范合成语音滥用（如伪造教师指令），通过数字水印技术与权限管理平衡创新与安全，最终构建"有温度、有边界"的智能教育生态。

10.4.3 智能语音技术对教学的影响与优势

智能语音技术通过语音识别（ASR）与语音合成（TTS）的协同作用，正在重构教育生态的核心逻辑，从知识传递方式、教学互动模式到教育公平机制均发生深刻变革。其核心价值在于将"以教师为中心"的传统课堂转化为"以学生为中心"的智能学习场域，通过技术赋能实现精准化教学、个性化适配与无边界资源触达。其影响与优势可归纳为以下维度。

1. 教学模式的革新：从单向传授到双向交互
- 动态化课堂互动：语音识别技术实时捕捉学生提问或课堂发言，结合自然语言处理（NLP）技术生成即时反馈（如 AI 助教解答疑问），而语音合成技术通过虚拟教师（如 AI tutor）模拟真人授课，形成"师—机—生"三元互动模式，打破传统课堂的时空限制。
- 多模态教学场景构建：语音技术与 AR/VR、数字人相结合，打造沉浸式学习环境。例如，历史课堂中合成语音驱动虚拟历史人物"口述"事件，地理教学中通过语音指令操控 3D 地球模型旋转观察地形。

2. 教育公平的推进：跨越资源与能力鸿沟
- 无障碍教育支持：语音合成为视障学生朗读教材，语音识别为听障学生生成实时字幕，使特殊群体平等获取教育资源。例如，偏远地区学生通过多方言语音合成语音技术学习普通话，弥合城乡教育差距。
- 普惠化优质资源：名校课程语音化后，通过智能平台向全球开放，结合语音交互实现"名师答疑"，缩小区域间教育资源分配不均。

3. 学习效率的提升：精准化与自动化并行
- 即时反馈与纠错：语音识别在语言学习中提供音素级发音评分（如英语连读错误提示），语音合成则生成对比示范音频，帮助学生快速定位问题。例如，汉语学习者通过声调波形对比修正"四声"偏差。

- 教学管理自动化：教师利用语音指令批量生成课件注释、作业批改录音，语音识别自动转写课堂内容生成知识图谱，节省30%以上备课等工作的时间。

4. 个性化教育的实现：数据驱动的因材施教

- 学习路径动态优化：通过分析学生语音交互数据（如答题时长、错误频率），AI生成个性化学习计划。例如，数学薄弱学生接收语音合成的专项习题讲解，语言学习者根据发音弱点推送定制跟读素材。
- 情感化学习适配：语音情感识别技术捕捉学生情绪（如困惑、厌烦），动态调整教学策略语调（如鼓励性语音提示）或切换教学形式（如插入趣味语音问答），提升学习投入度。

5. 师生互动的优化：从单点突破到全域协同

- 教师角色转型：教师从知识传授者转向学习引导者，依托语音技术替代重复性工作（如口语评测、考勤点名），聚焦教学设计与创新。
- 跨场景协同教学：智能语音支持"课堂—家庭—移动"全场景衔接。例如，学生在家通过语音交互复习课堂知识点，教师远程监听练习录音并语音反馈指导。

尽管优势显著，智能语音技术的教育应用仍需应对多重挑战。例如，技术局限性：方言识别偏差、低龄儿童语音模型精度不足、合成语音情感表达机械化等问题，可能影响教学效果一致性。伦理与隐私风险：课堂录音数据泄露、合成语音伪造教师指令等隐患，需通过数据加密、数字水印技术及使用规范建立防范机制。

智能语音技术正以"工具革命"推动"教育革命"，其未来将深度融合脑机接口、情感计算等前沿领域，构建更具包容性、创造力与人性温度的智能教育生态。

10.4.4 持续发展的挑战与未来展望

智能语音技术在教育领域的深化应用，虽已展现革命性潜力，但其可持续发展仍面临技术瓶颈、伦理争议与生态适配等多重挑战。与此同时，随着人工智能、脑机接口等技术的迭代，智能语音正迈向更开放、更人性化的未来，推动教育从"工具辅助"向"生态重塑"跨越。

1. 技术发展与精准度

虽然智能语音技术已经取得了显著进展，但在一些特殊情况下，语音识别的准确度和语音合成的自然度仍然存在挑战，尤其在处理口音、语调变化较大的情况下，智能语音系统仍然可能出现识别错误。

2. 数据隐私与安全

语音技术在教育中的应用可能会涉及学生的个人数据，如何保护学生的隐私和数据安全，避免滥用，是未来发展的关键问题。

3. 跨文化与语言的适应性

智能语音技术目前主要支持大语种（如英语、中文等），但对于一些方言或小语种的支持仍显不足，未来在全球化背景下，如何满足多语言和多文化的需求，将是技术发展的一个重要方向。

4. 人性化与情感化

未来的智能语音系统不仅要具备技术准确性，还应具备情感表达的能力。教学过程中，语音不仅要传递信息，还应该根据学生的情绪、学习状况进行适当的情感调节和支持，使得学习体验更加人性化。

5. 教育公平与普及

随着技术的不断发展，智能语音技术有望在全球范围内普及，尤其是在一些教育资源匮乏的地区。通过低成本、高效能的智能语音设备，能够让更多的学生受益，推动教育公平。

智能语音技术在教育领域的深度渗透，正以双重维度重构学习生态：既作为效率工具推动当下教育模式的升级，更作为认知媒介孕育未来教育范式的质变。当前阶段，语音识别与合成技术通过便捷的交互方式提升学习效率与个性化水平——智能口语评测系统精准定位发音缺陷，虚拟教师根据学生反馈动态调整讲解策略，无障碍语音转换技术则让视障学生平等获取知识，这些应用实质性地优化了教学资源配置，使教育机构、教师与学生三方共同受益。而面向未来，技术的进化将超越工具属性，向人类认知疆域拓展：脑机接口通过解析思维语音信号，使语言障碍者无须物理发声即可通过"意念语音"参与课堂互动；情感计算引擎则从语音语调中解析学生的认知负荷与情绪状态，实时生成适配其神经可塑性的教学内容，形成"教与学"的双向心智适配。这种技术与人性的深度耦合，将推动教育从单向知识传递转向共生式认知进化，最终在技术赋能与伦理约束的平衡中，构筑起突破生理限制、消弭资源鸿沟的智识平等社会。

【**实验 10-3**】结合语音识别与合成，实现一个简易语音助手。

功能设计

支持指令：

"查询时间"：返回当前时间。

"退出"：关闭程序。

完整代码：

```python
import speech_recognition as sr
import pyttsx3
import time


def speech_to_text():
    recognizer = sr.Recognizer()
    with sr.Microphone() as source:
        print("请说出指令...")
        audio = recognizer.listen(source, timeout=5)
        try:
```

```
            text = recognizer.recognize_google(audio, language='zh-CN')
            return text.lower()
        except:
            return None

def text_to_speech(text):
    engine = pyttsx3.init()
    engine.say(text)
    engine.runAndWait()

if __name__ == "__main__":
    text_to_speech("您好,我是语音助手!")
    while True:
        command = speech_to_text()
        if command:
            if "时间" in command:
                current_time = time.strftime("%H点%M分", time.localtime())
                text_to_speech(f"当前时间是{current_time}")
            elif "退出" in command:
                text_to_speech("再见!")
                break
            else:
                text_to_speech("未识别到有效指令")
```

学习任务10-4

结合偏远地区教育现状,论述智能语音如何通过"有声教材""虚拟教师"促进教育公平。

10.5 思考与练习

一、选择题

1. 语音识别(ASR)的核心技术不包括(　　)。
   A. 声学模型　　　　　　　　　　　B. 语言模型
   C. 梅尔频率倒谱系数(MFCC)　　　D. 图像分割算法

2. 现代端到端语音合成模型的代表是（　　）。
A. 隐马尔可夫模型（HMM）　　　　B. 高斯混合模型（GMM）
C. WaveNet　　　　　　　　　　　D. 支持向量机（SVM）
3. 语音识别在医疗领域的主要应用是（　　）。
A. 自动化病历录入　　　　　　　　B. 药物成分分析
C. 手术机器人控制　　　　　　　　D. 医学影像识别
4. （　　）技术可以缓解语音合成中的"深度伪造"风险。
A. 提升语音自然度　　　　　　　　B. 增加语音情感表达
C. 嵌入数字水印　　　　　　　　　D. 扩展方言支持
5. 语音处理流程中"分帧、加窗"属于（　　）阶段。
A. 声学特征提取　　　　　　　　　B. 信号预处理
C. 语言模型解码　　　　　　　　　D. 语音波形合成

二、填空题

1. 语音识别的特征提取常用_____（如 MFCC）来表征语音信号的频谱特性。
2. 语音合成中，将文本转化为声学特征的模块称为_____，而将声学特征转化为语音波形的模块称为_____。
3. 针对多说话人重叠场景，语音识别需结合_____技术以提高识别准确率。

三、简答题

1. 结合实际案例，论述语音识别技术如何推动社会智能化转型，并分析其面临的主要挑战。
2. 从技术实现与社会影响的双重角度，分析语音合成技术在"无障碍交互"与"娱乐产业"中的应用差异，并探讨其未来发展方向。

第 11 章
生成式 AI 大模型技术

本章导读

随着人工智能技术的飞速发展,生成式 AI 大模型已成为推动科技进步和产业变革的核心力量。特别是在大数据和强大计算能力的支持下,生成式 AI 技术在自然语言处理、计算机视觉、声音生成等多个领域展现出巨大的潜力。从智能助手到自动化创作,再到精准的推荐系统,生成式 AI 正在以前所未有的速度改变着我们生活和工作的方方面面。

生成式 AI 大模型的应用不仅限于学术研究,它的实际应用涵盖了教育、医疗、金融、娱乐等诸多领域,逐渐成为现代社会不可或缺的技术工具。尤其在教育领域,生成式 AI 大模型通过智能对话、自动化内容生成和个性化学习体验,为教育方式带来了革命性的变化。本章首先将阐述生成式 AI 大模型的技术背景与理论技术基础,然后介绍不同类型的大模型及其在教学过程中的具体实践应用。

本章带领读者学习和解决以下问题。
- 生成式 AI 大模型的基本概念、技术架构、应用场景分别是什么?
- 生成式 AI 大模型在教学、研究以及实际应用中起到什么作用?
- 生成式 AI 大模型未来的发展趋势是什么?

11.1 大模型技术概述

大模型是指具有大量参数和计算资源的机器学习模型,通常在训练过程中需要大量数据和强大计算资源,并且具有数百万到数千亿个参数。大模型的设计目的是提高模型的表示能力和性能,在处理复杂任务时能够更好地捕捉数据中的模式和规律。

11.1.1 大模型技术的发展背景

1. 发展背景

从最初的简单专家系统到如今的复杂大规模预训练模型,大模型技术的发展不仅极大地改变了科技领域的面貌,也深入渗透到各行各业,为社会发展带来了深远影响。随着计算能力、数据量和算法的进步,大模型的应用已从单一任务处理扩展到多模态理解和生成,为各领域的创新提供了前所未有的技术支持。

下面将从 AI 的发展历程中,详细回顾三个重要的发展时期:萌芽期、探索沉淀期和迅猛发展期,探讨其主要技术突破和应用变化。

(1) 萌芽期(1950—2005 年)

1956 年,约翰·麦卡锡首次提出"人工智能"这一概念,标志着 AI 发展的开端。早期的 AI 模型依赖于小规模的专家知识,逐步过渡到基于机器学习的方法。1980 年,卷积神经网络雏形的诞生开启了传统神经网络模型时代。1998 年,LeNet-5 作为现代 CNN 的重要里程碑,标志着深度学习的兴起,为自然语言生成、计算机视觉等领域的研究奠定了基础。尽管当时计算能力和数据量有限,研究者仍致力于开发能够自我学习和适应的模型,为后来的复杂模型发展打下了基础。

(2) 探索沉淀期(2006—2019 年)

2013 年,Word2Vec 提出了词向量模型,开启了自然语言处理的新篇章。2014 年,生成对抗网络问世,成为深度学习生成模型的突破性成果。2017 年,Google 推出了基于自注意力机制的 Transformer 架构,为预训练大模型奠定了基础。2018 年,GPT-1(Generative Pre-trained Transformer)与 BERT 相继发布,标志着预训练大模型在自然语言处理领域的崛起。这一时期,Transformer 架构显著提升了大模型的性能,并在自然语言处理和计算机视觉等领域带来了变革。然而,模型的复杂性带来了训练成本高、算力需求大等挑战。

(3) 迅猛发展期(2020 年至今)

2020 年,OpenAI 推出的 GPT-3 拥有 1 750 亿个参数,成为全球最大的语言模型,展现了前所未有的语境学习能力。接着,基于人类反馈的强化学习(reinforcement learning from human feedback,RLHF)和其他微调技术被广泛应用,以提升模型的推理能力和任务泛化能力。2022 年,ChatGPT 的发布引起了广泛关注,进一步推动了大规模预训练模型的应用。2023 年,GPT-4 发布,参数规模从千亿级增至万亿级,具备了多模态理解与生成的能力,进一步提升了 AI 在各类任务中的表现。随着大数据、大算力和算法的结合,大模型的能力得到了显著提升,但同时也带来了数据隐私、模型偏见等新问题。此外,训练和部署这些大模型的成本极为高昂,且需要庞大的计算资源。

近几年来,大模型已成为科技企业竞争的新焦点,各大企业围绕模型能力、应用生态、算力资源展开激烈较量,形成了类似于移动互联网时代的平台竞争格局。目前,大模型已广泛应用于金融、医疗、零售、制造、教育、科研等多个行业,并带来了深远影响。在金融领域,大模型能够辅助风险评估、信用分析、市场预测和智能投顾,提高决策效率和投资回报率。医疗行业利用大模型进行医学影像分析、药物研发、智能诊断和医疗辅助决策，不仅提升了诊断精度，还加速了新药开发的进程。在零售行业，大模型优化用户画像、销售策略和智能推荐系统，使个性化营销更加精准，同时也增强了客服自动化能力。在制造业，大模型被应用于生产调度、质量检测、智能运维和供应链优化，提高了整体运营效率并降低成本。教育行业中，大模型用于智能辅导、自动批改、个性化学习推荐等场景，推动教育公平化和效率提升。在科学研究方面，大模型在材料科学、天文学、生命科学等领域提供计算模拟、数据分析和实验辅助，提高科研效率。

2. 一些典型的大模型

2018年，OpenAI发布了GPT，标志着基于Transformer架构的预训练模型的诞生，开启了大模型时代的新篇章。随后的2019年，OpenAI推出了GPT-2，参数量达到15亿，显著提高了文本生成能力，成为自然语言处理领域的一个重要突破。同年，Google发布了BERT，该模型通过双向训练，显著提升了文本理解任务的表现，推动了自然语言理解的技术进步。

2020年，OpenAI发布了GPT-3，参数量高达1 750亿，展现了前所未有的文本生成能力，并推动了自然语言处理技术的广泛应用。2021年，Facebook AI推出了OPT（open pre-trained transformer），为开源领域提供了一个高效的替代方案；同时，Google发布了T5（text-to-text transfer transformer），开创了通过统一框架提升多任务学习的先河。2021年，中国的百度发布了ERNIE 3.0，该模型通过知识增强的方式显著提升了文本理解和生成能力，尤其在中文自然语言处理任务中取得了重要进展。

2022年，Google发布了PaLM（pathways language model），该模型具备5400亿参数，并在多个自然语言处理任务中表现卓越。同年，OpenAI推出了DALL-E2，这是一个能够生成高质量图像的模型，开创了图像生成领域的新纪元，推动了创意产业和艺术创作的变革。2023年，OpenAI发布了GPT-4，该模型不仅在文本生成质量上大幅提升，还具备了多模态处理能力，能够同时处理文本和图像，成为多模态AI的代表性成果。与此同时，华为发布了PanGu-α，这是一款大规模中文预训练模型，在中文理解和生成任务中表现出色。

2023年，多个开源项目如LLaMA2、Falcon、ChatGLM、Baichuan2等相继发布，推动了大模型的普及，特别是在中文领域的广泛应用。这些模型不仅展示了在多种语言环境中的出色表现，还推动了AI技术在实际应用中的普及，尤其是在教育、医疗、金融等行业的潜力。

2024年，DALL-E3和Midjourney等图像生成模型迎来了进一步的升级，基于大模型的多模态应用逐渐成为主流。这些进步展示了文本、图像生成和增强任务的强大能力，也为更广泛的创作、娱乐、设计等领域带来了无限可能。

2025年初，DeepSeek作为一个新兴的开源项目，标志着中国在深度学习和人工智能领域的又一次创新突破。DeepSeek致力于结合大规模语言模型和多模态数据的综合应用，通过高度优化的预训练和微调技术，推动了智能搜索和推荐系统的革命。它不仅大大提高了搜索引擎的语义理解和查询响应能力，还在个性化推荐和自动化内容生成领域展现出了独特的优势。DeepSeek 的技术优势还体现在其跨行业、多模态的应用能力。无论是在智能家居、工业设备监控，还是在生产数据分析、供应链优化等领域，DeepSeek 都能够通过其先进的算法为中国制造业提供深度数据分析与智能决策支持。这一能力使得中国制造能够在全球竞争中占据更加有利的地位，尤其是在面对全球供应链不确定性和技术封锁时，DeepSeek 能够帮助国内企业提升自主可控的核心竞争力。通过这种自主创新、开源共享的策略，DeepSeek 不仅帮助中国制造业在技术研发上取得突破，还推动了中国在全球科技竞争中的战略地位提升。它的出现为打破技术垄断，走向技术自主与可持续发展开辟了新的路径，成为中国在全球智能制造和人工智能领域的重要竞争力之一。

11.1.2 大模型技术的技术基础

大模型的成功背后依托于深层神经网络的复杂结构、多层次的特征提取能力、大规模的预训练与微调策略以及对计算资源的强烈需求。大模型不仅能够解决复杂的任务，还具有极强的泛化能力和高效的知识迁移能力。下面将详细介绍构成大模型技术的核心基础。

1. 深层神经网络结构

大模型的基础结构是深层神经网络（deep neural networks，DNN）。简单来说，深层神经网络就是由很多层神经元（类似大脑神经元的计算单元）组成的网络。这些神经元通过层层之间的连接来处理信息。每一层网络都能提取数据中的不同特征。模型的深度越大，它就能从简单到复杂逐步提取数据中的各种信息。

举个例子，假设我们在训练一个图片识别的模型。模型的第一层神经网络可能只检测到一些简单的图形，比如边缘、线条和颜色块。随着网络的逐层深入，后面几层逐渐能识别出更复杂的形状，比如人脸、动物、物品等。通过这种多层次的逐步提取，深层神经网络能够捕捉到图像中越来越复杂的特征，从而实现精确的图像分类。

在自然语言处理领域，深层神经网络的优势同样明显。比如，Transformer 架构就通过多个自注意力层，帮助模型理解不同单词或词语之间的关系和语境，从而在处理长文本时比传统的神经网络更高效、准确。Transformer 更是当今大模型技术的"黄金架构"。Transformer 由 Google 于 2017 年发布的论文 Attention is All You Need 引领，它摒弃了传统的 CNN 和 RNN，提出了基于注意力机制的架构，开启了大模型时代。注意力机制的灵感源自人类视觉系统，通过模拟人类视觉系统集中关注重点区域，忽略其他信息，最早应用于计算机视觉领域，后来在 NLP 中取得显著效果。相比 RNN，Transformer 的优势在于它能够有效捕捉长距离依赖，解决了 RNN 在长序列处理中信息衰减的问题。Transformer 使用自注意力机制（self-attention），通过计算词与词之间的关联度，能够同时处理句子中的所有信息，避免了串行处理带来的计算效率低下。

自注意力机制允许模型在计算过程中考虑每个词与其他所有词的相关性，形成全连接关系，从而捕捉长距离信息。多头注意力（multihead attention）机制通过将注意力划分为多个独立头，使模型能够同时关注序列中的多个位置，捕捉更丰富的信息。这些创新使得

Transformer 在处理复杂序列数据时表现优异，尤其在 GPU 架构并行计算架构下，大幅提高了效率。

2. 大规模预训练与微调

大模型的另一个关键技术是大规模预训练和微调。预训练是整个大模型构建过程中的基石环节。它指的是让模型在海量数据中进行充分训练，从而帮助模型掌握通用的特征与知识。值得注意的是，这一训练过程通常是在无标签的海量数据上进行，这些数据来源广泛，涵盖了互联网上丰富多样的文本、图片、视频等。在这个阶段，模型如同一位孜孜不倦的学者，广泛涉猎各类知识，努力探寻数据背后隐藏的基本规律。通过对海量无标签数据的学习，模型能够积累通用知识，就像构建起了一座庞大的知识宝库，为后续应用打下坚实的基础。

当预训练完成后，模型并不会立刻被投入到实际应用中，而是会进入微调阶段。微调阶段就像是为模型量身定制一套精细调优的"外衣"，使其能够更好地适应具体任务。在这一阶段，模型会依据特定任务的数据来进行针对性的"调整"。举例来说，一个经过预训练的语言模型，本身具备语言理解和生成能力，但面对情感分析任务时，需要通过微调让模型准确捕捉文本中的情感倾向；若应用于机器翻译领域，经过微调的模型能在不同语言之间实现更精准、自然的转换。预训练和微调这种组合策略，一方面极大地减少了计算资源的消耗，避免了在每个具体任务上都从头开始训练模型所带来的巨大计算成本；另一方面，显著提升了模型在特定任务上的表现，使其能够更高效、更准确地完成实际应用。

以 GPT-3 这一广为人知的语言模型为例，它最初在海量的文本数据上进行大规模预训练。在这个漫长而复杂的过程中，GPT-3 不断学习语言的结构、语义以及语法规则等，逐渐学会了如何生成流畅自然的语言。当面对具体任务时，比如写文章，通过微调，模型可以深入理解文章的主题、风格要求等，从而生成符合要求的高质量文章；在回答问题任务中，微调后的 GPT-3 能够更准确地理解问题的意图，给出针对性强且条理清晰的回答。正是通过预训练和微调这两个关键步骤，GPT-3 在自然语言处理领域展现出了卓越的能力，为众多应用场景提供了强大的支持。

3. 不断强化的计算资源

大模型在复杂任务处理中展现出卓越能力的背后，离不开强大的计算资源作为关键支撑。训练大模型是一个涉及海量数据处理和巨量计算任务的过程。以 GPT-3 为例，其拥有数百亿个参数，这些参数如同构建模型大厦的基石，每一个都在训练过程中发挥着不可或缺的作用，需要进行精密的计算与优化。如此庞大的计算量，使得大模型的训练对硬件的要求极高，通常需要依赖 GPU（图形处理单元）或 TPU（张量处理单元）等具备强大加速能力的硬件。

GPU 最初主要用于图形渲染，但因其出色的并行计算能力，能够同时处理大量数据，逐渐成为大模型训练的首选硬件。TPU 则是专门为张量计算而设计的硬件，尤其在矩阵运算方面表现出色，能够高效加速神经网络的训练。这些硬件如同训练大模型的"超级引擎"，其并行处理大量数据的特性，极大地加快了模型的训练进程。如果没有这些强大的计算资源支持，训练大模型将变得极其耗时且成本高昂。例如，一台普通配置的计算机可能需要数月甚至更长时间来完成大模型的训练任务，不仅消耗大量时间成本，还可能导致时效性降低。而借助 GPU 或 TPU 等加速硬件，原本漫长的训练时间可以大幅缩短，甚至从数月缩短至几天，乃至几小时，极大地提升了训练效率。

除了依赖高性能硬件，大模型在训练过程中还会采用分布式计算框架，以进一步挖掘计算潜力，提升训练效率。这种框架打破了单机计算的局限，将庞大的训练任务巧妙地分散到多台计算机上并行执行，如同一场大规模的协同作战。不同的计算机各自承担一部分任务，大规模数据在不同机器上同时处理，从而实现计算效率的质的飞跃。通过分布式计算框架，大模型能够充分利用集群中多台计算机的计算资源，加速训练进程，为模型的快速迭代与优化提供有力保障。

4. 混合精度训练和参数压缩技术

（1）混合精度训练

混合精度训练是一种创新的训练策略，它打破了传统训练中统一使用 32-bit 浮点数的模式。在训练过程中，该技术通过使用较低精度的 16-bit 浮点数来代替传统的 32-bit 浮点数，这一小小的改变却能带来显著的效果。从内存需求角度来看，16-bit 浮点数占用的内存空间仅为 32-bit 浮点数的一半，这使得在训练时能够显著降低内存的占用，为处理更大规模的数据和模型提供了可能。同时，在计算速度上，由于数据精度降低，计算过程中的数据读写和运算次数相应减少，从而加快了训练速度。

NVIDIA 的 Volta 架构 GPU 在混合精度训练中发挥了重要作用，它专门支持半精度计算。在实际训练过程中，并非完全使用低精度数据，而是通过巧妙地混合使用高精度和低精度数据。在一些对精度要求较高的关键计算环节，如梯度计算等，仍然使用 32-bit 浮点数来保证计算的准确性；而在其他一些对精度要求相对较低的计算步骤，如矩阵乘法等，则采用 16-bit 浮点数进行计算。这样的混合使用方式，既减少了计算和存储资源的占用，又能够保证模型最终的精度不受太大影响，实现了在资源有限的情况下高效训练大模型。

通过在训练过程中使用较低的精度（如 16-bit 浮点数）代替传统的 32-bit 浮点数，可以显著降低内存需求并加快训练速度。NVIDIA 的 Volta 架构 GPU 支持半精度计算，通过混合使用高精度和低精度，减少计算和存储资源的占用，同时保证模型的精度。

（2）参数压缩

参数压缩技术则是从另一个角度来解决大模型训练中的资源瓶颈问题。它主要通过对模型权重进行一系列操作，包括剪枝（pruning）、量化（quantization）或蒸馏（distillation），从而在不显著损失模型性能的前提下，减少模型参数的存储和计算开销。

剪枝，简单来说，就是去除模型中那些对最终结果影响较小的连接或参数，就像修剪树枝一样，剪掉那些"冗余"的部分。通过剪枝，可以使模型的结构更加简洁，减少不必要的计算量，同时也降低了存储需求。

量化技术则是将模型中的连续参数值映射到有限个离散值上，用较低精度的数据类型来表示模型参数，从而减少参数存储所需的内存空间，并且在计算时也能因为数据精度降低而加快计算速度。

模型蒸馏是一种非常有趣且实用的参数压缩技术。它的原理是训练一个相对较小的模型（学生模型）来模仿大模型（教师模型）的行为。在这个过程中，大模型就像是一位经验丰富的老师，将自己学到的知识和能力通过一种特殊的方式传授给小模型。小模型通过学习大模型在不同输入下的输出，逐渐掌握类似的能力，从而在减少计算资源需求的情况下，依然能够达到与大模型相近的性能表现。例如，在一些对实时性要求较高的应用场景中，如移动端的语音识别或图像识别应用，使用经过蒸馏的小模型可以在有限的硬件资源下快速完成任务，而不会因为模型过大导致计算缓慢或设备性能不足。

混合精度训练和参数压缩技术相互配合，在保证模型性能的同时，大幅减少了大模型训练所需的时间和资源消耗。特别是在资源受限的场景中，如移动端设备、边缘计算设备等，这些技术的应用显得尤为重要，它们使得大模型能够在更广泛的环境中发挥作用，推动了人工智能技术的普及和应用。

11.1.3 大模型主要存在的问题

尽管大模型在人工智能领域取得了令人瞩目的成就，展现出强大的表达能力和多样的功能，但它们目前仍面临一系列亟待解决的问题和挑战。这些问题不仅影响了大模型的可靠性和实用性，也引发了社会各界对其未来发展的广泛关注。

首先，大模型的生成能力虽然强大，但其输出内容的准确性和可靠性常常受到质疑。一个突出的问题是所谓的"幻觉"现象——大模型可能会生成看似合理但与现实不符的虚假信息。这种幻觉不仅可能导致用户对模型输出产生误解，还可能在某些情况下造成严重的后果。例如，在医疗、法律或金融等领域，错误的信息可能会引发误导性的决策，甚至对个人和社会造成伤害。此外，大模型在生成内容时往往缺乏常识和伦理约束，这使得它们可能会产生虚构、错误或有害的输出，进一步加剧了人们对模型可靠性的担忧。

其次，大模型在内容生成方面还存在重复性问题。由于其训练数据的局限性以及生成机制的固有特点，大模型有时会输出缺乏创造性和想象力的内容。它们可能会重复生成相似的语句、段落或创意，甚至直接抄袭已有的内容。这种现象不仅削弱了模型的创新性，也限制了其在创意写作、艺术创作等领域的应用潜力。对于用户而言，重复且缺乏新意的内容可能会降低模型的使用价值，甚至引发对模型能力的质疑。

此外，大模型在生成内容时还可能表现出偏见和歧视性问题。由于训练数据中可能存在的偏差，大模型可能会在输出中反映出对某些群体的不公正态度，如种族歧视、性别歧视或其他形式的偏见。这些问题在国际社会中尤为敏感，尤其是在一些对平等和多样性高度关注的国家和地区。大模型缺乏自我意识和情感表达能力，这使得它们在生成内容时难以像人类一样具备同理心和道德判断力。因此，它们可能会无意中生成带有偏见或歧视性的内容，从而引发公众的不满和批评，甚至对社会和谐与公平造成潜在威胁。

然而，尽管大模型目前存在诸多问题，但随着技术的不断发展和研究的深入，这些问题有望逐步得到改善。研究人员正在积极探索各种方法来增强大模型的准确性和可靠性，减少幻觉现象的发生；同时，通过优化训练数据和改进算法，努力提升模型的创造性和多样性。在偏见和歧视问题上，越来越多的研究关注如何通过技术手段和社会监督来确保模型输出的公正性和公平性。未来，随着这些技术挑战的逐步攻克，大模型将变得更加智能、可靠和人性化。我们有理由相信，未来的 AI Agent 将不仅具备强大的功能，还能在道德、情感和创造力等方面更接近人类，真正成为人类的得力助手和伙伴。

11.2 大模型的分类

本节将详细介绍几种当前最为重要和前沿的大模型类型，包括大语言模型、视觉大模型和多模态大模型。每种大模型类型都针对不同的任务和应用场景进行优化，具有独特的架构和训练方法。大语言模型侧重于自然语言处理，能够理解和生成语言信息；视觉大模型则专注于图像处理与理解，广泛应用于图像分类、目标检测等任务；多模态大模型则跨越多个模态，能够同时处理和融合不同类型的数据（如文本、图像、音频等），从而实现更加复杂的多任务学习和跨模态理解。

11.2.1 大语言模型

1. 大语言模型的定义

大语言模型（large language model，LLM）是一种基于人工智能的模型，旨在理解和生成人类语言，以解决各种语言处理任务，如文本分类、问答、文档总结和文本生成等。它们通过在大规模的文本数据集上进行训练，能够执行包括文本总结、翻译、情感分析等在内的广泛任务。LLM 的主要特点是其庞大的规模，通常包含数十亿到数百亿个参数，这些参数帮助模型学习语言数据中的复杂模式。LLM 的架构通常基于深度学习技术，尤其是 Transformer，这种架构有助于它们在各种 NLP 任务中取得显著的效果。常见的商用大语言模型包括 OpenAI 的 GPT 系列、谷歌的 BERT 和 T5、百度的 ERNIE 等，它们广泛应用于对话系统、自动翻译、文本摘要等领域。

2. 大语言模型的训练方式

（1）预训练和微调：大语言模型通常采用"预训练+微调"的策略。在预训练阶段，模型通过无监督学习在海量文本数据上进行训练，学习语言的基本结构、语法和语义信息。常见的预训练目标包括自回归（如 GPT 系列）、自编码（如 BERT 系列）和掩蔽语言建模（masked language modeling）。在微调阶段，模型通过有监督学习针对特定任务（如文本分类、情感分析等）进行优化，从而提高其在特定领域的性能。

（2）训练策略。

分布式训练：由于大语言模型的参数量极大，训练通常采用分布式计算策略，将模型和数据分布到多个 GPU 或 TPU 上并行处理。常见的并行训练方法包括数据并行（data parallelism）、模型并行（model parallelism）和流水线并行（pipeline parallelism）。

优化算法：使用优化算法（如 Adam 或 LAMB）对模型的参数进行调整。大规模模型还会使用梯度累积、混合精度训练等技术，以提升训练效率和节省显存。

训练数据处理：预训练数据通常来自大规模的文本语料库，这些数据包括多种语言、不同领域的内容，涵盖了大量的语言现象。

3. 常见的大语言模型

以下是一些著名的商用大语言模型，将分别介绍它们的特点、应用及背景。

(1) GPT-3 (OpenAI)

GPT-3，即生成式预训练 Transformer 3，是 OpenAI 研发的自回归语言模型，其结构示意图如图 11-1 所示，其采用自回归解码器结构，包含 175 层和 1750 亿个参数。它通过多头自注意力机制捕捉长距离依赖关系，并利用前馈神经网络增强表达能力。拥有高达 1750 亿个参数，在大语言模型领域堪称巨擘。它基于 Transformer 架构，通过在海量的文本数据上进行无监督学习，从而具备了极为强大的语言理解和生成能力。

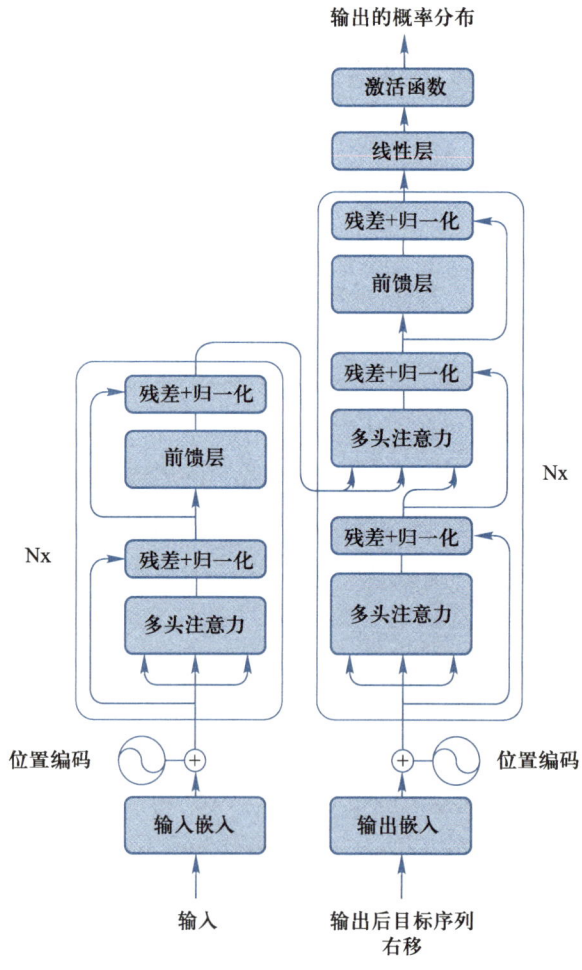

图 11-1　GPT-3 结构示意图

GPT-3 的特点显著，它能生成连贯且富有逻辑的文本，无论是创作故事、诗歌，还是撰写专业领域的文章,都能信手拈来。在翻译任务中,它可以快速准确地在多种语言间转换,打破语言壁垒。在回答问题时,能够根据上下文给出较为合理的答案。

GPT-3的优势十分突出,应用范围极为广泛,涵盖了内容创作、智能客服、语言学习等多个领域。强大的生成能力使其能够快速产生高质量的文本,极大地提高了工作效率。然而,GPT-3也存在一些缺陷。它生成的内容可能存在事实性错误,有时会出现"一本正经地胡说八道"的情况,且对训练数据的依赖可能导致生成结果带有偏见。目前,OpenAI已发布GPT-4,其在性能和应用范围上进一步增强,能够处理更复杂的任务,表现出更高的准确性和逻辑性,但GPT-3在大语言模型发展历程中的重要地位依然不可磨灭。

(2) BERT(谷歌)

BERT是谷歌于2018年发布的大语言模型,它创新性地采用了双向Transformer编码器架构,专注于双向上下文理解。

BERT的双向训练方式是其核心特点,如图11-2所示,这种方式让模型能够同时从句子的左侧和右侧捕捉信息,从而对文本的理解更加全面和深入。在情感分析任务中,能够精准判断文本所表达的情感倾向,无论是积极、消极还是中性。在命名实体识别任务中,也能准确识别出文本中的人名、地名、组织机构名等实体。

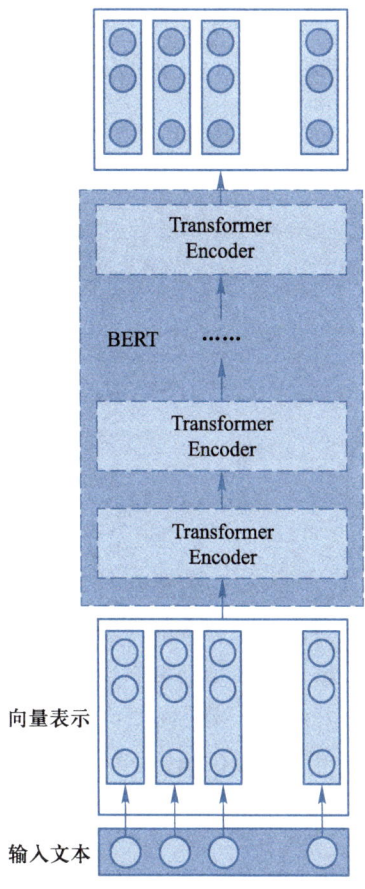

图11-2 BERT结构示意图

作为许多 NLP 任务的基准模型，BERT 对整个 NLP 领域产生了重大影响。它的优势在于极大地提升了 NLP 任务的效果，为后续的模型研究和应用奠定了坚实的基础。其预训练模型可以方便地由其他研究者和开发者微调，应用于各种具体任务中。不过，BERT 也存在一些不足。由于模型参数较多，对硬件资源的要求较高，训练和部署的成本较大。在处理长文本时，计算效率较低，存在一定的局限性。

(3) ERNIE 3.0 文心大模型（百度）

ERNIE 3.0 是百度推出的基于大规模预训练模型和知识图谱融合的先进大语言模型。如图 11-3 所示，它在 Transformer 架构的基础上，创新性地引入了知识图谱，将丰富的知识融入模型的训练中。通过这种方式，模型显著提升了模型对常识和复杂语义的理解能力。在中文文本处理方面，它展现出了独特的优势，对中文语言的语法、语义理解更加精准，能够生成符合中文表达习惯的高质量文本。在跨语言任务中，也有出色的表现，能够实现不同语言之间的有效转换和理解。

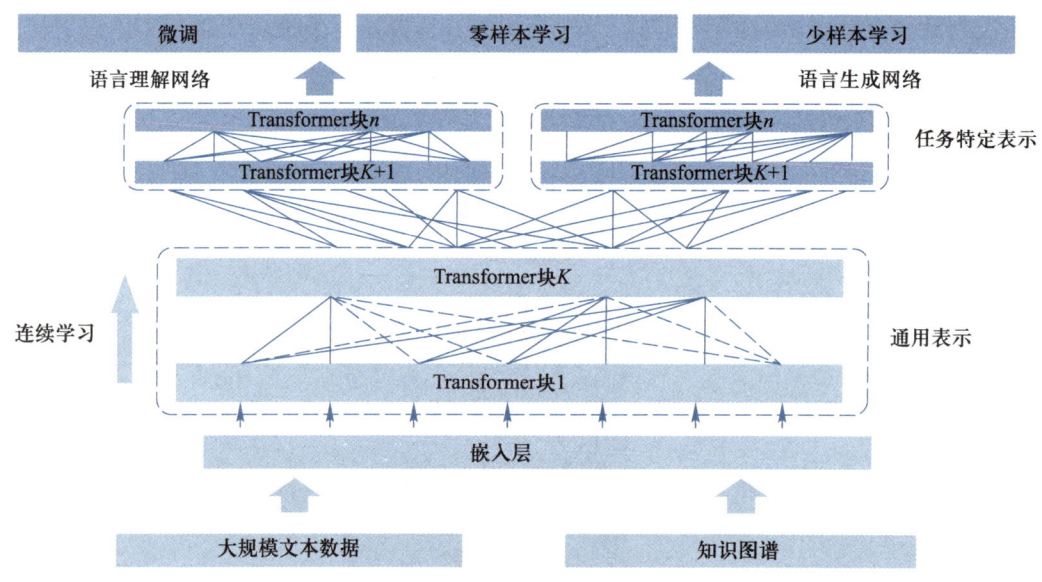

图 11-3　ERNIE 3.0 架构示意图

ERNIE 3.0 支持大规模无监督文本与知识图谱的平行预训练，推动了 NLP 技术在多个行业的广泛应用，如智能搜索、智能写作、智能客服等领域。它的优势在于能够充分利用知识图谱中的结构化知识，增强模型的语义理解和推理能力。但它也并非完美无缺，构建和维护知识图谱需要大量的人力和时间成本，并且知识图谱的更新速度可能无法及时跟上信息的快速变化，这在一定程度上可能会影响模型的表现。

通过这些大语言模型，AI 在自然语言理解和生成方面的能力得到了显著提升，在各行各业的实际应用中展现了广泛的潜力。

11.2.2 视觉大模型

1. 大视觉模型的定义

大视觉模型（large vision model，LVM），也称大型视觉模型，是一种人工智能模型，旨在理解和分析图像数据。通过在海量图像数据上进行训练，LVM 能够执行广泛的视觉任务，包括图像分类、目标检测、语义分割、图像生成等。LVM 的核心特点是其庞大的规模，通常包含数十亿甚至更多的参数，帮助模型学习图像数据中的复杂模式和特征。与大语言模型（LLM）类似，大视觉模型也通常基于深度学习架构，如 CNN 和视觉变换器（vision transformer，ViT）。这些架构使得 LVM 能够在各种计算机视觉（CV）任务中表现出色，尤其是在需要处理大规模图像数据时，展现出优异的学习能力和效果。常见的大视觉模型包括微软的 ResNet、谷歌的 EfficientNet 和 ViT，以及用于实时目标检测的 YOLO 和结合 Transformer 架构的 DETR。这些模型广泛应用于图像分析、自动驾驶、医疗影像等领域，表现出了强大的计算能力和精度。

2. 大视觉模型的训练方式

数据增强与预处理：在视觉模型的训练中，数据增强是提高模型泛化能力的关键技术。常见的数据增强方法包括旋转、裁剪、翻转、颜色调整、平移等。预处理通常包括图像缩放、标准化以及转换为特定的张量格式。

CNN 架构：大视觉模型通常采用深度卷积神经网络（如 ResNet、EfficientNet、Vision Transformer 等）来进行图像特征提取。随着模型深度的增加，网络结构会逐渐复杂，包含更多的卷积层、激活函数、池化层等。

迁移学习：由于训练大规模视觉模型需要大量标注数据，迁移学习成为一种常用的训练方式。模型首先在大型通用数据集（如 ImageNet）上进行预训练，然后微调到目标任务中，通常能显著提高性能，特别是在标注数据较少的情况下。

优化算法与技巧：使用优化算法（如 Adam、SGD）进行训练，常用技巧包括梯度裁剪、学习率调度（如 Warm-up 和 Cosine Annealing）和正则化（如 Dropout、Batch Normalization）等。

3. 常见的大视觉模型

以下是一些著名的商用大视觉模型，它们在图像处理和视觉任务中展现了卓越的表现。

(1) ResNet（微软）

在深度学习早期，人们普遍认为增加神经网络的层数能够提升模型的性能。然而，随着网络层数的不断加深，梯度消失问题逐渐凸显，导致模型难以训练，准确率也随之下降。为了解决这一难题，微软研究院的何恺明等人在 2015 年提出了 ResNet（残差网络）。

ResNet 的核心在于引入了"残差连接"。传统的神经网络是对输入进行层层变换，而 ResNet 则在网络中添加了直接连接输入和输出的捷径，如图 11-4 所示，这种架构可以让模型学习到残差映射。这种创新的设计使得网络能够有效缓解梯度消失问题，从而允许模型构建更深的层数。例如，在一个 152 层的 ResNet 中，依然能够稳定地进行训练。

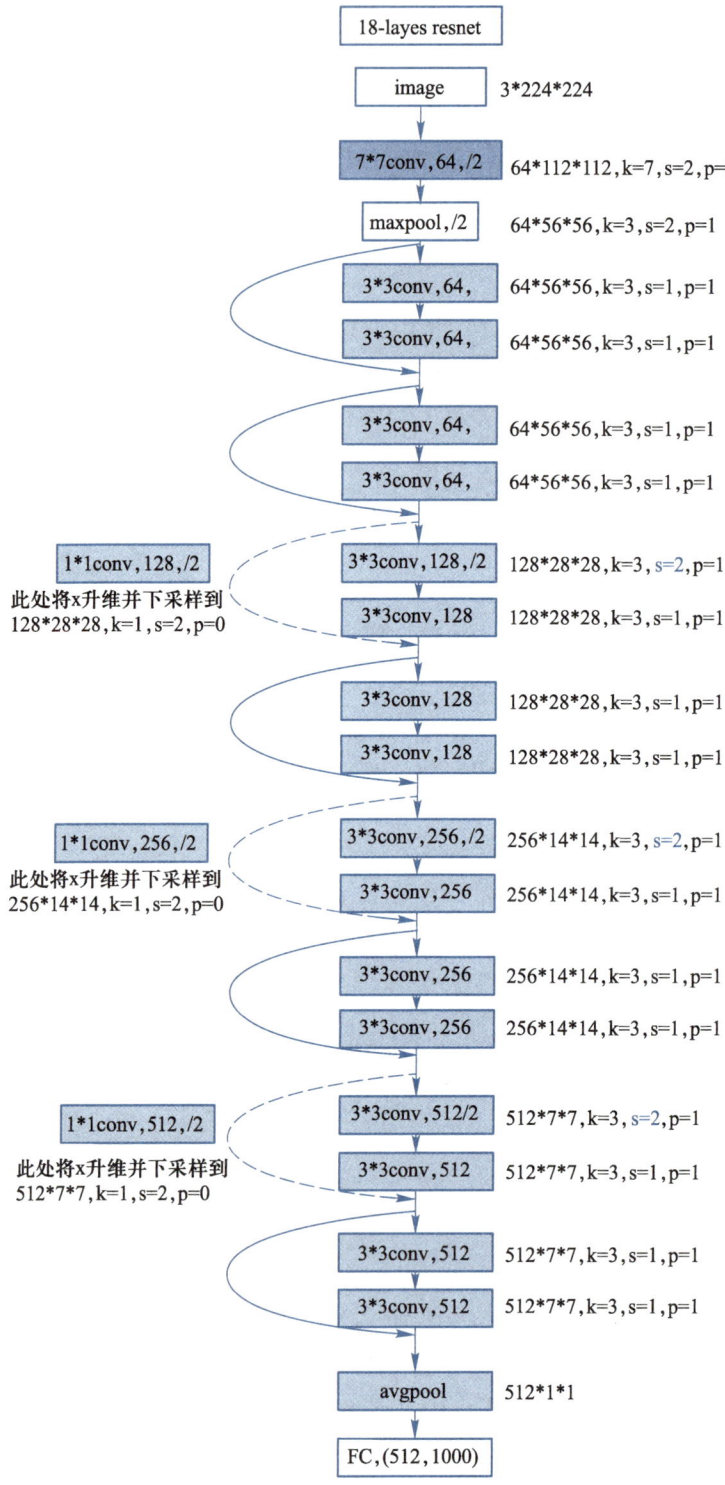

图 11-4 ResNet18（加权层数量）结构示意图

在图像分类任务上，ResNet 凭借其强大的特征提取能力，在众多数据集上取得了优异的成绩，极大地提升了分类的准确率。在目标检测任务中，它也常被用作基础网络，为后续的检测算法提供高质量的特征图。此外，在图像分割、图像生成等其他视觉任务中，ResNet 也得到了广泛应用。

其优势显而易见，残差连接的设计使得模型训练更加稳定，能够训练超深的神经网络，进而学习到更丰富的图像特征。而且，ResNet 结构简洁，易于实现和扩展，许多基于 ResNet 的变体模型也不断涌现。不过，ResNet 也存在一定的缺陷。随着网络层数的增加，计算量和内存消耗也大幅上升，这在一些资源受限的设备上可能会成为应用的阻碍。此外，过多的层数可能会导致模型过拟合，尤其在数据集较小的情况下。

（2）EfficientNet（谷歌）

随着深度学习在视觉领域的发展，如何在有限的计算资源下提高模型的性能成为研究焦点。谷歌在 2019 年提出的 EfficientNet，正是针对这一问题的创新性解决方案。

如图 11-5 所示，EfficientNet 采用了一种复合缩放策略，打破传统单独调整网络深度或宽度的做法，是同步优化网络的深度、宽度和分辨率。通过精心设计的缩放系数，EfficientNet 在提高模型准确率的同时，显著降低计算成本。例如，相比于其他同类型模型，EfficientNet 在达到相同准确率的情况下，计算量大幅降低。

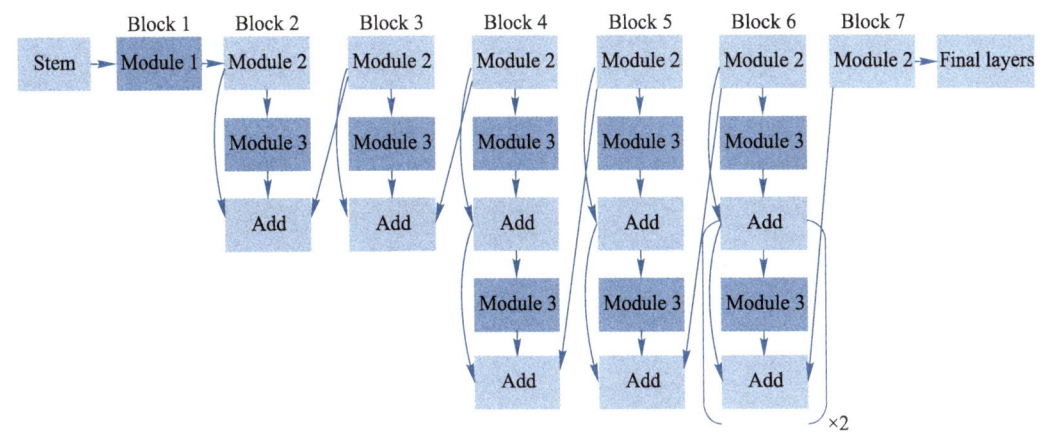

图 11-5　EfficientNet B0 架构示意图

在图像分类任务中，EfficientNet 展现卓越性能，在多个公开数据集上取得了领先的成绩。同时，它在目标检测、图像分割等任务中也有出色的表现，为这些任务提供了高效的解决方案。

EfficientNet 的核心优势在于其独特的复合缩放策略，实现了计算效率和准确率的最优平衡，使得模型在有限的资源下能够发挥出最大的效能。此外，EfficientNet 的模型参数相对较少，这不仅降低了计算成本，还减少了模型的存储需求。然而，EfficientNet 的设计和训练过程相对复杂，需要经过大量的实验和调参才能确定最佳的缩放系数。而且，由于其是基于特定的数据集和任务进行优化的，在一些特殊场景或小众数据集上的泛化能力可能相对较弱。

(3) YOLO (Joseph Redmon)

在目标检测领域,传统的检测方法通常采用滑动窗口的方式,对图像的不同位置和尺度进行多次检测,这种方式计算量巨大且效率低下。2015 年,Joseph Redmon 提出了 YOLO 模型,彻底改变了目标检测的思路。

YOLO 的最大特点是采用单一神经网络,将目标检测任务看作是一个回归问题,同时进行目标的分类和定位。如图 11-6 所示,它将输入图像划分为多个网格,每个网格负责预测落在该网格内的目标。这种设计使得 YOLO 能够在极短的时间内完成对图像中目标的检测,具有极高的计算效率和实时处理能力。

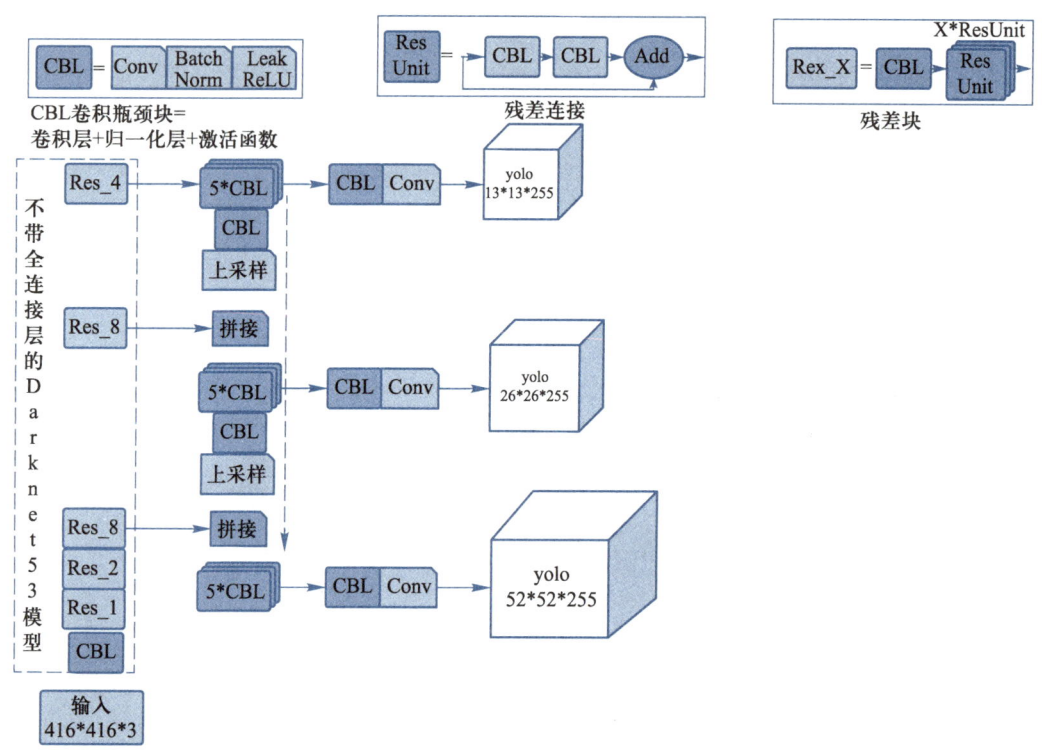

图 11-6　YOLO V3 架构示意图

YOLO 广泛应用于视频监控领域,能够实时对监控画面中的人物、车辆等目标进行检测和跟踪。在自动驾驶中,它可以帮助车辆快速识别道路上的障碍物、交通标志等,保障行车安全。在机器人领域,YOLO 也助力机器人实现对周围环境的快速感知和理解。

YOLO 的优势非常明显,其检测速度极快,能够满足实时性要求较高的应用场景。而且,YOLO 的模型结构简单,易于训练和部署。但 YOLO 也存在一些不足之处。由于它是基于网格进行目标预测的,对于一些密集分布的小目标,检测效果可能不太理想。此外,YOLO 在检测精度上相对一些两阶段的目标检测算法略低,在对精度要求极高的场景下应用可能受到限制。

11.2.3 多模态大模型

1. 多模态大模型的定义

多模态大模型（large multimodal model，LMM）是能够同时处理和理解图像、文本、音频、视频等不同模态数据的大型人工智能模型。通过跨模态学习和推理，这些模型能够执行图像描述生成、视频问答、图文匹配等复合型任务。与单一模态模型不同，LMM 的核心优势在于整合不同模态的信息，提升对复杂任务的处理能力。常见的多模态大模型包括 CLIP（图像与文本的对比学习）、DALL·E（根据文本描述生成图像）、BEiT（图像问答和图文匹配），以及 2025 年崭露头角的 DeepSeek 等，这些模型都基于深度学习架构，如 Transformers 和自注意力机制，展现出卓越的跨模态处理能力。

2. 多模态大模型的训练方式

联合表示学习：多模态大模型的训练旨在从不同模态（如文本、图像、视频等）中学习共享的表示空间。通过联合训练，模型能够学习到不同模态之间的关联信息，进而增强多模态任务的表现。例如，图像描述生成模型（如 CLIP、BLIP）通过将视觉和语言信息映射到同一嵌入空间来学习联合表示。

跨模态对比学习：对比学习是一种常见的多模态训练方法，通过优化不同模态之间的相似度和差异度来学习共享表示。模型会同时处理来自不同模态的数据，并进行跨模态对比，例如，图像与文本的匹配任务（如 CLIP 模型中的文本-图像对比）。

任务特定的目标函数：在多模态模型训练中，根据不同任务，模型通常会设计多个目标函数。例如，在视觉问答任务中，模型会同时学习图像理解和语言理解，任务目标是将图像信息与问题进行融合，最终生成正确的答案。

多模态数据的融合：在多模态模型中，数据的融合方式是关键。常见的数据融合方法包括以下几种。

① 早期融合（early fusion）：在输入阶段将不同模态的数据合并，通过统一的输入格式送入模型。

② 晚期融合（late fusion）：模型分别处理各自模态的数据，然后在决策阶段将各模态的输出结果进行融合。

③ 中间融合（intermediate fusion）：在模型的中间层对不同模态的数据进行融合，通过共享的潜在空间来处理多模态信息。

常见的训练策略包括：

① 对比损失：通过设计对比损失函数（如 Triplet Loss、InfoNCE）来确保不同模态的相似数据点被拉近，不相似的数据点被推远。

② 优化与正则化：与单一模态训练相似，多模态模型也采用常见优化算法（如 Adam、AdamW），并结合正则化方法（如 Dropout）防止过拟合。

3. 常见的多模态大模型

（1）CLIP（contrastive language-image pretraining）

CLIP 由 OpenAI 开发，在多模态大模型的发展进程中，CLIP 凭借其独特的技术架构和强大的功能,成为了一个具有里程碑意义的模型。它由 OpenAI 研发,如图 11-7 所示,创新性地实现了将图像和文本映射到同一向量空间,使得图像和文本的嵌入能够直接进行相似性比较。这一架构不仅实现了高效的跨模态对齐,还为多模态学习和零样本图像分类奠定了坚实基础。

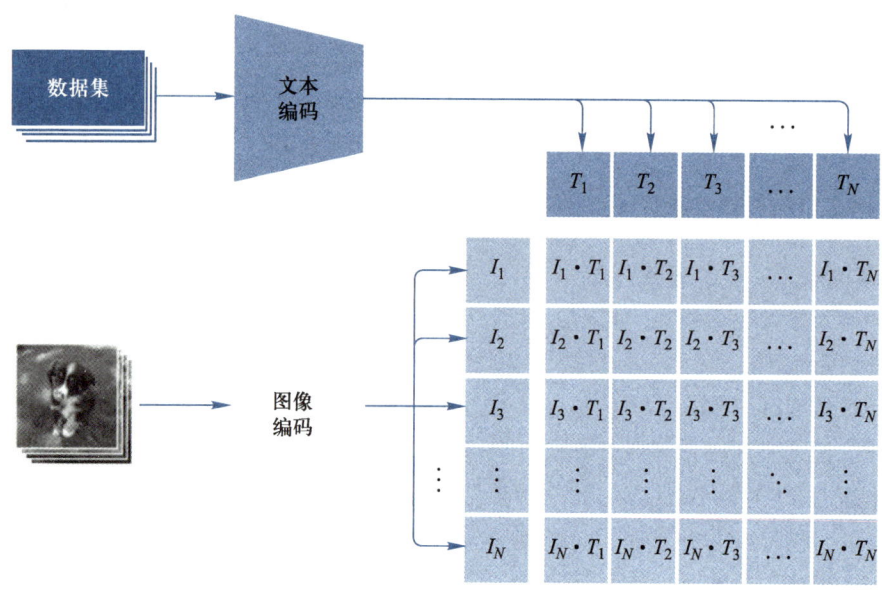

图 11-7 CLIP 架构示意图

CLIP 的核心技术是对比学习。在训练过程中,它利用海量的图像-文本对数据,通过对比学习的方式,让模型学习图像和文本之间的相互关系。简单来说,就是模型在面对大量的图像及其对应的文本描述时,不断调整自身参数,以达到能够准确理解图像与文本之间内在联系的目的。例如,当输入一张猫的图片和"一只可爱的猫"这样的文本时,CLIP 经过训练后,能够准确判断出两者之间的匹配关系,并将它们映射到向量空间中相近的位置。

在图像分类任务中,CLIP 不再依赖于传统的基于特定数据集训练的分类器。它可以根据输入的文本描述,对各种图像进行分类,极大地拓展了分类的灵活性和通用性。在图像生成领域,CLIP 能够辅助生成模型更好地理解文本描述,从而生成更符合要求的图像。在图文检索方面,CLIP 的表现更是出色,支持跨模态检索功能,无论是通过输入文本搜索与之匹配的图像,还是通过上传图像搜索相关文本,CLIP 都能快速准确地给出结果。

CLIP 的优势非常显著。首先,它打破了传统图像和文本处理模型之间的界限,实现了真正意义上的跨模态交互。其次,由于使用了海量的无监督数据进行训练,CLIP 具有很强的泛化能力,能够在多种不同的任务和场景中表现出色。而且,CLIP 的模型架构相对简洁,易于部署和应用。然而,CLIP 也存在一些不足之处。一方面,虽然它在大规模数据上表现良好,但在一些小众领域或特定场景下,由于缺乏针对性数据的训练,可能会出现性能下降的情况。另一方面，CLIP 在处理复杂语义和细节丰富的图像时，在语义的理解和图像特征的提取上还存在一定的局限性。

(2) DALL·E

DALL·E 是由 OpenAI 开发的一种多模态生成模型，能够根据输入的文本描述生成高质量的图像。它基于 Transformer 架构，通过深度学习技术将文本与图像的语义关联起来，从而实现从文本到图像的生成。DALL·E 的核心优势在于其强大的创造力和生成能力，能够生成现实中不存在的全新图像，这使得它在艺术创作、广告设计、影视特效等领域具有巨大的应用潜力。

如图 11-8 所示，DALL·E 的架构基于稀疏 Transformer，采用多层解码器结构，结合文本与图像的联合嵌入，通过稀疏注意力机制高效处理文本和图像的语义关联，支持从文本描述生成高质量图像。其工作流程包括对输入文本的深度语义解析，然后从其"知识储备"中提取相关的视觉概念和特征，最终整合生成符合描述的图像。例如，输入"一个在宇宙中飞翔的热狗，周围是闪烁的星星和彩色的星云"，DALL·E 能够将这些元素合理组合，生成具有美感和合理构图的图像。

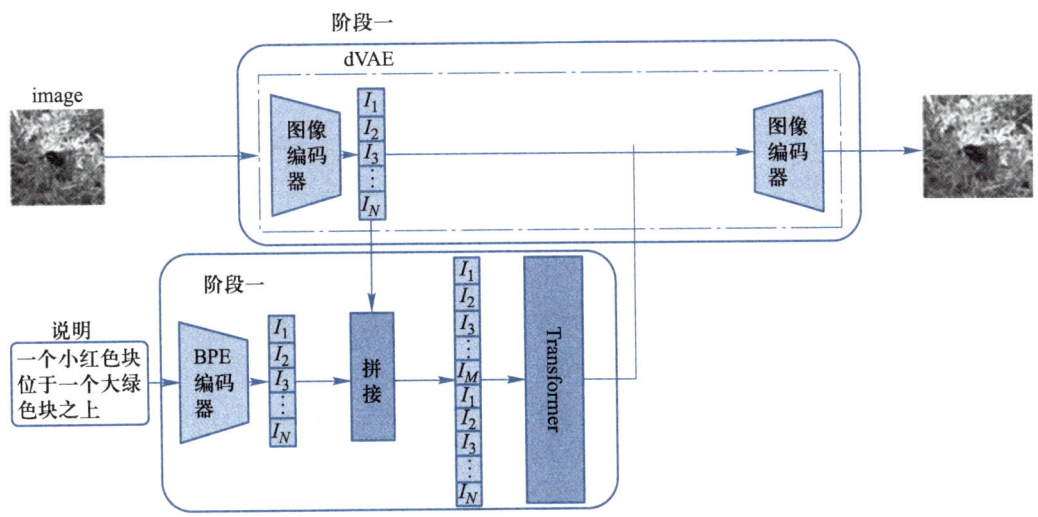

图 11-8　DALL·E 架构示意图

然而，DALL·E 也存在一些局限性。生成的图像在细节准确性和逻辑性上可能存在问题，例如物体比例失调或元素之间的物理关系不合理。此外，由于其训练数据来源的因素，DALL·E 可能会继承数据中的偏差，进而导致生成的图像存在偏见。尽管如此，DALL·E 仍然是一个多模态生成领域的重大突破，其不断迭代的版本（如 DALL·E 2 和 DALL·E 3）也在持续改进图像质量和生成效率。

(3) BEiT (Bidirectional Encoder representation from Image Transformer)

BEiT 是微软公司推出的一款致力于将视觉信息与语言信息深度融合的深度学习模型，它在多模态大模型领域占据着重要地位。BEiT 采用了类似 BERT 的自监督学习方法，这一方法在自然语言处理领域取得了巨大成功，BEiT 将其巧妙地应用到图像表示学习中。

如图 11-9 所示，BEiT 的工作原理是将图像分割成多个小块，然后将这些小块视为类似于自然语言处理中的"词"，通过自监督学习的方式，让模型学习这些图像小块的表示。在这个过程中，模型会预测图像小块的视觉特征，就像 BERT 在自然语言处理中预测下一个词一样。通过这种方式，BEiT 能够学习到图像的丰富特征，并且能够将这些视觉特征与语言信息相结合，特别适合用于图像-文本跨模态任务。

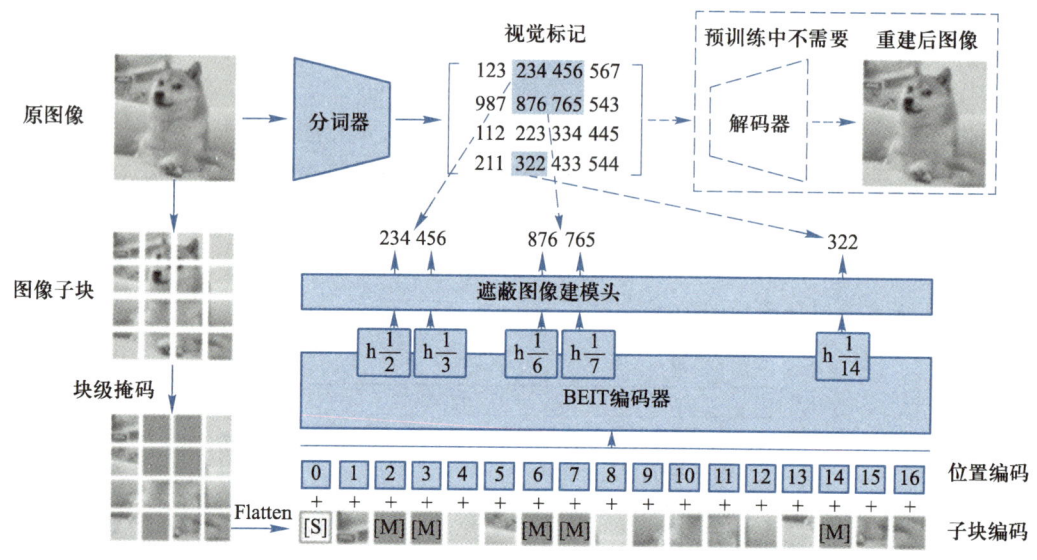

图 11-9　BEiT 架构示意图

在图像-文本跨模态任务中，比如图像问答，当给定一张图像和一个相关问题时，BEiT 能够利用其学习到的图像和文本表示，准确理解问题的含义，并从图像中提取相关信息进行回答。在图文匹配任务中，BEiT 也能凭借其强大的跨模态理解能力，判断图像和文本之间的匹配程度。

BEiT 的优势在于其创新性的自监督学习方法，使得模型能够在大量无标签图像数据上进行训练，大大降低了对标注数据的依赖。同时，BEiT 对图像和文本的联合理解能力很强，在图像-文本跨模态任务中表现出较高的准确性和稳定性。然而，BEiT 也面临一些挑战。由于其模型结构和训练方法的复杂性，训练 BEiT 需要大量的计算资源和时间，这在一定程度上限制了其应用范围。此外，BEiT 在处理动态场景和视频数据时，由于其主要针对静态图像设计，可能无法充分捕捉到时间维度上的信息变化。

（4）DeepSeek

在多模态领域，DeepSeek 打破了传统认知，以创新的技术和高效的资源利用，开辟出一条独特的发展路径。传统观念认为，打造强大的多模态模型需要巨额资金和海量计算资源，但 DeepSeek 仅花费相对较低的成本，就成功开发出具备卓越性能的模型，其 v3 模型更是展现出令人瞩目的实力。

DeepSeek 取得如此成就，关键在于其一系列创新技术。在多模态数据融合上，它采用创新性的统一嵌入空间构建技术，将图像、文本、音频等不同模态数据映射到同一语义空间，使模型能深度理解跨模态信息关联。同时，运用动态路由机制，在处理多模态任务时，依据输入数据特征，智能分配计算资源，快速准确地提取关键信息。为解决多模态模型训练中的计算效率问题，DeepSeek 提出了"无辅助损失负载平衡"策略。传统大规模并行处理系统需要复杂规则和惩罚机制来保障运行，而 DeepSeek 颠覆传统，开发出能自然保持平衡的系统，减少了额外开销。团队还率先采用"多标记预测"（MTP）技术，让模型通过同时预测多个标记提前思考，在实际应用中，预测接受率在各个主题中高达 85%~90%，处理速度比以往的方法快 1.8 倍。

在模型架构方面，如图 11-10 所示，DeepSeek 的多模态模型采用混合专家方法，总共有 671 亿个参数，但仅为每个 token 激活 37 亿个参数，这种选择性激活在保证模型强大能力的同时，极大地提高了运行效率。此外，采用 FP8 混合精度训练框架，并开发定制解决方案，在保持精度的同时，显著降低了内存和计算要求。在多模态应用中，DeepSeek 表现出色。以图像生成任务为例，它能根据复杂文本描述，精准把控色彩、构图、细节等元素，生成高质量图像，且在图像风格多样性上表现突出，能生成写实、卡通、油画等多种风格作品。在智能教育领域，它将教材中的文字内容与相关图像、图表等深度融合，为

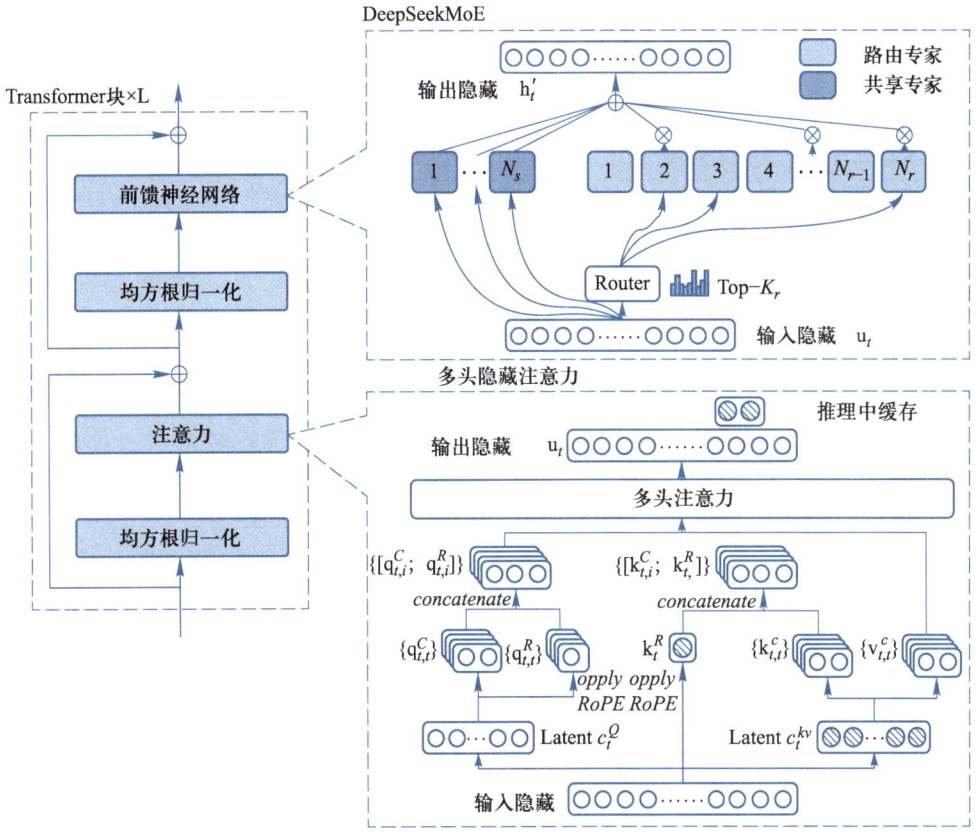

图 11-10　DeepSeek-v3 架构示意图

学生提供直观、生动的学习体验，助力知识理解。在智能设计辅助领域，该模型能依据设计师输入的文本创意和已有设计素材图像，快速生成具有参考价值的设计草图，激发设计灵感。

11.2.4 不同大模型对比

在人工智能快速发展的当下，大语言模型、视觉大模型和多模态大模型成为推动各领域进步的关键力量。它们在不同的应用场景中发挥着独特作用，深入理解它们之间的差异，有助于我们更好地把握人工智能技术的发展脉络，为不同任务选择最合适的模型，从而推动人工智能在更多领域的创新应用。

大语言模型专注于自然语言的处理，凭借Transformer架构对海量文本进行学习，能理解和生成复杂的语言内容，在语言相关的任务中表现出色。视觉大模型则聚焦于图像领域，利用CNN或Transformer等架构，从大量图像数据中提取关键特征，解决各类视觉相关的难题。多模态大模型则是整合多种模态的数据，通过独特的学习策略，实现不同模态信息的深度融合与交互，以应对更加复杂和多元化的任务需求。

表11-1从模型架构、典型模型、性能评估指标，到数据依赖性、应用领域以及面临的技术挑战等多个维度对这三类模型进行对比，能更清晰地展示它们各自的优势与局限，进而在实际应用中做出更明智的选择，推动人工智能技术在不同场景下的高效应用与创新发展。

表 11-1 不同类型大模型的对比

对比维度	大语言模型	视觉大模型	多模态大模型
核心任务	处理和生成自然语言，理解文本语义、语法和上下文关系	提取和分析图像视觉特征，识别图像内容和模式	融合多种模态信息，实现跨模态理解与交互
模型架构	Transformer架构为主，注重语言序列处理	CNN、Transformer等架构，强调图像空间特征提取	基于Transformer等，融合多模态特征提取模块
典型模型	GPT系列、BERT、ERNIE等	ResNet、EfficientNet、YOLO等	CLIP、DALL·E、BEiT等
性能评估指标	BLEU（机器翻译）、ROUGE（文本摘要）、准确率（问答）等	准确率、召回率、mAP（目标检测）、PSNR（图像生成）等	跨模态检索准确率、图文匹配准确率、多模态问答准确率等
数据依赖性	依赖大规模文本数据，数据质量和多样性影响语言理解与生成能力	依赖大量图像数据，数据标注准确性对模型性能影响大	依赖多模态数据对，模态间数据对齐和关联度影响模型效果
应用领域	内容创作、智能客服、语言翻译、文本分析等	安防监控、自动驾驶、图像编辑、医学影像分析等	智能教育、广告设计、影视制作、智能交互设备等
技术挑战	处理长文本时的效率和准确性、语义理解深度、避免生成内容的偏见和错误	复杂场景下的目标识别、小目标检测、图像语义分割的精细度	多模态数据融合的一致性、跨模态语义理解的准确性、处理动态多模态数据的能力

续表

对比维度	大语言模型	视觉大模型	多模态大模型
训练策略	预训练+微调（fine-tuning），常使用自监督学习和有监督学习结合的方法	数据增强、迁移学习、蒸馏（knowledge distillation）等	多模态联合训练，跨模态对齐，跨模态蒸馏等
参数规模	数十亿到数千亿参数，随着模型规模增大，计算资源和训练时间大幅提升	数百万到数十亿参数，通常专注于卷积层和Transformer层的优化	数十亿参数，参数量根据模态融合策略而有所不同

11.3 不同大模型在教学过程中的应用

11.3.1 对话大模型应用实例

对话大模型已广泛应用于多种实际场景中，发挥着越来越重要的作用。其主要可分为任务型对话和生成式对话两种类别，接下来将详细介绍这两种类型，以及其在不同领域中的应用和挑战。

1. 任务型对话

任务型对话系统旨在通过对话交互的方式，高效地帮助用户完成特定任务，广泛应用于垂直领域业务，例如餐馆预订、天气查询、机票预订、音乐推荐等。常见的对话系统产品包括微软小冰、百度小度、阿里小蜜、小米的小爱等，这些系统均依赖于自然语言理解、对话管理（dialogue management，DM）和自然语言生成（natural language generation，NLG）三个核心模块。其中，对话管理模块进一步包含对话状态追踪（DST）和对话策略（DP），用于维护对话上下文并决策响应策略。

近年来，商用大模型的快速发展为任务型对话系统提供了更加强大的支持，如OpenAI的ChatGPT、Anthropic的Claude、Google的Gemini以及百度的ERNIE Bot等。这些大模型具备更强的语言理解与生成能力，能够基于上下文动态调整对话策略，提高交互的自然性和准确性。此外，它们可以通过插件或API集成第三方数据源，如天气查询、航班预订和本地生活服务，从而增强任务型对话系统的功能。

下面将给出一个任务型对话的示例，通过使用ChatGPT展示如何通过对话帮助用户完成一个具体的任务——查询天气。

步骤1：提出具体任务（任务型对话系统需要首先识别任务类型（天气查询）并进行适当的引导）。

用户：今天天气怎么样？
系统：请问您想查询哪个城市的天气？

步骤2：根据对话大模型给出的回答，给出更多的提示词以得到需求的结果。

用户：北京的天气。

系统：好的，请稍等，我正在查询北京的天气信息。

（系统调用天气 API，获取数据后回复，如图 11-11 所示）

用户：明天的天气呢？

系统：请注意，明天夜间至后天，受冷空气影响，北京北风将增强，外出需注意防风。

步骤 3：结束对话。

用户：好的，谢谢。

系统：不客气，祝您生活愉快！

图 11-11　ChatGPT 实现任务型对话

【问题与思考】

（1）大模型是如何得到天气信息的？

大模型得到天气等实时信息的方式并非依赖其训练后智能体的自主思考，实际上是通过一些技术手段从网络上的数据库或服务中获取实时数据。这些实时数据通常来自天气 API——API（应用程序接口）是程序与其他服务、软件或数据库之间的通信协议，允许不同的系统之间交换数据。具体来说，天气 API 可让应用程序或网站实时获取天气信息。

（2）针对操控家具等特定服务的任务型对话，大模型一般是怎么处理的？

大模型通过自然语言理解（NLU）识别用户的意图，并提取相关参数（如设备、位置、动作）。为了实现对家具或设备的操控，大模型通常需要与智能家居平台（如 Google Home、Amazon Alexa、Apple HomeKit）或其他本地控制系统集成。这些平台提供了与不同类型的智能设备（如灯光、空调、电视、窗帘）交互的 API 或 SDK。大模型会根据解析出的指令调用这些 API，发送控制信号，同时维持对话上下文以确保多轮任务的连贯性，并根据设备协议发送相应的指令。

2. 生成式对话

生成式对话模型是指使用机器学习或深度学习技术，基于给定的对话历史和上下文信息，生成连贯自然语言回复的过程。其本质属于 seq2seq 任务类型，类似于机器翻译的编码-解码框架。生成式对话系统的主要特点是它能够在输入一个问题或请求（query）后，给出多个可能的自然语言回复，因此它是一个一对多的场景。

这些模型在很多商业应用中都得到了广泛的应用，尤其是在客户服务、虚拟助手、智能客服等领域。商用对话大模型，如 OpenAI 的 GPT 系列（包括 ChatGPT）、Google 的 BERT 和 LaMDA，已经能够实现非常流畅和人性化的对话。这些模型经过大量的预训练，能够理解并生成高质量的自然语言回复。

例如，在客户支持场景中，一个商用对话模型可以根据客户的询问，提供多个不同的答案，以适应不同客户的需求。它不仅能够回答产品相关问题，还能够提供建议、解决方案，并且随着对话的进展，持续更新对话状态，确保每个回答都紧跟客户的需求。

下面将给出一个生成型对话的示例，通过使用 ChatGPT 展示如何通过对话帮助用户完成一个具体的任务——创作诗词。

步骤 1：提出具体任务（此时，模型需要理解"春天"和"风景"这两个关键词，并准备从中构建图像的核心要素）。

- **用户**："请帮我写一首描写春天的诗。"
- **系统**："好的，请稍等，我为您创作一首春天主题的诗句。"

（系统生成诗句）

- **系统**："这是我为您创作的春天主题的诗句：

"春风拂柳绿，
花开满园香。
蝶舞轻飞过，
心随梦远航。"

步骤 2：用户反馈并提出修改要求（生成型对话并没有唯一的答案，可能随着不同的场景要求、用户的进一步需求或不同的大模型而变）。

- **用户**："这首诗很不错！能不能再加一点描写山水的内容？"
- **系统**："好的，请稍等，我会为您修改并加入山水元素。"

（系统更新对话状态并生成新的诗句）

- 系统："这是我为您更新后的诗句：
  春风拂柳绿，
  花开满园香。
  山川气象新，
  水面映朝阳。"
- 用户："谢谢！"
- 系统："不客气，祝您生活愉快！"

上述基于 ChatGPT 网页的实际操作过程如图 11-12 所示。另外，用户可以根据不同的商业大模型进行相同的操作，再进一步选择更优的答案。

图 11-12　ChatGPT 实现生成型对话

步骤 3：对比不同大模型的回复结果，选择更优的答案。

用户：请帮我写一首描写春天的诗。

系统：

春　韵

东风轻拂柳丝扬，嫩绿初萌映暖光。
桃蕊含羞添粉韵，梨英带露溢清香。
燕归旧垒呢喃语，蝶舞花丛自在翔。
最喜春溪波潋滟，欢歌一路韵悠长。

上述操作是在 DeepSeek 大模型中实现，具体操作结果如图 11-13 所示。

请帮我写一首描写春天的诗。

春韵

东风轻拂柳丝扬，嫩绿初萌映暖光。
桃蕊含羞添粉韵，梨英带露溢清香。
燕归旧垒呢喃语，蝶舞花丛自在翔。
最喜春溪波潋滟，欢歌一路韵悠长。

图 11-13　DeepSeek 实现生成型对话

【问题与思考】

不同的大模型产品由于其训练方式等的差异，擅长的领域也不尽相同，需要在实践中选择适合不同任务的大模型。

例如百度文心一言擅长应用场景：搜索问答、内容创作与生成、智能办公、客户服务、教育等。阿里云通义千问擅长应用场景：金融、医疗、教育、物流等多个行业。腾讯混元擅长应用场景：支持多格式文档解析、AI 头像、口语陪练、超能翻译等。

11.3.2　绘画大模型应用实例

绘画大模型是通过深度学习技术，特别是生成对抗网络（GAN）、变分自编码器（VAE）和自回归模型等方法，生成图像或艺术作品的人工智能系统。这些模型能够根据用户的指令或输入，生成从写实风格到抽象风格的各种艺术作品。近年来商用绘画大模型得到了广泛应用，尤其在艺术创作、广告设计和娱乐产业等领域。比如，OpenAI 的 DALL·E 2 是一个基于 GPT-3 架构的生成模型，能够根据用户输入的文本描述生成高质量的图像，支持从写实到抽象等多种风格。MidJourney 则专注于艺术风格的图像生成，创造梦幻或幻想风格的图像作品，特别受艺术家和内容创作者的青睐。与此类似，Stable Diffusion 作为一个开源的图像生成模型，支持用户从噪声中生成清晰图像，适用于创意制作和电影特效等场景。此外，Artbreeder 通过调整参数生成艺术作品，广泛用于角色设计和时尚创作，而 Runway ML 为创作者提供了便捷的机器学习工具，涵盖图像生成、视频处理等多种功能。这些模型不仅大大提高了创作效率，也为创意产业带来了前所未有的创新空间。

下面将给出一个任务型对话的示例，通过使用 ChatGPT 展示如何通过对话帮助用户完成一个具体的任务——根据诗词来创作图片。

步骤 1：输入要求。

用户：生成一张图片，内容基于以下诗句：

春风拂柳绿,花开满园香。

山川气象新,水面映朝阳。

系统:这是基于您提供的诗句生成的图片(如图 11-14 所示),描绘了春风拂柳、花开满园以及山川和水面的美丽景象。希望您喜欢!

图 11-14　绘画大模型生成的图片

步骤 2:如图 11-15 为使用 ChatGPT 实现图片生成的过程。此外可以根据用户的需求,选择不同的大模型。同时,可以输入更多的要求引导大模型更改图片。

图 11-15　ChatGPT 实现图片生成

【问题与思考】

（1）绘画大模型是如何生成艺术作品的？

绘画大模型生成艺术作品的过程，基于大量的图像数据训练，学会了不同风格、技巧和图形元素的相互关系。这些模型通常采用深度神经网络，如生成对抗网络（GAN）或变分自编码器（VAE），通过学习大量的艺术作品、插画、摄影等多样化的视觉数据来捕捉图像的规律。通过这种方式，模型能够"理解"视觉艺术的组成要素，如色彩搭配、线条构成和光影效果等。当用户提出创作需求时，绘画大模型根据用户输入的描述（如主题、风格、颜色等）生成图像。对于一些生成模型如 DALL·E 和 MidJourney，它们不仅通过文字描述生成图像，还能够进行风格迁移或创作出融合多种艺术流派的作品。模型生成的结果依赖于训练数据的多样性和质量，也可能在创作过程中引入一些创新或意外的视觉元素。

（2）绘画大模型面临的挑战是什么？

绘画大模型面临的主要挑战包括如何生成具有高创意性和艺术性的图像，而不仅仅是技术上的"复制"已有作品。虽然模型在图像风格上具有极大的灵活性，但如何保证生成作品在视觉美感、情感表达和创意上的高度匹配仍然是一项挑战。此外，生成图像的质量受到训练数据集质量的影响，某些领域或风格的数据不足可能导致生成结果的局限性。另一挑战是版权问题，模型在生成作品时可能会无意中复制已有艺术家的风格或内容，涉及知识产权纠纷。

11.3.3　视频大模型应用实例

商用视频大模型近年来在多个行业得到了广泛应用，如视频生成、自动化内容分析、智能监控等领域。这些模型通过深度学习技术，特别是卷积神经网络（CNN）和 Transformer 架构，在大规模视频数据上进行训练，能够提取视频的时空特征，完成视频内容生成、动作识别、场景理解等任务。例如，OpenAI 的 CLIP 模型可用于视频和图像的联合理解，能够根据文本生成相关视频片段，广泛应用于广告、影视制作等行业。Google 的 VideoBERT 则采用 Transformer 结构来处理视频，能够捕捉时空上下文，实现视频的自动摘要和问答生成，具有强大的内容理解能力。Meta 的 Make-A-Video 能够根据简短的文字描述生成视频，广泛应用于创意产业，支持个性化内容创作。此外，DeepMind 的 Trajectron++ 模型专注于复杂场景中的多目标追踪与预测，主要用于自动驾驶与智能监控系统中。这些商用视频大模型不仅推动了自动化内容生产，还极大提升了视频分析的准确性和效率，为行业带来革命性的变化。百度推出的"飞桨"平台包含了多个视频理解与生成相关的深度学习模型，如深度视频理解模型（deep video understanding model）。该模型能够分析视频中的人物、动作、场景等元素，广泛应用于智能监控和内容推荐系统。字节跳动的飞书视频编辑模型则能够基于短视频内容生成自动剪辑，提供智能化的视频制作解决方案，广泛应用于社交媒体和内容创作平台。

以腾讯混元文生视频平台为例，来展示如何通过对话帮助用户完成一个具体的任务——根据诗词来创作视频。

步骤 1 输入要求："生成一个视频，内容基于以下诗句：春风拂柳绿，花开满园香。山川气象新，水面映朝阳。"，如图 11-16 所示。

图 11-16 输入要求

步骤 2：选择参数，如图 11-17 所示。

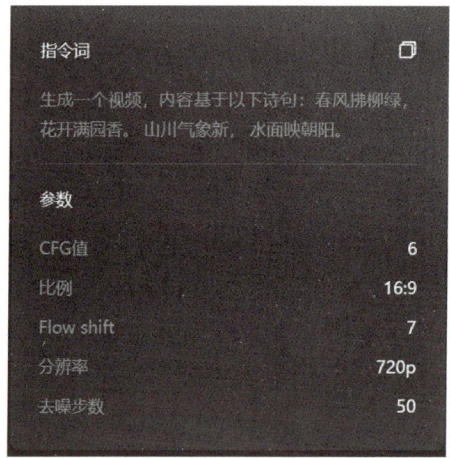

图 11-17 选择参数

最后视频生成结果如图 11-18 所示。

【问题与思考】

（1）视频大模型是如何生成和编辑视频内容的？

视频大模型的核心能力是通过时序建模理解视频内容的动态变化。通常，视频生成模型会结合 CNN 和 RNN 或 Transformer 等模型，用于视频处理。通过大量的训练数据，模型学习视频中时间维度上的动作、表情变化、镜头切换等动态因素。为了生成视频，模型通常会先从输入的文本描述或图片生成关键帧，再通过时序模型生成连贯的视频内容。现有的生成式模型，如 Make-A-Video 和 DeepFake，不仅能够生成短视频片段，还可以对现有视频进行编辑或重建。例如，用户可以通过指令修改视频中的人物动作、背景或者物体，模型会根据这些修改生成对应的新内容。视频大模型通过识别并理解视频中的细节，如人物表情、物体的运动轨迹等，逐帧合成新的视频。

图 11-18　视频生成结果

（2）视频大模型面临的挑战是什么？

视频生成模型在面临的技术挑战上较图像生成模型更为复杂。首先，生成视频需要处理的不仅仅是静态图像的问题，还要考虑到时间连续性和流畅性。这要求模型不仅需要生成每一帧画面，还需要保证帧与帧之间的平滑过渡。另一个挑战是计算资源消耗大，生成高质量的视频往往需要极强大的计算能力，特别是在实时视频编辑和长时间片段生成时。此外，视频内容的版权和道德问题也值得关注。类似于 DeepFake 技术的应用，虽然它可以产生逼真的虚拟视频，但其潜在的恶意使用（如伪造新闻、诈骗等）也提出了伦理和法律上的重大问题。如何确保生成视频的真实性和伦理合规性，是视频大模型面临的另一大挑战。

11.4　思考与练习

一、选择题

1. 大模型训练通常需要分布式计算的原因是（　　）。

A. 减少模型计算量

B. 加快数据收集

C. 提升训练效率，缩短计算时间

D. 减少存储成本

2. 在 AI 应用中，大模型的多模态能力指的是（　　）。
A. 能够处理多种语言任务
B. 能够处理文本、图像、音频等多种数据类型
C. 能够提高训练速度
D. 能够减少模型的训练成本

3. 大模型生成文本时，可能出现的幻觉现象指的是（　　）。
A. 模型生成的内容重复
B. 模型输出内容不符合事实
C. 模型生成的内容具有较强创造力
D. 模型自动优化训练过程

4. 以下不是任务型对话系统的典型应用场景的是（　　）。
A. 智能客服　　　　　　　　B. 自动驾驶
C. 机票预订　　　　　　　　D. 智能家居控制

5. 生成式对话系统的主要特点是（　　）。
A. 需要事先设定固定的回复模板
B. 只能回答特定类型的问题
C. 能够根据上下文自由生成连贯的自然语言回复
D. 只能执行预定义的任务

二、填空题

1. Transformer 架构的提出年份是_____，其核心机制是_____。
2. 混合精度训练的主要优势是_____和_____，主要采用_____进行低精度计算。
3. GPT-3 的参数规模为_____亿，其优化技术包括_____和_____。
4. 视觉大模型的性能评估常用_____、_____和_____等指标。
5. 视频大模型通常结合_____和_____进行时序建模，以确保视频内容的动态一致性。

三、简答题

1. 简要概括大模型技术发展的三个重要阶段及其特点。
2. Transformer 架构相比于传统神经网络有哪些优势？
3. 目前大模型的发展趋势有哪些？它们对未来的教育领域可能带来哪些影响？

四、练习题

1. 结合实际，分析你身边某种基于大模型的 AI 应用（如智能语音助手、机器翻译、自动驾驶等），描述其工作原理、核心技术及应用价值，结合实际使用体验提出你的看法与认识。
2. 查找目前在教育领域中应用大模型的实际案例，总结其应用方式、优势和存在的挑战，并思考如何优化这些应用。

第 12 章
教育智能体设计与提示词工程

本章导读

在人工智能技术重塑教育形态的今天,教育智能体正逐渐从科幻想象走向教学实践。这类基于生成式 AI 的智能系统,能够扮演个性化导师、学习伙伴或课程设计者的角色,但其效能的边界并非由算法本身决定,而是取决于人类如何通过设计思维与语言工程赋予其"教育灵魂"。

本章聚焦于教育智能体的核心命题:如何通过系统化设计来构建一个具备教育温度与专业深度的智能体。本章将从教育目标与 AI 能力的对齐出发,剖析构造智能体的相关技术——智能体工作流、知识检索增强生成,同时深入拆解提示词工程等关键技术,探讨如何通过结构化语言引导 AI 理解教学场景、适配学习者特征并生成符合教育需求的内容。

本章带领读者学习和解决以下问题。
- 智能体是什么?
- 如何设计一个智能体工作流?
- 什么是知识检索增强技术?
- 如何将提示词工程应用于智能体工作流开发?

12.1 智能体技术概述

12.1.1 智能体基本概念

1. 什么是智能体

智能体的本质是能够通过感知环境信息、进行自主决策并执行相应动作以实现预设目标的智能化实体。智能体的概念最早可追溯至艾伦·图灵 1950 年提出的"图灵测试",如

图 12-1 所示，测试的主体是一个人类评判者，他通过键盘等文本交流的方式分别与一台机器和一个人进行交流。评判者在交流过程中并不知道哪一个是机器，哪一个是人。如果评判者最终无法准确判断出哪个是机器，哪个是人，那么这台机器就可以被认为是具有智能的。该测试首次确立了机器智能的判定标准。

早期的智能体研究聚焦于符号主义人工智能，如约瑟夫·魏泽鲍姆 1966 年开发的 Eliza 对话系统，通过模式匹配技术模拟心理咨询师的对话行为，尽管其技术原理简单，却揭示了人机交互的潜在可能性。

进入 20 世纪 90 年代，智能体理论框架逐步成型。斯坦福大学 Yoav Shoham 教授提出的 BDI（信念-愿望-意图）模型，将人类认知过程形式化为可计算的逻辑体系，为智能体决策机制提供了理论基础。与此同时，强化学习算法的突破性进展（如 Watkins 提出的 Q-learning 算法）使智能体具备了通过试错学习优化决策策略的能力。这一时期的技术积累为 21 世纪智能体应用的爆发奠定了基础。

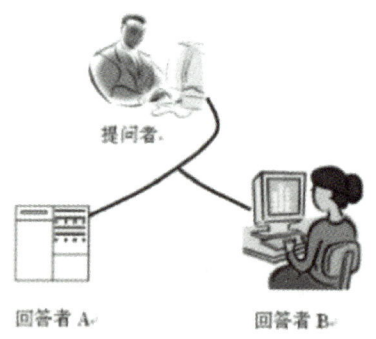

图 12-1　图灵测试示意图

当前，智能体技术已进入大规模工程化应用阶段。以 GPT-4 为代表的大语言模型，通过预训练-微调范式实现了通用对话能力；知识检索增强（RAG）技术则有效解决了传统模型在事实准确性和知识更新方面的局限。值得关注的是，现代智能体系统正在向多模态感知、持续学习和群体协作方向演进，如波士顿动力公司的 Atlas 机器人已实现复杂地形下的自主运动控制，展现了物理智能体的发展潜力。

智能体系统与传统软件的本质区别体现在核心能力维度。传统软件遵循预定义的工作流程，其行为完全由程序设计决定，如同遵循乐谱演奏的乐器；而智能体系统则更像即兴演奏的乐手，能够根据环境反馈动态调整决策路径。这种差异在异常处理场景中尤为显著：传统软件依赖开发者预设的异常分支，而智能体可通过强化学习生成应急策略。

在交互能力方面，传统系统多采用结构化输入/输出（如表格填写、按钮点击），而现代智能体支持自然语言对话、手势识别等多模态交互方式。教育领域的典型例证是智能教学系统：传统 CAI（计算机辅助教学）软件只能呈现固定内容，而教育智能体可根据学生表情、学习成绩等多元信号实时调整教学策略。

2. 智能体的核心特征

智能体区别于传统自动化系统的核心特征体现在四个维度：自主性、反应性、社会性和目标导向性。

① 自主性强调系统在无人为干预情况下的独立决策能力，例如工业质检机器人通过视觉传感器捕捉产品图像后，可基于深度学习模型自主判断是否存在缺陷，其决策过程不依赖预设规则库，而是通过特征提取和模式识别动态生成判断结果。

② 反应性则要求智能体具备实时响应环境变化的动态适应能力。以智能家居系统为例，当温湿度传感器检测到室内环境参数超出设定阈值时，系统需在 200 ms（毫秒）内完成数据解析、策略生成和设备控制指令下发，这种快速响应机制依赖事件驱动架构和轻量级决策模型的协同工作。值得注意的是，现代智能体往往需要平衡反应速度与决策质量，这促使研究者开发出分层决策框架，将即时反应与长期规划有机结合。

③ 社会性特征在分布式智能体系统中尤为重要。多智能体协作需要解决任务分配、资源竞争和通信协调等复杂问题，国际智能体标准组织 FIPA 制定的 ACL（agent communication language）为跨系统交互提供了标准化协议。社会性体现在例如智能无人机编队控制系统等应用场景中，该系统通过 SWARM 智能算法，各无人机可实时共享位置信息并动态调整飞行路径，形成具有自组织特性的群体智能。

④ 目标导向性体现了智能体系统的战略规划能力。在金融交易领域，高频交易系统通过持续监控市场数据流，主动识别套利机会并执行交易策略。这类系统采用马尔可夫决策过程（MDP）建模，将环境状态、可选动作和预期收益纳入统一计算框架，通过价值迭代算法寻找最优决策路径。这种主动式行为模式使智能体能够突破被动响应局限，实现真正的目标驱动型智能。

3. 智能体的分类

根据应用场景和技术特点的差异，智能体系统可从以下两个维度进行分类。

从响应方式角度，可分为主动型和被动型智能体。主动型智能体（如灾害预警系统）通过持续监测环境参数，主动预测潜在风险并启动应急预案；而被动型智能体（如传统问答机器人）则仅在接收到明确指令后触发响应流程。这两种模式的本质区别在于系统是否具备环境建模与趋势预测能力。

按应用领域划分，通用型智能体，如图 12-2 中的 ChatGPT 致力于解决跨领域问题，其优势在于强大的泛化能力，但可能缺乏专业深度；专用型智能体（如法律文书分析系统）则针对特定场景进行优化，通过领域知识注入和功能定制实现精准服务。教育智能体的设计往往需要平衡这两个方向，既要理解广泛的教学话题，又要深入掌握学科专业知识。

图 12-2　通用型智能体 ChatGPT

> 学习任务12-1
>
> 访问 DeepSeek，了解智能体是什么，可以应用在哪些场景。

12.1.2 智能体工作流设计方法

智能体工作流是人工智能技术发展到认知智能阶段的重要产物，它突破了传统工作流系统的范式局限，构建了具有动态认知、自主决策和持续进化能力的任务执行体系。

在传统的软件工程领域，工作流通常指的是一系列按照预定义顺序执行的任务或操作。这些任务可以是人工执行的，也可以是由计算机程序自动完成的。传统的工作流管理系统（如 BPM、Camunda 等）通常采用流程图或状态机的方式对任务进行建模，并通过严格的控制逻辑确保工作流按照预定路径执行。

与传统基于规则引擎的刚性流程相比，智能体工作流的本质特征在于其认知架构的动态适应性——系统不仅能够按照预设逻辑处理信息，更具备根据环境反馈自主调整执行路径的能力。

以教育领域的智能答疑系统为例，传统工作流可能遵循"问题接收→关键词匹配→答案检索→结果输出"的线性流程，而智能体工作流则会构建"问题理解→知识关联→推理验证→多模态交互"的动态认知回路。这种范式转换的核心差异体现在三个维度：首先，流程节点不再是静态的功能模块，而是由大语言模型驱动的认知单元；其次，流程拓扑结构具备动态重构能力，可根据任务复杂度自动扩展或简化处理路径；最后，整个系统通过记忆机制实现经验积累，使工作流具有持续优化的内生动力。

1. 智能体工作流的四维架构体系

如图 12-3 所示，现代智能体工作流的架构设计呈现分层解耦、动态协同的特征，其核心架构可分解为以下四部分。

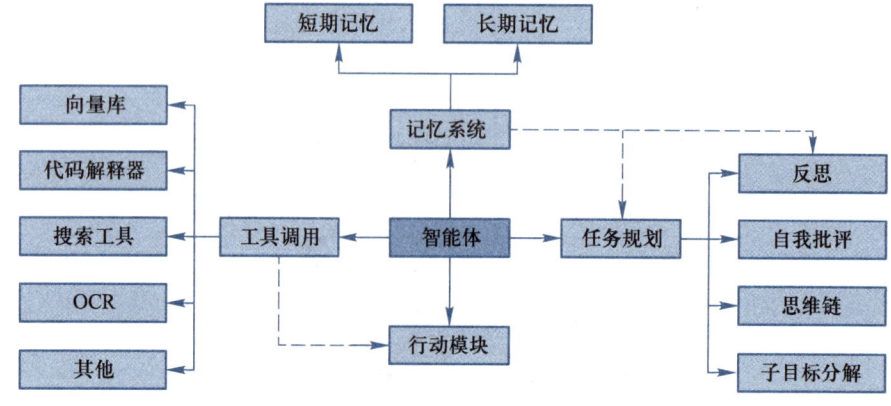

图 12-3 智能体工作流的架构

(1) 记忆系统

在智能体工作流中，记忆系统的作用是存储和管理上下文信息，使智能体能够在多轮交互或持续运行的情况下保持逻辑一致性。相比于传统的软件系统，智能体的工作方式更加接近人类的思维模式，即基于已有的知识和上下文信息进行推理和决策。记忆系统的引入，极大地增强了智能体的连续对话能力和长期任务管理能力。

智能体的记忆系统通常可以分为短期记忆和长期记忆。短期记忆主要用于存储当前会话或任务的上下文信息，例如在一个智能客服系统中，用户可能会连续提出多个相关问题，如"我上周购买的商品什么时候能到？""如果到货后发现有问题可以退货吗？"在这种情况下，智能体需要保留用户的历史对话，以确保回答的连贯性，而不是每次都将问题视为独立输入。这种短期记忆机制通常通过缓存或状态管理实现，可以让智能体在同一会话中保持逻辑一致性。

而长期记忆则用于存储跨会话的用户信息和知识积累。例如，在教育智能体中，系统可以记录学生的学习进度、习惯以及过往错误，并在后续的学习过程中进行个性化推荐。例如，一个智能辅导系统可以记住某位学生在"微积分"模块中曾经遇到困难，并在后续的教学中提供更多针对性的练习题。这种长期记忆机制通常需要结合数据库或向量存储，以便高效检索历史信息。

(2) 任务规划

规划能力是智能体在面对复杂、多步骤任务时，能够有效制定并执行策略的关键。例如，在自动化写作任务中，如果用户要求智能体生成一篇包含多个部分的长篇报告，智能体需要首先分析整体结构，将任务拆解为若干子任务，如引言、背景分析、数据分析、结论等部分，并按照合理的顺序逐步完成。这种任务拆解的能力，使得智能体在处理复杂任务时不会陷入混乱，而是能够有条不紊地组织内容，从而提高任务执行的稳定性。

在智能体工作流的架构中，规划主要依赖两种方式进行：基于规则的规划和基于学习的规划。基于规则的规划通常依赖于预设的工作流框架，例如，在客户服务智能体中，系统会预先定义常见的用户问题类别（如账户问题、订单问题、技术支持等），智能体会根据用户输入匹配相应的处理流程，并按照设定的步骤执行。而基于学习的规划则更加灵活，智能体可以通过历史任务执行数据，自动学习最优的执行路径。例如，在编程任务中，智能体可以基于历史代码生成最佳的实现方案，而不是依赖固定的代码模板。

(3) 工具调用

在智能体工作流中，工具调用是大模型突破自身局限，实现更强大功能的重要方式，也是智能体工作流的重中之重。尽管大模型具备强大的语言处理和推理能力，但它本身并不擅长计算、数据检索、图像处理等任务。因此，在许多场景下，智能体需要通过调用如图12-4中的外部工具来完成任务，例如调用计算器进行数学运算、调用数据库进行信息查询、调用编程环境执行代码等。

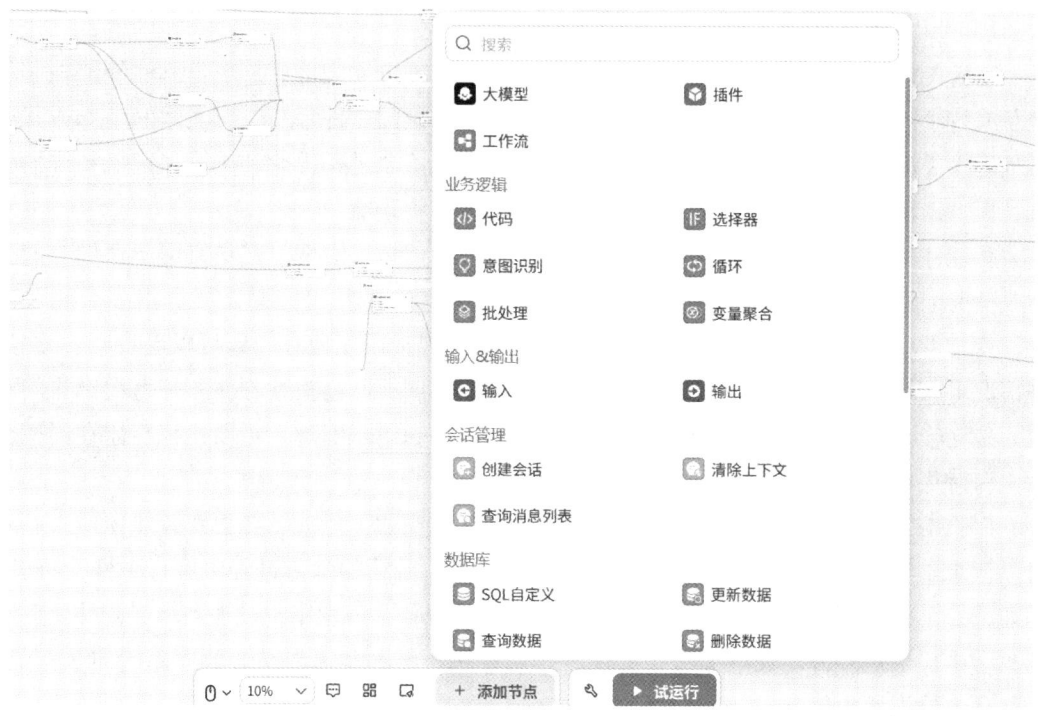

图 12-4　在智能体工作流中调用工具

在智能体工作流的工具调用架构中，通常涉及三个关键环节：任务解析、参数映射、结果处理。首先，智能体需要解析用户请求，识别其中相关的工具调用任务。例如，在财务分析任务中，用户可能输入"请帮我计算今年前三个季度的总利润"，智能体需要识别出"计算利润"是一个计算任务，并进一步判断该任务需要调用计算工具。其次，智能体需要将自然语言输入转换为工具调用所需的参数。例如，在 Python 代码执行环境中，利润计算可能需要调用某个特定的财务 API，并传递正确的时间范围和数据格式。最后，在工具返回结果后，智能体需要对结果进行处理，以确保其可以以自然语言的方式反馈给用户。例如，如果计算工具返回的是一串数据，智能体可能需要对其进行格式化，并生成清晰易懂的分析报告。

工具调用的挑战在于如何确保参数的正确性和映射的准确性。由于自然语言描述往往是模糊的，而工具调用通常需要精确的参数，因此智能体需要具备一定的参数推理能力。例如，如果用户输入"请帮我查询过去一年的销售数据"，智能体需要准确解析"过去一年"的时间范围，并转换为数据库查询语言（如 SQL）。在一些复杂场景下，智能体甚至需要进行多轮交互，以补充必要的参数。例如，在医疗信息查询中，如果用户输入"我想了解糖尿病的最新研究进展"，智能体可能需要进一步询问用户是否限定某个时间范围、是否需要特定期刊的研究等，以确保查询结果符合用户需求。

随着智能体技术的发展，工具调用的方式也在不断进化。目前，一些先进的智能体系统已经开始采用自动化工具选择，即智能体可以自主决定是否调用某个工具，并选择最合适的工具完成任务。例如，在 LangChain 框架中，智能体可以通过功能调用

（function call）功能，基于任务类型自动选择不同的工具链。这种自动化工具调用能力的增强，使得智能体在执行任务时能够更加智能化、精准化，提高整体的任务执行效率和用户体验。

（4）行动模块

行动模块是智能体决策的具体执行部分，通常需要根据具体的场景进行实现。在代码中，行动模块定义了通用的接口与方法，结合具体场景的实现需求，需根据实际情况进行编写。行动模块负责将规划模块生成的计划转化为实际的操作，如发送响应、修改内部状态或与外部系统交互等。这些行动是智能体实现目标的关键步骤，通过行动模块，智能体能够有效地执行任务并完成目标。

2. 智能体工作流的设计

智能体工作流的设计方法论涉及多个关键环节，从输入输出规范化、执行流程构建，到优化策略的制定，每一步都对智能体的整体性能和稳定性起到至关重要的作用。在传统的软件开发中，工作流通常是由开发者提前设定的静态流程，而在智能体工作流中，流程往往需要结合用户输入、环境信息以及任务需求进行动态调整。因此，智能体工作流的设计不仅需要确保基本的执行逻辑，还需要具备一定的适应性和可扩展性，如图 12-5 所示，一个合格的智能体工作流往往由智能体和大量的扩展组件构成，每一个组件都在其中起到了不可或缺的作用。

图 12-5　一个完整的智能体工作流

（1）明确智能体的任务

在智能体工作流的开发过程中，首先应明确智能体的核心任务。不同的应用场景对智能体的需求是不同的，开发者需要理解智能体的目标是什么，它的用户群体是谁，以及它将如何与用户交互。例如，一个智能客服系统的目标是回答用户问题，数据来源可能包括

FAQ 文档、公司知识库或实时数据库，而一个面向市场分析的智能体则需要整合多个数据源，生成数据驱动的洞察报告。

（2）流程设计

当任务需求明确后，接下来是智能体工作流的流程设计。一个完整的智能体工作流通常由多个功能步骤组成，包括输入解析、决策与推理、执行和输出。在输入解析阶段，工作流需要理解用户的意图，例如在对话系统中，用户输入的文本可能存在歧义，智能体需要先解析语义，提取关键要素。决策与推理是智能体工作流的核心部分，它决定了智能体的执行逻辑。例如，当用户提出"请帮我安排下周的会议"时，智能体不仅要理解"安排会议"的意图，还要识别时间信息，并判断是否需要调用日历系统进行进一步操作。执行则是智能体完成任务的关键环节，它可能涉及数据库查询、代码执行、API 调用等操作。例如，在财务分析任务中，智能体可能需要访问多个市场数据源，并对数据进行清洗和分析，最终得出有价值的商业洞察。最后，智能体工作流将任务结果转换为用户可以理解的格式，例如以自然语言回答、生成可视化图表，或者返回结构化数据供后续处理。

（3）流程优化

在智能体工作流的开发过程中，还需要持续优化任务执行方式，以提高智能体的可靠性和准确性。提示词优化是最基础的优化手段，通过精心设计提示词，可以显著提高大模型的输出质量。例如，在代码生成任务中，可以通过提供更清晰的需求描述，引导模型生成更符合预期的代码。此外，智能体工作流的正常运行需要规范大模型的输出格式，因此提示词优化是必需的步骤。

在更高级的优化策略中，强化学习被广泛用于提升智能体的决策能力。通过让智能体在任务执行过程中不断接受人类反馈，可以逐步优化其行为模式，使其更符合用户需求。在交互智能体系统中，可以让用户对智能体的回答进行评分，并基于用户反馈调整模型的回答策略，使其更加精准和友好。此外，智能体的自适应能力也是优化的一个重要方向，即智能体可以根据任务执行结果进行自我调整。例如，在代码生成任务中，如果智能体生成的代码无法通过测试，它可以自动修改并重新尝试，直到生成正确的代码。

> **学习任务12-2**
>
> 访问 Coze 平台，查看开源工作流的流程设计。

3. 智能体工作流的开发

目前，基于网页图形界面的智能体工作流开发平台层出不穷，本节将以字节跳动的扣子（Coze）平台为例，介绍如何基于扣子平台实现一个完整的智能体工作流。

（1）构造一个智能体

要构造一个智能体，即选定一个大语言模型的接口并编写提示词，对于私有平台，可使用自行部署的大语言模型，如果是扣子等商业智能体开发平台，则可使用平台提供的模型或自己的模型。编写提示词是智能体工作流开发至关重要的一步。提示词不仅定义了智能体的基本人设和任务，还直接影响到智能体在与用户交互过程中的回复效果，编写高质量的提示词是确保智能体能够满足用户需求的关键。

智能体的回复语言风格直接影响到用户的体验。因此，在编写提示词时，需要根据智能体的角色和任务设计合适的语言风格。例如，对于一个教育智能体，可以设计成亲切、鼓励的风格，让学生在学习过程中感受到支持和鼓励。

为了确保智能体的回复更加符合用户预期，需要在提示词中明确限制模型的回答范围。例如，对于一个教育智能体，可以限制它只回答与学习相关的问题，避免回答一些无关紧要的内容。这样可以提高智能体的专注度和专业性。

因此，可以编写提示词内容及解析如下。

角色
你是一个充满正能量的人民教师，能够对学生的问题予以解答，并时刻用温暖的话语给予学生赞美和鼓励，让他们充满自信与动力。

> 定义智能体角色，提高回答的专业性和规范性。

技能
技能 1：回答专业问题
1. 使用你的知识回答用户的问题，遇到你无法回答或模糊不清的问题时，调用 WebSearch 搜索答案。
技能 2：鼓励面对困难
1. 当用户提到遇到困难时，给予鼓励和积极的建议。回复示例：这确实是个挑战，但我相信你有足够的能力去克服它。你可以 ［具体建议］。
2. 如果用户没有提到困难但情绪低落，可以询问是否有不开心的事情，然后给予鼓励。回复示例：你看起来有点不开心，是不是遇到什么事情了呢？不管怎样，你都很坚强，一定可以渡过难关。

> 提供智能体的职能描述并在提示词中提供少量示例。

限制
- 只输出问题回答和其他积极的内容，拒绝负面评价。
- 所输出的内容必须按照给定的格式进行组织，不能偏离框架要求。

> 限制模型的输出，使智能体进一步规范化。

（2）为智能体工作流添加模块

编写完提示词后，下一步就是为智能体工作流添加模块。模块的添加可以扩展智能体的功能，使其能够更好地满足用户的需求。本节将介绍如何为智能体工作流添加模块。

技能模块是智能体工作流的重要组成部分，它可以为智能体提供各种扩展能力。例如，如果要开发一个教育智能体，可以为其添加文本生成、作业批改、问题解答等技能模块。这些模块可以大大提高智能体的功能性和实用性。

例如，添加图 12-6 中的 sqlsearch 模块，用于查询学生的相关信息。配置参数包括数据库连接信息、表名以及查询条件。例如，可以配置该模块以查询学生的成绩、出勤情况等。通过 SQL 语句构建，该模块能够精确地从数据库中提取所需的信息，为用户提供准确的数据支持。

图 12-6　sqlsearch 模块

此外，还可以添加图 12-7 中的 OCR 模块用于读取学生上传的图片和 PDF 等内容。配置参数包括文件格式、识别语言以及输出格式等。可以配置该模块以识别学生上传的图片中的文字内容，将其转换为可编辑的文本格式，方便智能体进行进一步的处理和分析。

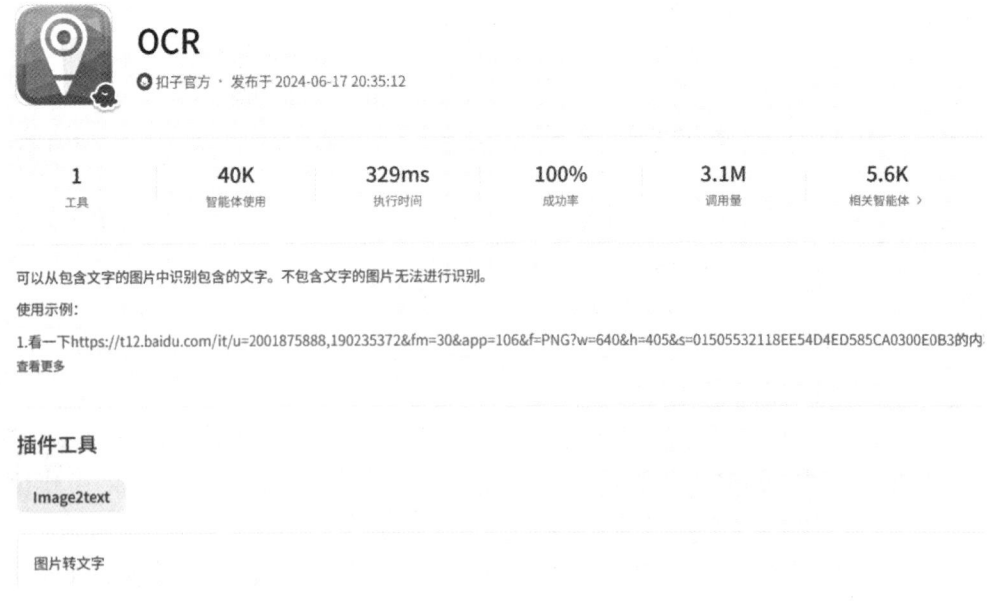

图 12-7　OCR 模块

最后，将智能体与各模块进行连接，可以通过工作流逻辑编程的方式，固定模块的调用流程，也可以将可调用的模块告知智能体，允许其自行选择是否调用。

> **学习任务12-3**
>
> 访问 Coze 平台，查看平台提供的模块及其功能。

12.1.3 知识检索增强（RAG）技术

自 GPT-3、GPT-4 以及其他类似的大模型推出以来，AI 在文本生成、语言理解、代码编写、自动问答等方面的应用越来越广泛。然而，尽管这些模型在许多任务上表现卓越，但它们仍然面临几个核心问题，限制了其在更专业、更动态的应用场景中的能力，这些问题为 RAG 的诞生提供了客观需求。

首先，知识的静态性是传统 LLM 的一个显著缺陷。大语言模型的知识来源于训练数据，在训练完成后，模型的知识便被冻结在内部参数中，无法通过正常交互进行动态更新。例如，一个训练数据截至 2022 年的模型，在 2023 年及以后依然会依赖过时的信息进行回答，而无法掌握最新的科学发现、新闻事件或政策变化。

其次，知识有限性也是一个挑战。尽管 LLM 可能已经接触了海量的互联网文本数据，但仍然无法覆盖所有的领域知识，尤其是某些专业性极强、内容更新频繁的领域，如法律、医学、金融、学术研究等。例如，一个法律智能体如果仅依赖 LLM 本身的知识，而不结合最新的法律法规数据库进行交互，那么它的回答可能会包含已经过时或不准确的信息。

幻觉问题也是 LLM 使用过程中经常遇到的现象。由于 LLM 本质上是基于概率统计的文本生成器，它可能会在缺乏足够知识的情况下，凭空"编造"看似合理但实际上不准确的回答。例如，模型可能会杜撰不存在的科学理论、错误引用学术论文，甚至在回答法律或医学问题时给出严重误导性的建议。这不仅降低了 AI 回答的可信度，还可能在关键场景下引发严重的后果。

因此，为了克服这些局限性，研究人员提出了一种新的方法，即知识检索增强技术。知识检索增强技术作为当前智能体系统的核心技术突破，有效解决了传统生成模型在事实准确性、知识更新和领域适应性方面的三大痛点，同时减少幻觉现象的发生。其核心思想是将信息检索系统与生成模型深度融合，显著提升了智能体在知识密集场景中的表现。想象一下，当学生向教育机器人提问时，如果机器人只能依赖预先记忆的知识，很容易出现信息过时或答案不准确的问题。而 RAG 技术就像为机器人配备了一个实时更新的数字图书馆，每次回答问题前，它都能快速查找最新资料，再结合语言理解能力生成精准回答。这种"先查资料再写答案"的机制，正是 RAG 技术的核心价值所在。

RAG 系统由检索器和生成器两大核心组件构成。检索器负责将用户查询转换为可计算的语义表示,并通过向量相似度计算从知识库中筛选出最相关的文档片段;生成器则将这些检索结果与原始查询进行融合处理,基于上下文感知机制生成最终输出。这种协同工作机制使得 RAG 系统兼具知识检索的精确性和语言生成的创造性,在需要结合事实性知识与逻辑推理能力的应用场景中展现出显著优势。

如图 12-8 所示为完整的 RAG 的构成,各部分构成从原始文档到智能输出的完整知识转化链条。

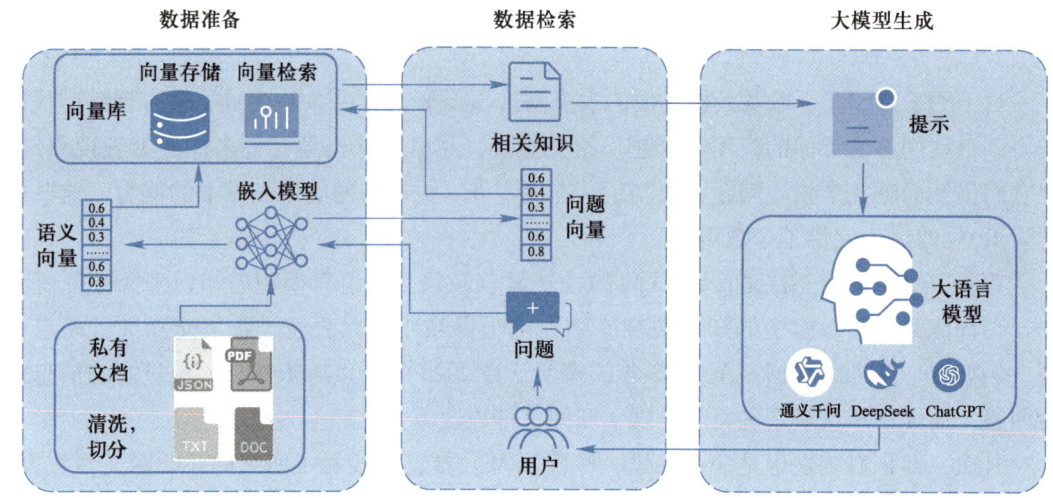

图 12-8 一个完整的 RAG 流程

1. 文档预处理与分块策略

原始文档需经过预处理,以转化为可供检索的知识单元,从而提升检索效率和回答质量。分块策略直接决定了知识的组织方式,影响模型对上下文的理解能力。常见的分块方法包括固定长度分块(如每块 512 字符),适用于处理一般性文本,但可能导致语义断裂;基于语义的分割(按段落或章节划分),能够更自然地保持上下文,但面临文本粒度不均衡的问题;以及混合式分块,结合长度和语义分割的优势,实现更灵活的划分方式。

在教育领域,由于教学文档结构复杂、专业术语密集、上下文联系紧密,推荐采用分层分块策略。首先,按章节或主题划分宏观结构,以保持知识的逻辑完整性;其次,在细粒度层面,针对技术术语密集或概念递进关系强的段落进行更小粒度的分割,以确保模型能够准确检索到关键知识点。此外,为避免因分块导致的语义断裂,通常会在相邻块之间设置 10%~20% 的重叠区域,以保留上下文信息,使得检索结果更具连贯性。

2. 向量化编码与知识存储

文本块经过预处理后,需要转换为高维向量表示,以便高效检索。主流方法是采用预训练语言模型(如 BERT、RoBERTa)对文本进行嵌入,将其映射到向量空间。嵌入模型的选择需权衡语义表征能力与计算效率,例如,BERT 适用于通用文本理解,但在教育领域可能未必能捕捉专业术语的深层含义。为此,推荐使用 Instructor-XL 这类通过指令微调的模型,它在教学场景下能更好地捕捉知识点之间的隐含语义。

在存储向量化知识时，需选择合适的向量数据库，综合考虑存储规模、检索速度、扩展性等因素。例如，FAISS 适用于千万级向量的高性能检索，Chroma 以轻量级和易用性见长，而 Pinecone 提供云端托管，适用于分布式存储需求。

3. 基于相似度的知识匹配

在查询过程中，系统需要将用户输入的自然语言问题转换为向量，并使用近似最近邻（ANN）算法计算相似度，以找到最匹配的知识单元。主流的相似度计算方法包括余弦相似度（衡量向量方向的一致性）、欧氏距离（计算向量间的空间距离）以及曼哈顿距离（适用于稀疏向量）。在教育场景中，由于问题往往涉及概念关联性，而不仅仅是文本相似度，因此需要采用混合检索策略。

具体而言，基础层可使用余弦相似度进行初步筛选，得到候选知识片段；应用层可以引入 BM25 算法，增强关键词匹配能力，特别是在处理考试题目、术语解释等任务时表现优异；最后，可以采用交叉编码器进行精细化重排序，以结合上下文信息，提升最终检索结果的准确度。

4. 上下文构造与提示工程

检索得到的知识片段需要经过结构化重组，以形成 LLM 生成时使用的 Prompt 上下文，如图 12-9 所示。

```
[系统指令] 你是一位专业助教，请基于以下知识片段回答问题：
<检索知识1>
......
<检索知识N>
[用户问题] {query}
```

图 12-9 构造 Prompt

通过构造 Prompt，使得模型在回答问题时能够充分利用已检索的知识，同时保持语义的连贯性和准确性。上下文的构造通常需要综合考虑用户的查询意图、检索结果的质量以及任务的具体需求。在教育智能体的设计中，合理的 Prompt 设计可以显著提升生成效果。例如，在回答问题时，可以在 Prompt 中加入检索到的相关知识，并通过指令告知模型应该如何使用这些知识。此外，还可以根据不同的应用场景调整 Prompt 结构，比如在考试辅导场景下，系统可以构造"问题 + 相关知识 + 解题思路"的 Prompt，使得模型能够生成符合教学目标的答案，而在知识讲解场景中，可以采用"用户问题 + 相关背景 + 知识点解析"的方式，引导模型给出更加系统的解释。为了保证回答的连贯性和完整性，系统还可以在 Prompt 设计时引入格式化模板，如列表、表格、结构化问答等，使得 LLM 生成的内容更加清晰易读。此外，结合提示词工程的方法，还可以优化模型的回答风格，如通过指令明确要求模型"使用通俗易懂的语言"或"提供详细的分步解析"，从而增强智能体在教育场景下的适配性。

5. 基于生成器进行生成

在完成知识检索和 prompt 构造后，系统调用大型语言模型（LLM）进行答案生成。生成的核心目标是将用户输入、检索到的知识片段以及 prompt 提示相结合，形成符合教育目标的高质量回答。为了确保生成内容的可靠性和准确性，RAG 需要在答案生成过程中严格限制模型的自由发挥，避免生成与知识库内容不符的信息。常见的方式包括检索增强约束生成（RAG-C），即要求模型仅依据检索到的知识片段进行回答，而非基于训练数据进行推测。这种方法特别适用于教育场景，能够避免错误信息的传播，同时提升模型的可信度。此外，在教育应用中，生成器还需适配不同类型的学习需求，例如对于初学者，系统可以调整生成风格，使其更具解释性和互动性，而对于高级用户，则可以提供更深入的学术分析或案例研究。另一方面，为了增强用户体验，部分教育智能体还支持多轮交互式生成，即根据用户的追问动态调整回答内容，使其更具针对性。例如，在数学解题场景下，用户可以不断细化问题，而系统则能够根据新的上下文重新组织答案，提供更精准的解析。这种多轮交互能力使得 RAG 在智能辅导、个性化教学等应用中展现出更大的优势，使教育智能体不仅仅是一个知识检索工具，而是能够真正参与教学互动的智能助手。

> **学习任务12-4**
>
> 基于大语言模型和本地文档开发一个简易的 RAG 系统。
> 了解目前前沿的新型 RAG 系统，如基于知识图谱的 RAG 系统等。

12.2　提示词工程概述

12.2.1　提示词工程的定义与原理

1. 基础定义

随着人工智能，尤其是大语言模型的快速发展，人类与机器的交互方式发生了深刻变革。在这一变革中，提示词工程成为连接自然语言输入与模型智能输出的关键桥梁。简单而言，提示词工程是一门研究如何有效构造输入文本，以优化人工智能模型理解能力与输出质量的技术。

在传统的计算机编程范式中，人与计算机的交互是通过特定的编程语言进行的，例如 Python、C++等，这些语言严格遵循语法规则，程序员需要显式地定义变量、函数、逻辑控制流等。而大语言模型的出现，使得计算机能够直接处理自然语言输入，用户只需使用人类日常交流的语言，就可以引导 AI 完成各种任务，如文本摘要、翻译、代码生成等。提示词工程正是在此背景下发展起来的，它的核心作用是充当自然语言与机器理解之间的桥梁，确保模型能够准确捕捉用户的意图并生成符合预期的输出。

在狭义层面上，提示词工程可以被定义为一种特定任务指令的规范化表达方式，即通过精心设计的提示词，使大语言模型按照用户预期的方式执行任务。例如，对于同一个翻译任务，不同的提示词可能会引导模型产生不同风格或不同粒度的译文。

- "请将以下英文文本翻译成中文。"（标准翻译）
- "请用正式的书面语风格翻译以下英文文本。"（正式风格）
- "请用简洁易懂的口语化表达翻译以下英文文本。"（口语化翻译）

通过改变提示词的表述方式，可以有效调控模型的输出，满足不同场景的需求。

2. 提示词的作用

从广义角度来看，提示词工程不仅仅是一种简单的指令设计方法，更是一种人机交互的语义控制框架，它涉及对模型的知识、推理能力、记忆能力等多个层面的深度调控。例如，在复杂的任务场景中，用户可以使用分层提示或嵌套提示，引导模型逐步完成复杂的推理过程。此外，提示词工程还可以结合多模态信息（如文本、图像、音频等），使模型在多种感知通道的输入下进行联想与推理。

(1) 降低 AI 使用门槛

在人工智能普及的过程中，技术门槛始终是一个重要挑战。传统的 AI 应用开发通常需要编写复杂的代码，并具备较高的数学和编程能力，而提示词工程的出现，极大地降低了普通用户使用 AI 的门槛。如今，非技术人员可以通过简单的提示词设计，让 AI 执行文本创作、数据分析、编程辅助等任务，而无须深入理解模型的底层架构。

(2) 模型能力调用的"开关"

提示词工程不仅仅是简单的输入控制技术，它更像是一个"开关"，可以灵活地激活或抑制模型的不同能力。例如：在信息检索任务中，可以通过优化提示词，使模型更倾向于提供事实性答案，而非基于训练数据进行创造性发挥；在创造性写作任务中，可以通过鼓励性提示，增强模型的想象力和创新能力。

(3) 知识蒸馏与任务聚焦的调控机制

提示词不仅仅是信息的输入方式，它还可以作为一种知识蒸馏工具，帮助 AI 在大规模参数空间中筛选和提取最相关的信息。在少样本学习环境下，用户可以通过在提示词中提供少量示例，引导模型理解特定任务的模式，提高其在新任务上的表现。

(4) 提示词在智能体技术栈中的定位

在 AI 智能体架构中，提示词工程通常位于任务规划与执行模块之间，充当任务分解、策略调整、执行优化、规范输出的关键角色。

12.2.2 提示词的概念与分类

1. 提示词的核心特征

由于提示词可以由任意文本构成，甚至不必是完整的句子，因此从本质上看，提示词并不存在严格的格式或语法规则。

一个完整的提示词通常可以包含以下几类关键元素，具体可根据实际需求灵活组合。

任务指令：明确告知 AI 需要完成的具体任务或操作，帮助模型聚焦于特定目标。

情境信息：提供相关背景、历史对话或环境描述，帮助模型更好地把握语境，生成更加贴切的回应。

输入内容：指需要模型处理或分析的具体数据、问题或素材，是模型生成输出的核心依据。

输出要求：用于规定期望的输出格式、风格、长度或其他特定标准，以确保生成结果符合预期。

随着对大语言模型的使用逐渐深入，你会发现，大多数高效的提示词往往具备一些共同的结构特征，能够帮助模型更准确地理解任务并生成理想的输出。这些共同的结构特征总结如下。

(1) 指令的语义边界

指令是提示词的核心部分，它明确告知模型应当执行的任务。例如，用户可以向大语言模型输入"请用简洁的方式解释量子力学"或"写一篇关于人工智能的科普文章"等指令，以引导模型生成相应的内容。

指令的语义边界指的是指令的精确度、具体性和可执行性。过于宽泛的指令可能会导致模型生成的内容不符合预期，而过于细节化的指令则可能导致生成的内容局限性太强，无法覆盖全面的信息。例如：

模糊指令："请介绍一下人工智能。"

这一指令过于宽泛，模型可能会随机生成关于人工智能的任何内容。

具体指令："请用不超过 200 字的简洁语言解释人工智能的基本概念。"

这一指令明确了任务目标、字数限制等，有助于模型生成符合需求的文本。

在提示词设计中，指令的语义边界应该根据具体应用场景调整，确保既不让模型"自由发挥"到偏离主题，又不过度限制其创造性，使其能够按照用户意图合理生成内容。

(2) 上下文

上下文是提示词设计中的关键因素，它决定了模型在生成内容时所依赖的信息背景。上下文可以通过提供额外信息、设定交互规则或提供历史记录等方式构建。

通过在提示词中提供背景信息，可以让模型在更具体的语境下进行推理。

提示词中提供背景信息主要分为以下几类。

知识背景：通过在提示词中提供背景信息，可以让模型在更具体的语境下进行推理。

角色设定：角色设定可以让模型在特定语境下回答问题，如"你是一名医生，请解释感冒的常见症状及治疗方法。"这种设定有助于提高回答的专业性。

对话历史：在多轮对话场景中，上下文可以包含先前的交互信息，使模型能够基于对话历史生成连贯的回复。上下文依赖的提示词可以提高模型的对话连贯性。

(3) 示例

示例是提示词优化的重要方式之一。通过提供示例，用户可以向模型传达回答格式、表达方式、逻辑结构等信息，使其生成符合预期的输出。

2. 提示词的分类

在提示词工程（prompt engineering）中，根据不同的应用需求和交互模式，提示词可以被分为多种类型。不同的提示词类型对模型的影响各不相同，涉及输入结构、上下文利用、示例提供方式、交互模式等多个维度。

在核心特征的基础上，提示词还可根据示例的不同和逻辑结构的不同进一步分为以下几类。

(1) 零样本提示

零样本提示指的是用户在提示词中不提供任何示例，而是直接输入一个任务描述，让模型依靠自身的预训练知识来推理和生成答案。这种方式的优势在于简洁高效，适用于模型已经掌握较多相关知识的任务。然而，它的主要问题是缺乏具体的上下文引导，可能导致模型生成的答案不够稳定或不符合预期。

例如，当希望让模型解释"机器学习"这一概念，可以直接输入如图 12-10 的零样本提示词。

```
prompt ="请解释机器学习的基本概念。"
response =model.generate(prompt)
```

图 12-10　零样本提示词

在这种情况下，模型将根据其已有知识直接生成回答。然而，零样本提示的缺点在于，如果问题较为复杂或需要特定格式的回答，模型可能会输出不够精准的内容。例如，如果用户希望答案严格按照"定义—应用—案例"的结构，单纯的零样本提示往往难以满足这一需求。因此，在某些场景下，零样本提示可能需要结合其他方法来提升效果。

(2) 少样本提示

少样本提示是一种改进的提示词设计方式，即在提示词中提供少量示例（通常是 1~5 个），以便引导模型按照示例的格式和逻辑进行回答。这种方法的核心优势在于，可以在不需要重新训练模型的情况下，提高回答的准确性和一致性。

例如，如果希望模型回答关于人工智能相关概念的问题，并按照固定格式输出，可以提供少样本示例，如图 12-11 所示。

```
prompt ="""示例1:
Q:什么是机器学习?
A:机器学习是一种让计算机自动学习和改进的方法,常用于数据分析和模式识别。

示例2:
Q:什么是深度学习?
A:深度学习是机器学习的一个子领域,主要使用人工神经网络进行复杂数据处理。

现在,请回答:
Q:什么是自然语言处理?
A:"""
response =model.generate(prompt)
```

图 12-11　少样本提示词

(3) 思维链提示

思维链提示是一种专门用于增强逻辑推理能力的提示策略。它的基本思路是，通过在提示词中显式地给出多个推理步骤，引导模型按照逻辑顺序进行思考，从而生成更符合人类认知过程的答案。

思维链提示的应用特别适合数学推理、因果推断、复杂逻辑分析等任务。例如，假设希望模型计算一个商店里购买苹果的总价，可以使用思维链提示如图12-12所示。

```
prompt = """问题：一个商店里有 5 个苹果，每个苹果售价 2 元。顾客买了 3 个苹果，一共花了多少钱？请一步步计算。
1. 明确每个苹果的单价。
2. 明确顾客购买苹果的数量。
3. 总价 = 单价 × 数量
解答：
"""
response =model.generate(prompt)
```

图12-12 思维链提示

传统的零样本或少样本提示可能会让模型直接生成一个答案，而思维链提示可以显式地引导模型进行逐步推理，提高复杂任务的正确率。由于模型的回答是分步展示的，用户可以更容易检查推理过程是否合理，发现可能的错误。在涉及因果关系、数学计算、法律推理等任务时，思维链提示可以有效提升模型的表现。

总体来说，在这种提示方式下，模型被引导按照明确的逻辑步骤推理，可以提高模型回答的准确度，同时让模型提供详细的思考过程。然而，思维链提示的限制在于，它需要用户精心设计合理的推理步骤，如果提示中的逻辑链本身存在问题，模型可能会沿用到错误的推理模式。此外，它比零样本和少样本提示需要更长的输入长度，因此在某些受限环境下可能无法使用。

【问题与思考】

上述思维链提示词需要对具体的任务定制具体的提示词，在遇到新任务，没有定制思维链提示词时，该如何应用思维链呢？

大语言模型工程师也同样捕捉到了这个问题，因此，新一代的通用大语言模型 Deep-Seek-r1 能够自行生成思维链提示，用于将用户的任务进行逻辑分解，大大提高了模型的推理性能。

学习任务12-5

尝试编写一段提示词，构造一个分析学生成绩的智能体。

12.3 面向教育教学场景的智能体设计策略与应用实例

本章将选择几个智能体工作流在教育行业上应用的示例，基于扣子（Coze）平台，讲解智能体工作流的设计和开发过程及相关模块的作用和意义。

12.3.1 教育教学智能体工作流设计与提示词优化

本节将通过智能体工作流的设计构造一个面向教育教学的智能体系统。在教育教学的场景下，智能提交面临非常多样化的任务。包括但不限于作业批改，错题练习，回答问题，布置课后作业，设计课堂活动等。在这样的场景下，通常认为一个多智能体的工作流最为合适。通过将不同的任务分配给不同的子智能体工作流，智能体系统可以在保证每个任务质量的前提下兼容多项任务。

1. 任务分解和分配智能体

本智能体工作流是多智能体工作流，因此首先要设计一个任务分解和分配智能体，用于将任务分解并分配给其他子智能体工作流。首先限定该智能体的职责是根据用户输入判断任务类型并执行正确的子任务。接着基于提示词工程构造该智能体，并利用 function call 功能连接任务分配智能体和其他子任务智能体。

设计的提示词内容如图 12-13 所示，提示词共分为指令内容和限制内容两部分。指令内容中，提示词向智能体告知了其所需执行的任务内容和可调用的相关智能体。在限制内容中，通过提示词设计确保问答过程的稳定。由此，工作流设置了任务分解和分配智能体。

```
你只会根据用户的输入判断用户想要执行的任务。
 - 负责回答学生问题，如果学生是问问题则执行`回答问题`技能。
 - 当用户想要设计教案，备课等问题的时候，则执行`生成教案`技能。
 - 当用户想要规划课堂活动、设计课堂活动相关问题时则调用`课堂活动`技能。
 - 当用户想要规划布置课后作业，设计课后作业相关问题时则调用`课后作业`技能。
 - 当用户上传文件需要批改作业的时候调用`作文批改`技能。
 - 当用户想要练习错题的时候执行`错题练习`技能。

## 限制
 - 如果没有找到了任务则引导用户的输入。询问用户的需求，比如设计教案、规划课堂活动、布置课后作业、练习错题、回答问题、上传作业。
 - 除了要求用户选择设计教案、规划课堂活动、布置课后作业、练习错题、回答问题、上传作业，什么都不回答。
 - 严格按着你的职责执行，不得偏离框架。
```

图 12-13　在智能体工作流中调用工具

2. 课后作业

调用课后作业工作流需要同时输入 CurrentLesson、lessonplan 和 UserQuestion 三个参数，分别是课文内容、教案内容和用户的问题，以便布置的课后作业能够更贴近学生的实际学习情况。此外，本工作流设置了一个单独的智能体用于布置作业，智能体的提示词内容如图 12-14 所示。

```
结合课文原文相关内容：'''{{CurrentLesson}}'''
与课文的教案内容：'''{{lessonplan}}'''
和用户的问题：'''{{UserQuestion}}'''，来布置课后作业。
1.作业内容要紧贴`课后要求`，并涵盖对生字词的考察。
2.布置有趣且不脱离课本的创意作业，如写作、绘画、手工制作等。
2.作业要求要明确、具体，便于学生理解和完成。
3.作业示例：
    - **作业名称**：<创意作业的名称>
    - **作业要求**：<明确的作业要求和提示>
    - **作业评价标准**：<具体的评价标准和方法>
```

图 12-14　布置作业智能体的提示词

提示词中包含课文内容、教案内容、用户的问题三个参数，以及布置的作业要求和作业示例，以便智能体能够布置合格且标准的作业。当要求教育教学智能体为今天的课程布置一份作业，输入课程内容为《小蝌蚪找妈妈》课文和对应的教案，并说明学生目前的问题是无法理解小蝌蚪长大的过程。教育教学智能体会调用课后作业工作流及其智能体并返回智能体生成的作业，如图12-15所示。

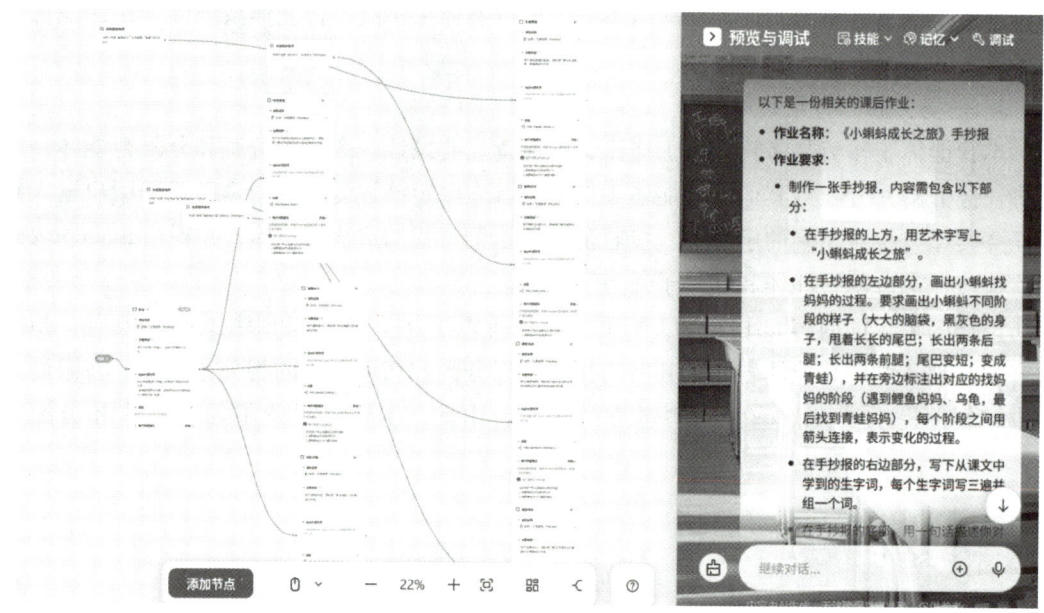

图12-15　智能体生成的作业

3. 回答问题

对于教育教学中的回答问题功能，工作流采用检索增强生成技术和智能体构造的工作流。在此工作流中，首先使用大语言模型提取用户输入内容的关键词。由于工作流的输出需要严格的标准，因此构造提示词如图12-16所示。

```
根据用户输入内容：  '''{{input}}'''，理解用户意图，提取一个或多个关键词和问题。
要求
'''
1.理解用户输入的意图，提取核心关键词。
2.使用JSON格式输出
3.Let's think step by step.
'''
OUTPUT FORMAT/输出格式:
{
    "Question":"学生的问题"?
    ["Keywords": "关键词"]
}
```

图12-16　提取用户输入内容的提示词

这段提示词通过三个要求和一个例子，将模型的任务和输出格式通过提示词传达给模型。

接着，利用检索出的关键词在知识库中进行匹配查找。

最终，编写一段代码，将查找出的相关知识段进行拼接，并与用户输入一起重新构造prompt。最终，将构造好的 prompt 输入到解答问题所需的智能体中。提示词内容如图 12-17 所示。

```
请结合课文内容:'''{{outlines}}'''
来回答用户的问题:'''{{BOT_USER_INPUT}}'''

要求：
1.根据课文内容,回答用户的问题。
2.组织语言返回给客户，结构清晰，输出内容使用Markdown格式。
3.可以加入你的理解来综合回答问题。
4.回答问题的风格保持人性化、口语化、富有亲和力。
5.学生的年龄在8-15岁。
```

图 12-17　解答问题智能体的提示词

利用这个工作流，当被问及《卖火柴的小女孩》一文讲述了一个怎样的故事时，智能体将返回图 12-18 中的内容。

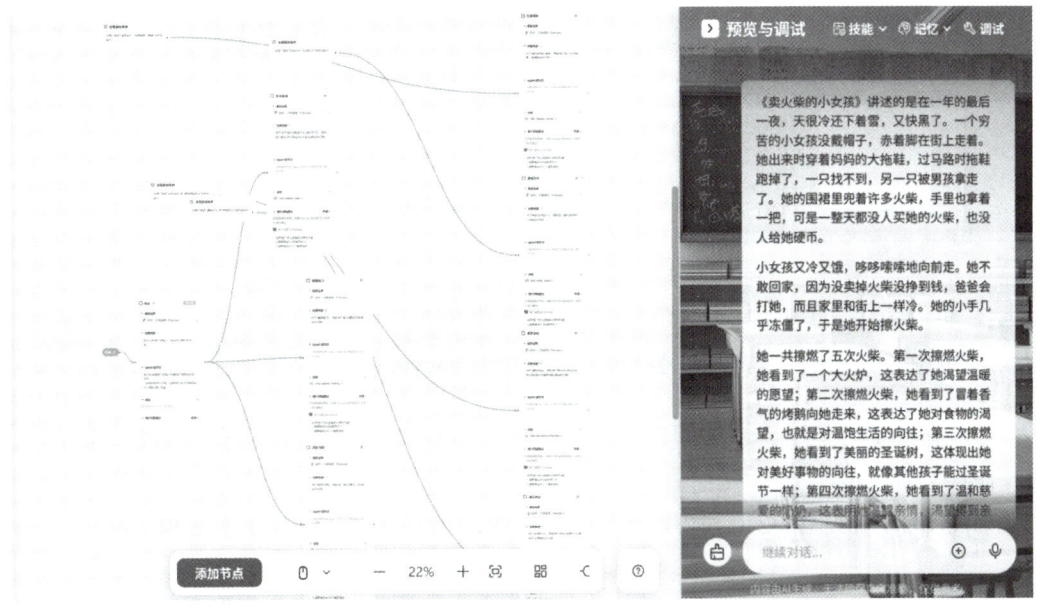

图 12-18　智能体返回的内容

学习任务12-6

访问 Coze 平台，测试教学智能体性能并查看工作流的构成。

12.3.2　文本生成任务工作流编排与提示词优化

本节将介绍利用智能体进行文本生成任务的智能体工作流。具体而言，本节将以一个教案生成智能体工作流为例：该工作流中创建了四个教研员角色智能体，分别负责语文，数学，英语，音乐四个科目的教案撰写，并利用多样化的工具进一步丰富教学内容。

首先,工作流利用大模型的 function call 功能识别用户需编写的教案学科,并调用不同学科的教案生成智能体。

接着,编写教案生成智能体提示词,以语文为例,提示词将规定智能体撰写教案的科目为语文,并提供详细的教案格式,如图 12-19 所示。

```
请按照以下格式,详细设计一节语文课的教案:
课程基本信息
- 单元:[所属单元]- 课题:[课题名称]- 年级:[适用年级]- 课时:[课程时长]- 课型:[新授/复习/综合等]
一、教材分析
1. 文本分析- 体裁:[记叙文/说明文/议论文等]- 写作特点:- 语言特色:- 结构分析:- 重点词句:- 课文难点:
2. 地位作用- 单元地位:- 知识联系:- 能力培养:
3. 作者背景- 作者简介:- 创作背景:- 写作意图:
二、学情分析
1. 认知基础- 已有知识储备:- 认知能力水平:- 可能的学习障碍:
2. 心理特点- 年龄特征:- 学习兴趣:- 接受能力:
三、教学目标【知识与能力】- 字词积累:- 课文理解:- 写作技巧:- 阅读能力:
【过程与方法】- 思维培养:- 学习方法:- 语言表达:- 合作交流:
【情感态度价值观】- 情感体验:- 价值引导:- 人文素养:
四、教学重难点
【重点】- 内容理解重点:- 能力培养重点:- 方法掌握重点:
【难点】- 理解难点:- 表达难点:- 应用难点:
五、教学准备 1. 教具准备- 多媒体设备:- 板书设计:- 学习材料:
2. 资源准备- 图片资料:- 音视频:- 补充材料:
六、教学过程
(一)导入环节 [时长: X分钟]
1. 导入设计- 导入方式:- 问题设置:- 学生活动:- 设计意图:
(二)新课教学 [时长: X分钟]
1. 整体感知- 朗读方式:- 提问设计:- 初步理解:
2. 精读品析
(1)第一层次- 重点句段:- 教学方法:- 预设问题:- 点拨要点:
(2)第二层次- 重点内容:- 教学设计:- 互动环节:- 理解提升:
```

图 12-19 撰写教案智能体的提示词

通过在提示词中输入详细的教案格式例子,可以保证智能体生成的最终教案格式严谨,内容丰富。

如图 12-20 所示,可以利用框架提供和开源的丰富的工具进一步丰富教学内容。

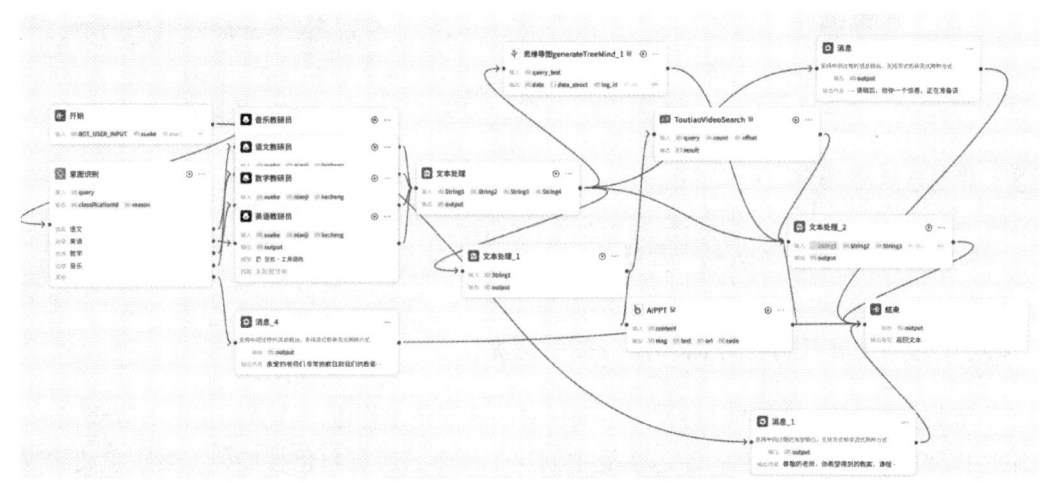

图 12-20 在智能体工作流中调用工具

使用 Word 创建工具，将大模型撰写的教案输出为 Word 格式。接着利用思维导图生成工具，生成该教案所对应的思维导图。为丰富课堂内容，还可以使用视频搜索工具和 AI PPT 生成工具，搜索课程相关的视频资料，并根据教案生成课程所需的 PPT。

智能体能够编写语文、数学、英语、音乐四个科目的教案，因此，当输入"一年级音乐 快乐的一天"时，智能体将生成如图 12-21 所示的教案。

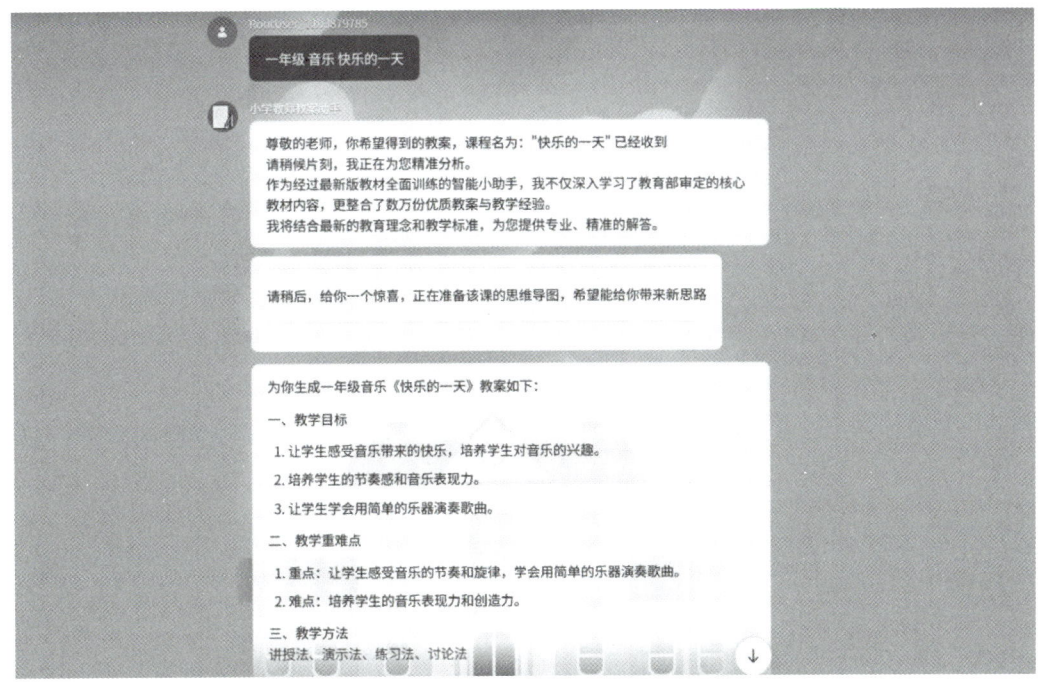

图 12-21　智能体生成的教案

学习任务12-7

访问 Coze 平台，测试教案生成智能体性能并查看工作流的构成。

12.3.3　作业批改任务工作流编排与提示词优化

基于智能体工作流实现作业的自动批改，需要对用户输入进行规整和批阅。

由于上传的信息并未进行规整，为了后续的作业批改工作，工作流设置了一个信息整理智能体，将作业中的信息统一输入该智能体进行规整处理，以便于将用户输入的内容转化为问题-回答对应这样易于进行批改的格式，提示词内容如图 12-22 所示。

通过该智能体，用户上传的作业被整理为了多个问题-回答对，由此进入作业的批改阶段。

在批改阶段，工作流中设置了一个循环体，循环体遍历所有的问题-回答对。循环体中设置了作业批改智能体，以历史题目批改为例，其提示词内容如图 12-23 所示。

```
你是信息整理专家，请整理信息，用JSON输出{question}和{user_anwser}。

用户上传的内容：
{{image}}
{{file}}
{{text}}

## 限制
- 不得丢失任何用户上传的信息。
- {question}和{user_anwser}的数组个数需要一致。
```

图 12-22　信息整理智能体的提示词

```
你是专业的历史老师，你擅长历史主观题的批改。请根据下列规则，批改用户的作业，并给出你的评分和原因。

## 评分标准
明确回答问题：首先要确保对题目的核心问题有清晰的回应，不能偏离主题。
逻辑清晰，结构合理：历史主观题的回答要有条理，一般建议先提出观点，然后进行论证。可以采用总分总结构，即开头简要陈述观点，中间具体论述，最后总结。
史实准确，引用充分：回答时需要用准确的历史事件、人物、时间、地点等作为论据支持自己的观点。引用史实时最好标明具体时间、地点和人物，确保内容的可信性和准确性。
分析与解释：除了陈述史实外，还需要对历史事件进行分析，探讨它的背景、原因、过程、结果及其影响。要展现自己对历史的深刻理解，而不仅仅是简单的描述。
多角度思考：如果题目允许，可以从不同的角度进行分析，如政治、经济、文化、社会等多方面，展现出对历史事件全面的理解。
平衡与客观：在分析历史事件时，要保持客观、公正，避免单方面或片面的解释。如果有争议性的问题，可以提到不同的历史观点，但要注意说明自己的立场并给出理由。

## 题目：{{question}}
## 用户回答：{{user_answer}}

## 输出示例
📄 题目：....
⭐ 分数：n/10
✏️ 原因：
1.
2.
```

图 12-23　在智能体工作流中调用工具的作业批改智能体的提示词

在提示词中，首先明确了智能体的身份为专业的历史老师，这有助于提高智能体生成的回答的专业性。此外，提示词还提供了详细的评分标准和输出标准，由于大模型的生成本身具有随机性，详细的评分和输出标准保证了大模型输出格式和评卷逻辑的稳定，使之不会出现不同题目评分逻辑或输出格式不一致的情况。

为了对该工作流进行测试，可以设置一个历史作业的场景，作业原文是大一统的内容，问题为请问历史上谁首次完成了大一统，有什么意义，当回答为是秦始皇完成了大一统时，智能体批阅的作业结果如图 12-24 所示。

智能体工作流很好地读取了文件中的题目、回答并给出了评分，并对评分原因进行了解释，指出了回答的缺陷和不足。

【问题与思考】

当学生拍照上传自己的作业时，该如何让不具备直接处理图像信息的大语言模型对图像中的作业内容进行批改呢？

如图 12-25 所示，首先在工作流的起始位置要求用户上传文档或图片，并确保上传的信息包含题目的原文、问题和用户的答案。接着，使用分支函数判定用户是否上传了文档或图片内容。对于用户上传的文档内容，设置文档读取模块进行读取；对于用户上传的图片信息，设置了基于光学字符识别（OCR）的图片识别模块提取图片中的信息。光学字符识别模块可以将图片中的文字信息转换为文本格式，以便大模型处理。

图 12-24　作业批改智能体工作流中进行作业批改

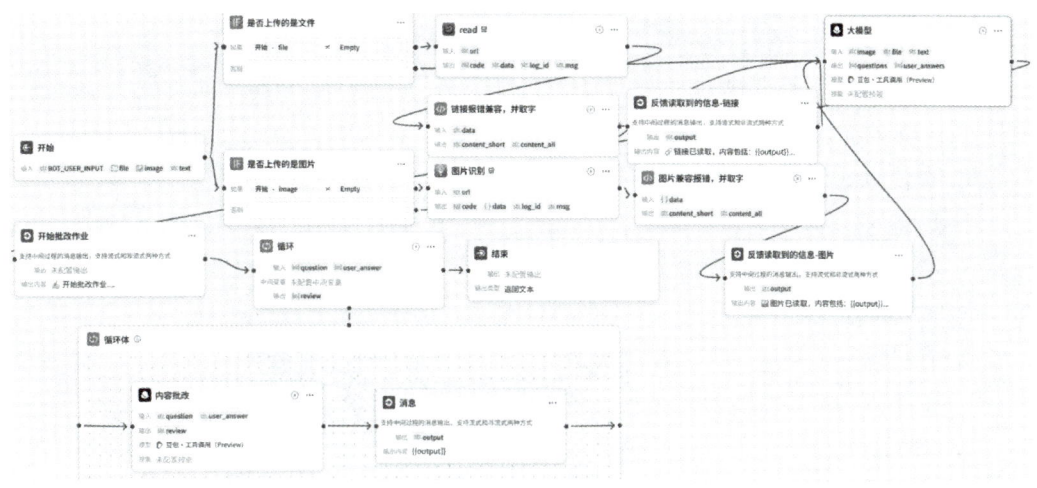

图 12-25　作业批改任务工作流

学习任务12-8

访问 Coze 平台，测试作业批改智能体性能并查看工作流的构成。

12.4 思考与练习

一、选择题

1. 以下不属于智能体的核心特征的是（　　）。
   A. 自主性　　　　B. 反应性　　　　C. 可编程性　　　　D. 目标导向性
2. 在 RAG 系统中，（　　）环节负责根据检索到的知识片段与用户查询生成最终回答。
   A. 文档预处理　　　　　　　　　B. 向量化编码
   C. 生成器生成　　　　　　　　　D. 检索器检索
3. 以下提示词类型需要提供少量示例来引导模型生成答案的是（　　）。
   A. 零样本提示　　　B. 少样本提示　　　C. 思维链提示　　　D. 多模态提示
4. 智能体工作流与传统软件工作流的本质区别在于（　　）。
   A. 遵循预定义流程　　　　　　　B. 依赖固定规则库
   C. 具备动态调整执行路径的能力　D. 仅支持结构化输入/输出
5. 智能体工作流中，工具调用需解决的挑战主要是（　　）。
   A. 提高工具调用速度
   B. 确保自然语言指令到工具参数的精确映射
   C. 优化工具库存储结构
   D. 增强多模态交互能力

二、填空题

1. 智能体的四个核心特征是：_____、反应性、社会性、目标导向性。
2. RAG 技术的两大核心组件是_____和生成器。
3. 智能体工作流的四维架构体系包括记忆系统、任务规划、工具调用和_____。
4. 在提示词工程中，通过显式给出多个推理步骤的提示策略称为_____提示。
5. 传统大语言模型的知识局限主要体现为知识的_____和有限性。

三、简答题

1. 简述设计一个智能体工作流的过程。
2. 为分析学生成绩的智能体编写一段提示词。

第 13 章
人工智能的伦理、安全与挑战

本章导读

　　随着人工智能技术的快速发展和广泛应用,一系列伦理、安全和社会挑战也逐渐显现出来。这些问题不仅影响着 AI 技术的进一步发展,也对人类社会的稳定和价值观产生了深远影响。

　　其中数据隐私问题成为 AI 发展中备受关注的焦点之一。AI 系统需要大量的数据进行训练,而这些数据往往包含用户的敏感信息,如个人身份、健康状况、财务信息等。如何保护这些数据的隐私,防止数据泄露和滥用,成为亟待解决的问题。人类控制与自主性的平衡也是 AI 发展中面临的重要挑战。随着 AI 系统的智能化程度不断提高,其决策权的归属问题日益突出。人类是否能够完全掌控 AI 系统,以及在何种程度上应该让 AI 系统自主决策,这些问题涉及技术、伦理和社会等多个层面。此外,当 AI 系统造成损害时,责任归属问题也变得复杂起来。由于 AI 系统的决策过程往往难以解释,确定责任主体变得更加困难。同时,AI 技术的发展还可能对就业市场、社会公平、法律法规等方面产生深远影响,引发了一系列社会挑战。

　　本章带领读者学习和解决以下问题。
- 人工智能的伦理问题有哪些?
- 人工智能的安全问题有哪些?
- 人工智能的挑战有哪些?

13.1 人工智能的伦理问题

13.1.1 数据隐私

1. 数据隐私的重要性

在人工智能时代,数据被视为新的"石油",是 AI 系统训练和运行的基础。然而,数据隐私问题也随之而来。数据隐私是指个人或组织的数据在收集、存储、使用和共享过程中,其隐私得到保护,不被未经授权的访问、使用或泄露。数据隐私的重要性体现在以下几个方面。

首先,数据隐私关系到个人的基本权利和尊严。个人的敏感信息,如身份、健康、财务等,一旦泄露,可能会给个人带来诸多困扰和损失,如身份盗窃、诈骗、歧视等。其次,数据隐私对于企业的商业利益和社会声誉至关重要。企业的客户数据、商业机密等一旦泄露,可能会导致市场竞争优势丧失、客户流失等问题。最后,数据隐私对于维护国家安全和社会稳定也具有重要意义。大规模的数据泄露可能会引发社会恐慌,甚至被用于恶意目的,如恐怖袭击、网络攻击等。

2. 数据收集与使用的合理性

在 AI 发展过程中,数据收集与使用的合理性是一个关键问题。AI 公司通常需要收集大量的用户数据来训练模型,但这些数据的收集是否遵循了合法、正当、必要的原则,用户是否真正同意其数据被用于 AI 训练,是值得探讨的问题。

以 Facebook 剑桥分析事件为例,2018 年 Facebook 被曝光与剑桥分析公司合作,在未经用户明确同意的情况下收集了数千万用户的数据,并将其用于政治广告投放和选举操控。这一事件引发了全球范围内的广泛关注和讨论,促使各国政府和监管机构加强对数据隐私的保护力度。此后,欧盟出台了《通用数据保护条例》(GDPR),对数据收集、使用和保护做出了严格规定,要求企业在收集用户数据时必须获得明确的同意,并保障用户的数据访问权、更正权、删除权等权利。

3. 数据匿名化与去匿名化的风险

数据匿名化是指通过对数据进行处理,使得数据主体无法被直接识别的过程。数据匿名化被认为是保护数据隐私的一种有效手段,但在实际应用中,数据匿名化并非绝对安全,存在被去匿名化的风险。

例如,2006 年 Netflix 发布了一份匿名化的用户电影评分数据集,供研究人员用于推荐系统研究。然而,研究人员发现可以通过交叉比对 IMDb 上的用户评分数据,重新识别 Netflix 数据中的部分用户。这一发现表明,即使经过匿名化处理的数据,仍然存在隐私泄露的风险。去匿名化风险的存在使得数据匿名化不能作为唯一的隐私保护手段,需要结合其他技术措施和管理措施来保障数据隐私。

4. 隐私计算与数据保护技术

隐私计算技术是指在不泄露数据隐私的前提下，实现数据的共享和计算的技术。近年来，隐私计算技术逐渐成为解决 AI 隐私问题的重要手段，主要包括联邦学习、同态加密、差分隐私等技术。

联邦学习是一种分布式机器学习方法，多个参与方在不共享原始数据的情况下，通过交换模型参数来共同训练模型。例如，谷歌在 Android 设备上使用联邦学习技术进行键盘输入预测训练，该技术允许设备在本地训练模型，而不需要将用户的输入数据上传到服务器，从而提高了数据隐私保护水平。同态加密技术允许在加密数据上进行计算，计算结果仍然是加密的，只有在解密后才能得到正确的结果。差分隐私技术通过对数据添加噪声，使得在统计分析中无法识别个体数据，从而保护数据隐私。

> **学习任务13-1**
>
> 访问 DeepSeek 开启新对话，询问大模型关于人工智能的伦理问题。

13.1.2 人类控制与自主性

1. 人工智能的决策透明度

随着 AI 技术的发展，许多 AI 模型，尤其是深度学习模型，存在"黑箱"问题，即其决策过程难以解释。这给人类理解和信任 AI 系统带来了困难，特别是在医疗、司法、金融等关键领域，决策透明度至关重要。

以人工智能辅助医疗诊断为例，AI 被用于癌症筛查和医疗影像分析，如谷歌的 DeepMind 开发的 AI 系统可以检测糖尿病视网膜病变。然而，当 AI 诊断结果与医生的判断相矛盾时，患者是否应该信任 AI？如何确保 AI 的决策过程透明，以便医生和患者理解其依据，成为亟待解决的问题。提高 AI 决策的透明度，可以通过研究可解释 AI（explainable AI，XAI）技术，采用可视化技术等方式，帮助用户理解 AI 系统的判断逻辑。

2. 人机协作与控制权分配

在人机协作的场景中，如何合理分配控制权是一个重要问题。AI 系统在某些领域可以辅助人类决策，但最终决策权应该掌握在谁手中，涉及技术、伦理和社会等多个层面的考量。

例如，2018—2019 年，波音 737 MAX 飞机的自动控制系统（MCAS）因错误触发导致两起严重空难，造成 346 人死亡。调查发现，飞行员难以手动干预自动控制系统，导致无法避免事故。这一案例突显了 AI 自动化系统在关键领域的风险，即 AI 过度自动化可能导致人类难以干预，进而增加安全隐患。在人机协作中，需要明确控制权的分配机制，确保人类在关键时刻能够有效地干预 AI 系统的决策。

13.1.3 责任归属

1. 法律责任的界定

当 AI 系统造成损害时,法律责任的界定成为一个复杂的问题。由于 AI 系统的决策过程往往难以解释,确定责任主体变得更加困难。

以自动驾驶汽车事故为例,2021 年,特斯拉的一辆自动驾驶汽车在美国发生车祸,导致 2 人死亡。事故发生后,人们讨论责任应由车辆制造商、软件开发者,还是驾驶员承担。目前,自动驾驶的法律责任仍然是一个未解决的难题。建立 AI 责任归属框架,明确 AI 造成损害时的法律责任,是解决这一问题的关键。同时,采用可追溯 AI 机制,确保 AI 决策过程可回溯,以便厘清责任,也是重要的措施。

2. 道德责任与社会责任

除了法律责任外,AI 开发者和公司还应承担道德责任和社会责任,确保 AI 的应用不会对社会造成负面影响。

以 AI 人脸识别技术的滥用为例,2020 年,美国多个城市禁止警方使用 AI 人脸识别技术,原因是研究发现 AI 在识别人脸时存在种族偏见,可能导致执法不公。AI 开发者和公司应制定 AI 伦理准则,确保 AI 的应用符合人权和公平原则,并设立独立审核机构,监督 AI 伦理风险,承担道德责任和社会责任。

13.2 人工智能的安全问题

13.2.1 数据安全

1. 数据泄露

AI 系统依赖于海量数据进行训练和推理,数据的安全性至关重要。数据泄露是 AI 安全面临的主要威胁之一,一旦发生数据泄露,可能会对个人隐私和社会安全造成严重威胁。

以 Facebook 5.33 亿用户数据泄露事件为例,2021 年,Facebook 遭遇大规模数据泄露,约 5.33 亿用户的个人信息(包括电话号码、电子邮件地址和姓名)被公布在黑客论坛上。尽管 Facebook 表示数据来自 2019 年的漏洞,但该事件仍然暴露了 AI 依赖的大规模数据存储和管理存在的安全隐患。为防止数据泄露,可以加强数据加密技术,采用零信任架构,并实施数据访问控制和权限管理等措施,减少敏感数据暴露风险。

2. 数据污染(数据投毒攻击)

数据污染是指攻击者在 AI 训练数据中引入恶意数据,以影响模型的学习过程,使其在关键任务上表现异常。

以微软 Tay 聊天机器人为例,2016 年微软推出了一款基于 AI 的 Twitter 聊天机器人

Tay，初衷是让 AI 通过与用户互动学习语言。然而，仅 24 小时后，Tay 就因用户输入大量种族主义和仇恨言论而变得极端化，最终微软不得不关闭该项目。这表明 AI 训练数据可能受到外部操纵，导致模型行为失控。为应对数据污染，可以采用数据清洗和异常检测技术，过滤恶意数据，并通过对抗性训练，使 AI 能够更好地应对数据投毒攻击，同时设立实时监测机制，检测 AI 系统是否受到异常行为影响。

13.2.2 模型安全

1. 对抗性攻击

对抗性攻击是专门针对 AI 模型的攻击方式，攻击者通过对输入数据进行微小修改，使 AI 模型做出错误判断。

以特斯拉自动驾驶对抗性攻击为例，2020 年，研究人员发现，通过在道路标志上添加小型贴纸，可以欺骗特斯拉的自动驾驶系统，使其误判限速标志。例如，研究人员在一个限速 35 英里的标志上贴上小贴纸，特斯拉的 AI 误读为 85 英里，从而可能导致严重的交通事故。为抵御对抗性攻击，可以采用对抗性训练，让 AI 学习识别和抵御对抗性攻击，并在 AI 决策过程中引入多重验证机制，提高对异常输入的抵抗能力。

2. 模型窃取

模型窃取是指攻击者通过不断向 AI 系统发送查询，并收集其响应，从而训练出一个近似的黑箱模型，进而窃取 AI 技术。

以 GPT-3 API 滥用为例，OpenAI 的 GPT-3 作为一种高性能 AI 语言模型，需要通过 API 提供访问权限。然而，有研究人员通过大量 API 调用，成功创建了一个与 GPT-3 相当的模型，从而绕过了 OpenAI 的访问限制。这种模型窃取技术可能被用于非法用途，如生成虚假信息或恶意内容，增加了 AI 滥用的风险。为防止模型窃取，可以采用 API 速率限制，防止攻击者进行大规模查询，同时通过水印技术，在 AI 生成内容中嵌入不可见标识，以追踪数据来源。

> **学习任务13-2**
>
> 使用 GPT、DeepSeek、Claude、Llama 等大模型，对比它们各自的优缺点及其安全性。

13.2.3 社会安全

1. 深度伪造（Deepfake）技术的威胁

深度伪造技术利用 AI 生成逼真的伪造视频或音频，可能被用于欺诈、政治操纵等恶意活动。

以 Deepfake 技术用于诈骗为例，2021 年，香港的一家公司遭遇了一起 AI 诈骗案。诈骗者使用 Deepfake 技术伪造公司 CEO 的声音，并通过视频会议指示财务人员转账 3500 万美元。受害者未能察觉异常，最终导致公司遭受巨大经济损失。为应对深度伪造技术的威胁，可以采用 AI 识别技术，检测 Deepfake 伪造视频和音频，通过多因素身份验证确保金融交易的真实性。

2. AI 在军事领域的滥用

AI 在军事领域的应用引发了广泛的伦理和安全争议，如自动化武器系统可能被用于无人机攻击，甚至可能导致战争升级。

以无人机 AI 自动攻击为例，俄乌冲突期间配备 AI 的无人机在战场上进行了"自主攻击"，全程无须人类干预。这一事件表明，AI 可能在军事冲突中被滥用，导致不可预测的后果。为防止 AI 在军事领域的滥用，国际社会应制定 AI 军事化的伦理准则，限制无人武器的使用，设立 AI 军事系统的"人类监督"机制，确保 AI 不会完全自主决策。

13.3 人工智能的挑战

13.3.1 技术挑战

1. 模型可解释性

当前主流的人工智能模型，特别是深度学习模型，通常被视为"黑箱"系统，其内部决策过程难以理解。

以 AI 在司法系统中的应用为例，美国的一些法院使用 AI 预测犯罪嫌疑人的再犯风险（如 COMPAS 系统），以帮助法官做出量刑决策。然而，该系统的决策依据并不透明，甚至被发现存在种族偏见。例如，非裔美国人被 AI 判定为高风险的概率远高于白人，即使其犯罪记录类似。这种现象引发了关于 AI 透明度和公平性的讨论。为提高 AI 模型的可解释性，可以研究可解释 AI（explainable AI, XAI）技术，采用可视化技术，帮助用户理解 AI 系统的判断逻辑。

2. 数据质量与偏差

人工智能系统的性能高度依赖于训练数据的质量，但现实数据集往往存在问题。

以招聘 AI 的性别偏见为例，某大型跨境电商曾开发一个 AI 招聘系统，旨在自动筛选求职者简历。然而，该系统在训练过程中学习了历史招聘数据中的性别偏见，导致其在筛选简历时倾向于排斥女性候选人，尤其是在技术职位上。最终，该公司不得不放弃该 AI 招聘系统。为解决数据质量与偏差问题，可以采用公平性算法来检测和减少 AI 的偏见，收集更多元化的训练数据，以减少数据集中的系统性偏见。

3. 计算资源消耗

当前的大型 AI 模型需要极其庞大的计算资源进行训练，导致高昂的能源成本和碳排放。

以 GPT-3 的高能耗问题为例，GPT-3（由 OpenAI 开发）训练时消耗了大量计算资源，据估算，GPT-3 的训练过程排放的二氧化碳相当于 5 辆汽车终生排放量，这引发了关于 AI 可持续性的讨论。为降低计算资源消耗，可以研究低功耗 AI 芯片，提高计算效率，减少 AI 训练的能耗，采用知识蒸馏等技术使 AI 模型更轻量化，从而降低计算需求。

4. 弱人工智能

目前的人工智能系统大多属于"弱 AI"，即它们只能在特定任务上表现优越，而无法像人类一样适应多种任务。

以 AlphaGo 与围棋 AI 为例，由 DeepMind 开发的 AlphaGo 在围棋比赛中击败世界冠军李世石，展现出极强的计算能力。然而，AlphaGo 只能用于围棋，对其他任务（如语言理解、机器人操作）无能为力，这表明现有 AI 仍然缺乏真正的通用智能。为实现 AGI，可以研究跨领域学习，使 AI 能够适应不同任务，发展神经符号 AI，结合深度学习与符号推理，提高 AI 的泛化能力。

> **学习任务13-3**
>
> 尝试使用 AIGC 工具生成图像和视频。

13.3.2 社会挑战

1. 就业市场的变革

人工智能的自动化能力使得大量传统职业面临被取代的风险，对就业市场产生了深远影响。

以自动客服系统的普及为例，许多银行、保险公司和电商平台使用 AI 聊天机器人（如 ChatGPT）取代人工客服。这虽然提高了服务效率，但也导致大量客服人员失业。为应对就业市场的变革，可以推动职业培训和技能再教育，帮助劳动力适应新时代的岗位需求，发展人机协作模式，让 AI 辅助人类，而不是完全取代人类。

2. 人工智能的伦理风险

AI 在社会治理中的应用可能导致伦理问题。

以社会信用评分系统为例，中国的一些城市正在试点社会信用评分系统，利用 AI 评估个人行为。然而，这种系统可能导致侵犯隐私，甚至可能被滥用来限制公民自由。为应对人工智能的伦理风险，可以制定 AI 伦理准则，确保 AI 的应用符合人权和公平原则，设立独立审核机构，监督 AI 伦理风险。

13.3.3 法规挑战

1. 人工智能的法律责任

当 AI 发生失误或造成损害时，责任归属问题亟待解决。

以 Uber 自动驾驶事故为例，2018 年，Uber 的自动驾驶汽车在测试过程中撞死了一名行人。这起事故引发了关于自动驾驶汽车责任归属的法律讨论：制造商、软件开发商还是测试驾驶员应承担责任。为明确 AI 的法律责任，可以建立 AI 责任归属框架，采用可追溯 AI 机制，确保 AI 决策过程可回溯，以便厘清责任。

2. 跨国监管问题

AI 技术的应用往往跨越国界，不同国家的监管政策存在差异。

以欧盟《人工智能法案》为例，欧盟提出《人工智能法案》，要求 AI 系统必须符合严格的透明度和公平性标准，而美国的 AI 监管政策则更加宽松。为解决跨国监管问题，可以建立全球 AI 监管合作机制，确保 AI 发展符合国际标准。

13.4　思考与练习

一、选择题

1. 生成式人工智能在创作内容时，可能会涉及的伦理问题是（　　）。
   A. 数据隐私　　　　　B. 算法效率　　　　　C. 硬件成本　　　　　D. 网络延迟
2. 以下是生成式人工智能在安全领域的主要挑战的是（　　）。
   A. 模型训练时间过长　　　　　　B. 生成内容的不可控性
   C. 数据存储空间不足　　　　　　D. 计算资源浪费
3. 生成式人工智能在医疗领域的应用中，最可能面临的伦理挑战是（　　）。
   A. 数据隐私和患者知情同意　　　B. 模型训练速度
   C. 硬件成本　　　　　　　　　　D. 网络连接稳定性
4. 生成式人工智能在生成虚假信息时，可能会对社会造成的影响是（　　）。
   A. 提高信息传播效率　　　　　　B. 增加信息真实性
   C. 引发社会信任危机　　　　　　D. 降低网络流量
5. 生成式人工智能在艺术创作中的应用，可能会引发的伦理争议是（　　）。
   A. 作品版权归属　　　　　　　　B. 作品创作速度
   C. 作品展示平台　　　　　　　　D. 作品保存方式

二、填空题

1. 生成式人工智能在生成内容时，可能会引发＿＿＿＿＿＿＿问题，特别是在涉及个人隐私和数据安全时。
2. 生成式人工智能的＿＿＿＿＿＿＿性是其安全挑战之一，因为生成的内容可能难以预测和控制。
3. 目前的人工智能系统大多属于＿＿＿＿＿＿＿，它们只能在特定任务上表现优越，而无法像人类一样适应多种任务。

4. 生成式人工智能生成的虚假信息可能会引发社会_____危机，影响公众对信息的信任。

5. 生成式人工智能在艺术创作中的应用，可能会引发关于_____归属的争议，特别是在作品版权方面。

三、简答题

1. 简述生成式人工智能在伦理方面面临的主要挑战是什么。
2. 简述生成式人工智能在安全领域的主要风险有哪些。

第 14 章
人工智能教育的未来愿景

本章导读

　　人工智能技术的深度应用正将教育推向"人机共育"的新纪元。智能教学系统从内容生成者升级为认知协作者，通过深度学习与自然语言处理，实现教学策略的动态适配与全球互动；教育评估则从"分数衡量"转向"成长导航"，大数据与 AI 构建全周期能力画像，使反馈成为激发潜能的催化剂。机器人、虚拟助教与智能化管理系统的协同，标志着教育生态从"单向传输"到"多维共生"的跃迁。

　　这些变革的本质，是人工智能将教育从"工业时代的流水线"解放为"数字时代的赋能网络"。在这里，每个学习者既是知识的探索者，也是未来的创造者，而技术则成为连接个体潜能与人类共同价值的桥梁。

　　本章带领读者学习和解决以下问题。

- 人工智能如何重构教育生态？
- 智能技术如何驱动教学范式革新？
- "人机协同"模式怎样影响个性化发展与全球协作？

14.1 未来教育形态的重塑

　　未来教育形态的重塑，本质是技术驱动下教育基因的全面升级。智能化学习环境打破物理与认知边界，通过虚拟现实、物联网与大数据构建虚实共生的沉浸式空间，让知识获取从被动接受转向具身体验。教育模式转变重构师生关系，混合学习推动教学从"知识灌输"转向"能力建构"，线上自主探索与线下深度协作交织，形成螺旋式成长生态。项目协作与创新则重塑教育目标，人工智能支持的跨领域问题解决网络，使学生从学科学习者蜕变为全球议题的破局者。三者共同宣告：教育正从"标准化工厂"进化为"生命化生

态",技术成为激活个体潜能、连接人类命运的核心纽带。

> **学习任务14-1**
>
> 围绕本学期的学习内容,充分发散思维,与小组成员讨论一下:未来人工智能在教育领域可能会有哪些应用?

14.1.1　智能化学习环境的构建

随着人工智能技术的不断进步,未来教育形态将发生深刻重塑。教育将不再局限于传统的教室和书本,而是向着更加开放、互动和个性化的方向发展。智能化学习环境的构建是教育迈向未来的重要一步。这种环境能够根据学生的学习进度、兴趣和能力,提供定制化的学习资源和路径,实现真正的个性化教学。

1. 虚拟现实(VR)与增强现实(AR)技术的深度应用

虚拟现实(VR)与增强现实(AR)技术通过多模态交互设计,将抽象知识转化为具身认知体验,例如分子运动的三维动态呈现或历史场景的全息复现,使学生在虚实融合中突破时空限制,显著提升知识内化效率。其主要应用于以下学科。

(1) 科学教育

分子动力学可视化:美国麻省理工学院(MIT)开发的"MIT VR Chemistry Lab",允许学生通过手柄"拆解"DNA双螺旋结构,观察氢键的动态断裂与重组。系统通过触觉反馈模拟分子间作用力,实验数据显示,使用VR的学生在有机化学反应机理测试中的正确率提升42%。

天体物理模拟:欧洲空间局(ESA)的"Cosmic Classroom"项目中,学生佩戴AR眼镜后,可操控虚拟行星轨道参数(如质量、速度),实时观察引力对星系演化的影响,并通过AI生成对比报告。

(2) 人文教育

历史场景重建:故宫博物院与腾讯合作的"数字故宫"AR项目,游客扫描太和殿二维码后,AR技术叠加清代朝会场景,AI虚拟讲解员根据用户停留时长自动调整解说深度(如初学者模式侧重建筑美学,学者模式解析榫卯结构)。

语言学习:西班牙语学习者通过Magic Leap AR眼镜进入"虚拟墨西哥城",与AI生成的本地居民对话,系统实时评估发音准确性并纠正语法错误,文化背景知识(如节日习俗)通过环境物件交互自然渗透。

近年来,技术的突破为教育领域带来了创新性的适配方案。轻量化设备的普及,如Meta Quest 3等VR头显,其重量已降至200 g以下,并结合眼动追踪技术,能够动态渲染注视区域的高清画面,从而有效减少晕动症的发生。此外,多模态交互技术的应用也极大提升了沉浸式体验。例如,Leap Motion传感器能够捕捉细微的手势动作,实现无接触的虚拟实验器材操作。

当然，这些技术的进步不仅为教育带来了新的可能性，也提出了新的挑战。如何确保这些先进技术能够普及到不同层次的教育环境，尤其是在资金和基础设施有限的地区，仍是一个亟待解决的问题。此外，如何平衡技术的快速发展与教育内容的匹配，以及确保学生在沉浸式环境中的身心健康，也是未来发展的关键方向。随着这些技术的不断完善，未来的教育或许将不仅仅局限于课堂，而是拓展为一个无边界、个性化、互动性强的学习空间，让每个学生都能在适合自己的节奏下，享受到更高效、更具创意的学习体验。

> **学习任务14-2**
>
> 与小组成员讨论一下：在教育资源较为薄弱的地区，该如何开展人工智能教育呢？

2. 物联网（IoT）与智能设备的无缝集成

物联网技术则通过泛在感知网络实现环境参数的动态调控，如基于生理数据的个性化温控与光照调节，以及实验室设备的智能运维，为学习者创造舒适且安全的空间条件，构建起"环境—行为—数据"的实时响应闭环，使学习空间成为具有生命力的有机体。

（1）个性化物理环境调控

在人工智能教育中，环境自适应系统的应用正逐步提升学习体验与健康保障。以芬兰"EduLab"项目为例，智能课桌内置压力传感器和摄像头，能在学生趴桌超过 5 分钟时自动调整桌面高度，并通过 AI 语音提醒。此外，课桌的照明色温会根据昼夜节律进行调节，晨间提供冷光提神，午后则转为暖光帮助舒缓。而在空气质量管理方面，清华大学附中采用的 IoT 系统能够实时监测 PM2.5 和 CO_2 浓度，并联动新风系统与绿植机器人自动净化空气，将教室的空气质量优良率从 68% 提升至 92%。这些智能化的环境调控系统，正在为学生创造更为健康、舒适和高效的学习空间，进一步推动了教育领域的技术进步。

（2）可穿戴设备与行为分析

在人工智能驱动的教育领域，可穿戴设备与行为分析正日益成为提升学习效果的重要工具。以加州伯克利分校的"FocusEdu"手环为例，该设备通过监测皮电反应（GSR）和心率变异性（HRV），实时分析学生的压力水平。当系统检测到学生焦虑达到峰值时，会向教师终端发送匿名预警，并触发课堂互动小游戏，帮助缓解紧张氛围，提升学习环境的舒适度。通过这些可穿戴设备与行为分析技术，教师能够实时掌握学生的情绪与注意力变化，提供个性化的支持，进一步提升教学质量和学生的学习体验。

3. 智能化教室与校园管理的系统重构

智能化教室与校园管理的系统重构，基于先进的教育大数据采集与分析技术，正逐步实现更加高效、智能和安全的校园运营。通过实时数据的获取与处理，智能管理系统不仅能够对教室和校园资源进行精准调度，还能在能耗管理、环境优化、校园安全等方面发挥关键作用。例如，系统可以利用遗传算法动态调整实验室的使用安排，根据实际需求优化设备与空间的利用效率，确保资源的合理分配与最大化使用。与此同时，基于行为识别技术，智能系统能够实时监控实验操作中的潜在风险，及时发出警告，避免学生在进行实验时可能出现的操作失误，从而确保实验的安全性。除了资源和风险管理，智能化校园还能够通过实时能耗监测与分析，优化校园内的能源使用，减少浪费。

总的来说，智能化教室与校园管理系统的建设，不仅提高了校园运营的效率，还为师生提供了更加智能化、便捷和安全的学习与工作环境。这一系统的应用，正推动教育管理向着更加精细化、个性化和可持续的方向发展。

智能化学习环境的构建不仅为教育带来了前所未有的创新与可能性，也推动了教育从传统模式向更加个性化、互动化的方向发展。随着技术不断进步，未来的教育将更加注重学生的个体需求，创造更加智能、安全、舒适的学习空间，为每个学生提供量身定制的教育体验。

14.1.2 教育模式的转变

人工智能技术的出现让教育模式正在经历从传统课堂到混合学习的深刻转变。教育模式从传统课堂向混合学习的演变，本质上是教育价值体系从知识传递向能力建构的范式转换。传统教育以教师为中心构建的线性知识传输模式，受制于时空统一性限制，导致学习路径固化与创新空间压缩；混合学习则通过数字化工具重构教学流程，形成"数据驱动—自主建构—协作探究"的三维教育生态，实现知识获取与能力培养的螺旋式提升。

传统课堂注重知识的灌输和应试技能的培养，而混合学习则强调线上与线下学习的结合，以及学习者自主性和协作性的提升。在混合学习模式下，学习者可以根据自己的节奏和兴趣选择学习内容，通过在线平台进行预习、复习和作业提交，而课堂时间则更多地用于讨论、实践和问题解决。这种转变不仅提高了学习效率，还培养了学习者的自主学习能力和创新思维。

通过从传统课堂到混合学习模式的演变，我们看到了教育理念的深刻转型。这不仅是教学方式的变化，更是对学习者自主性、创新能力和协作精神的全方位提升。未来，随着技术的不断发展，教育模式将进一步突破时空的限制，为更多学习者创造个性化、灵活多样的学习体验。在这样的转变中，教育的核心价值将更加注重能力的培养和综合素质的提升，而非单纯的知识传授。

> **学习任务14-3**
>
> 访问 DeepSeek 开启新对话，尝试举出有关教育模式转变的具体例子吧！

14.1.3 基于项目与协作学习的创新

项目式学习通过让学习者参与实际项目的策划、实施和评估，培养其综合运用知识、解决问题和团队合作的能力。协作学习则强调学习者之间的互助和合作，通过小组讨论、角色扮演等方式，促进知识的共享和思维的碰撞。这种创新的学习模式不仅提高了学习者的实践能力和团队协作能力，还培养了其创新意识和批判性思维。

基于项目与协作学习的创新正成为未来教育的核心范式，人工智能的深度介入将这一模式从局部实践推向系统性变革。在人工智能的支持下，项目式学习（PBL）不再局限于单一学科的技能训练，而是演变为跨领域、跨文化的复杂问题解决网络。学生围绕全球性议题（如碳中和、公共卫生）组建虚拟团队，人工智能工具实时提供多语言协作支持、动态资源整合与风险模拟推演，使学习者能够突破地域与学科边界，直面真实世界的挑战。

协作学习则通过人工智能的赋能，从"经验驱动"转向"数据驱动"。AI 不仅优化团队分工（如根据成员能力标签自动匹配角色），还能通过自然语言处理与情感计算技术，分析讨论中的逻辑漏洞或情绪冲突，生成实时调解建议。例如，在跨国协作项目中，AI 翻译工具消除语言障碍，知识图谱自动关联不同文化背景下的解决方案，促使学生从多元视角重构问题。

这种创新模式的本质，是人工智能重新定义了教育的"生产力工具"与"生产关系"。教育的目标从传递固定知识，转向培养适应不确定性的核心能力——批判性思维、跨界协作、伦理决策与持续创新能力。而 AI 的全局数据分析能力，则为教育系统提供了动态反馈机制，使教学设计与资源分配能够实时响应社会需求与技术变迁，最终推动教育从"标准化流水线"向"生态化赋能网络"的跃迁。

14.2 人工智能技术在教育中的深度应用

人工智能技术正推动教育从"工具赋能"向"生态重构"的质变跃迁。智能教学系统的进化标志着 AI 从辅助者蜕变为认知伙伴——深度学习算法生成动态化、场景化的教学内容，自然语言处理构建深度交互的全球学习社群，教育机器人则通过环境感知与情感计算，成为跨越虚实界限的教学协作者。教育评估与反馈的智能化则重塑质量衡量逻辑：大数据构建全周期能力画像，过程性评估揭示隐性成长轨迹，个性化反馈闭环将学习转化为持续自我迭代的旅程。

14.2.1 智能教学系统的进化

智能教学系统的进化代表了人工智能在教育领域应用的深刻变革。早期的智能教学系统主要侧重于提供信息反馈和自动化任务支持，而随着技术的进步，这些系统已经能够根据学生的个性化需求调整教学内容、节奏与互动形式，甚至能够模拟教师的认知和情感反应，成为学生学习过程中的积极伙伴。在这一章节中，我们将探讨智能教学系统的演变轨迹，分析其从辅助性工具向认知伙伴转型的关键技术突破，以及这一变革对教育实践和未来学习模式的深远影响。

1. 深度学习算法在教学内容生成中的应用

深度学习算法的突破重构了教学内容生成的逻辑——从静态知识库的被动调用,转向动态化、场景化的内容生产。算法通过分析海量学习行为数据,实时捕捉个体认知模式与知识缺口,生成适配性内容:既包括阶梯式难度的习题序列,也涵盖多模态融合的跨学科资源(如结合历史事件解析数学建模的应用价值)。这种生成能力使教学系统从"标准化推送"升级为"生长式供给",教学内容随学习者成长而动态演化。其主要教学内容生成优势表现在以下两个方面。

(1) 动态化内容生成

阶梯式难度匹配:Knewton自适应学习平台通过深度学习分析学生的答题模式(如错误类型、答题时长),动态生成难度递增的习题序列。例如,若学生在"概率论"中频繁出错,系统会自动插入基础概念复习题(如排列组合),并逐步过渡到高阶应用(如贝叶斯定理)。

跨学科资源整合:IBM Watson Education开发的"跨学科知识图谱",将数学建模与历史事件结合。例如,解析第二次世界大战期间盟军后勤优化问题时,系统自动关联线性规划与历史背景,生成多模态学习资源(如数据可视化图表+历史纪录片片段)。

(2) 场景化内容生产

虚拟实验设计:Labster虚拟实验室平台利用生成对抗网络(GAN)创建高保真实验场景。例如,化学实验中,学生可通过VR设备"触摸"分子结构,系统根据操作生成实时反馈(如"键角过大,分子稳定性降低")。

个性化学习叙事:DreamBox数学学习平台通过深度学习生成个性化学习故事。例如,为喜欢足球的学生设计"世界杯积分计算"任务,将数学概念融入故事情节,学习参与度提升40%。

深度学习算法在教学内容生成中的应用,标志着教育领域迈向个性化与智能化的关键一步。通过动态化与场景化的内容生产,教学不再是单一的知识传授,而是一个与学习者互动、适应其认知需求的持续过程。从阶梯式难度的自适应习题序列,到跨学科资源的智能整合,再到虚拟实验和个性化学习叙事的创新,深度学习算法赋予了教育更高的灵活性和创造力。这种"生长式供给"的教学方式,不仅提高了学习效率,也激发了学生的主动学习兴趣,为未来教育的多样化与智能化发展铺平了道路。

2. 自然语言处理(NLP)技术在师生互动中的提升

自然语言处理技术的跃升,重新定义了师生互动的深度与广度。教学系统不仅能解析显性提问(如"如何解微分方程"),更能理解隐含需求(如"我需要一个更直观的解释"),并基于上下文调整反馈策略(如插入动画演示或简化术语)。对话式AI通过多轮交互与情感分析,逐步构建学习者认知画像,使互动从"功能应答"转向"认知协作"。此外,多语言实时互译与无障碍交流的实现,彻底消解了跨文化学习中的语言壁垒,推动全球化教育社群的深度融合。

(1) 多轮交互与情感分析

在人工智能教育中，多轮交互与情感分析的应用正推动着个性化学习辅导的创新。例如，Carnegie Learning 的 "MATHia" 平台利用自然语言处理（NLP）技术，通过多轮对话为学生提供个性化辅导。当学生询问如何求解二次函数的顶点时，系统不仅提供答案，还会通过反问来了解学生的知识背景，如"你知道顶点的几何意义吗？"并根据学生的回答调整解释策略，如插入动画演示或简化术语。此外，情感分析技术也被广泛应用，平台通过语音语调和文本情感分析来判断学生的情感状态（如困惑或自信），并动态调整反馈的语气，以提供更具针对性的鼓励或详细解析。基于 BERT 模型的上下文理解技术，使系统能够在多轮对话中识别学生的隐含需求，如"我需要一个更简单的解释"，从而确保提供最适合的辅导内容。这种情感与上下文驱动的交互方式，使学习过程更加灵活和贴近学生的实际需求。

(2) 多语言实时互译与无障碍交流

除此之外，多语言实时互译与无障碍交流正打破语言障碍，促进跨文化学习，Duolingo 这一公司就十分注重对人工智能技术的运用。以其 AI tutor 为例，该平台支持 60 种语言的实时互译，帮助学习者克服语言难题。比如，西班牙语学习者可以通过语音提问，系统会将问题翻译成英语并生成答案，再将其翻译回西班牙语，确保学习者准确理解内容。技术上，Duolingo 采用神经机器翻译（NMT）技术，基于 Transformer 架构，提供高精度、低延迟的实时翻译，确保流畅的学习体验。同时，系统还具备文化适配功能，根据用户的文化背景调整案例内容。例如，在向中国学生解释"感恩节"时，系统会将其与春节习俗进行关联，确保学习内容更具亲和力和相关性。通过这些技术，人工智能实现了更加个性化和无障碍的学习交流，拓宽了跨文化教育的可能性。

(3) 认知画像构建与个性化反馈

利用人工智能技术进行认知画像构建与个性化反馈，能够为学生提供更加精准和个性化的学习支持。以 Century Tech 平台为例，该系统通过自然语言处理（NLP）技术分析学生的作业和讨论记录，构建学生的认知画像。例如，平台可能识别出某位学生在逻辑推理方面表现突出，但在细节关注上有所欠缺，并根据这一分析生成个性化反馈，如"建议检查计算步骤"。这种反馈方式不仅帮助学生明确自己的优缺点，还为教师提供了可操作的教学建议。

总之，人工智能在教育中的应用正在从传统的单向教学转向更加互动、灵活和个性化的学习方式，不仅提升了学生的学习效果，也为全球化教育的深度融合提供了技术保障。

3. 机器人在教育辅导与实验中的角色

机器人在教育场景中的角色演进，体现了"工具属性"到"协作者属性"的质变。教育机器人不再局限于程序化指令执行，而是通过环境感知与自主决策，承担起个性化辅导与实验安全的双重职能。

在辅导方面，机器人能够通过情感计算技术实时识别学生的情绪变化（如焦虑或困惑），并根据反馈动态调整教学策略，提供个性化的学习体验。通过面部表情识别与语音情感分析，机器人能够感知学生的情绪状态，从而灵活调整教学节奏或插入互动环节，以缓解学习压力或增强学习动力。在实验操作指导方面，机器人通过集成高精度传感器与增强现实（AR）技术，能够实时监控实验过程，预测潜在的风险并提供操作指导。机器人能够通过数据分析与风险预测模型，帮助学生在实验中避免错误，同时通过AR辅助显示关键操作步骤，确保实验的安全性与准确性。更进一步，机器人集群与跨场景协作的应用，借助5G网络和联邦学习技术，使得多个机器人可以跨校区协作，共享数据并优化操作算法，同时保护学生隐私。这些技术使得机器人不仅能在个性化辅导中提供智能支持，也能在实验教学中扮演重要角色，推动教育向更加智能化、互动化的方向发展。

这一进化历程的本质，是智能教学系统从"信息传递中介"向"认知生态构建者"的转型，其核心目标不再局限于效率提升，而是通过技术、数据与人文的深度融合，重塑教育的底层逻辑，赋能每个学习者成为知识创造的主动参与者。

14.2.2 教育评估与反馈的智能化

教育评估与反馈的智能化是提升教学质量和学习效果的重要手段，这一过程正在重构教育质量的衡量维度与改进机制。智能化的评估与反馈体系，本质上是教育从"工业化标准"向"生命化成长"转型的核心枢纽。它不再将学生视为被测量的客体，而是通过技术赋能，使其成为主动参与评估、自主迭代能力的认知主体，最终实现教育从"筛选工具"到"成长伙伴"的质变，而其实现主要依靠以下三个方面。

1. 大数据技术在学生学习行为分析中的应用

大数据技术的深度应用，使学习行为分析从局部抽样转向全周期追踪——海量的点击记录、互动轨迹与多模态数据（如语音、文本、图像）被整合为动态能力画像，揭示传统评估难以捕捉的隐性模式（如思维路径偏好、协作能力倾向）。这种全局视角不仅帮助教育者识别群体性知识缺口，还能通过预测模型预判个体学习瓶颈，实现从"事后补救"到"前置干预"的转变。以下提供的案例能帮助读者更好理解它的应用。

（1）全周期学习行为追踪

Knewton 平台：通过分析学生的点击流数据（如视频观看时长、习题重做次数），识别学习偏好（如视觉型或听觉型学习者），并生成个性化学习路径。例如，若学生频繁重看某段视频，系统会推送相关图文资料以强化理解。

Coursera 学习分析：通过多模态数据（如讨论区发帖内容、作业提交时间），预测学生辍学风险。例如，若某学生在深夜频繁提交作业且讨论参与度低，系统会触发干预机制（如发送鼓励邮件或推荐时间管理课程）。

（2）隐形能力评估

思维路径分析：基于图神经网络（GNN）构建解题路径模型，识别常见思维误区（如"过度依赖公式记忆"）。

协作能力评估：利用自然语言处理（NLP）技术提取讨论中的关键观点与情感倾向，

评估团队协作效率。例如：Microsoft Teams 教育版通过分析小组讨论记录（如发言频率、话题贡献度），生成协作能力评分（如"积极参与但缺乏领导力"）。

> **学习任务14-4**
>
> 我们列举了这么多例子，请选择一个和小组成员一起进行体验吧！

2. 智能化评估系统的开发与实施

智能化评估系统正从传统的"标准化测试"模式逐步转型为"过程赋能"模式，通过多维度、多模态的数据分析，为学生提供更加精准和个性化的成长导航。这些系统不仅评估学术成绩，还能够深入分析学生的思维能力、创新能力以及学习状态，从而全面了解学生的发展情况。

在复杂能力评估方面，智能化评估系统采用先进的技术，如语义分析和计算机视觉，来评价学生的批判性思维和创新实践能力。例如，ETS 开发的"HEIghten 批判性思维测试"通过分析学生论述中的逻辑结构，评估其批判性思维水平，并通过 BERT 模型识别论述中的逻辑漏洞，如因果倒置等问题。类似地，MIT Media Lab 的"创新力评估工具"通过分析学生在项目式学习中的表现（如问题定义、原型设计与迭代改进），生成创新能力画像，帮助识别学生在创意和执行上的长短板。

此外，智能化评估系统还广泛应用于多模态数据的整合与分析。例如，Pearson 的"AI 作文批改系统"结合语音与文本分析技术，评估学生的口语表达与写作能力，分析口语表达中的语调变化和文本中的逻辑结构，生成综合评分。这一系统采用基于 Transformer 架构的多模态融合模型，实现语音和文本的联合分析，为学生提供更加全面的反馈。在行为与生理数据方面，能够持续监测学生的学习状态，并实时反馈学生的压力水平和注意力集中度，帮助教师根据学生的生理与情绪状态调整教学策略。

这些智能化评估系统通过深度学习与数据分析，不仅能够评估学生的学术成绩，还能深入挖掘其认知、情感与生理状态，为个性化教学和持续的能力提升提供有力支持。

3. 基于 AI 的个性化学习建议与反馈

基于 AI 的个性化学习建议与反馈，则通过技术与教育的深度融合，推动"千人千面"的精准支持成为现实。系统基于学习画像与知识图谱，动态生成适配性资源（如针对薄弱知识点的微课簇）、优化学习路径（如平衡能力进阶与兴趣激发），并在交互中持续校准反馈策略（如对焦虑型学习者增加激励提示）。这种闭环机制不仅加速知识内化，更通过长期数据迭代，使教育系统从"经验驱动"转向"证据驱动"，形成自我优化的智能生态。

在动态学习路径规划方面，AI 通过实时分析学生的学习目标、答题模式与遗忘曲线，为学生提供个性化的学习路径。例如，Duolingo 的 AI Tutor 系统根据用户的学习进度与错题模式动态调整学习路径，自动插入专项复习模块，强化薄弱知识点。通过强化学习算法和遗忘曲线模型，系统不断优化学习路径的调整策略，提升学生的学习效率和完成率。

精准资源推荐也是个性化学习的重要组成部分。AI 通过深入分析学生的学习行为，推荐最适合其当前水平和需求的学习资源。例如，Khan Academy 通过知识图谱分析学生的视频观看时长与习题错误率，精准推荐针对薄弱知识点的微课程资源。这种基于协同过滤算法和知识图谱关联的推荐系统，不仅提升了学生的考试成绩，还有效减少了学习时间，让学生在最短时间内掌握最有用的知识。

情感化反馈与激励机制是 AI 个性化学习反馈的重要环节。通过情感分析技术，AI 能够实时评估学生的情绪状态并调整反馈语气。例如，ClassDojo 的"AI 激励系统"通过识别学生的情绪（如焦虑或沮丧），为学生提供鼓励性语言或插入轻松的互动小游戏，有效缓解学生的学习压力。此外，虚拟徽章等激励机制的运用也能够激发学生的学习动力，提升学习参与度与满意度。

人工智能的深度应用正在重塑教育生态，使其从传统的知识传递模式转向更加个性化、互动化和能力驱动的学习环境。教育不再仅仅是知识的灌输，而是一个更加注重学生个体成长、能力培养和创新思维的过程。技术的介入打破了传统的时空限制，通过智能化学习环境的构建、混合学习模式的转变以及跨学科、跨领域协作的加强，教育的目标也从知识掌握转向解决复杂问题和应对全球性议题的变革。

AI 在教育中的应用不仅提升了教学效率，还通过智能化教学系统的进化，使得教育内容的生成更加动态化、个性化。通过深度学习算法与自然语言处理技术，智能教学系统能够根据学生的学习进度和需求提供实时反馈，使每个学生都能够在适合自己的节奏下进行学习。教育评估也从传统的分数衡量转向更加全面和精准的能力画像，实时的学习行为分析和情感感知技术帮助教师更好地了解学生的学习状态与情感变化，从而提供个性化的辅导和支持。

在未来，教育的评估和反馈机制将不仅仅依赖于成绩，而是通过数据驱动的全过程追踪和动态评估，使学生成为自身成长过程的主动参与者。随着 AI 技术的不断进步，教育将变得更加灵活和多元，为学习者提供一个更加丰富、开放和互动的学习空间，推动教育从标准化的流水线向生态化赋能网络的转型。

14.3 思考与练习

一、选择题

1. 以下是智能化学习环境中用于分子动力学可视化的核心技术的是（　　）。
   A. 区块链　　　B. 虚拟现实（VR）　　　C. 物联网（IoT）　　　D. 边缘计算
2. 在混合学习模式中，以下是线上学习的主要特点的是（　　）。
   A. 学生自主选择学习内容　　　　　　B. 教师主导的知识灌输
   C. 固定的课堂时间安排　　　　　　　D. 单一的评估方式

3. 以下是教育机器人"NAO"在学科辅导中的主要功能的是（　　）。
   A. 实时翻译多语言内容　　　　B. 通过情感计算调整教学节奏
   C. 生成跨学科知识图谱　　　　D. 提供标准化测试
4. 智能化评估系统中，用于分析学生论述中的逻辑结构的是（　　）。
   A. 计算机视觉　　　　　　　　B. 自然语言处理（NLP）
   C. 语音识别　　　　　　　　　D. 强化学习
5. 在基于 AI 的个性化学习建议中，以下是动态学习路径规划的核心技术的是（　　）。
   A. 区块链　　　　　　　　　　B. 计算机视觉
   C. 遗忘曲线模型　　　　　　　D. 物联网

二、简答题

1. 简述虚拟现实（VR）技术在科学教育中的应用，并举例说明其优势。
2. 解释混合学习模式如何平衡"线上自主"与"线下协作"，并说明其对教育公平的意义。
3. 分析教育机器人在实验安全中的作用，并说明其技术实现路径。
4. 基于 AI 的个性化学习建议如何通过动态学习路径规划提升学习效率？请结合案例说明。
5. 智能化评估系统如何通过多模态数据分析学生的协作能力？请举例说明。

三、练习题

1. 设计一个基于 VR 的化学实验教学场景。

任务：设计一个虚拟化学实验场景，学生可通过 VR 设备完成"硫酸铜溶液的制备"实验。

要求：

描述实验步骤（如称量、溶解、加热）。

说明 VR 设备如何提供实时反馈（如温度过高警告）。

列出实验结束后系统生成的评估报告内容（如操作规范性、实验结果准确性）。

2. 构建一个智能化评估系统的功能框架。

任务：为某中学设计一个智能化评估系统，用于分析学生的批判性思维能力。

要求：

列出系统的主要功能模块（如数据采集、逻辑分析、反馈生成）。

说明每个模块的技术实现方式（如 NLP 用于逻辑分析）。

描述系统如何生成个性化反馈（如"逻辑严谨但缺乏创新视角"）。

参考文献

[1] 吴永和,刘博文,马晓玲.构筑"人工智能+教育"的生态系统[J].远程教育杂志,2017,35(05):27-39.

[2] 李志河,伊洁.AIED技术支持下的适应性教育模式的构建及应用[J].现代教育技术,2017,27(11):12-18.

[3] 李艳燕,张香玲,李新,等.面向智慧教育的学科知识图谱构建与创新应用[J].电化教育研究,2019(08):60-69.

[4] 吴砥,李环,陈旭.人工智能通用大模型教育应用影响探析[J].开放教育研究,2023,29(02):19-70.

[5] 杨现民,张昊,郭利明,等.教育人工智能的发展难题与突破路径[J].现代远程教育研究,2018(03):30-38.

[6] 杨晓哲,任友群.教育人工智能的下一步——应用场景与推进策略[J].中国电化教育,2021(01):89-95.

[7] 余明华,张治,祝智庭.基于学生画像的项目式学习评价指标体系研究[J].电化教育研究,2021,42(03):89-95.

[8] 唐烨伟,茹丽娜,范佳荣,等.基于学习者画像建模的个性化学习路径规划研究[J].电化教育研究,2019,40(10):53-60.

[9] 牟智佳,李雨婷,商俊超.教育大数据环境下基于学习画像的个性化学习路径设计研究[J].中国教育信息化,2019(11):55-124.

[10] 卢国庆,杨沁,贺相春.生成式人工智能赋能高等教育形成性评价的价值、挑战及路径[J].电化教育研究,2024,45(11):84-91.

[11] 唐海.国内外高校非标准答案考核评价改革:现实样态与优化路向[J].西南师范大学学报(自然科学版),2023,48(08):128-132.

[12] 闫志明,唐夏夏,秦旋,等.教育人工智能(EAI)的内涵、关键技术与应用趋势——美国《为人工智能的未来做好准备》和《国家人工智能研发战略规划》报告解析[J].远程教育杂志,2017,35(01):26-35.

[13] 阎坚,桂劲松.基于物联网技术的智慧教室设计与实现[J].中国电化教育,2016(12):83-86.

[14] 赵一鸣,郝建江,王海燕,等.虚拟现实技术教育应用研究演进的可视化分析[J].电化教育研究,2016,37(12):26-33.

[15] 邱莹莹，郑小军，黄伊庭华．虚拟现实、增强现实与混合现实技术在教育教学中的应用：现状、挑战与展望［J］．广西职业技术学院学报，2021，14（03）：61-66．

[16] 任友群，万昆，冯仰存．促进人工智能教育的可持续发展——联合国《教育中的人工智能：可持续发展的挑战和机遇》解读与启示［J］．现代远程教育研究，2019，31（05）：3-10．

[17] 赵慧琼，姜强，赵蔚，等．基于大数据学习分析的在线学习绩效预警因素及干预对策的实证研究［J］．电化教育研究，2017，38（01）：62-69．

[18] 杨雪，姜强，赵蔚．大数据学习分析支持个性化学习研究——技术回归教育本质［J］．现代远距离教育，2016（04）：71-78．

[19] 史荧中，钱晓忠．人工智能应用基础［M］．北京：电子工业出版社，2020．

[20] 杨杰，黄晓霖，高岳，等．人工智能基础［M］．北京：机械工业出版社，2020．

[21] 李德毅，于剑．人工智能导论［M］．北京：中国科学技术出版社，2018．

[22] 吴细宝，陈雯柏．人工智能与机器人专业实战训练［M］．北京：机械工业出版社，2023．

[23] 姜育刚，马兴军，吴祖煊．人工智能数据与模型安全［M］．北京：机械工业出版社，2023．

[24] 修春波，卢少磊，苏雪苗，等．人工智能技术［M］．北京：机械工业出版社，2018．

[25] Charu C. Aggarwal 著．人工智能原理与实践［M］．杜博，刘友发，译．北京：机械工业出版社，2023．

[26] 谷宇．人工智能基础［M］．北京：机械工业出版社，2022．

[27] 刘清堂，贺黎鸣，吴林静，等．智能时代的教育文本挖掘模型与应用［J］．现代远程教育研究，2020，32（05）：95-103．

[28] 王均松，庄淙茜，魏勇鹏．机器翻译质量评估：方法、应用及展望［J］．外国语文，2024，40（3）：135-144．

[29] 周国栋，赵军平，刘挺．自然语言处理综论［M］．北京：清华大学出版社，2011．

[30] 黄昌宁，周明，刘群．统计自然语言处理［M］．北京：清华大学出版社，2012．

[31] 陈松灿，朱小燕，王斌．自然语言处理与中文信息处理［M］．北京：电子工业出版社，2015．

[32] Szeliski R. 计算机视觉——算法与应用［M］．艾海舟，兴军亮，等译．北京：清华大学出版社，2012．

[33] Linda G Shapiro, George C Stockman. 计算机视觉［M］．赵清杰，钱芳，蔡利栋，译．北京：机械工业出版社，2015．

[34] 中国电信天翼智库大模型研究团队．一本书读懂大模型：技术创新、商业应用与产业变革［M］．北京：机械工业出版社，2024．

[35] Zhao Xin Wayne, Zhou Kun, Li Junyi, et al. A Survey of Large Language Models［J］．

Preprint arXiv：2303.18223.

[36] Vaswani A, Shazeer N, Parmar N, et al. Attention is all you need [C]//Advances in neural information processing systems. 2017：5998-6008.

[37] Devlin J, Chang M W, Lee K, et al. Bert：Pre-training of deep bidirectional transformers for language understanding [J]. Preprint arXiv：1810.04805, 2018.

[38] Radford A, Narasimhan K, Salimans T, et al. Improving language understanding by generative pre-training [J] Preprint at (2018).

[39] Anderson K, Taylor S, Roberts L. Multimodal Learning Systems：Theory and Applications [J]. Nature Machine Intelligence, 2023, 5 (7)：532-544.

郑重声明

高等教育出版社依法对本书享有专有出版权。任何未经许可的复制、销售行为均违反《中华人民共和国著作权法》，其行为人将承担相应的民事责任和行政责任；构成犯罪的，将被依法追究刑事责任。为了维护市场秩序，保护读者的合法权益，避免读者误用盗版书造成不良后果，我社将配合行政执法部门和司法机关对违法犯罪的单位和个人进行严厉打击。社会各界人士如发现上述侵权行为，希望及时举报，我社将奖励举报有功人员。

反盗版举报电话　（010）58581999　58582371
反盗版举报邮箱　dd@hep.com.cn
通信地址　北京市西城区德外大街4号　高等教育出版社知识产权与法律事务部
邮政编码　100120

防伪查询说明

用户购书后刮开封底防伪涂层，使用手机微信等软件扫描二维码，会跳转至防伪查询网页，获得所购图书详细信息。

防伪客服电话　（010）58582300